Turismo de experiência

Dados Internacionais de Catalogação na Publicação (CIP)
(Câmara Brasileira do Livro, SP, Brasil)

Turismo de experiência / Alexandre Panosso Netto, Cecília Gaeta (organizadores). – São Paulo : Editora Senac São Paulo, 2010.

Vários autores
Bibliografia.
ISBN 978-85-396-0021-2

1. Turismo de experiência 2. Turismo de experiência – Empreendedorismo 3. Turismo – Administração I. Panosso Netto, Alexandre. II. Gaeta, Cecília.

10-08664   CDD-338.4791

Índices para catálogo sistemático:
1. Planejamento turístico : Economia   338.4791
2. Turismo de experiência : Planejamento :
Economia   338.4791

Turismo de experiência

Alexandre Panosso Netto
Cecília Gaeta

(ORGANIZADORES)

ADMINISTRAÇÃO REGIONAL DO SENAC NO ESTADO DE SÃO PAULO
Presidente do Conselho Regional: Abram Szajman
Diretor do Departamento Regional: Luiz Francisco de A. Salgado
Superintendente Universitário e de Desenvolvimento: Luiz Carlos Dourado

Editora Senac São Paulo
Conselho Editorial: Luiz Francisco de A. Salgado
　　　　　　　　　Luiz Carlos Dourado
　　　　　　　　　Darcio Sayad Maia
　　　　　　　　　Lucila Mara Sbrana Sciotti
　　　　　　　　　Marcus Vinicius Barili Alves

Editor: Marcus Vinicius Barili Alves (vinicius@sp.senac.br)

Coordenação de Prospecção e Produção Editorial: Isabel M. M. Alexandre (ialexand@sp.senac.br)
Supervisão de Produção Editorial: Pedro Barros (pedro.barros@sp.senac.br)

Edição de Texto: Maisa Kawata
Preparação de Texto: Andréa Vidal
Revisão de Texto: Liege M. S. Marucci, Ivone P. B. Groenitz
Projeto Gráfico, Capa e Editoração Eletrônica: Antonio Carlos De Angelis
Foto da Capa: Maira Kouvara
Impressão e Acabamento: Cromosete Gráfica e Editora Ltda.

Gerência Comercial: Marcus Vinicius Barili Alves (vinicius@sp.senac.br)
Supervisão de Vendas: Rubens Gonçalves Folha (rfolha@sp.senac.br)
Coordenação Administrativa: Carlos Alberto Alves (calves@sp.senac.br)

Proibida a reprodução sem autorização expressa.
Todos os direitos desta edição reservados à
Editora Senac São Paulo
Rua Rui Barbosa, 377 – 1º andar – Bela Vista – CEP 01326-010
Caixa Postal 1120 – CEP 01032-970 – São Paulo – SP
Tel. (11) 2187-4450 – Fax (11) 2187-4486
E-mail: editora@sp.senac.br
Home page: http://www.editorasenacsp.com.br

© Cecília Gaeta e Alexandre Panosso Netto, 2010

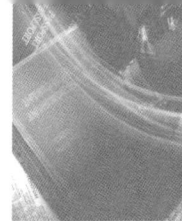

Sumário

Nota do editor, 7

Prefácio, 9
Jafar Jafari

Introdução, 13
Alexandre Panosso Netto e Cecília Gaeta

PARTE I. ANÁLISES TEÓRICAS

A viagem como experiência significativa, 21
Luiz Gonzaga Godoi Trigo

Experiência e turismo: uma união possível, 43
Alexandre Panosso Netto

Turismo de experiência e o sentido da vida, 57
Josemar de Campos Maciel

Lazer e experiência estética: caminhos para pensar o turismo como experiência, 79
Cleide Aparecida Gonçalves de Sousa

O fotógrafo-turista: simbiose perfeita na experiência de viajar, 99
Cynthia Menezes Mello Ferrari

Construir, habitar, viajar: reflexões acerca da relação comunicação-turismo comunitário, 119
Aristides Faria Lopes dos Santos

Turismo de experiência e novas demandas de formação profissional, 133
Cecília Gaeta

Parte II. Estudos de caso

A reciprocidade como lógica determinante da experiência de viagem:
o caso do CouchSurfing Project, 153
Ana Flávia Andrade de Figueiredo

Turismo de experiência e a interpretação em museu, 169
Claudia Corrêa de Almeida Moraes

Sentidos, sabores e cultura: a gastronomia como experiência sensorial
e turística, 187
Maria Henriqueta Sperandio Garcia Gimenes

Once upon a hotel... A valiosa experiência de estar em um lugar que é,
em tudo, muito diferente da sua casa, 203
Ana Paula Spolon

Lendas, contos de fadas e mitos dos Alpes: turismo de emoções em
espaços rurais, 217
Áurea Rodrigues, Apolónia Rodrigues

As representações da favela e seus significados: o caso dos suvenires
"by Rocinha", 237
Fernanda Nunes

Experiências de mobilidade turística no espaço público urbano, 255
Thiago Allis

O turismo de experiência e o marketing hoteleiro: o caso do Rio do Rastro
Eco Resort – Santa Catarina (Brasil), 275
Tiago Savi Mondo

Sentindo na pele: corpos em movimento na experiência turística na natureza, 297
Arianne Carvalhedo Reis

Reconstruir a experiência turística com base nas memórias perdidas, 315
Júlio Mendes, Manuela Guerreiro

Sobre os autores, 337

Índice onomástico, 343

Índice remissivo, 349

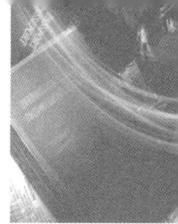

Nota do editor

O turista de hoje quer mais do que apenas alguns dias para descansar. Ele deseja que sua vontade e expectativa sejam atendidas, ele busca viagens que o faça passar por sensações ímpares, ele quer produtos e serviços diferenciados que lhe proporcionem uma experiência marcante, seja se hospedando em um hotel de gelo, seja provando uma comida que o leve a uma nova experiência sensorial.

Por causa do crescimento do turismo de experiência nos últimos anos, a necessidade de pesquisas sobre práticas e qualificação profissional do setor também tem aumentado. No entanto, apesar de encontrarmos essa modalidade turística no Brasil, falta uma sistematização do assunto que possa ajudar a compreender seu funcionamento.

Os organizadores deste livro, Alexandre Panosso Netto e Cecília Gaeta, a partir de criteriosa seleção apresentam alguns textos que discutem e exemplificam formas de oferecer diferentes vivências aos turistas.

Com *Turismo de experiência*, o Senac São Paulo leva a profissionais e estudantes de turismo e hotelaria e interessados no assunto a uma viagem rumo a novas experiências que o turismo contemporâneo oferece.

Prefácio*

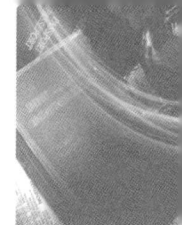

O crescimento contínuo e impressionante da indústria do turismo no século XX levou a um desenvolvimento paralelo: o compromisso com a pesquisa e a educação na área de turismo. Esse impulso, que começou apenas há poucas décadas, já provocou a formação de um corpo de conhecimento que, entre outras coisas, explica a estrutura e a função do turismo tanto como fenômeno quanto como indústria multifacetada.

A partir dos anos 1960, aqueles que se ocupavam com a economia quantificaram o turismo e, portanto, ajudaram a elevá-lo ao nível de indústria reconhecida. Logo depois, os que estavam nos campos da antropologia e sociologia questionaram seus custos e benefícios socioeconômicos, os da área da psicologia estudaram a mente do turista, os da geografia mapearam a paisagem turística, os de marketing promoveram seus produtos, e os da administração operacionalizaram suas propriedades nos negócios. Esses pesquisadores mostraram como o turismo está separado de todos os outros fenômenos e indústrias, e ainda como se mistura a seu ambiente ou destino anfitrião e o influencia.

O turismo de hoje se tornou um verdadeiro campo de investigação multidisciplinar, com seus componentes e dimensões continuamente afiados e seus muitos aspectos ocultos trazidos à tona. Esse tratamento holístico da área continua a ajudar a desenvolver suas teorias e práticas para novas fronteiras. Tome os prevalentes esquemas de propaganda turística do passado, que logo foram ampliados de promoção para marketing, de imagem e formação de imagem para *branding*, depois para *des-*

---

* Tradução de Renata Lucia Bottini.

tination branding e, hoje, para *place branding*,** com esta última contextualizando e emoldurando seu desenvolvimento na comunidade anfitriã. Ao longo dessas linhas interpretativas e evolucionárias, num sentido mais amplo, o planejamento turístico, o desenvolvimento e a oferta de serviços continuaram a mudar: passaram não só a divulgar um destino ou oferecer produtos desejados, mas também a oferecer aos turistas uma *experiência*. Novas descobertas e interpretações sugerem que os turistas de hoje esperam mais do que uma pausa, férias ou descanso ordinários/padrões. Eles querem experimentar o momento, a viagem.

Por isso, a própria experiência, entre outras coisas, se tornou um revelador conceito/prática na área de turismo, exigindo a atenção de pesquisadores, consumidores e executivos em todo o mundo. Para compreender melhor essa mudança e as direções que ora emergem, já foram apresentadas perspectivas esclarecedoras em análises teóricas, planos de marketing e estudos de caso, mercado e destino.

Nem sempre baseadas em descobertas da pesquisa, a indústria do turismo e suas agências criam (e entregam) produtos alternativos para oferecer experiências diferenciadas em vários lugares, procurando manter seus clientes regulares satisfeitos e, ao mesmo tempo, atrair novos. Atualmente, a imagem turística, o desejo, a expectativa, a satisfação e muito mais encontram-se no que parece ser um simples termo: "experiência". O turista procura experiência, e a indústria experimenta diversas opções para oferecê-la.

Setores do turismo, por exemplo hotéis de primeira classe, seguem para além do negócio de simplesmente vender camas, quartos ou cortesias e serviços de qualidade e entram no negócio de fornecer experiência ou serviços especiais de valor adicionado. Por exemplo:

- ▸ Um hotel nos Estados Unidos tem "mordomos de lareira" de plantão: lareiras personalizadas com madeiras selecionadas de um menu ajudam os hóspedes a relaxar em um ambiente aconchegante. Alguns hóspedes acabam ficando no quarto a noite toda, sentados perto do fogo.
- ▸ Um resort no México oferece serviços de "atendente de sabonete": informação aos hóspedes sobre os sabonetes feitos no hotel e quais as melhores opções de banho para casais que desejam uma noite romântica.

** A expressão *place branding* pode se referir a uma cidade, país ou destino turístico e também à sua competitividade para atrair turistas, visitantes, investidores, residentes, etc. O *place branding* é baseado em uma abordagem estratégica às relações públicas, que declara que uma mudança de imagem é um processo contínuo, holístico, interativo e em grande escala, e requer muito mais do que uma mudança rápida de logotipo ou de *slogan*.

- Um hotel nos Estados Unidos oferece serviços de "companheiro de corrida": organização de corridas por toda a cidade e fornecimento de mapas de rotas de exercício. Essa é uma forma de os hóspedes se exercitarem enquanto passeiam.
- Um hotel no Reino Unido oferece serviço de "pet concierge": sugestão de comidas e camas e organização de passeios para os animais de estimação dos hóspedes.
- Finalmente, muitos resorts e hotéis de luxo, nos Estados Unidos e em outros países, oferecem passeios de um dia aos hóspedes para que estabeleçam uma conexão com comunidades locais: arrancar ervas daninhas ou plantas invasoras; ajudar a reciclar lixo; reparar trilhas para caminhadas; servir o café da manhã em cozinhas que oferecem comida gratuita; e participar de seções de musicoterapia para crianças com alguma deficiência (enquanto cobram desses hóspedes US$ 400 a US$ 500 por noite).

Entidades turísticas – seja um negócio, um destino ou um país – estão gradualmente se dando conta de que precisam fornecer experiência com valor adicionado a seus hóspedes ou turistas. Mas suas medidas de oferecer experiência são isoladas, dispersas e desconectadas. Será que isso é o início de uma tendência que vai se espalhar por todo o campo do turismo? Será que ideias "inovadoras" vão fornecer momentos únicos de "experiências" que compensem toda a estada ou visita? Tais experiências com valor agregado já podem ser oferecidas pelos funcionários do turismo ou eles precisarão voltar a ser treinados para que adotem uma nova atitude?

As perguntas são muitas, mas é evidente que um número crescente de turistas procura vivenciar uma experiência em lugar de querer simplesmente tirar férias cheias das usuais e esperadas atividades. A experiência é um feixe de conhecidos e principalmente de desconhecidos, recebidos de modo diferente por diferentes tipos de turistas de diferentes nacionalidades. Essa linha de investigação/aplicação parece estar no início de sua viagem para desenvolver-se e ser decodificada por tratamentos multidisciplinares. Ainda não está claro por quanto tempo a "experiência" permanecerá no centro da pesquisa e da prática (ou quando um novo termo a substituirá), mas é certo que esse cambiante tema vai continuar, assim como houve a mudança de promoção a *place branding*.

Este livro, organizado pela professora Cecília Gaeta e pelo professor Alexandre Panosso Netto e publicado pela Editora Senac São Paulo, começa com o tratamento teórico da "experiência", juntamente com suas interpretações filosófica, psicológica e linguística e a relação do assunto com o lazer, o desenvolvimento profissional e o próprio ato de viajar. A segunda parte do livro aborda estudos de caso de negócios e locais que oferecem algum tipo de "experiência" a seus turistas. Aqui se incluem estudos feitos no Brasil, assim como análises de produtos e destinos em lugares diversos, como Nova Zelândia, Portugal e Alpes italianos. Apoiados pela teoria, os autores fornecem exemplos que podem ser aplicados a outros destinos.

O conteúdo deste livro temático e seus argumentos exigem um enfoque multidisciplinar de todo o espectro do que constitui a experiência e de como é contextualizada por provedores e turistas. Dos livros de turismo publicados no Brasil, este é o primeiro que trata do assunto no país. Portanto, devemos nos congratular com os organizadores do volume.

Jafar Jafari
Universidade de Wisconsin-Stout, EUA
Universidade do Algarve, Portugal

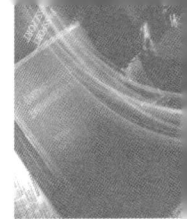

Introdução
Alexandre Panosso Netto
Cecília Gaeta

Na atualidade, uma das tendências que tem se apresentado com certa relevância e inclusive promovido a dedicação de estudiosos é a questão da alteração do conceito de *consumo*. Hoje os consumidores apresentam maior seletividade em relação aos serviços que consomem e aos produtos que adquirem, gerando uma demanda pela intensificação das "experiências" como uma das formas de satisfação pessoal e profissional.

As pessoas buscam "algo a mais", algo que lhes agregue valor perceptível, proporcionando sensações ímpares que diferenciem uns itens dos outros e permitam a seleção e a aquisição a partir de necessidades individuais. Em outras palavras, elas incorporaram a característica da emoção a suas demandas. Schmitt teoriza que a experiência tem sido muito valorizada no consumo em geral, porque os clientes superaram a característica de racionalidade (que processa toda a informação que recebe, como as peculiaridades e os benefícios) para estabelecer o valor de compra do produto.[1] Ao mesmo tempo, o mercado lança mão de uma série de recursos econômicos e ferramentas de marketing como um esforço para adequar sua produção e seus serviços a esse contexto.

Alguns trabalhos foram escritos sobre o tema *experiência e consumo*. Dois deles podem ser considerados os precursores da discussão: *A sociedade dos sonhos*, do dina-

---

[1] Bernard Schmitt, *Marketing experimental* (São Paulo: Nobel, 2002).

marquês Rolf Jensen,[2] e *A economia da experiência*, dos norte-americanos B. Joseph Pine II e James H. Gilmore.[3]

Para Jensen, a evolução da sociedade pode ser descrita, simplificadamente, pelas seguintes etapas: sociedade agrícola → sociedade industrial → sociedade da informação → sociedade dos sonhos. Nesta última etapa, ele defende que as necessidades materiais continuam sendo consideradas, mas abrem espaço para o interesse cada vez maior para o lado emocional da humanidade. Segundo ele, as pessoas passarão a ser vistas muito menos pelos bens possuídos e cada vez mais pela confiança em suas histórias e pelos sentimentos demonstrados.

Pine II e Gilmore afirmam que "a oferta de experiência acontece quando uma empresa usa intencionalmente os serviços como um palco e os produtos como suportes para atrair os consumidores de forma a criar um acontecimento memorável".[4] Outros autores acrescentam que as experiências são acontecimentos individuais que ocorrem como resposta a algum estímulo,[5] e as experiências de consumo são interações entre o consumidor e o produto, a companhia ou seus representantes, que conduzem a uma reação.[6]

Esses autores acreditam que essa nova era – a sociedade dos sonhos ou a economia da experiência – é uma evolução da fase anterior que precisará satisfazer as necessidades dos consumidores, ser operacionalmente viável e geradora de resultados. Eles alertam para o fato de que as organizações não deveriam questionar se querem ou não participar dessa nova era, e sim planejar como poderão adequar suas atividades a essa nova realidade.

A atividade turística não fica imune a essa transformação. Não só porque sua sobrevivência depende da adaptação às mudanças da sociedade e do atendimento das expectativas do cliente, mas porque o consumidor do turismo e o contexto no qual se integra apresentam, atualmente, características que favorecem a experiência e nos levam a pensar na autenticidade dos produtos e serviços.

---

[2] Rolf Jensen, *The Dream Society: How the Coming Shift from Information to Imagination Will Transform Your Business* (Nova York: McGraw-Hill, 1999).
[3] B. Joseph Pine II & James H. Gilmore, *The Experience Economy: Work Is Theatre & Every Business a Stage* (Boston: Harvard Business School Press, 1999).
[4] B. Joseph Pine II & James H. Gilmore, *The Experience Economy: Work Is Theatre & Every Business a Stage*, cit., p. 39.
[5] Bernard Schmitt, *Marketing experimental*, cit.
[6] Jeremy Rifkin, *A era do acesso: a transição de mercados convencionais para networks e o nascimento de uma nova economia* (São Paulo: Makron Books, 2005).

[INTRODUÇÃO]

Os sujeitos do turismo (tanto turistas quanto a comunidade local e os trabalhadores do *trade*) viverão essas práticas, quer queiram, quer não, e todas serão fundamentadas na experiência (seja ela boa, seja má). Da mesma forma, as facilidades do mundo globalizado e um aparato de tecnologia da comunicação e de marketing criam uma nova representação sobre a viagem e incitam a empreendê-las. Começa a se definir um novo perfil de turismo, no qual o prazer de viajar está intimamente associado às experiências ímpares que serão vivenciadas durante a viagem, em uma perspectiva individual e personalizada.

Paralelamente, os representantes do mercado turístico, nas áreas de viagens, entretenimento, hospedagem, transporte e gastronomia, têm sido unânimes em apresentar suas preocupações diante dessa realidade. Os empresários procuram adequar seus equipamentos, atividades correlatas e serviços agregados de modo a proporcionar uma experiência marcante para os turistas, ao mesmo tempo que buscam identificar novas oportunidades de negócios.

A complexidade que passa a envolver as atividades turísticas chama a atenção, concomitantemente, para a qualificação dos recursos humanos. Está claro que novas concepções de serviços turísticos exigem atuação profissional competente e responsável, e, consequentemente, um efetivo preparo para responder aos novos desafios de forma criativa e empreendedora. Como qualificar os profissionais para atuar nesse contexto também se torna algo desafiador.

O panorama apresentado permite entender a importância da temática na conjuntura atual e nos levou a propor a elaboração deste livro para que ficasse mais claro o que significa "turismo de experiência", quais são seus fatores determinantes, sua importância e suas consequências para a sociedade em geral.

O livro propriamente dito

Até onde temos investigado, no Brasil não existe outro livro que aborde especificamente o *turismo de experiência*. Por ser um tema ainda pouco definido e explorado, entendemos que seria importante a participação de autores envolvidos de forma crítica em estudos ou ações relacionados ao tema. Fizemos alguns convites direcionados e abrimos uma chamada de trabalhos com o intuito de organizar uma coletânea. De imediato, 42 pesquisadores demonstraram interesse em publicar um capítulo, sendo que 35 enviaram um resumo do texto proposto e 23 submeteram capítulos completos. Em noventa dias, tínhamos dezessete textos, publicados aqui em duas partes: "Análises teóricas" e "Estudos de caso".

A primeira parte inicia com o texto de Luiz Gonzaga Godoi Trigo, "A viagem como experiência significativa", em que o autor estabelece uma clara definição da relação entre *viagem* e *experiência*, voltando à filosofia para fundamentar e contextualizar o tema. Esse texto serve de base para o que entendemos ser o turismo de experiência. Em "Experiência e turismo: uma união possível", Alexandre Panosso Netto segue a mesma linha de raciocínio do capítulo de Trigo, buscando aprofundar a relação filosófica entre a *experiência* e o *turismo*, oferecendo, ao final do texto, uma lista de indicações de leituras específicas sobre o tema. Josemar de Campos Maciel, amparado pela psicologia, apresenta "Turismo de experiência e o sentido da vida", no qual tece uma discussão sobre como o turismo pode trazer significados novos para a existência humana. O texto de Cleide Aparecida Gonçalves de Sousa, intitulado "Lazer e experiência estética: caminhos para pensar o turismo como experiência", estabelece a clara relação entre o *turismo* e o *lazer*, centrando o debate na experiência estética e fazendo uso dos conceitos de *modernidade* e de *pós-modernidade*. Em "O fotógrafo-turista: simbiose perfeita na experiência de viajar", Cynthia Menezes Mello Ferrari discute a interessante e clássica relação entre os atos de viajar e de registrar tudo em imagens fotográficas, como se fosse possível ter para sempre perto de si os lugares que se conhecem nas viagens. Aristides Faria Lopes dos Santos, em "Construir, habitar, viajar: reflexões acerca da relação comunicação & turismo comunitário", propõe reflexões sobre o turismo na pós-modernidade a partir da visão comunitária. Seria o turismo visto de baixo, ou seja, das pessoas mais simples da comunidade visitada, fator que deve criar novos paradigmas e práticas turísticas, além de forçar o surgimento de ferramentas de gestão pública e privada mais contextualizadas e coerentes. O capítulo intitulado "Turismo de experiência e novas demandas de formação profissional", de Cecília Gaeta, encerra a primeira parte, estabelecendo uma relação entre as novas práticas turísticas, como o turismo de experiência, e as necessidades e as possibilidades de formação profissional para atuação qualificada no mercado emergente.

A segunda parte do livro apresenta estudos de caso que tratam do tema. Ana Flávia Andrade de Figueiredo apresenta "A reciprocidade como lógica determinante da experiência de viagem: o caso do *CouchSurfing Project*", com uma análise que valoriza novas formas de turismo e integração social, como o *couchsurfing*, que apresenta extraordinário crescimento na atualidade. "Turismo de experiência e a interpretação em museu", de Claudia Corrêa de Almeida Moraes, utiliza o conceito de *comunicação interpretativa* para destacar o papel fundamental que os museus têm na atualidade como cenários e fontes de experiência cultural. Maria Henriqueta Sperandio Garcia Gimenes apresenta "Sentidos, sabores e cultura: a gastronomia como experiência sensorial e turística", com uma discussão atual sobre o papel da gastronomia e sua estreita ligação com o turismo. No capítulo seguinte, com o sugestivo título "*Once upon a hotel*... A valiosa experiência de estar em um lugar que é, em tudo, muito diferente da sua casa", Ana Paula Spolon leva o leitor para uma experiência fora de casa, em alguns dos mais, digamos, exóticos hotéis do mundo, que rompem com a ideia de que um hotel tem que ser parecido com nossa casa – ao contrário, quanto mais diferente, melhor. Áurea Rodrigues e Apolónia Rodrigues, em "Lendas, contos de fadas e mitos dos Alpes: turismo de emoções em espaços rurais", apresentam um estudo sobre o produto turístico desenvolvido nos Alpes em Luserna, Trento, Itália, pequena aldeia de 292 habitantes que tem como atrativo lendas, contos de fadas e mitos da região. Um interessante exemplo de envolvimento da comunidade com as práticas de gestão do turismo em sua localidade. O capítulo de Fernanda Nunes, "As representações da favela e seus significados: o caso dos suvenires 'by Rocinha'", apresenta o emblemático caso do turismo na favela da Rocinha, Rio de Janeiro. Com uma descrição e uma análise profundas, a autora mostra como o turismo se originou na "maior favela da América Latina" e o que ele representa para os "artistas" locais e para seus visitantes. Thiago Allis apresenta "Experiências de mobilidade turística no espaço público urbano", em que discute questões muito particulares e de tortuoso tratamento conceitual, como o autor mesmo afirma, que se referem ao espaço público sujeito aos desafios de uma urbanização caótica (triste e inaceitável, acrescentaríamos nós). "O turismo de experiência e o marketing hoteleiro: o caso do Rio do Rastro Eco Resort – Santa Catarina (Brasil)" é o título do texto de Tiago Savi Mondo, em que ele analisa um empreendimento de sucesso que se propõe a oferecer a seus frequentadores experiências novas e positivas, fundamentadas no ótimo atendimento e na proximidade de seus administradores com os visitantes. "Sentindo na pele: corpos em movimento na experiência turística na natureza", de Arianne Carvalhedo Reis, analisa a prática do turismo de experiência, no caso específico a prática de longas caminhadas em um dos destinos que melhor trabalham esse segmento, qual seja a Nova Zelândia. O último texto é o de Júlio Mendes e Manuela Guerreiro, intitulado "Reconstruir a experiência turística com base nas memórias perdidas", no qual os autores, preocupados com a falta de dados primários para a análise das experiências dos turistas, partem para o "campo" na região do Algarve, em Portugal, e entrevistam turistas para saber como foi a sua experiência turística na região. Um ótimo estudo de caso internacional para encerrar as análises aqui apresentadas.

Como já dissemos, no Brasil, apesar de já se encontrarem diversas experiências com a característica de experimentação, ainda é incipiente a discussão sobre o conceito, seus fundamentos e práticas, assim como sobre a formação profissional necessária para atender a essa demanda. Esperamos que os textos críticos que agora apresentamos contribuam para novas reflexões e discussões sobre a temática.

Boa leitura e ótimos *insights*!

Referências bibliográficas

JENSEN, Rolf. *The Dream Society: How the Coming Shift from Information to Imagination Will Transform Your Business*. Nova York: McGraw-Hill, 1999.

PINE II, B. Joseph & GILMORE, James H. *The Experience Economy: Work Is Theatre & Every Business a Stage*. Boston: Harvard Business School Press, 1999.

_____. *Field Guide for the Experience Economy*. Ohio (USA): Strategic Horizons LLP, 2005.

RIFKIN, Jeremy. *A era do acesso: a transição de mercados convencionais para networks e o nascimento de uma nova economia*. São Paulo: Makron Books, 2005.

SCHMITT, Bernd H. *Marketing experimental*. São Paulo: Nobel, 2002.

Parte I

Análises teóricas

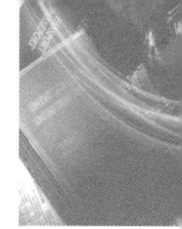

A viagem como experiência significativa

Luiz Gonzaga Godoi Trigo

> INFELIZMENTE, O TIPO DE PESSOA QUE É PROGRAMADA PARA IGNORAR DESCONFORTOS FÍSICOS E CONTINUAR AVANÇANDO RUMO AO TOPO TAMBÉM É, COM FREQUÊNCIA, PROGRAMADA PARA IGNORAR OS SINAIS DE PERIGO IMINENTE. AÍ ESTÁ O NÓ DO DILEMA QUE TODO ALPINISTA NO EVEREST ACABA TENDO QUE ENFRENTAR: PARA TER SUCESSO, VOCÊ PRECISA ESTAR BASTANTE MOTIVADO, MAS, SE A MOTIVAÇÃO FOR EXCESSIVA, É PROVÁVEL QUE VOCÊ MORRA. ACIMA DOS 7.900 METROS, A LINHA DIVISÓRIA ENTRE ZELO APROPRIADO E FEBRE DESMIOLADA DO TOPO TORNA-SE PERIGOSAMENTE TÊNUE. POR ESSE MOTIVO É QUE AS ENCOSTAS DO EVEREST ESTÃO CHEIAS DE CADÁVERES.
>
> JON KRAKAUER, *NO AR RAREFEITO*

A relação do ser humano com as viagens é bastante antiga – data dos tempos do nomadismo e das primeiras viagens épicas ou de peregrinação em busca de conhecimento – e é reveladora de seus sentimentos mais profundos.

As viagens povoam o imaginário das civilizações desde os primórdios. Nas brumas dos tempos míticos, as grandes aventuras aconteciam nas viagens. A primeira descrição de uma viagem de formação aparece no mito babilônico de Gilgamesh (1900 a.C.), jovem rei que, em suas viagens, deixa de ser um predador de seu povo para tornar-se seu pastor e protetor. Desde a *Odisseia*, escrita na Grécia antiga e conhecida pelo título de "poemas homéricos", até Jasão e seus argonautas (entre eles Heracles e Orfeu), os perigos e as maravilhas das viagens sempre encantaram as pessoas.

[ANÁLISES TEÓRICAS]

Os motivos dessas clássicas viagens ocidentais são conhecidos. Na *Odisseia*, após passar pelas dificuldades da Guerra de Troia, Ulisses deseja voltar para sua casa na ilha de Ítaca e vivenciar, junto a sua esposa Penélope e a seu clã, as benesses da paz.

O mito dos argonautas ganhou alusão nos poemas *Ilíada* e *Odisseia*, mas foi Píndaro (c. 462 a.C.) quem lhe consagrou uma ode completa. Apolônio de Rodes (século III a.C.) compôs uma epopeia em quatro cantos intitulada *Argonautas*, a primeira obra a chegar aos tempos atuais relatando toda a expedição de Jasão. O mito influenciou textos da Idade Média, como a vigésima das *Cartas satíricas*, intitulada *Sobre um sonho* (1654), de Cyrano de Bergerac. A obra conta a história de Jasão em busca de um tesouro, o Velo de Ouro, lã da carcaça do carneiro divino que transportou pelos ares Frixo, filho de um rei da Beócia. O carneiro é oferecido como sacrifício a Zeus, e sua lã de ouro fica estendida no alto de uma árvore, no bosque sagrado de Ares, guardada por uma serpente que nunca dorme. Ajudado por Medeia, Jasão consegue sua preciosidade e dá continuidade a sua aventura, que não tem um final feliz por causa de seus amores impulsivos. Solitário, Jasão é morto por um profético pedaço de madeira de carvalho que despenca de seu navio Argos.

A epopeia grega relatada por Homero possui uma peculiar duplicidade: é ao mesmo tempo uma série de ações consideradas humanas e divinas, porém "desde o ponto de vista da concepção do mundo, a epopeia grega é mais objetiva e mais profunda que a épica medieval. Só Dante se compara a ela, em sua dimensão fundamental. A epopeia grega contém, já em germe, a filosofia grega".[1]

As viagens épicas são a matriz das experiências que todas as viagens gostariam de propiciar, especialmente no imaginário comercial turístico de massa.

O mundo judaico conheceu a realidade das viagens pelos desertos e caminhos isolados do Oriente Médio. Se a Grécia nos legou a *Odisseia*, os judeus nos legaram o livro do Gênesis, talvez aqueles que mais inspiraram os artistas e os santos do Ocidente. Entre as personagens do Gênesis, destaca-se a figura do patriarca Abraão.

> Ulisses está muito próximo de Abraão. Os dois são viajantes que caminham dia após dia em companhia do desconhecido e do imprevisto. O definitivo está no fim do caminho e ninguém sabe exatamente do que ele é feito. A única certeza verdadeira é de que a viagem deve continuar a qualquer preço e às vezes com muita coragem. A salvação está na própria viagem e a única tentação verdadeira seria parar.[2]

---

[1] Werner Jaeger, *Paideia* (México: Fondo de Cultura Económica, 1983).
[2] Jean-Louis Ska, *Abraão e seus hóspedes* (São Paulo: Loyola, 2009), p. 11.

Abraão é uma personagem invocada por três religiões monoteístas: o judaísmo, o cristianismo e o islamismo. Mas, ao contrário de Jacó e Davi, que viajam em plena juventude, Abraão parte em busca de uma terra prometida aos 75 anos de idade. Apenas Moisés pode rivalizar com ele, pois foi chamado por Deus aos 80 anos para libertar seu povo do Egito.

O Antigo Testamento relata, em um trecho específico, a importância das viagens:

> UTILIDADE DAS VIAGENS
>
> O homem que viajou aprendeu muito;
> E o homem de experiência exprime-se com conhecimento de causa.
> Quem não foi posto à prova sabe poucas coisas,
> Mas quem viajou está cheio de recursos.
> Muito vi no decurso de minhas viagens
> E o que compreendi ultrapassa o que eu poderia dizer.
> Muitas vezes corri perigos mortais,
> Mas fui salvo graças à minha experiência.[3]

Também no Novo Testamento surge a realidade das viagens descritas pelo apóstolo Paulo, que viajou por três regiões da Antiguidade (Ásia, Oriente Médio e Europa) na tentativa de levar o cristianismo aos gentios e de fundar comunidades cristãs, as primeiras igrejas. Entretanto, os relatos de viagem de Paulo não são tão paradisíacos:

> Três vezes naufraguei, passei um dia e uma noite sobre o abismo. Viagens a pé, muitas vezes, perigos dos rios, perigos dos salteadores, perigos dos meus irmãos de raça, perigos dos pagãos, perigos na cidade, perigos no deserto, perigos no mar, perigos dos falsos irmãos. Fadigas e sofrimentos, vigílias frequentes; fome e sede; jejum, muitas vezes; frio e indigência; sem contar todo o resto, a minha preocupação de cada dia, a solicitude por todas as Igrejas.[4]

Essas eram epopeias, aventuras épicas, viagens de formação e transformação, momentos de interiorização nos quais o ser humano se descobria. Seja no mito, seja nos relatos históricos e de viagem ou na ficção, o herói que volta passa por uma experiência profunda que o transforma. A viagem não é apenas um deslocamento geográfico, cultural ou social, mas uma jornada interior, o que justifica ser uma experiência fundamental na vida das pessoas.

---

[3] *Bíblia*, Antigo testamento, Sirácida 34:9-12, trad. ecumênica (São Paulo: Loyola, 1994).
[4] *Bíblia*, Novo testamento, 2 Coríntios 11:25-28, cit.

[ANÁLISES TEÓRICAS]

A viagem como experiência

> DESPIDO DO SEU CONTEXTO COTIDIANO, DOS AMIGOS, DAS ROTINAS DIÁRIAS... O INDIVÍDUO É JOGADO NUMA EXPERIÊNCIA DIRETA QUE INEVITAVELMENTE O FAZ TOMAR CONSCIÊNCIA DE QUEM É E DE COMO ESTÁ REALIZANDO A EXPERIÊNCIA. EMBORA NEM SEMPRE CONFORTÁVEL, ISSO É SEMPRE REVIGORANTE.
>
> MICHAEL CRICHTON, VIAGENS

Após a Revolução Industrial, as viagens, até então experiências exclusivas do alto clero, dos nobres, dos militares e de funcionários da corte altamente qualificados, passam a ser oferecidas à burguesia comercial e industrial como possibilidade de fazer algo "diferente", "exótico", "aventureiro", em suma, de viver uma experiência intensa fora de seu território habitual. As novas terras descobertas e colonizadas pelos europeus, as expedições militares e científicas aos novos territórios, as diversas peregrinações aos lugares santos das religiões constituídas, a retomada dos caminhos pela Ásia Central e pelo Oriente Médio, relatadas brilhantemente por pessoas como T. E. Lawrence em *Os sete pilares da sabedoria*, incendeiam o imaginário burguês, disposto a pagar dezenas de milhares de dólares por um camarote de luxo nos novos navios a vapor ou nos vagões de primeira classe dos trens que abrem caminhos através de lugares até então praticamente inacessíveis.

Para Eric Leed, viajar é a experiência paradigmática, o modelo de uma experiência genuína e direta que transforma a pessoa que a realiza. A natureza dessas transformações pode ser vista na língua inglesa até suas raízes linguísticas indo-europeias, em que as palavras *travel* ("viagem") e *experience* ("experiência") estão relacionadas. A raiz indo-europeia de *experience* é *per*. A palavra *peril* ("perigo") possui a mesma raiz, assim como *travel* ("viagem") e *travail* ("esforço doloroso") estão linguisticamente relacionadas. Essa concepção de experiência como um difícil desafio (*ordeal*), uma passagem através de uma estrutura de ações que oferecem as verdadeiras dimensões e a natureza da pessoa, representa as mais antigas noções dos efeitos da viagem sobre o viajante.[5]

Uma das palavras alemãs para experiência, *Erfahrung*, provém do antigo alto alemão *irfaran*, que significa *to travel* ("ato de viajar"), *to go out* ("ato de sair") ou *to wonder* ("ato de admirar-se, deslumbrar-se", que é também o ato fundamental da

---

[5] Eric J. Leed, *The Mind of the Traveler* (Nova York: Basic Books, 1991), p. 5.

experiência filosófica). A profunda relação linguística que implica o significado da viagem como uma experiência que testa e refina o caráter do viajante é demonstrada pelo adjetivo alemão *bewandert*, que atualmente significa "astuto", "esperto" ou "habilidoso", mas que nos textos do século XV significava meramente "bastante viajado".[6]

O que é experiência

> PREPAREI MINHA VIAGEM A MONTE ATHOS COM MESES DE ANTECEDÊNCIA. TINHA POUCAS INFORMAÇÕES SOBRE COMO CHEGAR E SABIA QUE DEVERIA OBTER AUTORIZAÇÃO ESPECIAL EM ATENAS OU NA TESSALÔNICA, MAS DESCONHECIA OS DETALHES DOS CAMINHOS BUROCRÁTICOS. EMBARQUEI NO INÍCIO DE DEZEMBRO DE 1995, LEVANDO UMA CARTA DE APRESENTAÇÃO DO ARCEBISPO DE CAMPINAS. ATERRISSEI EM UMA MANHÃ FRIA E CHUVOSA, COM VENTO FORTE CASTIGANDO O AEROPORTO DE TESSALÔNICA, CAPITAL DA ANTIGA REGIÃO DE ALEXANDRE, O GRANDE.
>
> LUIZ GONZAGA GODOI TRIGO, *TURISMO E CIVILIZAÇÃO*

Esse cruzamento de palavras e significados reflete, em inglês, um dos primeiros conceitos de viagem como sofrimento (isso fica claro no Antigo e no Novo Testamento, especialmente nas viagens de diáspora dos hebreus e nas cartas de Paulo, anteriormente citadas), um teste, um desafio, significados muito claros na antiga palavra inglesa para viagem: *travail* (que também significa "dores do parto", como o "trabalho de parto", em português). A despeito dos significados negativos iniciais, a experiência da viagem transcende perigos e dificuldades e propicia o autoconhecimento, a transformação, o encontro do sentido e do significado de *vida* para o viajante. Isso fica claro nas viagens de Gilgamesh, na *Odisseia*, na longa jornada dos hebreus pelo deserto em busca da Terra Prometida e em todas as mitologias e religiões antigas.

O *Grand Tour* da nobreza europeia, iniciado em 1700 e direcionado especialmente aos países mediterrâneos, em busca do conhecimento clássico greco-romano oferecia aventuras aos viajantes do Reino Unido, da Holanda ou da Bélgica que procuravam uma plataforma social e cultural proporcionada pelas viagens de formação. Os próprios romances de formação aproximam-se dessa lógica. Em *Os anos de aprendizagem de Wilhelm Meister*, Goethe compõe um longo texto para mostrar como as

---

[6] *Ibid.*, p. 60.

experiências e as viagens formam o caráter de uma pessoa, tornando-se um dos pioneiros nesse gênero literário.

Essas considerações mostram que a "experiência" não é algo banal ou fútil. Em uma consulta a um dicionário de filosofia não é possível encontrar um único conceito ou definição de *experiência*, mas podem-se descobrir vários desdobramentos conceituais de acordo com a escola filosófica e sua interpretação a respeito. O *Dicionário Oxford* explica que, ao lado de *consciência*, a *experiência* é o foco central da filosofia da mente. Em geral, a experiência é entendida como um fluxo de eventos particulares conhecidos apenas pelo sujeito que os vivencia, levando em consideração as problemáticas relações com outros eventos, como os acontecimentos do mundo externo ou fluxos de eventos similares pertencentes a outras pessoas. O fluxo forma a vida consciente do sujeito possuidor. A experiência é, portanto, algo particular, tanto que Roberto Campos a considerava *a lanterna na popa* (título de sua autobiografia), que servia apenas para iluminar o caminho atravessado pelo sujeito que caminhou.[7] Mas ela é acessível a todas as pessoas, considerando-se a subjetividade a ela inerente.

> A experiência possui conteúdos importantes. É o mundo em si, que nos é representado, e o modo como encaramos e vivemos o mundo é manifesto por nossas palavras e atitudes. O relacionamento com a própria experiência envolve memória, reconhecimento e descrição, todos aprendidos por habilidades exercidas nas relações interpessoais, seja em grupo mais restrito, seja na sociedade.[8]

Portanto, a experiência é essencial para a socialização, o aprendizado, a articulação profissional e a satisfação pessoal. Está imersa em uma nuvem complexa de denominações, assim como os temas *consciência*, *teoria*, *ideia* ou *vida*. Possui, porém, diferentes graus de intensidade, duração, qualificação (positiva, negativa, prazer, dor) e hierarquização axiológica, sempre no contexto da subjetividade e do pluralismo sociocultural e biológico que marca a espécie humana.

---

[7] Roberto Campos, *A lanterna na popa*, 2 vols. (Rio de Janeiro: Topbooks, 2004).
[8] Simon Blackburn, *The Oxford Dictionary of Philosophy* (Oxford: Oxford University Press, 1996), p. 130.

Experiência e prazer

> BUSCA A FELICIDADE AGORA, NÃO SABES DE AMANHÃ. APANHA UM GRANDE COPO CHEIO DE VINHO, SENTA-TE AO LUAR, E PENSA: TALVEZ AMANHÃ A LUA ME PROCURE EM VÃO.
>
> OMAR KHAYYAN, *RUBAIYAT*

No caso das tentativas comerciais contemporâneas de inserir serviços na sofisticada categoria da experiência, está implícito que eles devem ser agradáveis e reconfortantes, de qualidade e bem estruturados, ou seja, devem ser prazerosos. Com a inserção do conceito de prazer na qualificação das experiências que interessam ao setor de viagens, turismo, entretenimento e hospitalidade, por exemplo, abre-se outro cipoal conceitual. Assim como a reflexão filosófica sobre a experiência gerou o empirismo britânico, com David Hume sendo um de seus teóricos, as reflexões sobre o prazer geraram o hedonismo, discutido desde a Grécia antiga (Demócrito, Protágoras, Aristóteles e sua teoria teleológica, Aristipo, Epicuro) até os dias atuais, quando obteve reconhecimento social e prático no utilitarismo de Jeremy Bentham e John Stuart Mill, prosseguindo na vertente de pensamento aberta pelo empirismo. Há, ainda, a miríade de sensações informais hedonistas que perpassam as sociedades hodiernas e sua representação nos níveis espetacularizado ou midiático.

Tampouco é simples conceituar *hedonismo*. O *Dicionário Oxford de Filosofia* diz que é a "busca do prazer próprio como um fim em si. Em ética, é a perspectiva de que essa busca é a própria finalidade de toda ação. Uma vez que há concepções diversas de prazer, há, correspondentemente, diferentes variedades de hedonismo".[9]

Mas, então, o que é o *prazer*? O *Oxford* explica:

> Um conceito surpreendentemente complexo, mas fundamental para qualquer análise de motivação humana e animal. Algo que está no mesmo nível da dor: uma sensação corpórea, mas positiva, ao passo que a dor é negativa. Parece uma qualidade da consciência, intimamente relacionado ao contentamento ou à felicidade.[10]

O prazer seria, então, uma das qualidades da consciência, e *consciência* é

> possivelmente a mais desafiadora e persistente fonte de problemas em toda a filosofia. [...] Apesar dos complexos processos biológicos e neurais que formam a mente,

---

[9] *Ibidem*.
[10] *Ibidem*.

é minha consciência que organiza o teatro onde minhas experiências e pensamentos existem, onde meus desejos são sentidos e onde minhas intenções são formadas.[11]

O eixo conceitual experiência/prazer/consciência é, portanto, complexo, subjetivo, e, no estado-da-arte da neurologia, muito pouco se sabe sobre a mente e seus processos, seja no nível biológico, seja no psíquico.

No caso do prazer, sabe-se que seu ápice é o orgasmo, a base fundamental do prazer humano, "o mais alto grau de excitação dos sentidos ou de um órgão, especialmente o acme do ato sexual", segundo o dicionário *Novo Aurélio*.[12] Mas o prazer não se limita ao sexo. Há também os prazeres mitigados, como a arte, a gastronomia, a cultura, as relações pessoais, o exercício do poder, a fruição do bem-estar pessoal (físico e psíquico), a ascese pessoal e as viagens. São todas experiências válidas e profundas, desde que não sejam banalizadas nem falseadas.

A viagem como produto

> SABE, DISSE PORT, E SUA VOZ SOOU IRREAL, O CÉU AQUI É MUITO ESTRANHO. QUANDO OLHO PARA O ALTO, TENHO SEMPRE A SENSAÇÃO DE ALGO SÓLIDO LÁ EM CIMA, NOS PROTEGENDO DO QUE EXISTE ATRÁS.
>
> PAUL BOWLES, *O CÉU QUE NOS PROTEGE*

A relação entre serviços e experiência, entendida de maneira mais "popular" e corporativa na última década, remete ao livro *The Experience Economy*,[13] de Joseph Pine II e James Gilmore, citado em vários textos sobre o assunto. A categoria *experiência* seria um importante valor agregado aos produtos e especialmente aos serviços.

Resumidamente, as vantagens da categoria *experiência* sobre bens e serviços, segundo os autores, seriam:

- ▶ Bens são tangíveis e serviços são intangíveis, mas experiências são memoráveis.
- ▶ Bens são relacionáveis e serviços são sob demanda e logo vivenciados, mas experiências desdobram-se ao longo do tempo, estocadas na memória.
- ▶ Bens são padronizáveis e serviços são personalizáveis, mas experiências são pessoais.

---

[11] *Ibidem*.
[12] Margarida dos Anjos & Marina Baird Ferreira (coords.), *Novo Aurélio* (Rio de Janeiro: Nova Fronteira, 1999), p. 145.
[13] A edição brasileira foi traduzida para o título *O espetáculo dos negócios*. B. Joseph Pine II & James H. Gilmore, *O espetáculo dos negócios* (Rio de Janeiro: Campus, 1999).

- Uma experiência teria quatro domínios: entretenimento, educação, fuga (escapismo) e estética.

Muitos textos e palestras sobre serviços, viagens e experiências foram baseados nessas considerações, que, em análise mais profunda em termos filosóficos, são simplistas e superficiais.

O problema, como já foi discutido, é que não há um conceito simples de *experiência* na história do pensamento humano. Diversas escolas filosóficas ocidentais ou linhas de pensamento oriental analisam esse fenômeno de diferentes formas. Inserir o mundo dos serviços no arcabouço teórico do que denominamos *experiência* ajuda a entender a complexidade do setor terciário, desde que também se compreenda mais profunda e amplamente esse conceito.

Quando, no caso de viagens e turismo, propaga-se um segmento denominado *turismo de experiência* sem analisar as implicações do conceito, corre-se o risco de discorrer ao mesmo tempo sobre tudo e sobre nada ou de ficar em estereótipos como aventura, esporte, natureza, arqueologia ou, simplesmente, no âmbito do *fake* e do *kitsh*, remodelados como produtos inéditos. Ou, ainda pior, de usar do emocionalismo rasteiro, tão presente em parte da mídia, para maquiar uma experiência banal e transformá-la em algo pretensamente relevante.

A compreensão da experiência como um diferencial a ser oferecido aos consumidores foi um avanço importante em termos mercadológicos, mas, como em tantos outros estudos e tentativas de denominação ou classificação na área de gestão de negócios, o termo caiu em um modismo superficial, que, em boa parte, neutralizou os avanços conquistados.

Esses modismos repetiram-se sistematicamente ao longo das últimas décadas, à medida que as sociedades tornaram-se mais complexas, pluralistas e problemáticas, um mundo cada vez mais difícil de ser interpretado e comentado por especialistas, além de muito menos previsível.

Toda viagem é uma experiência?

O JATO CORTA A ESCURIDÃO A ONZE MIL METROS DE ALTITUDE E INESPERADAMENTE A FUSELAGEM PRATEADA COMEÇA A REFLETIR OS PRIMEIROS RAIOS DO SOL NASCENTE. LÁ EMBAIXO PAIRA A MASSA AZUL-ESCURA DO MAR; AO REDOR DA AERONAVE, A IMENSA MASSA AZUL-CLARO DE AR. DE REPENTE, A SUPERFÍCIE UNIFORME DO OCEANO É INTERROMPI-

[ANÁLISES TEÓRICAS]

> DA POR ALGUMAS PRECIOSIDADES QUE PONTILHAM O PACÍFICO E LHE DÃO UM ASPECTO ESTRANHO. O MAR FICA RESPINGADO DE ILHAS MONTANHOSAS COBERTAS DE VEGETAÇÃO E CERCADAS POR ATÓIS QUE FORMAM LAGUNAS DE ÁGUAS CRISTALINAS QUE ABRANGEM TODAS AS TONALIDADES POSSÍVEIS ENTRE O VERDE E O AZUL.
>
> LUIZ GONZAGA GODOI TRIGO, *AMÉRICA E OUTRAS VIAGENS*

Procurei fazer uma análise do que entendo sobre viagens como experiências inesquecíveis, tomando por base minhas próprias experiências:

- a primeira vez que atravessei a cordilheira dos Andes, na cabine de um Boeing 707 da Varig, em fevereiro de 1979;
- o primeiro grupo que levei (como guia) para os Estados Unidos, em julho de 1979;
- a viagem à Antártica no navio Marco Polo, em janeiro de 1999;
- a volta ao mundo, também como guia pela Abreutur, em julho de 1980;
- um jantar especial em Marrakech, num congresso da Aiest, em 1998;
- quando vi o porão de carga do navio Funchal inundado (1981), em plena viagem de Mar Del Plata para Santos (conseguimos chegar ao porto em segurança);
- os *campings* que fazia com amigos na minha adolescência, em Ilhabela (SP) ou na região de Itatiaia (MG/RJ);
- a chegada e a estada no mosteiro Simono Petras, em monte Athos, na Grécia (1995);
- um almoço ou jantar à beira do Mediterrâneo, em um restaurante delicioso (Itália, Líbano, Barcelona);
- um voo de helicóptero sobre Rio de Janeiro, Barbados ou Nova York;
- uma noite de amor nas areias da praia de Acapulco...

O que essas experiências especiais têm em comum? Elas são intensas e remetem ao ineditismo, às condições específicas e à própria subjetividade. Há pessoas que não gostam de voar nem de viajar; outras jamais acampariam. Na viagem à Antártida, havia outro brasileiro a bordo, embarcado em Buenos Aires, que deixou o navio na primeira escala, nas ilhas Malvinas. Ele ficou com medo de atravessar o estreito de Drake, embarcou num voo para Londres e de lá para São Paulo, tudo à própria custa, pois teve medo de realizar o sonho de conhecer o continente mais inóspito do planeta.

Viagens são, no sentido literal, experiências, mas ficam aquém do sentido e do significado de uma experiência mais profunda nos sentidos épico, filosófico, epistemológico e, especialmente, no sentido existencial. Há experiências medíocres, ordinárias, banais. Há serviços prestados e recebidos com absoluta frigidez, de forma mecânica e sem nenhum impacto.

Nem todo serviço ou viagem é uma experiência que mereça ser repetida ou que marque significativamente a vida de alguém. A experiência tem a ver com a emoção, com o prazer, e não com o sentimentalismo e a acomodação estéril.

Muitas experiências de viagem não são memoráveis, intensas, nem promovem entretenimento, educação, possibilidade de fuga ou estética que surpreendam o turista ou espectador.

Uma viagem especial exige pessoas e condições especiais. Isso não implica apenas poder econômico, mas fundamentalmente atitudes e posturas sociais, culturais, estéticas e políticas. A antropologia é uma das ciências essenciais para saber como desfrutar melhor uma viagem e aproveitar seus conteúdos culturais.

Um amigo relata uma pescada (matrichã e tucunaré) degustada em um restaurante rústico de Manaus como uma experiência gastronômica similar às vivenciadas na Toscana ou no Languedoc. Digo o mesmo da torta de caranguejo, prato típico do Maranhão e do Piauí, e das moquecas preparadas em vários estados brasileiros. Sem contar as carnes de churrasco acompanhadas por vinho tinto nos rincões gaúchos e os excelentes restaurantes de São Paulo e do Rio de Janeiro.

A mídia e o marketing embalaram parte dos serviços para que parecessem mais interessantes e atraentes. Depois que Barnum criou a expressão "o maior espetáculo da Terra", qualquer circo de periferia, cantina de bairro ou agência de viagem pode usar esse tipo de pseudoargumento como publicidade para seus produtos ou serviços (a cerveja mais gelada de São Paulo; o genuíno churrasco gaúcho; a moqueca capixaba como a única original; o carro mais seguro em sua categoria; a praia mais linda do Brasil). Palavras vãs que iludem apenas os tolos.

É completamente diferente quando se analisam os *rankings* internacionais dos restaurantes premiados pelo guia *Michelin*, os 50 melhores da lista S. Pellegrino, publicada anualmente pela *Restaurant Magazine*, ou a lista brasileira de gastronomia elaborada pela equipe da revista *4 Rodas*. Ou, ainda, os *rankings* da *Condé Nast Traveler* ou da *National Geographic Travel*. É preciso discernir muito bem entre os diversos serviços oferecidos, pois o fato é que o turismo de massa nivelou por baixo a experiência de viajar, e isso é detectado há muito tempo.

> Ele não pensava em si mesmo como turista: era um viajante. A diferença era, em parte, uma diferença de tempo, ele explicava. Enquanto o turista geralmente volta depressa para casa ao fim de algumas semanas ou meses, o viajante, que não pertence a um lugar mais que a outro, se locomove devagar, ao longo de período de anos, de uma parte da Terra a outra. [...] Porque, como ele dizia, outra diferença importante entre turista e viajante é que o primeiro aceita sua própria civilização sem questionar; não é assim com o viajante, que compara seu país com outros e rejeita os elementos que não estão a seu gosto.[14]

Essa visão de Bowles, expressa em *O céu que nos protege*, pode até ser encarada como algo elitista, proveniente de uma classe burguesa aristocrática que não precisa trabalhar e pode deleitar-se pelo mundo em busca de experiências intensas ou até mesmo de limites. Mas a precisão da crítica em relação à cegueira alienada que o turista apresenta de seu país ou de sua cultura é um fato crucial no turismo contemporâneo. Os efeitos dúbios da globalização colocaram um manto de cenários pré-estruturados sobre vários lugares do planeta, mas as regionalidades continuam a se expressar de maneira forte e constante, inclusive com o auxílio das novas tecnologias e das possibilidades abertas pela própria globalização. Contudo, os turistas ordinários continuam às cegas em seu caminho pelos fluxos do mundo.

Urbain insiste nessa divisão, afirmando que o viajante critica o turista por introduzir relações mercantis nas viagens, por reduzir práticas vitais a um mero jogo ou esporte (caça, pesca, observação da fauna e da flora), perverter as tradições e favorecer a luxúria.[15] Mas há uma crítica maior: o turista banaliza o mundo.

> Com sua presença, o turista destrói a mística da revelação. Dissolve o choque emocional e substitui a alegria do descobrimento pela diversão morna de uma visita que beira a profanação. [...] O turista banaliza, e a banalidade turística varrerá todas as diferenças que, ao atravessá-las, davam então o sentido à viagem.[16]

Esse é o problema que envenena a possibilidade de uma experiência com estilo próprio: a banalização ou a oferta do trivial, como engodo ou simples cenário, no lugar da profunda experiência de uma viagem destinada ao prazer mais profundo do autoconhecimento, da descoberta e da possibilidade de aventura que nos deixe mais seguros de nossa existência como seres humanos. Esse faz de conta envolve os paco-

---

[14] Paul Bowles, *O céu que nos protege* (Rio de Janeiro: Objetiva, 2009), pp. 14-15.
[15] Jean-Didier Urbain, *El idiota que viaja* (Madri: Endymion, 1993), p. 64.
[16] *Ibid.*, p. 70.

tes turísticos banais, os fluxos turísticos de massa e uma série de serviços igualmente ordinários: alimentação, hospedagem, transporte, varejo, entretenimento, artes e cultura em geral.

A tentativa de inserção de qualquer tipo de serviço destinado ao lazer, ao turismo ou ao entretenimento como uma "experiência" é uma farsa, um pseudomito que encontrou um meio de expressão em técnicas elaborados de marketing e publicidade para potencializar lucros com produtos e serviços que, na maior parte das vezes, são meramente bons ou corretos, quando não corriqueiros, vulgares, produzidos em massa para as massas.

Há, evidentemente, a viagem como experiência em grande estilo, mas envolve uma série de atitudes e saberes, como veremos adiante. E há as experiências dúbias e contraditórias, que mesclam o fluxo do turismo de massa com a possibilidade de vivenciar uma experiência profunda e transformadora de viagem. Almoçar na torre Eiffel; tomar um café na praça de San Marco, em Veneza; ir a uma festa em Amsterdã; fazer uma massagem terapêutica (ou sexual) em Bangcoc ou em Phuket; participar de uma cerimônia do chá em Hangzhou; ver o carnaval no Rio, em Salvador, Recife ou São Paulo ou participar dele; mergulhar em Bora-Bora; participar de um jantar em um navio de cruzeiros com três mil passageiros são experiências que podem ser interessantes, apesar dos parâmetros estereotipados, considerados "exóticos" ou permeados pelo *kitsch* que envolve o turismo de massa. Paradoxalmente, o turismo social, de aventura ou realmente ecológico (essa é outra área na qual os embustes são comuns), ou o turismo de luxo, altamente exclusivo, representam os polos onde as possibilidades de vivenciar uma experiência mais profunda são mais reais ou possíveis.

Outra mescla interessante é a união do turismo de luxo com o turismo ecológico. Hotéis como o Explorer, na Patagônia, na Ilha de Páscoa ou no deserto de Atacama; alguns *paradores* espanhóis (apesar de não serem estritamente luxuosos, mas certamente de bom gosto); hotéis boutique ou sofisticados, localizados em lugares paradisíacos; ilhas privadas com hotéis e pousadas exclusivas; a viagem suborbital a ser inaugurada em breve pela Virgin Galactic; os cruzeiros marítimos ou fluviais exclusivos; hotéis submarinos; centros de entretenimento luxuosos, como o Sun City, em Las Vegas; as expedições à Antártica ou ao Everest são exemplos de como a estrutura global de viagens pode oferecer serviços diferenciados e realmente exclusivos. Mas isso é para uma faixa ínfima da população, que pode pagar por esses serviços, ou para as celebridades (esportistas, artistas, apresentadores, políticos etc.), que são convidados para dar prestígio a certos empreendimentos.

A lucidez de Lipovetsky ajuda a equacionar essa problemática:

> Além dos equipamentos e dos produtos acabados, as indústrias de lazer trabalham hoje com a dimensão participativa e efetiva do consumo, multiplicando as oportunidades de viver experiências diretas. Já não se trata mais apenas de vender serviços; é preciso oferecer experiência vivida, o inesperado e o extraordinário capazes de causar emoção, ligação, afetos, sensações. [...] A civilização do objeto foi substituída por uma "economia da experiência", a dos lazeres e do espetáculo, do jogo, do turismo e da distração. É nesse contexto que o hiperconsumidor busca menos a posse das coisas por si mesmas que a multiplicação das experiências, o prazer da experiência pela experiência, a embriaguez das sensações e das emoções novas: a felicidade das "pequenas aventuras" previamente estipuladas, sem risco nem inconveniente.[17]

São momentos e eventos paradoxais. As cidades tornaram-se mais hedonistas, mas antidionisíacas. É um prazer estéril, controlado, medido, pesado, discriminado e catalogado. Parte simulacro, parte real, parte virtual, parte simbólico. Existe um gozo privado, realizado em uma mônada individual, algo que Christopher Lasch preconizou no livro *O mínimo eu*, na década de 1980, e um desconforto público, expresso na desilusão sistemática com igrejas, partidos, políticos, escolas e empresas privadas e seus serviços e produtos com fantásticas promessas midiáticas e mercadológicas e resultados pífios.

A causa precisa desse desconforto é evidente:

> Mas é sobretudo no setor terciário que nascem os mais frequentes desapontamentos do hiperconsumidor. Nada de surpreendente nisso, já que a sociedade pós-industrial se caracteriza pela evolução de um sistema dominado pela produção de bens materiais para uma economia de serviços. Quanto menos a compra de bens materiais é decepcionante, mais o acesso aos serviços o é. Em nossas sociedades, o conflito não se situa entre conforto e prazer, mas entre a expectativa de uma satisfação e um serviço considerado medíocre. O hiperconsumidor sofre menos da ausência de estimulações que de prestações não correspondentes às suas exigências de qualidade.[18]

O mau serviço provém dos setores público e privado. Exigências de segurança, combate ao terrorismo, crise econômica, necessidade de preservação ambiental ou cultural, redução de custos, redução de pessoal, prevenção contra epidemias, com-

---

[17] Gilles Lipovetsky, *A felicidade paradoxal* (São Paulo: Companhia das Letras, 2007), p. 63.
[18] *Ibid.*, p. 166.

bate ao crime organizado, proteção de minorias, proteção de maiorias, condições meteorológicas – tudo é desculpa para justificar atrasos, cancelamento de serviços, grosserias, descaso, queda de qualidade e frustração dos consumidores.

Como uma viagem pode ser considerada um sonho ou uma experiência gratificante se há demora e desconforto para embarque no porto (no caso de Santos, SP) e más condições nos aeroportos brasileiros em geral, ou se não há sistemas viários e transporte público que evitem congestionamentos ou péssimas condições de tráfego, realidade de muitas cidades brasileiras? Sem contar os serviços medíocres em todos os níveis, as péssimas políticas públicas de lazer e turismo e a falta de interesse de vários consumidores em procurar diligentemente serviços e produtos que estejam acima da média de um mercado em geral interessado apenas em lucros rápidos e efêmeros.

Para ser uma experiência, a viagem precisa superar a banalidade, os aspectos triviais, estereotipados e convencionais e estruturar-se como uma experiência que nasça da riqueza pessoal do viajante em busca de momentos e lugares que enriqueçam sua história. Caso contrário, sobrarão a promessa não cumprida, a frustração, uma felicidade dúbia, contaminada pela incompreensão dos paradoxos e contradições inerentes ao nosso mundo.

Como viajar em grande estilo?

> O MUNDO PASSADO E O MUNDO VINDOURO. A TRANSITORIEDADE COMUM AOS DOIS. SOBRETUDO UM SABER DO ÂMAGO QUE A BELEZA E A PERDA SÃO UMA COISA SÓ.
>
> CORMAC MCCARTHY, *CIDADES DA PLANÍCIE*

Uma frase popular diz que "não é porque um asno viaja que ele volta um corcel". Toda viagem é uma experiência. Mas há experiências boas, ruins ou aquelas tão medíocres que são olvidadas pouco tempo depois. O que se deseja é que as viagens e os serviços sejam experiências marcantes e inesquecíveis. Como se consegue isso?

Viagem implica imaginação, emoção e conhecimento. Kafka e Ruesch levaram a fantasia aos limites ao escreverem, respectivamente, sobre os Estados Unidos (*América*) e sobre os esquimós (*País de las sombras largas*, 1950) sem nunca terem ido a esses lugares. O livro de Ruesch tornou-se um sucesso em parte do mundo e virou filme (*Sangue sobre a neve*, 1960, direção de Nicholas Ray). Isso significa que parte considerável do imaginário do mundo esquimó provém de uma fonte que, por sua vez, se baseou apenas em outro filme e na fantasia para descrever o extremo norte gelado da Terra.

É preciso conferir as fontes e as indicações sobre as viagens. No longo prefácio a sua obra (*El infinito viajar*), Cláudio Magris comenta que a viagem é um contínuo preâmbulo, um prelúdio de algo que está para chegar, pois os atos de partir, chegar, voltar, parar, preparar bagagens, escrever, fotografar ou filmar as paisagens são como uma sequência cinematográfica ou uma face que muda ao longo do tempo. A viagem envolve o contexto e o imaginário mais amplo da palavra *viagem*: descoberta, aventura, transformação, busca de um tesouro (conhecimento, poder, riquezas, amor?) e uma abertura para o imponderável, para o incognoscível, em suma, para Eros, ou até mesmo para Tânatos.

A viagem é como uma persuasão, uma possessão e fruição da própria vida, a capacidade de viver o presente sem sacrificá-lo ao futuro e especialmente sem considerá-lo um momento que tem de passar depressa para a pessoa fazer outra coisa. A viagem como experiência significativa deve ser um desfrute. Por isso existe um movimento denominado *slow travel*, inspirado no *slow food*, desenvolvido pelo italiano Carlo Petrini.

O que seria *slow travel*?

> Quando viajava pelos vastos países do Danúbio, indo em determinada direção, sempre disposto a fazer digressões, paradas e desvios repentinos, vivia persuadido, como ante o mar; vivia submerso no presente, nessa suspensão do tempo que se verifica ao abandonarmo-nos ao seu leve fluir e ao que a vida nos traz – como uma garrafa aberta sob a água e renovada pelo fluir das coisas, como dizia Goethe viajando pela Itália. Em uma viagem vivida assim os lugares passam a ser etapas e moradas do caminho da vida, paradas fugazes e raízes que induzem a sentir-se em casa no mundo.[19]

São experiências muito diferentes das viagens rápidas e tensas a trabalho, motivadas por negócios ou por compromissos acadêmicos.

Uma matéria especial da revista *Newsweek*[20] sobre *slow travel* indica meios de transporte ideais para desfrutar o mundo com tranquilidade: bicicletas, casas flutuantes, ferrovias transcontinentais, navios a vapor e cavalos. Em termos de estadia, valem desde *spas* até *resorts*, casas de aluguel em cidades, praias ou montanhas, *private homes* e qualquer tipo de lugar onde se possa ficar por longos e preguiçosos dias, sem

---

[19] Cláudio Magris, *El infinito viajar* (Barcelona: Anagrama, 2008), p. 11.
[20] Vários autores, "Slow is Beautiful", em *Newsweek*, Nova York, 14 a 21-5-2007.

a obrigação de cumprir tópicos de um roteiro preestabelecido nem de ticar as atrações de um guia turístico. Países e regiões como China, Índia, Rússia, Leste Europeu, interior da Europa Ocidental e Patagônia oferecem destinos para serem desfrutados com calma e serenidade, inclusive com a possibilidade de circuitos fascinantes em montanhas ou de velejar pelos mares bravios do Atlântico Norte, na Escócia, por exemplo. O prazer da experiência mais profunda é pessoal e intransferível:

> Passamos bem quando estamos em viagem: sem apuros e sem pretensões, mais afeitos à vagabundagem que à ditadura dos guias turísticos, gostamos de nos abandonar, ao azar, aos prazeres de nossa idade, uma surpresa arquitetônica, um jardim florido, um passeio em bonde, um museu confidencial, uma boa janta.[21]

A viagem como uma experiência realmente instigante passa a ser um caminho sem retorno rumo ao descobrimento de que não existe – nem pode existir – um retorno. Magris faz um contraste entre a viagem circular e conservadora de Ulisses ao voltar para casa e a viagem retilínea, uma viagem sempre adiante, rumo ao "malvado infinito", como uma linha reta que segue margeando o nada. Algo como a personagem de *Noturno indiano*, de Antonio Tabucchi, que se perde na Índia. Ele, por sua vez, procura alguém que se perdeu, mas não sabe exatamente os motivos. Pode ser que ele mesmo esteja perdido. A Índia, com suas culturas estranhas e misteriosas, é uma boa representação psicanalítica do processo de descobrimento da pessoa, da viagem do conhecimento que o ser humano deve fazer para atingir o que alguns psicólogos denominam *passagem do meio*:

> É preciso passar pela passagem do meio para nos aproximarmos mais do nosso potencial e conquistarmos a vitalidade e a sabedoria do envelhecimento maduro. Por conseguinte, a passagem do meio representa uma intimação interior para que deixemos a vida provisória e avancemos em direção à verdadeira idade adulta, do falso eu para a autenticidade.[22]

Esse é o objetivo da grande viagem, da experiência mais profunda e essencial, porque consiste em descobrir a si mesmo, assumir sua história pessoal e, ainda, escolher os caminhos que restam para completar a própria existência. Tem a ver com as clássicas perguntas sobre o sentido e o significado da vida? Claro que sim. Mitos arcaicos, antigas e novas religiões, filósofos e cientistas refletiram sobre essas questões durante

---

[21] Juan José Saer, *Lugar* (Buenos Aires: Planeta/Seix Barral, 2000), p. 24.
[22] James Hollis, *A passagem do meio: da miséria ao significado da meia-idade* (São Paulo: Paulus, 1995), p. 20.

milênios, mas o ser humano atual tem medo, ou descaso, para com essas questões inquietantes, porque não dispõe de respostas acabadas e certeiras. Mas, nesse caso, não há necessidade de respostas, mas sim da reflexão e do prazer de viver a consciência de si mesmo. Não existe destino, apenas a viagem: "A vida não precisa ser esclarecida, nem justificada. Qualquer que seja nossa abordagem, o resultado é o mesmo: a vida vale por si mesma, o fato transcendente de ser vivo".[23]

Fernando Pessoa refletiu sobre isso em seus poemas sob o nome de Alberto Caieiro:

> O GUARDADOR DE REBANHOS, V
>
> O mistério das coisas? Sei lá o que é mistério!
>
> O único mistério é haver quem pense no mistério.
>
> Quem está ao sol e fecha os olhos,
>
> Começa a não saber o que é o sol
>
> E a pensar muitas cousas cheias de calor.
>
> Mas abre os olhos e vê o sol,
>
> E já não pode pensar em nada,
>
> Porque a luz do sol vale mais que os pensamentos,
>
> De todos os filósofos e de todos os poetas.
>
> A luz do sol não sabe o que faz
>
> E por isso não erra e é comum e boa.[24]

Ter um sentido em si, seja filosófico, espiritual, existencial ou até mesmo niilista, significa que a pessoa conseguiu conscientizar o que lhe dá paz e vontade de admirar-se e contemplar o mundo, as outras pessoas e seu universo. Mas é preciso conhecer e assumir a própria condição humana, tema tão caro a filósofos como Hannah Arendt, Martin Buber e, principalmente, a pensadores existencialistas que decidiram viver sua história até situações-limite. Essa é a grande viagem, a grande experiência: ter "a coragem de ser".[25] Para isso é preciso fugir da mediocridade, do superficialismo e do chavão, das experiências insossas, falsas e ordinárias.

Magris diz que viver, viajar e escrever estão interligados. A palavra *escrever*, além de ter o sentido óbvio de produzir texto, pode ser entendida como uma mescla de

---

[23] Paul Bowles, *Que venha a tempestade* (Rio de Janeiro: Rocco, 1997), p. 190.
[24] Fernando Pessoa, *Obra poética* (Rio de Janeiro: Nova Aguilar, 1977), p. 2007.
[25] Referência o livro de Paul Tillich, *A coragem de ser* (São Paulo: Paz e Terra, 2001).

leitura e reflexão da realidade expressa em nossa consciência. Portanto, a viagem é sempre algo mais profundo e complexo.

> A viagem no espaço é também uma viagem no tempo e contra o tempo. Um lugar não é só seu presente, mas também um labirinto de tempos e épocas diferentes que se entrecruzam numa paisagem e a constituem; assim como marcas, rugas, expressões escavadas pela felicidade ou melancolia, não apenas marcam um rosto, mas são o rosto de uma pessoa, que nunca tem só a idade ou o estado de ânimo daquele momento, mas o conjunto de todas as idades e todos os estados de ânimo de sua vida. Paisagem como rosto, o homem na paisagem como a onda no mar. [26]

Considerações finais

A viagem é algo sem retorno que nos leva ao autoconhecimento e à consciência de nosso eu, de nossa história, de nossas possibilidade e limitações, de nossas vitórias e derrotas, sonhos e desilusões. Para isso, é preciso coragem, escolha e o trabalho de percorrer o mundo com olhos inquiridores e críticos, sempre em busca da contemplação e da admiração diante do mundo. Assim, talvez um dia, após termos percorrido a passagem do meio e estarmos nos preparando para a passagem final, a serenidade e a paz possam fazer ninho em nosso interior. Pode ser que alguém tenha entendido isso como sabedoria, nirvana ou realização.

Para finalizar, restam-nos fragmentos de viagens, pequenos textos ibéricos e plenos de reflexão que podem servir de guias, livres e abertos, para nossas experiências e viagens.

Para começar, um poeta português contemporâneo:

> Viagem
> É o vento que me leva.
> O vento lusitano.
> É este sopro humano
> Universal
> Que enfuna a inquietação de Portugal.
> É esta fúria de loucura mansa

---

[26] Cláudio Magris, *El infinito viajar*, cit., p. 19.

Que tudo alcança
Sem alcançar.
Que vai de céu em céu,
De mar em mar,
Até nunca chegar.
É esta tentação de me encontrar
Mais rico de amargura
Nas pausas da aventura
De me procurar...[27]

Seguido da licença poética de um português clássico:

Mar portuguez

Ó mar salgado, quanto do teu sal
São lágrimas de Portugal!
Por te cruzarmos quantas mães choraram,
Quantos filhos em vão resaram!
Quantas noivas ficaram por casar
Para que fosses nosso, ó mar!
Valeu a pena? Tudo vale a pena
Se a alma não é pequena.
Quem quere passar além do Bojador
Tem que passar além da dor.
Dês ao mar o perigo e o abysmo deu,
Mas nelle é que espelhou o céu.[28]

E finalizando com um clássico espanhol que mostra como a viagem é algo feito por nós, responsáveis por nossas escolhas e construtores de nossa história:

Cantares

Caminhante, são suas pegadas
o caminho, e nada mais;
caminhante, não há caminho,
o caminho se faz ao andar.
Ao andar se faz o caminho,

---

[27] Miguel Torga, *Antologia poética* (Coimbra: Dom Quixote, 1994), p. 433.
[28] Fernando Pessoa, *Obra poética* (Rio de Janeiro: Nova Aguilar, 1977).

E ao voltar a vista atrás
Se vê a trilha que nunca
Se há de voltar a pisar.

Caminhante, não há caminho,

Apenas marcas no mar.²⁹

Tenha uma ótima experiência da sua viagem.

REFERÊNCIAS BIBLIOGRÁFICAS

ANJOS, Margarida dos & FERREIRA, Marina Baird (coords.). *Novo Aurélio*. Rio de Janeiro: Nova Fronteira, 1999.
BÍBLIA. Trad. ecumênica. São Paulo: Loyola, 1994.
BLACKBURN, Simon. *The Oxford Dictionary of Philosophy*. Oxford: Oxford University Press, 1996.
BOWLES, Paul. *O céu que nos protege*. Rio de Janeiro: Objetiva, 2009.
_____. *Que venha a tempestade*. Rio de Janeiro: Rocco, 1997.
CAMPOS, Roberto. *A lanterna na popa*. 2 vols. Rio de Janeiro: Topbooks, 2004.
HOLLIS, James. *A passagem do meio: da miséria ao significado da meia-idade*. São Paulo: Paulus, 1995.
JAEGER, Werner. *Paideia*. México: Fondo de Cultura Económica, 1983.
KOTLER, Jeffrey A. *Viajar como experiência transformadora*. Barcelona: Paidós, 1998.
KRAKAUER, Jon. *No ar rarefeito*. São Paulo: Companhia das Letras, 1997.
LEED, Eric J. *The Mind of the Traveler*. Nova York: Basic Books, 1991.
LIPOVETSKY, Gilles. *A felicidade paradoxal*. São Paulo: Companhia das Letras, 2007.
MACHADO, Antonio. *Canciones y aforismos del caminante*. Barcelona: Edhasa, 2001.
MAGRIS, Cláudio. *El infinito viajar*. Barcelona: Anagrama, 2008.
MCCARTHY, Cormac. *Cidades da planície*. São Paulo: Companhia das Letras, 2001.
PESSOA, Fernando. *Obra poética*. Rio de Janeiro: Nova Aguilar, 1977.
PETRINI, Carlo. *Slow Food*. São Paulo: Senac São Paulo, 2009.
PINE II, B. Joseph & GILMORE, James H. *O espetáculo dos negócios*. Rio de Janeiro: Campus, 1999.
SAER, Juan José. *Lugar*. Buenos Aires: Planeta/Seix Barral, 2000.
SKA, Jean-Louis. *Abraão e seus hóspedes*. São Paulo: Loyola, 2009.
TILLICH, Paul. *A coragem de ser*. São Paulo: Paz e Terra, 2001.
TORGA, Miguel. *Antologia poética*. Coimbra: Dom Quixote, 1994.
TRIGO, Luiz Gonzaga Godoi. *América e outras viagens*. Campinas: Papirus, 2002.
_____. *Turismo e civilização*. São Paulo: Contexto, 2001.
URBAIN, Jean-Didier. *El idiota que viaja*. Madri: Endymion, 1993.
VÁRIOS AUTORES. "Slow is Beautiful". Em *Newsweek*, Nova York, 14 a 21-5-2007.
WITHEY, Lynne. *Grand Tours and Cook Tours*. Nova York: Morrow, 1997.

---

²⁹ Antonio Machado, *Canciones y aforismos del caminante* (Barcelona: Edhasa, 2001), p. 38.

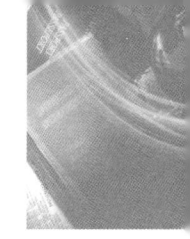

Experiência e turismo: uma união possível

ALEXANDRE PANOSSO NETTO

Dois são os objetivos principais deste texto: o primeiro é discutir, em breves notas, a possibilidade da experiência em turismo, ou, mais propriamente, de uma visão dessa experiência, em particular sob o enfoque da filosofia; o segundo é oferecer aos interessados, no final do capítulo, uma relação de publicações sobre o tema *turismo de experiência*. Não pretendemos, contudo, discutir o termo *turismo*, por acreditarmos que os leitores já reconheçam sua importância e saibam de seu papel no mundo atual como vetor social, cultural, ambiental e econômico.

Recentemente, o tema da segmentação dos mercados em turismo tornou-se mais precioso para os pesquisadores brasileiros, o que levou à publicação de alguns livros[1] e artigos e à realização de eventos.[2] É comum encontrarmos nessas publicações uma classificação dos segmentos do turismo, mesmo que incompleta; nessa classificação frequentemente aparece o *turismo de experiência*. Internacionalmente, o tema já está mais bem desenvolvido: existem classificações dentro da própria temática, como a

---

[1] Identificamos dois livros publicados no Brasil que tratam especificamente do tema segmentação: Marilia Gomes dos Reis Ansarah, *Turismo: segmentação de mercado* (São Paulo: Futura, 1999); Alexandre Panosso Netto & Marilia Gomes dos Reis Ansarah (orgs.), *Segmentação do mercado turístico: estudos, produtos e perspectivas* (Barueri: Manole, 2009). Há também o capítulo 5 do livro *Cenários do turismo brasileiro*, de Alexandre Panosso Netto & Luiz Gonzaga Godoi Trigo, intitulado "Segmentação e experiência turística".

[2] Até mesmo os pequenos eventos discutiram, recentemente, o tema da segmentação dos mercados turísticos, na forma de semanas de turismo e jornadas de turismo nas faculdades, centros universitários e universidades que têm cursos de graduação e pós-graduação em turismo. Grandes eventos, como o Fórum Mundial da Associação Mundial para a formação em hotelaria e turismo (Amfortht) 2010 e o V Salão do Turismo, promovido pelo Ministério do Turismo, também elegeram essa temática como prioridade no Brasil.

qualidade das experiências turísticas. Um bom exemplo disso é *Quality Tourism Experiences*.[3]

Quando falamos de turismo de experiência, estamos nos referindo a um tipo de turismo que pretende marcar o turista de maneira profunda e positiva, como as viagens de trabalho voluntário e a prática de esportes radicais (como salto de paraquedas). Estamos nos referindo também à visita de uma família à terra de seus ancestrais. Como exemplo podemos citar um caso: um jovem brasileiro de origem italiana emocionou-se ao visitar uma vila de dois mil habitantes, fundada no século XVIII, no alto das montanhas do norte da Itália, ao ser recebido por pessoas que não conhecia com um copo de vinho, polenta e salame (somente um italiano sabe a força desse ato), e por encontrar um cemitério no qual todos os túmulos acomodavam pessoas com o seu sobrenome. Não nos referimos a qualquer tipo de experiência,[4] embora acreditemos que todo ato humano, contextualizado ou não, gera ou advém de uma.

Stephen Wearing afirma que, na atualidade, os sociólogos do turismo têm desenvolvido dois grandes temas de estudo que abordam o subjetivo (e a experiência) dos viajantes. De um lado, há a ênfase no turismo como meio de escape da rotina diária, mesmo que seja uma fuga temporária. De outro, a viagem tem sido construída como significado de desenvolvimento interior, como uma forma de ampliar a mente, de experimentar o novo, o diferente para enriquecimento próprio.[5]

Retomando o pensamento de Nicola Abbagnano, em um de seus significados, "a experiência tem sempre caráter pessoal e não há E. [experiência] onde falta participação da pessoa que fala nas situações de que se fala". E, mais adiante, o autor afirma: "Portanto, pode-se falar (como muitas vezes se faz na linguagem contemporânea) de *E. religiosa* ou *E. mítica* etc".[6]

Assim, a reflexão nos leva à compreensão de que, sob esse significado, podemos falar de *experiência turística*, contrariando os céticos, segundo os quais o turismo de experiência não existe e se limita a uma estratégia de *marketing* e segmentação de mercado. De acordo com o nosso ponto de vista, mesmo que fosse considerado apenas um produto oriundo de uma estratégia de *marketing*, poderíamos dizer que esse tipo de turismo existe, pois assim seria.[7]

---

[3] Gayle Jennings & Norma Polovitz Nickerson, *Quality Tourism Experiences* (Oxford: Elsevier, 2005).
[4] Para uma visão mais ampla do que significa a experiência em turismo, sugerimos a consulta ao capítulo 1, "A viagem como experiência significativa", de Luiz Gonzaga Godoi Trigo.
[5] Stephen Wearing, *Volunteer Tourism. Experiences that make a difference* (Wallingford: Cabi, 2001), p. 8.
[6] Nicola Abbagnano, *Dicionário de filosofia* (São Paulo: Martins Fontes, 1999).
[7] A compreensão, mesmo que rasa, do termo *experiência* é fundamental para entender esse tipo de turismo. O

André Lalande também apresenta duas definições para *experiência*. A primeira como "a experiência", a segunda como "o ato de experimentar". Reproduzimos a seguir a primeira definição, que mais nos interessa:

1ª A experiência em geral:

A. O fato de experimentar alguma coisa, na medida em que este fato é considerado não só como um fenômeno transitório, mas também como algo que alarga ou enriquece o pensamento: "ter uma dura experiência; ter (ou ter adquirido) a experiência das assembleias públicas".

B. Conjunto das modificações vantajosas que o exercício traz às nossas faculdades, das aquisições que o espírito faz através deste exercício e, de maneira geral, de todos os progressos mentais resultantes da vida. [...]

É de notar que não se chamam experiências a todas as modificações produzidas pela vida (por exemplo, o esquecimento, a indiferença, os comprometimentos morais, etc.), mas apenas àquelas que se julgam vantajosas. O termo tem, pois, um valor apreciativo.

C. Teoria do conhecimento. O exercício das faculdades intelectuais considerado como algo que fornece ao espírito conhecimentos válidos que não estão implicados na mera natureza do espírito enquanto puro sujeito cognoscente.[8]

---

filósofo Nicola Abbagnano refere-se ao tema em sete páginas de seu *Dicionário de filosofia*, abordando desde as definições mais básicas até as mais complexas. Para referir-se ao termo *experiência*, o autor usa somente "E.". Segundo ele, "Este termo [experiência] tem dois significados fundamentais: 1º) a participação pessoal em situações repetíveis, como quando se diz: 'x tem E. de S', em que S é entendido como uma situação ou estado de coisas qualquer que se repita com suficiente uniformidade para dar a x a capacidade de resolver alguns problemas; 2º) recurso à possibilidade de repetir certas situações como meio de verificar as soluções que elas permitem: como quando se diz 'a E. confirmou x', ou então: 'a proposição p pode ser confirmada pela E.'. No primeiro desses dois significados, a E. tem sempre caráter pessoal e não há E. onde falta participação da pessoa que fala nas situações de que se fala. No segundo significado, a E. tem caráter objetivo ou impessoal: o fato de a proposição p ser verificável não implica que todos os que fazem tal afirmação devam participar pessoalmente da situação que permite confirmar a proposição p. O elemento comum dos dois significados é a possibilidade de repetir as situações, e isso deve ser considerado fundamental na significação geral do termo. Essa determinação implica que: a) esse termo não é usado com propriedade quando se fala de uma E. 'excepcional' ou até mesmo 'única', a menos que esses adjetivos sejam (como de fato muitas vezes são na linguagem comum) exageros retóricos para indicar a pouca frequência com que certa situação se repete ou a improbabilidade de que ela se repita para o mesmo indivíduo; b) esse termo não se restringe necessariamente a indicar situações 'sensíveis', mas pode indicar situações de qualquer natureza em que se possa contar com suficiente repetibilidade. Além disso, o uso desse termo no significado 2º supõe uma condição fundamental, sem a qual a E. não pode exercer nenhuma ação de averiguação; qual seja: c) a E. a que se recorre para averiguação deve ser *independente das crenças que é chamada a averiguar*, de tal modo que as crenças não acabem por determinar a averiguação. Sem essa importante limitação, uma ilusão repetida ou repetível poderia ser assumida como prova de validade. Portanto, pode-se falar (como muitas vezes se faz na linguagem contemporânea) de 'E. religiosa' ou 'E. mística', etc., só no significado 1º do termo, mas essas formas de E. não podem ser utilizadas para verificar as crenças de que partem, pelo fato de que são inteiramente dependentes de tais crenças e não podem ocorrer sem elas dos dois significados do enunciado, o 2º é o comum a todas as correntes do *empirismo*, ao passo que o 1º é historicamente anterior e ainda hoje é compartilhado por algumas correntes da filosofia."

8   André Lalande, *Vocabulário técnico e crítico da filosofia* (São Paulo: Martins Fontes, 1999), pp. 365-367.

Ao darmos especial atenção à passagem referida, perceberemos que a experiência pode alargar o conhecimento humano; pode modificar de forma positiva o modo de pensar; e é um processo intelectual. Assim, pode ser que ao aplicarmos ao turismo essas três ideias consigamos tirar melhor proveito das viagens.

Esse tema é fundamental na atualidade, pois as bases teóricas e os significados do turismo estão passando por uma revisão.[9] Nesse sentido, o turista busca uma prática contextualizada de seu ato, ou seja, uma práxis, que, por sua vez, deve ser consciente. Assim é que surgem novos paradigmas no ato do conhecer, do fazer, do se envolver com o turismo, com o outro e consigo mesmo.[10]

A relação entre os sujeitos na prática do turismo origina uma gama de posturas, *insights*, descobertas, frustrações, emoções, que serão proporcionadas e embasadas na e pela experiência. Não se deve, todavia, confundir experiência com sensação. Merleau-Ponty apresenta uma definição de *sensação*:

> A maneira pela qual sou afetado é a prova de um estado de mim mesmo. O cinza dos olhos fechados que me envolvem sem distância, os sons da sonolência que vibram "na minha cabeça" indicariam o que é, talvez, o sentir puro. Sentiria na medida exata em que coincido com o sentido, em que ele deixa de ter lugar no mundo objetivo e em que nada me significa. E admitir que se deveria procurar a sensação, antes de qualquer conteúdo qualificado, pois o vermelho e o verde, para se distinguir um do outro como duas cores, já devem existir frente a mim, mesmo sem localização precisa, e deixam, pois, de ser eu mesmo. A sensação pura será a prova de um "choque" indiferenciado, instantâneo e pontual. Não é necessário mostrar, pois os autores nisto estão de acordo, que esta noção não corresponde a nada em que tenhamos experiência, e que as per-

---

[9] Irena Ateljevic, "Transmodernity: Remaking Our (Tourism) World?", em John Tribe (org.), *Philosophical Issues in Tourism* (Bristol: Channel View, 2009), pp. 278-300; Marcelino Castillo Nechar, *La modernización de la política turística: retos y perspectivas* (Cidade do México: Centro de Investigación y Docencia en Humanidades del Estado de Morelos, 2005); Marcelino Castillo Nechar & Maribel Lozano Cortés, *Apuntes para la investigación turística* (Quintana Roo: Universidade de Quintana Roo, 2006); Marcelino Castillo Nechar & Alexandre Panosso Netto (orgs.), *Epistemología del turismo: estudios críticos* (Cidade do México: Trillas, 2010); Napoleón Conde Gaxiola, "Hacia una epistemologización del discurso turístico", em Marcelino Castillo Nechar & Alexandre Panosso Netto (orgs.), *Epistemología del turismo: estudios críticos*, cit., pp. 41-52; Alain de Botton, *A arte de viajar*, trad. Waldéa Barcellos (Rio de Janeiro: Rocco, 2000); Kevin Hannam, "The End of Tourism? Nomadology and the Mobilities Paradigm", cit., pp. 101-113; Jenny Phillimore & Lisa Goodson (orgs.), *Qualitative Research in Tourism: Ontologies, Epistemologies and Methodologies* (Londres: Routledge, 2004); John Tribe (org.), *Philosophical Issues in Tourism*, cit.; John Tribe, "The Indiscipline of Tourism", em *Annals of Tourism Research*, 24 (4), Great Britain, 1997; John Tribe, "Tribes, Territories and Networks in the Tourism Academy", em *Annals of Tourism Research*, [s/l.], 2010; John Urry, *Sociology Beyond Societies*: Mobilities for the Twenty-first Century (Londres: Routledge, 2000).

[10] Para uma rápida visão do que significa *práxis*, sugerimos a leitura de Otaviano Pereira, *O que é teoria*, Coleção Primeiros Passos (São Paulo: Brasiliense, 1982).

cepções, de fato as mais simples que conhecêssemos em animais como o macaco e a galinha, dirigem-se à relação, e não a termos absolutos. Mas resta perguntar-se por que alguém se crê autorizado de direito a distinguir na experiência perceptiva uma camada de "impressões".[11]

O que o autor pretende afirmar com a referida citação é que a sensação é dada ao homem somente por sua relação com o objeto externo. A essa relação os psicólogos chamam *percepção*; portanto, o conceito de *sensação* como unidade de análise da psicologia torna-se sem sentido.[12]

Voltando à experiência, Immanuel Kant escreve, na introdução de sua *Crítica da razão pura*, que "Dúvida não há de que todo o nosso conhecimento principia pela experiência". Ou seja, todo conhecimento humano principia com a experiência, mas, como logo adverte Kant, "isso não prova que todo ele [o conhecimento] derive da experiência".[13] Kant refere-se ao fato de que em nosso intelecto existem conhecimentos prévios, como o sentido de moral, que independem da experiência.

Os planejadores, empresários e estudiosos não podem mais fechar os olhos para ações que visam desenvolver o turismo para grupos de visitantes e esconder as populações locais atrás de morros favelados. Também não podem desconsiderar o direito de grupos minoritários, como indígenas, campesinos, caiçaras, seringueiros, entre outros, de decidir se desejam ou não que se faça turismo na área em que vivem, embora em todos os lugares do mundo onde há terra, água e ar seja possível praticá-lo.[14] Obviamente tal colocação tem sentido conotativo, mas o exagero nos leva a pensar na importância da práxis referida.

A humanidade chegou a um estágio em que poucas coisas simples lhe interessam. O que a grande maioria das pessoas busca é algo marcante, diferente, que fuja do senso comum e da "vidinha simples" que se desenha na correria do dia a dia.

---

[11] Maurice Merleau-Ponty, *Fenomenologia da* percepção (Rio de Janeiro: Livraria Freitas Bastos, 1971), p. 21.
[12] Nicola Abbagnano diz que "quando o *gestaltismo* eliminou o atomismo e o associacionismo da antiga psicologia, o conceito de *sensação* tornou-se praticamente inútil"; ver Nicola Abbagnano, *Dicionário de filosofia*, cit., pp. 871-872. Merleau-Ponty era fenomenólogo; um trabalho da fenomenologia foi a superação do psicologismo do final do século XIX e início do século XX; daí a explicação de *sensação* dada por esse autor.
[13] Immanuel Kant, *Crítica da razão pura* (São Paulo: Martin Claret, 2003), pp. 44-49.
[14] É interessante ressaltar que existe um grupo de investigadores que formam uma rede internacional de estudos críticos do turismo, espalhada por países como México, Espanha, Costa Rica, Venezuela, Inglaterra, Portugal, Brasil, entre outros. Essa rede está propondo uma revisão das bases teóricas do turismo não apenas fazendo crítica ao conhecimento da área, mas também propondo a criação de conhecimentos críticos, contextualizados, que levam a uma prática consciente, coerente e articulada de todos os envolvidos com a temática turística. Sobre esse tema, sugerimos a consulta a Marcelino Castillo Nechar & Alexandre Panosso Netto (orgs.), *Epistemología del turismo: estudios críticos*, cit.

Temos visto também o surgimento da *slow travel*, movimento internacional que buscou fundamentos no *slow food* para dizer que é necessário desacelerar o mundo, mudar nossas práticas, vivenciar mais e melhor cada destino. Há duas formas de *slow travel*: uma consiste em ficar uma semana ou mais em um único lugar, ou seja, experienciar mais, viver mais, conhecer mais esse lugar; a outra consiste em conhecer o que está mais próximo no destino onde se está e em fugir das indicações dos guias de viagem a respeito do "imperdível" ou do "o que ver". Em outras palavras, uma forma de viagem inteligente.[15]

O filósofo inglês Alain de Botton, em seu livro *A arte de viajar*, também destacou a forma "rasa" de viajar de muitos:

> Se nossa vida fosse dominada por uma busca da felicidade, talvez poucas atividades fossem tão reveladoras da dinâmica dessa demanda – em todo o seu ardor e seus paradoxos – como nossas viagens. Elas expressam – por mais que não falem – uma compreensão de como poderia ser a vida, fora das restrições do trabalho e da luta pela sobrevivência. No entanto, é raro que se considere que apresentem problemas filosóficos, ou seja, questões que exijam reflexão além do nível prático. Somos inundados de conselhos sobre os lugares *aonde* devemos ir, mas ouvimos pouquíssimo sobre *por que* e *como* deveríamos ir – se bem que a arte de viajar pareça sustentar naturalmente uma série de perguntas nem tão simples nem tão triviais, e cujo estudo poderia contribuir modestamente para uma compreensão do que os filósofos gregos denominaram pelo belo termo de *eudaimonia* ou desabrochar humano.[16]

Possivelmente o filósofo tem razão ao afirmar que vivemos "a era do vazio" (título de um livro do francês Gilles Lipovetsky)[17] e que nos falta um rumo, uma direção para a vida; segundo ele, principalmente nos países mais desenvolvidos, são experimentados a apatia, a indiferença, o desprezo e o individualismo.

Tudo nos leva a crer que podemos estar vivendo – ou pelo menos tentando viver – a era da experiência. A sociedade já está dando sinais disso. Esse momento se caracteriza pela busca de novos horizontes em que o ser humano possa expressar seus maiores segredos e se maravilhar com o outro, com o novo, com o simples, com o singelo, com o belo e, por que não dizer, com o feio. Buscamos um sentido para nossas vidas, para que não a vivamos de maneira vazia, e é esse novo anseio que faz que

---

[15] Ver http://www.slowtrav.com.
[16] Alain de Botton, *A arte de viajar*, trad. Waldéa Barcellos (Rio de Janeiro: Rocco, 2000), p. 17.
[17] Gilles Lipovetsky, *A era do vazio: ensaios sobre o individualismo* (São Paulo: Manole, 2005).

nos envolvamos mais em ações sociais, de preservação do meio ambiente, de ajuda humanitária.

Os estrategistas de marketing já perceberam essa mudança e hoje oferecem aos consumidores, em belas peças publicitárias, "um veículo sob medida", "a roupa perfeita" e "a viagem dos sonhos" como se fossem produtos únicos, magníficos, feitos especialmente para um indivíduo.

É nesse contexto que está inserido o turismo, como um dos maiores prazeres atuais, só que com algo diferente, que o autoriza a ser denominado *turismo de experiência*. A era do vazio pode, portanto, forçar o surgimento da era da experiência, a qual traria maior enriquecimento humanístico para todos. Pelo menos é isso o que esperamos. Essa temática está relacionada à economia da experiência, mundialmente difundida pelos livros *The Experience Economy* [A experiência econômica] e *The Dream Society* [A sociedade do sonho].[18]

Chris Ryan, um dos principais pesquisadores desse tema, publicou em 2010 o artigo "Ways of Conceptualizing the Tourist Experience: a Review of Literature" [Maneiras de conceitualizar o turismo de experiência: uma análise da literatura],[19] no qual desenvolve uma revisão da literatura sobre a maneira como a experiência turística tem sido conceituada. Atualmente, uma rápida busca no Google usando os termos *turismo* + *experiência* (em português) resulta em 718 mil referências. Se buscarmos esses mesmos termos na rede toda, o retorno será de 12.700.000 referências. A busca em inglês (*tourism* + *experience*) resulta em incríveis 53.800.000.[20]

Recentemente, foram promovidos ao redor do mundo diversos eventos científicos com essa temática: Conferência internacional – turismo de experiência: significados, motivações, comportamento (An International Conference – Tourist Experiences: Meanings, Motivations, Behaviours), realizada em 2009 na Universidade de Lanchashire Central (University of Central Lancashire) e com uma nova edição planejada para abril de 2011; o Salão do Turismo de 2010, organizado pelo Ministério do Turismo do Brasil, que traz como tema principal "Segmentação de Turismo e o Mercado" e que poderá tratar também de turismo de experiência. No Brasil também se organiza o Fórum Mundial da Amforht, entre os dias 22 e 24 de setembro de 2010,

---

[18] Joseph Pine II & James H. Gilmore, *The Experience Economy: Work is Theatre and Every Business a Stage* (Boston: Harvard Business School Press, 1999); Rolf Jensen, *The Dream Society* (Nova York: McGraw-Hill, 1999).
[19] Chris Ryan, "Ways of Conceptualizing the Tourist Experience: a Review of Literature", em *Tourism Recreation Research*, 35 (1), s/l., 2010.
[20] Levantamento efetuado em 18-4-2010.

cujo tema é "Turismo de experiência e formação profissional".[21] Tais eventos mostraram que a temática está merecendo mais e melhores estudos visando às melhores práticas.

O Ministério do Turismo também desenvolve e apoia o projeto Economia da Experiência, que, com o apoio do Sebrae e do Instituto Marca Brasil,

> visa a estruturação e aplicação do conceito de Economia da Experiência junto a empreendimentos turísticos de micro e pequeno portes, auxiliando os mesmos a inovarem seus atrativos, tendo em vista a emoção e o conhecimento que as experiências com a cultura local podem proporcionar ao turista.[22]

O objetivo geral do projeto Economia da Experiência é

> fortalecer e consolidar o arranjo produtivo dos pequenos negócios, apoiando os empreendedores locais na agregação de valor aos produtos turísticos do território, trabalhando o conceito de Economia da Experiência, visando a inserção em novos mercados.[23]

Como vemos, a ideia e a necessidade do turismo como uma forma positiva de experiência passou a fazer parte das políticas públicas dessa área, sinal de que o tema tem despertado interesse e de que no momento é muito importante discuti-lo. O Ministério do Turismo criou também uma metodologia para o projeto Economia da Experiência, que envolve seis etapas:[24]

> Etapa I – Ações preparatórias de sensibilização e mobilização.
> Etapa II – Reconhecimento da situação atual.
> Etapa III – Apresentação e desenvolvimento do conceito.
> Etapa IV – Aplicação do conceito.
> Etapa V – Gestão mercadológica.
> Etapa VI – Sustentabilidade, acompanhamento e avaliação.

Há vários outros países que obtêm ótimos resultados com a prática do turismo de experiência, entre eles a Nova Zelândia, que se promove com esportes na natureza e práticas de turismo sustentável e responsável. A Espanha também vende alguns desti-

---

[21] Os organizadores fizeram parte do Comitê Científico do Fórum Mundial da Amforth 2010, e foi durante as dezenas de reuniões de trabalho que surgiu a ideia de escrever este livro.
[22] Ver http://www.turismo.gov.br/turismo/programas_acoes/regionalizacao_turismo/economia_experiencia.html.
[23] Ibidem.
[24] Ibidem.

nos com essa temática da experiência, como o Caminho de Santiago de Compostela, cuja rota mais famosa tem aproximadamente oitocentos quilômetros, que devem ser percorridos a pé, de bicicleta ou a cavalo. Sobre esse tema, escreveram Panosso Netto e Trigo:

> Quem já fez o caminho diz que a *experiência* é única e que é difícil comparar com outra atividade. Para aquele que caminha sozinho é um exercício de reflexão, de rever seus valores e de pensar no significado da vida. Para os casais que caminham juntos é uma prova de resistência e tolerância mútua, uma vez que todos os problemas podem acontecer (machucar-se, cansar-se, sentir fome, sentir-se desmotivado, sentir-se motivado, etc.). Para os mais diversos grupos e indivíduos que peregrinam existe uma infraestrutura que atende, sem luxo, as necessidades básicas de comida, segurança, hospedagem, saúde. Pontos de apoio estão a cada 7 ou 8 km. Os peregrinos se saúdam no caminho e o clima de partilha contagia a todos.[25]

O Peru vende Machu Picchu como destino de experiência, assim como a Bolívia faz com algumas comunidades no lago Titicaca. O México vende uma experiência memorável na península de Yucatán, assim como os Alpes vendem contos de fadas, a favela da Rocinha vende representações repletas de significados, e pequenos e charmosos hotéis vendem conquistas únicas .[26]

Aparentemente, no Brasil esse tipo de turismo precisa ser mais bem trabalhado e desenvolvido, pois, ao menos nesta breve análise teórica, ele é possível e válido. Sobre isso, Carvalho afirmou:

> Sem dúvida, esse é o caminho [o de vender o turismo como experiência memorável] a ser seguido daqui para frente e lapidado a cada realidade de forma a fortalecer o Destino Brasil e toda a cadeia produtiva do turismo. Deixemos de pensar que somos o país mais lindo do mundo, pois isso não basta.[27]

Para o autor, essa forma de ofertar e de trabalhar o turismo é, portanto, uma possível alavanca para o turismo brasileiro, com o que concordamos plenamente. Após

---

[25] Alexandre Panosso Netto & Luiz Gonzaga Trigo, *Cenários do turismo brasileiro* (São Paulo: Aleph, 2009), p. 135.
[26] Sobre esses temas, leia os seguintes artigos neste livro: "Lendas, contos de fadas e mitos dos Alpes: turismo de emoções em espaços rurais", "As representação da favela e seus significados: o caso dos souvenires 'by Rocinha'" e "Sentidos, sabores e cultura: a gastronomia como experiência sensorial e turística".
[27] Caio Luiz de Carvalho, "Breves histórias do turismo brasileiro", em Luiz Gonzaga Godoi Trigo *et al.*, *Análises regionais e globais do turismo brasileiro* (São Paulo: Roca, 2005).

as referências bibliográficas, oferecemos ao leitor interessado algumas fontes importantes e reconhecidas sobre o tema abordado neste capítulo.

Referências bibliográficas

ABBAGNANO, Nicola. *Dicionário de filosofia*. São Paulo: Martins Fontes, 1999.
ATELJEVIC, Irena. "Transmodernity: Remaking Our (Tourism) World?" Em TRIBE, John (org.). *Philosophical Issues in Tourism*. Bristol: Channel View, 2009.
CARVALHO, Caio Luiz de. "Breves histórias do turismo brasileiro". Em Luiz Gonzaga Godoi Trigo *et al*. *Análise regionais e globais do turismo brasileiro*. São Paulo: Roca, 2005.
CASTILLO NECHAR, Marcelino. *La modernización de la política turística: retos y perspectivas*. Cidade do México: Centro de Investigación y Docencia en Humanidades del Estado de Morelos, 2005.
_____. "Panorama de la problemática contemporánea del turismo. Turismo, una visión multidimensional". Em *V Seminario Internacional de Estudios Turísticos, VII Foro de Investigación Turística y II Seminario Internacional de Investigación en Gastronomía*, Toluca, Universidad Autónoma del Estado de México, 25 de novembro de 2009.
_____ & LOZANO CORTÉS, Maribel. *Apuntes para la investigación turística*. Cozumel-Quintana Roo: Universidade de Quintana Roo, 2006.
_____ & PANOSSO NETTO, Alexandre (orgs.). *Epistemología del turismo: estudios críticos*. Cidade do México: Trillas, 2010.
CONDE GAXIOLA, Napoleón. "Hacia una epistemologización del discurso turístico". Em CASTILLO NECHAR, Marcelino & PANOSSO NETTO, Alexandre (orgs.). *Epistemología del turismo: estudios críticos*. Cidade do México: Trillas, 2010.
_____. *Hermenéutica dialéctica transformacional aplicada al turismo, el derecho y las ciencias sociales*. Cidade do México: Instituto Politécnico Nacional, 2008.
DE BOTTON, Alain. *A arte de viajar*. Trad. Waldéa Barcellos. Rio de Janeiro: Rocco, 2000.
HANNAM, Kevin. The End of Tourism? Nomadology and the Mobilities Paradigm. Em TRIBE, John (org.). *Philosophical Issues in Tourism*. Bristol: Channel View, 2009.
JENNINGS, Gayle & NICKERSON, Norma Polovitz. *Quality Tourism Experiences*. Oxford: Elsevier, 2005.
JENSEN, Rolf. *The Dream Society*. Nova York: McGraw-Hill, 1999.
LALANDE, André. *Vocabulário técnico e crítico da filosofia*. São Paulo: Martins Fontes, 1999.
MERLEAU-PONTY, Maurice. *Fenomenologia da percepção*. Rio de Janeiro: Livraria Freitas Bastos, 1971.
PANOSSO NETTO, Alexandre & TRIGO, Luiz Gonzaga. *Cenários do turismo brasileiro*. São Paulo: Aleph: 2009.
PHILLIMORE, Jenny & GOODSON, Lisa (orgs.). *Qualitative Research in Tourism: Ontologies, Epistemologies and Methodologies*. Londres: Routledge, 2004.
PINE, Joseph B. II & GILMORE, James H. *The Experience Economy: Work Is Theatre and Every Business a Stage*. Boston: Harvard Business School Press, 1999.
RYAN, Chris. "Ways of Conceptualizing the Tourist Experience: a Review of Literature". Em *Tourism Recreation Research* 35 (1), s/l., 2010.
SANTOS, Carla Almeida & YAN, Grace. "Genealogical Tourism: a Phenomenological Examination". Em *Journal of Travel Research*, s/l., 2010.
TRIBE, John (org.). *Philosophical Issues in Tourism*. Bristol: Channel View, 2009.
_____. "The Indiscipline of Tourism". Em *Annals of Tourism Research*, 24 (3), 1997.
_____. "Tribes, Territories and Networks in the Tourism Academy". Em *Annals of Tourism Research*, 37 (1), s/l., 2010.

URRY, John. *Sociology Beyond Societies: Mobilities for the Twenty-first Century*. Londres: Routledge, 2000.

WEARING, Stephen. *Volunteer Tourism: experiences that Make a Difference*. Wallingford: Cabi, 2001.

Para saber mais sobre turismo de experiência

Os estudos relacionados a seguir estão direta ou tangencialmente relacionados ao tema.

ABRAHAMS, Roger D. "Ordinary and Extraordinary Experience". Em TURNER, Victor W. & BRUNER, Edward M. (orgs.). *The Anthropology of Experience*. Urbana: University of Illinois, 1986.

ANDERSSON, Tommy D. "The Tourist in the Experience Economy". Em *Scandinavian Journal of Hospitality and Tourism*, 7 (1), 2007.

ARNOULD, Eric J. & PRICE, Linda L. "River Magic: Extraordinary Experience and the Extended Service Encounter". Em *Journal of Consumer Research*, 20 (1), 1993.

BERRY, Leonard L. *et al*. "Managing the Total Customer Experience". Em *MIT Sloan Management Review*, 43 (3), 2002.

BITNER, Mary Jo. "Servicescapes: the Impact of Physical Surroundings on Customers and Employees". Em *Journal of Marketing*, 56 (2), 1992.

BOORSTIN, Daniel J. *The Image: a Guide to Pseudo-events in America*. Nova York: Atheneum, 1961.

CARBONE, Lewis P. & HAECKEL, Stephan H. "Engineering Customer Experiences". Em *Marketing Management*, 3 (3), 1994.

CARLSON, Richard. *Experienced Cognition*. Nova York: Lawrence Erlbaum Associations, 1997.

CARNEGIE, Elizabeth & MCCABE, Scott. "Re-enactment Events and Tourism: Meaning, Authenticity and Identity". Em *Current Issues in Tourism*, 11 (4), 2008.

CARÙ, Antonella & COVA, Bernard. "Revisiting Consumption Experience: a More Humble but Complete View of the Concept". Em *Marketing Theory*, 3 (2), 2003.

COHEN, Erik. "A Phenomenology of Tourism Experiences". Em *Sociology*, vol. 13, 1979.

CSIKSZENTMIHALYI, Mihály. *Flow: the Psychology of Optimal Experience*. Nova York: Harper & Row, 1990.

_____. "Happiness and Creativity". Em *The Futurist*, 31 (5), 1997.

_____ & LEFÈVRE, Judith. "Optimal Experience in Work and Leisure". Em *Journal of Personality and Social Psychology*, 56 (5), 1989.

DAVENPORT, Thomas & BECK, John. *The Attention Economy: Understanding the New Currency of Business*. Boston: Harvard Business School Press, 2002.

DAY, George S. "Managing Market Relationships". Em *Journal of Academy of Marketing Science*, 28 (1), 2000.

DENZIN, Norman K. *Symbolic Interactionism and Cultural Studies: the Politics of Interpretation*. Cambridge: Blackwell, 1992.

EDGALL, Stephen. *et al*. *Consumption Matters: the Production and Experience of Consumption*. Oxford: Blackwell, 1997.

FREW, Matt & MCGILLIVRAY, David. "Exploring Hyper-experiences: Performing the Fan at Germany 2006". Em *Journal of Sport Tourism*, 13 (3), 2008.

GILMORE, James H. & PINE, Josephine. "Differentiating Hospitality Operations Via Experiences: Why Selling Services Is Not Enough". Em *Cornell Hotel and Restaurant Administration Quarterly*, 43 (3), 2002.

GUPTA, Sudheer & VAJIC, Mirjana. The Contextual and Dialectical Nature of Experiences. Em FITZSIMMONS, James & FITZSIMMONS, Mona. (eds.). *New Service Development*. Thousand Oaks: Sage, 1999.

HIGHTOWER, Roscoe *et al*. "Investigating the Role of the Physical Environment in Hedonic Service Consumption: an Exploratory Study of Sporting Events". Em *Journal of Business Research*, 55 (9), 2002.

HIRSCHMAN, Elizabeth C. & HOLBROOK, Morris B. "Hedonic Consumption: Emerging Concepts, Methods and Propositions". Em *Journal of Marketing*, 48 (3), 1982.

JENSEN, Rolf. *The Dream Society: How the Coming Shift from Information to Imagination Will Transform Your Business*. Nova York: McGraw-Hill, 1999.

KNUTSON, Bonnie J. & BECK, Jeffrey A. "Identifying the Dimensions of the Experience Construct: Development of the Model". Em WILLIAMS, J. A. & UYSAL, M. (eds.). *Current Issues and Development in Hospitality and Tourism Satisfaction*. Nova York: The Haworth Hospitality Press, 2003.

_____ et al. "Identifying the Dimensions of the Guest's Hotel Experience". Em *Cornell Hospitality Quarterly*, 50 (1), 2009.

KUMAR, V. & KARANDE, Kiran. "The Effect of Retail Store Environment on Retailers Performance". Em *Journal of Business Research*, vol. 49, 2000.

LASH, Scott & URRY, John. *Economies of Signs and Space*. Londres: Sage, 1994.

LASHLEY, Conrad. "Marketing Hospitality and Tourism Experiences". Em OH, Haemoon & PIZAM, Abraham. (org.). *Handbook of Hospitality Marketing Management*. Oxford: Butterworth-Heinemann, 2008.

MACCANNELL, Dean. "Staged Authenticity: Arrangements of Social Space in Tourist Settings". Em *American Journal of Sociology*, 79 (3), 1973.

_____. *The Tourist: a New Theory of the Leisure Class*. Nova York: Shocken Books, 1976.

MANNELL, Roger C. & ISO-AHOLA, Seppo E. "Psychological Nature of Leisure and Tourism Experience". Em *Annals of Tourism Research*, 14 (3), 1987.

MASLOW, Abraham H. *Religions, Values and Peak-experiences*. Columbus: Ohio State University Press, 1964.

MCCABE, Scott. "The Tourist Experience and Everyday Life". Em DANN, Graham M. S. (org.). *The Tourist as a Metaphor of the Social World*. Wallingford: Cabi Publishing, 2002.

MCLELLAN, Hilary. "Experience Design". Em *Cyberpsychology and Behavior*, 3 (1), 2000.

MORGAN, Michael; LUGOSI, Peter; RITCHIE, J. R. Brent. *The Tourism and Leisure Experience*. Bristol: Channel View Publications, 2010.

MOSSBERG, Lena. "A Marketing Approach to the Tourist Experience". *Scandinavian Journal of Hospitality and Tourism*, 7 (1), 2007.

OH, Haemoon et al. "Measuring Experience Economy Concepts: Tourism Applications". Em *Journal of Travel Research*, 46, 2007.

O'SULLIVAN, Ellen Lupia & SPANGLER, Kathy J. *Experience Marketing: Strategies for the New Millennium*. State College: Venture Publishing, Inc., 1998.

PINE II, B. Joseph & GILMORE, James H. "Welcome to the Experience Economy". Em *Harvard Business Review*, jul-ago. de 1998.

PRAHALAD, Coimbatore K. & RAMASWAMY, Venkatram. "The New Frontier of Experience Innovation". *MIT Sloan Management Review*, 44, 2003.

PULLMAN, Madeleine E. & GROSS, Michael A. "Ability of Experience Design Elements to Elicit Emotions and Loyalty Behaviors". Em *Decision Sciences*, 35 (3), 2004.

QUAN, Shuai & WANG, Ning. "Towards a Structural Model of the Tourist Experience: an Illustration from Food Experiences in Tourism. Em *Tourism Management*, 25 (3), 2004.

RYAN, Chris (org.). *The Tourist Experience*. Londres: Continuum, 2002.

SCHMITT, Bernd. *Experiential Marketing*. Nova York: The Free Press, 1999.

SCOTT, N. et al. (org.). *The Marketing of Hospitality and Leisure Experiences*. Abingdon: Routledge, 2010.

SHAW, Colin & IVENS, John. *Building Great Customer Experiences*. Nova York: Palgrave MacMillen, 2002.

SINGER, Jerome L. *Daydreaming: an Introduction to the Experimental Study of Inner Experience*. Nova York: Random House, 1996.

SMITH, Valene L. *Hosts and Guests*. Londres: Sage Publications, 1978.

SWANSON, Guy E. "Travels Through Inner Space: Family Structure and Openness to Absorbing Experiences". Em *The American Journal of Sociology*, 83 (4), 1978.

THORNE, Frederick C. "The Clinical Use of Peak and Nadir Experience Reports". Em *Journal of Clinical Psychology*, 19 (2), 1963.

TITZ, Karl. "Experiential Consumption: Affect – Emotions – Hedonism". Em PIZAM, Abraham & OH, Haemoon (org.). *Handbook of Hospitality Marketing Management.* Oxford: Butterworth-Heinemann, 2007.

TURLEY, Lou W. & MILLIMAN, Ronald E. "Atmospheric Effects on Shopping Behavior: a Review of the Experimental Evidence". Em *Journal of Business Research*, 49 (2), 2000.

URIELY, Natan. "The Tourist Experience". Em *Annals of Tourism Research*, 32 (1), 2005.

URRY, John. *The Tourist Gaze*. Londres: Sage Publications, Inc., 2002.

YUAN, Yi-Hua E. & WU, Chihkang K. "Relationships Among Experiential Marketing, Experiential Value, and Customer Satisfaction". Em *Journal of Hospitality & Tourism Research*, 32 (3), 2008.

ZAJONC, Robert B. "Feeling and Thinking: Preferences Need no Inferences". Em *The American Psychologist*, 35 (2), 1980.

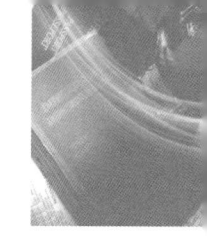

Turismo de experiência e o sentido da vida

Josemar de Campos Maciel

> A HISTÓRIA DE DETETIVE IDEAL DÁ AO LEITOR TODAS AS PISTAS, MAS, MESMO ASSIM, ELE FALHA NA HORA DE APONTAR O CRIMINOSO. ELE É CAPAZ DE PERCEBER CADA PISTA APARECENDO EXATAMENTE NO MOMENTO EM QUE ELA SE LHE APRESENTA. NÃO PRECISA DE PISTAS ADICIONAIS PARA RESOLVER O MISTÉRIO. NO ENTANTO, PERMANECE NO ESCURO, PELA SIMPLES RAZÃO QUE ENCONTRAR A SOLUÇÃO NÃO É CASO DE APENAS APREENDER UMA OU OUTRA PISTA, NEM SE TRATA DA SIMPLES MEMÓRIA DE TODAS ELAS JUNTAS. É NECESSÁRIA UMA ATIVIDADE BEM DIFERENTE DE INTELIGÊNCIA ORGANIZATIVA, QUE SEJA CAPAZ DE SITUAR TODAS AS CATEGORIAS DE PISTAS EM UMA ÚNICA PERSPECTIVA DE EXPLANAÇÃO.
>
> BERNARD LONERGAN, *INSIGHT. A STUDY ON HUMAN UNDERSTANDING*[1]

Propondo a questão

O que segue é um exercício de reflexão para situar alguns dos significados mais relevantes da *experiência* implicada na atividade chamada de *turismo de experiência*, em relação à possibilidade de produção de saúde no contexto da cultura contemporânea.

---

[1] Todas as traduções apresentadas neste capítulo são de autoria do autor.

[ANÁLISES TEÓRICAS]

Em uma reflexão inicial e aproximativa, o turismo de experiência pode ser definido como uma forma de negociação com o limite, em primeira pessoa. Em si, todo turismo já é praticamente uma negociação com a mudança, com a experiência de sair de si, de variar, de criar oportunidade para o aparecimento da aventura. No caso do turismo de experiência, entendo que essa dimensão de alteridade da experiência buscada na aventura, em maior ou menor grau, vem para o primeiro plano.

O risco, o limite, sua superação e seu enfrentamento qualificam todo o trabalho ou atividade de variação ou de divertimento que está sendo executada. A partir daí surge a pergunta pelo sentido psicológico dessa busca e abre-se o espaço desta meditação. Trata-se, aqui, de imaginar cenários possíveis para a ideia de experiência, contida – ou embutida – na busca de superação, talvez elaborando a sua integração em modelos de pensamento possíveis. Em outras palavras, pensar a transcendência de um fenômeno, o lugar a partir do qual ele se põe e se supera.

Imaginar cenários possíveis é uma importante função de toda ciência qualitativa. Isso vale especialmente para a psicologia, se ela aceita o desafio de ser ciência "em primeira pessoa".[2] Para Georges Politzer (1903-1942), a psicologia deve ser capaz de refletir a unicidade da experiência do indivíduo singular. A partir da indicação dessa tarefa, ele aponta para a importância da instauração da experiência individual como um objeto de reflexão, num campo dividido entre a filosofia e a psicanálise, investindo contra modelos de investigação que buscam explicar o humano com base em conceptualizações prévias, desconsiderando a dinâmica e o esforço de significar implicados na experiência do indivíduo, exatamente porque a singularidade é um dos traços mais importantes para distinguir a existência da sociedade humana enquanto tal – essa ambição que os seres humanos têm de ser diferentes dos outros animais e, ainda, de ser diferentes entre si.

Segundo Politzer, quem se arvora em estudioso do humano sem negociar com o efêmero, desprezando a perspectiva de primeira pessoa, assemelha-se a quem quer apenas mudar o lado da rua do laboratório de física ou de biologia. E o que é negociar com o efêmero? É abraçar a multiplicidade das experiências da vida a partir de uma perspectiva mais ou menos unificadora da existência, ou seja, articulando o todo no fragmento, o universal no particular, o horizonte no instante.

O tema da experiência apareceu mais ou menos assim no palco da reflexão filosófica do século XX. Teve suas fortunas e desvarios ao longo de todo o século, e

---

[2] Georges Politzer, *Critique des Fondements de la Psychologie: la Psychologie et la Psychanalyse* (Paris: Presses Universitaires de France, 1967), p. 69.

não parece perder importância. Em tempos em que políticas e desastres se decidem a partir do *macro*, o ser humano deveria aprender a se comunicar pela perspectiva do significado do *micro*, do indivíduo que busca eventos por prazer. Talvez porque prazer e ganância estejam dimensionando boa parte das questões atuais, estudar um de seus recortes fenomênicos seja interessante.

Esse esforço reflexivo começará com uma suposição. Suposição porque não quer ser uma hipótese; não pretende atingir uma perspectiva oracular, objetiva, nem metafenomênica. A suposição é a de que é importante situar o trabalho de pensar a experiência a partir de uma possível perspectiva de primeira pessoa, porque a busca de experiências no mundo atual pode ser entendida como uma tentativa de reencontrar, ou de reposicionar, a possibilidade de ser pessoa (ou de tornar-se uma pessoa, outra pessoa, uma pessoa diferente, e assim por diante), mesmo que num intervalo de tempo comprado.

Assim, esta é nada mais que uma breve investigação acerca da experiência e dos contextos de sua busca nos tempos atuais. Dentro desse enfoque, pois, buscarei respostas para três perguntas: o que significa o *pessoal* numa experiência pessoal; que sentidos podem ser atribuídos à ideia de *experiência*; e, finalmente, qual a relação possível entre a busca de limites no turismo de experiência e a produção de saúde, ou de condições para a produção de perspectivas mais proativas nos termos de um sistema de vida aceitável para as pessoas desse tempo tão frenético.

A experiência e o pessoal... em crise

Em primeiro lugar, é preciso investigar se e até que ponto é possível falar de experiência "pessoal". Para mencionar apenas dois vetores da análise cultural mais comum, pode-se, por um lado, lembrar a investigação que, a partir das teorias do hibridismo cultural, traz para a superfície a impressão de que, cada vez mais, a identidade social, o pertencimento e a filiação a grupos ou a comunidades estão sob sério exame e renegociação.[3] Por outro lado, pode-se ainda aludir a pesquisadores – ou a profetas, vai saber – da midiatização do universo, que apontam para a problematização da identidade como um campo de simulação, a partir do qual o indivíduo duvida se é ou não apenas um pastiche ou o simulacro de um avatar, um arremedo de máscara. Assim,

---

[3] Nestor Garcia Canclini, "Culturas híbridas y estrategias comunicacionales", em *Estudios sobre las culturas contemporáneas*, época II, vol. III, nº 5, Colima, junho de 1997, pp. 109-128.

Stuart Hall, com seus duros apontamentos sobre a produção da identidade diaspórica no mundo atual, identidade que fica ainda mais complicada quando vista a partir de uma cultura da representação, que, por sua vez, não tem outro lado.[4]

Uma forma de abordar esse tipo de pergunta é analisar dados trazidos por pessoas que se aventuraram pela área. Apontar para um psicólogo que pensou o contexto da experiência, e, se ele mesmo fosse um turista desse estilo, significaria apontar para Viktor Emil Frankl (1905-1997), em cuja vida a investigação da identidade e da aventura se tornou fonte de saúde e de doença. Ele procurou, até o fim, formatar categorias de pensamento para um século capaz de grandes horrores, tendo sido o holocausto, que ele viu em primeira pessoa, apenas um deles, e não o menor. Um pensador que tem um ponto de contato interessante com o turismo de experiência, uma vez que se trata, além de um renomado pensador da psicologia em chave antropológica, de um atleta dedicado ao alpinismo.[5]

Uma luz interessante sobre o nosso tema pode ser trazida pelo seu conceito de *neurose noogena*.[6] De saída, é importante lembrar que, em terminologia psicanalítica, a *neurose* é um mecanismo de compensação do ser humano em vista de situações ameaçadoras ou agressivas do ambiente. Não se trata, a rigor, de uma doença, como uma invasão viral do organismo, nem necessariamente de um processo de adoecimento, pelo menos não como os processos orgânicos.

A neurose não é determinada assim, mas é uma família de possíveis arranjos psíquicos – arranjos porque nem sempre se trata da estruturação ideal. Acontece que, muitas vezes, é tudo o que é possível para que a pessoa continue viva, em posse de suas funções psíquicas e de sua capacidade de trabalho. Uma espécie de improvisação, de adaptação com algum desconforto, que com o tempo pode ir aumentando e se tornando mais complicado, pesado, sofrido, patológico.

Na verdade, falar de neurose noógena, trazendo a ideia de neurose para um contexto mais existencial que biomédico, é muito mais enunciar as estruturas de compensação que as pessoas usam para se defender do seu tempo e das formas de organização de sua época. O núcleo desse pensamento é a ideia de que o tempo, as estruturas sociais, o sistema geral de vida e a sua grande percepção, o horizonte tota-

---

[4] Stuart Hall, "Pensando a Diáspora: reflexões sobre a terra no exterior", em Liv Sovik (org.), *Da Diáspora: identidades e mediações culturais* (Belo Horizonte/Brasília: Editora UFMG/ Representação da Unesco no Brasil, 2003).
[5] Viktor Emil Frankl, *Recollections: an autobiography* (Nova York: Insight, 1997).
[6] Viktor Emil Frankl, *On the Theory and Therapy of Mental Disorders: an Introduction to Logotherapy and Existential Analysis* (Nova York: Brunner-Routledge, 2004), pp.151-156.

lizante a partir do qual as pessoas veem essa vida, é fator de geração de saúde ou de adoecimento.

Outros autores denunciaram, em termos diferentes, problemas parecidos.[7] Aqui interessa desencavar o recorte psicossocial da problemática de sentido do homem contemporâneo. Pois bem, isso começa com a percepção de que na base da concepção psicoantropológica de Viktor Frankl está a ideia de uma consciência intencional que guia a capacidade do indivíduo de colocar em prática suas decisões, dando um rumo a sua existência – ao seu "sair-de-si", *ex-sistere*. A isso os antigos gregos denominavam *noûs*, o que poderíamos traduzir por "mente", ou por "capacidade de pensar, de intuir". É uma "mente" totalizante, que instaura um âmbito denominado *noogeno*.[8] É um lugar ou aspecto da mente humana – uma visada, a partir da qual se tomam as decisões ou se organizam as prioridades.

Para Frankl, a psicanálise pode ser desenhada e ele efetivamente a desenhou em sua autobiografia.[9] No desenho pueril que mostra como ele visualiza o que foi posteriormente chamado de as "três escolas vienenses" de psicanálise aparecem três degraus, como se fosse uma espécie de pirâmide. Na figura, as imagens vão diminuindo de tamanho – Freud aparece bem maior que Adler que, por sua vez, é maior que Frankl, o terceiro esboçado mais em baixo.

Em minha opinião, isso se deve a uma fundamental interdependência das figuras. Ou seja, basicamente, para ler os "mal-estares" da civilização haveria três grandes degraus, que, na obra de Frankl, vão corresponder a três categorias, representadas pelas figuras de três autores: Sigmund Freud, Alfred Adler e ele mesmo, Viktor Frankl.

A vontade de prazer ou o desejo são corporificados na figura dominante de Freud. A partir do prazer e de sua negação ou controle, Freud pensaria todo o psiquismo humano e estruturaria a discussão também da cultura, segundo Frankl. É como se a de Freud fosse uma primeira tentativa de totalizar a relação entre o homem e o seu tempo, entendendo um pouco do sentido da sua existência. Para Frankl, Freud é importante, aponta para pistas fundamentais, mas fica a meio caminho.

Mais velhinho e um pouco menor, aparece Adler na mesma imagem, representando a vontade de poder. Na análise de Frankl, para Adler o existir humano apareceria como que regulado por uma competição na qual as determinações de espaços e esfe-

---

[7] Erich Fromm, *Psicanálise da sociedade contemporânea* (Rio de Janeiro: Zahar, 1961).
[8] Viktor Emil Frankl, *On the Theory and Therapy of Mental Disorders: an Introduction to Logotherapy and Existential Analysis*, cit.
[9] Viktor Emil Frankl, *Recollections: an autobiography*, cit., p. 52.

ras de influência seriam responsáveis pela formatação de toda a esfera da convivência humana, compreendendo desde a personalidade infantil até as grandes instituições, de bancos a Estados-nação.

Para Frankl, no entanto, existe um terceiro degrau, mais inclusivo, apesar de mais discreto, onde ele mora com sua leitura mediada entre a medicina e a filosofia. A partir de sua óptica, poder-se-ia ler todo o existir humano postulando no homem – para além de prazer e poder – a existência de uma "vontade de sentido".

Em Frankl, a consciência humana se apresenta como lugar simbólico a partir do qual o ser humano se orienta no mundo dos outros e dos objetos; um lugar que possui certa transparência e que remete para fora de si. Significa que a consciência humana pode ser resgatada em seu significado transcendente, indo do real ao mesmo tempo que remete a outro sentido mais vasto, de consciência de um indivíduo e de consciência na qual e a partir da qual "acontece" toda uma espécie. Pois bem, trata-se da sede do ser humano no estar temporal, no situar-se no tempo e no espaço. Essa sede possui alguns pontos de referência:[10]

- Ela precisa orientar-se na relação com o tempo. Precisa de uma tradição, que é uma espécie de tesouro sedimentar de feitos e ditos, bons e maus, da totalidade de cultura. A tradição contém uma quantidade enorme de material que deve passar por um processo de elaboração, de reprocessamento e de escolha.
- Mas, além de uma tradição, a consciência precisa ainda de uma razão capaz de montar uma ponte com o presente, com os desafios da realidade, a partir do referencial desse tesouro ambíguo, representado pela tradição – importante frisar que, para um judeu, a tradição é uma fonte desafiante e ambígua, porque precisa ser lida, relida, reinterpretada até poder transformar-se em atos e decisões.

Trata-se de uma dialética que consome muita energia, e é do seio dela que emerge a tarefa da consciência de determinar um horizonte a partir do qual o indivíduo se torne capaz de perceber a transcendência das pequenas decisões, dos pequenos atos do cotidiano, e, assim, consiga orientar suas ações como produtoras de um sentido.

É importante que se considere que tenho em mente o "instante" em que ocorre a tentativa de superação de um limite, como num salto arriscado, impressionante para quem o vive e talvez lindo para quem o assiste; ou como no momento de aceleração, e assim por diante. Esse instante é um gigante microscópico, alguns segundos que

---

[10] Viktor Emil Frankl, *Psychotherapy and Existentialism: Selected Papers on Logotherapy* (Nova York: Clarion Books, 1968), pp. 50-95.

possuem grande transcendência, enquanto ele, o instante, projeta-se no sentido do passado e do diálogo com a tradição, e também em direção à busca de uma forma de racionalidade.[11]

Ora, ocorre que os dois referenciais citados, que faziam a alegria do romantismo alemão, foram desconstruídos, ou pelo menos andam mal das pernas. A tradição sofre um golpe duríssimo no século XX, quando perde a capacidade de elaboração do rápido e mutante progresso tecnológico e vai se transformando cada vez mais em repetição congelada de um passado meio inventado, mas ideologicamente útil para justificar a dominação tirânica.[12] De resto, há muito que já era apontado por outros especialistas que, perdida a referência da tradição, instaurar-se-ia uma nova ordem de arranjos muito mais fluida.[13]

Do outro lado do espectro, a razão também entra em crise, justamente uma crise produzida por um efeito iatrogênico do remédio. Depois de descobrir, com Freud, que o inconsciente existe, a nossa época liberou a pulsão e não saiu mais de sua prisão, ficando desequilibrada e tensa. Pode-se ver essa crise instaurada no seio da própria noção de razão, que, cada vez mais, se confunde com um de seus produtos, como o processamento de informações, numa espécie de messianismo fisicalista.

Ora, para toda uma geração fundadora da crítica da cultura ocidental – incluindo Frankl – está instaurada a era da falta de referências. E multiplicam-se as etiologias. A falta de referências ocorre ora por confusão (Baudrillard), ora por cansaço (Vattimo), ora por excesso (Lipovetsky), ora por derretimento (Berman, exagerando um pouco uma expressão de Marx).

Aparece uma situação de apresentação de sujeitos, ou mesmo coletividades, que são como ilhas suspensas no vácuo – como a imagem apresentada no planeta satélite Pandora, criado pela imaginação espetacular de James Cameron,[14] que apresenta lindíssimas montanhas suspensas, sem raízes no solo. Para Frankl, é nessa situação de vazio ou vácuo existencial que se instaura a chamada *neurose noogena*, um vazio de frustração na esfera espiritual do indivíduo. E a intuição aqui apresentada é a de que o "salto" do turista de experiência é um salto nesse vazio, para tentar fabricar um caminho para fora dele.

---

[11] Mike Joseph McNamee (coord.), *Philosophy, Risk and Adventure Sports* (Londres/Nova York: Routledge, 2007).
[12] Marshall Berman, *Tudo que é sólido desmancha no ar: a aventura da modernidade* (São Paulo: Companhia das Letras, 1982).
[13] Ferdinand Tönnies, *Community and Civil Society* (Cambridge: Cambridge University Press, 2001).
[14] James Cameron (dir.), *Avatar* (Estados Unidos, 2009).

Experiência e experiências

Certamente, a metáfora reguladora deste texto é a de um salto no abismo. Entretanto, eu gostaria de apresentar uma diferença dentro desse abismo para não repetir simplesmente a metáfora frankliana. Quero ainda caracterizar um pouco melhor a ideia de experiência para, finalmente, propor algum horizonte de busca no interior do qual a experiência faça sentido.

Assim, quero explorar neste ponto a questão dos sentidos que comumente se andou atribuindo à ideia de experiência. Começarei tentando trazer à tona algumas categorias de leitura para sedimentar a reflexão sobre algumas referências mais ou menos etimológicas.

ALGUNS SENTIDOS DE EXPERIÊNCIA

Georg Simmel enumera pelo menos duas características fundamentais para que se entenda a vida urbana no início do século XX, o excesso e a fragmentação.[15] Por um lado, a ideia de excesso acena para a perda da capacidade dos indivíduos de categorizar o crescente número de estímulos que os rodeiam.

A capacidade de assimilar, ritmar e temporalizar a demanda cada vez maior de espaços, decisões, atitudes e respostas sempre eficazes e prontas vai ficando afetada na medida em que se vai estabelecendo uma condição de esforço constante e exauriente, que a psicologia batizou ora como *ansiedade*,[16] ora como *estresse*.[17] É interessante anotar que a ansiedade é entendida como um medo difuso, sem objeto, mas que, mesmo assim, mina as forças do sujeito, enquanto vai drenando sua confiança na própria capacidade de decidir.

Já o estresse é um passo adiante no processo, que aparece em Fromm como um passo ulterior na consolidação de uma civilização que se estrutura ao redor do medo de enfrentar a questão da autoridade e que, por isso mesmo, acaba cedendo sob o peso de uma estrutura insustentável. Não é à toa que a palavra estresse, ou *stress*, vem da engenharia, significando a "quantidade de peso que uma viga ou barra é capaz de suportar sem envergar ou sofrer deformações importantes". Para Frankl, no entanto, ainda mais grave que o estresse é o vazio, descrito como *tédio* ou como *noia*, percep-

---

[15] George Simmel, "The Metropolis and Mental Life", em *On Individuality and Social Forms* (Chicago: University of Chicago Press, 1903).
[16] Rollo May, *O homem à procura de si mesmo* (Petrópolis: Vozes, 1995).
[17] Erich Fromm, *Psicanálise da sociedade contemporânea* (Rio de Janeiro: Zahar, 1961).

ção do absurdo de viver.[18] Trata-se do absurdo do vazio, o outro lado da superestimulação, exatamente aquela imagem que se vê quando o olhar fica saturado. É um borrão, já meio esfumado, sem definição e sem oriente. Seja o tédio, seja o seu filho mais simples, o estresse, trata-se de categorias sociopatogênicas, ou seja, grandes condições comportamentais que podem ser perigosas, se a pessoa se expuser longamente a elas. E a maioria dos trabalhadores da civilização tecnoindustrial, de Tóquio a Paris, está exposta a isso durante toda uma vida produtiva. Seu fruto quase que lógico é a fragmentação.

A ideia de *fragmentação*, também trazida à atenção das ciências sociais por Simmel, é como que uma decorrência lógica do excesso de estimulação e de demandas. O indivíduo, por falta de capacidade de manter contato consigo mesmo em um mundo de estímulos em excesso, acaba se estruturando como descontinuidade. Perde compromisso com o *self*, consigo mesmo, perde um pouco do que poderia ser uma orientação vital básica, e é obrigado a posicionar-se na sociedade de maneira fractal, descontínua, que favorece ora uma, ora outra *persona* ou *avatar*. Bauman observa que

> No caso da identidade, como em outros, a palavra comum da modernidade foi "criação". A palavra comum da pós-modernidade é "reciclagem". [...] A principal angústia relacionada com a identidade em tempos modernos era a preocupação com a perdurabilidade; hoje, o interesse está em evitar o compromisso. A modernidade construía em aço e cimento; a pós-modernidade, em plástico biodegradável.[19]

A descontinuidade obriga a dar saltos no sentido de criar estruturas que possam ser montadas e desmontadas com velocidade para manter algumas condições de vida. A circulação cada vez mais rápida de mercadorias, de imagens e, por consequência, de identidades exige um contraponto a partir do retorno tão propalado da experiência.

Alguns sentidos

A ideia de experiência pode ser vista como um lugar a partir do qual se tenta dar um contraponto à alienação ou à superficialização inevitável dos laços sociais e da vida individual. Mas convém explicitar de que experiência se trata. Ahola, que

---

[18] Viktor Emil Frankl, *On the Theory and Therapy of Mental Disorders: an Introduction to Logotherapy and Existential Analysis*, cit.
[19] Zygmunt Bauman, "De peregrino a turista, o una breve historia de la identidad", em S. Hall & P. du Gay (orgs.), *Cuestiones de identidad cultural* (Buenos Aires/Madri: Amorrortu Editores, 1996), p. 40.

tomarei como exemplo, define três eixos de análise para o discurso sobre a noção de experiência: *fenômeno íntimo, descontinuidade do cotidiano* e *fenômeno midiatizado*.[20]

Não é possível separar, nesse campo, a questão psicológica do diálogo com as novas áreas de pesquisa do entretenimento. Holbrook e Hirschman comparam alguns aspectos do consumo e uma possível perspectiva de processamento de informação para propor uma teoria do consumo movida a partir de uma "perspectiva experiencial". Segundo eles, a "perspectiva experiencial [...] vê o consumo como um estado subjetivo primário de consciência, dotado de grande variedade de significados simbólicos, respostas hedonísticas e critérios estéticos". [21]

A experiência que se busca é uma passagem individual, um esforço multissensorial que envolve tanto os sentidos da pessoa que busca a experiência, quanto a *presença*, o recorte da temporalidade e do sentido da sua existência, mesmo enquanto ficção – pois, afinal, o turismo faculta essa seriedade de brinquedo que é tão definitiva para o mundo das crianças. Como que um ensaio de experiência humana. Assim se envolvem os sentidos, o imaginário, a temporalidade, a corporeidade.

Outra maneira de analisar enfatiza a descontinuidade em relação ao cotidiano.[22] O mundo ocidental, com sua organização cíclica diária do ritmo de trabalho com um intervalo semanal, criou um estilo de ser marcado pela repetição e pela intensificação. Esse estilo recebe um reforço na invenção de períodos de ruptura e de entrada numa esfera do extraordinário, as férias, períodos discrecionais, ou períodos de possíveis experiências "extra-ordinárias", ou seja, fora do ordinário, que quebram a ordem. Do seio do sistema de trabalho objetivizado, uma forma histórica da industriosidade humana tornada objetiva, nasce a indústria do ritmo variado, e também a metafísica da experiência como entretempo – como um tempo diferente no interior de um tempo mais amplo.

Ahola[23] pontua ainda que a categoria do extraordinário pode ser comparada às experiências de pico, tematizadas por Maslow.[24] Distinguindo-se da experiência cotidiana, do fluxo diário de estilo casa-trabalho, a experiência extraordinária tem dois traços: o primeiro é a sua ativação, que acontece por meio de eventos descontínuos

---

[20] Eeva-Katri Ahola, "How Is the Concept of Experience Defined in Consumer Culture Theory? Discussing Different Frames of Analysis", em *Kuluttajatutkimus*. Nyt. 1, 2005, pp. 91-98.
[21] Morris Holbrook & Elizabeth Hirchman, "The Experiental Aspects of Consumption: Fantasies, Feelings, and Fun", em *Journal of Consumer Research*, 9, 1982, pp. 132-140.
[22] Max Weber, *Ensaios de sociologia*, trad. Waltensir Dutra (5ª ed. Rio de Janeiro: LTC, 1982).
[23] Eeva-Katri Ahola, "How Is the Concept of Experience Defined in Consumer Culture Theory? Discussing Different Frames of Analysis", cit. p. 94.
[24] Abraham Maslow, *Introdução à psicologia do ser* (Rio de Janeiro: Eldorado, 1962).

ou não usuais; o segundo, a sua caracterização, uma vez que é preenchida por níveis mais altos de intensidade de sentimentos e emoções. Em comparação com as experiências de pico, as experiências extraordinárias não requerem treinamento especial, nem um longo processo preparatório, nem uma forma específica de relacionamento.

Há ainda uma distinção útil feita em Ahola, segundo a qual existem experiências limiares e liminoides, considerando-se que, etimologicamente, um limiar é a divisa, um estado entre dois pontos, como o normal e o além do normal.[25]

No caso de peregrinações religiosas, por exemplo, existem estados ou momentos preliminares da experiência, como a preparação de uma peregrinação até o monte Athos ou a outro santuário; estados liminares ou limiares, nos quais o peregrino experimenta a fronteira entre o sentido cotidiano da sua existência e a possibilidade de expandir esse limite, vendo além dele – pode-se falar, aqui, em *experiência de conversão*, de mudança de um ponto a outro, de afinamento do olhar – e estado ou momento pós-liminar, no qual o peregrino, depois da experiência extraordinária, retorna à sua comunidade e ocupações de origem, que se lhe afiguram como mais suportáveis e mais agradáveis, posto que iluminadas, ressignificadas ou enquadradas por uma luz superior, por uma perspectiva diante da qual é possível relativizar problemas e dificuldades.

Assim, partindo de estudos das situações liminares, mais comumente referidos ao estudo das experiências religiosas, no âmbito do turismo as experiências teriam características liminoides. Tratar-se-ia, aqui, de ficções de experiências, não em sentido depreciativo, mas estritamente técnico, apontando para o fato de que as experiências são criadas artificialmente, ou seja, produzidas com objetivo claramente estético--sensorial – tornam-se extraordinárias por si mesmas, como produtos, não mais tratadas como subprodutos de um sistema de vida, tal qual o religioso ou o místico.

Trata-se de um deslocamento importante, porque o desejo que orientava para a experiência do religioso continua alimentando a busca, formalmente ainda a mesma, o que talvez explique por que o nível de expectativa é sempre muito alto. A experiência liminoide é caracterizada por um contrato que precisa ter diversas formas e camadas de trabalho, tendo que prever situações de risco, problemas, desistências, compensações monetárias, nem sempre previstas no sistema mais tradicional, ligado

---

[25] Eeva-Katri Ahola, "How Is the Concept of Experience Defined in Consumer Culture Theory? Discussing Different Frames of Analysis", cit., pp. 91-98.

à esfera do religioso ou do místico,[26] trabalhando em outros termos essa ideia de deslocamento.

Outra linha de análise da experiência parte da pergunta sobre a gênese dos significados no mercado, ao sabor das reflexões de Stuart Hall.[27] Desse ponto de vista, investigam-se, sobretudo, as estruturas normativas que disciplinam os padrões de consumo de produtos da indústria de diversão e de consumo em geral. Existem, do ponto de vista dos estudos culturais, mensagens normativas transmitidas pelos *media* que regulam as regras das relações de consumo e as preferências do público.

Foi necessária uma breve passagem pela literatura da área para, pelo menos inicialmente, validar a ideia de que o fenômeno da experiência possui entradas que podem estender-se em vários sentidos de leitura. Será possível também explorar um pouco melhor a relação da experiência subjetiva com o tempo por meio de uma visita à etimologia.

Dois âmbitos: continuidade e ruptura

Uma investigação etimológica atribui, na língua alemã, dois significados para experiência: *Erfahrung* e *Erlebnis*. *Erfahrung* é a ideia de um caminho feito mais ou menos no sentido de adquirir autenticidade: trata-se de uma forma de encontro com o real, com as coisas mesmas, que caracteriza o ser humano ao longo de toda a sua trajetória histórica. É um encontro com as coisas mesmas, na medida em que a mediação da linguagem se deixa permear – como afirma Siewerth,[28] a experiência (*Erfahrung*) "[...] é um conhecimento experimentado através da relação com as próprias coisas" (*Nach Wortsinn und Wesen, ist Erfahrung eine Erkenntnis, die durch Begegnung von den Wirklichen Dingen her gewonnen ist*). Trata-se de um conceito parecido com o de *história*, um patrimônio da memória, algo de que se pode lembrar, algo a partir do que é possível extrair lições positivas para projetar experiências ulteriores.

Assim, do ponto de vista da tradição conceitual, a experiência possui um aspecto ativo, produtivo, actancial, e entende-se o ser humano como sendo, de certo modo, também produtor de um recorte de sua trajetória humana, exatamente a mediação entre a própria corporeidade ou temporalidade e os objetos (da sua experiência).

---

[26] Zygmunt Bauman, "De peregrino a turista, o una breve historia de la identidad", em Stuart Hall & Paul du Gay (orgs.), *Cuestiones de identidad cultural* (Buenos Aires/Madri: Amorrortu Editores, 1996).

[27] Stuart Hall, "Pensando a Diáspora: reflexões sobre a terra no exterior", em Liv Sovik (org.), *Da Diáspora: identidades e mediações culturais*, cit.

[28] Gustav Siewerth, "Erfahrung", em J. Höfer & K. Rahner, *Lexikon für Theologie und Kirche* (Dritter Band/Freiburg: Co let bis Faistenberger/Herder, 1986), pp. 977-981.

Além dessa ideia, que traduz um sentido mais forte de linearidade e de acúmulo de conhecimento (que denominamos exatamente *experiência* no sentido de conhecimento obtido através do contato direto com algo por longo tempo), existe outro lado: a experiência entendida como *Erlebnis*.

Trata-se, dessa vez, de uma ruptura, não exatamente de um caminho.[29] A tradução literal de *er* + *leben* poderia ser algo parecido com "viver, passar por", mas num sentido de verticalização e de instauração de descontinuidade. Aqui se compreende uma dimensão talvez muito mais receptiva do que a ideia comentada. A pessoa que vive uma experiência no sentido de uma *Erlebnis* é atravessada por uma experiência que qualifica sua relação com o outro, com a totalidade do real, consigo mesma. Na história da conversão de Lutero, afirma-se que ele teve uma *Turmerlebnis*, uma experiência da (na) Torre.[30]

Em outras palavras, acontece como um *insight*, um momento de tomada de consciência, uma iluminação, uma conversão. É como se, de repente, a experiência no primeiro sentido, ativo e produtivo, recebesse uma resposta do ambiente e, a partir daí, fosse qualificada de forma mais densa ou mais própria.

Numa análise mais próxima do trabalho fenomenológico, poderíamos "desenhar" a experiência como uma dialética entre dois sentidos, um contínuo marcado pela rotina, pela repetição, pela busca incessante mas discreta de aprendizagem. Representado na figura 1 por uma única seta discretamente ascendente, ele é recortado por outras setas, mais pontiagudas, em um segundo sentido, que o seccionam lateralmente. Não se trata de experiências rotineiras, que também não são, necessariamente, experiências que se solidificam. Sua função é qualificar, retraçar e recortar a outra seta, dando-lhe mais consistência, enquanto se contrapõem a ela.

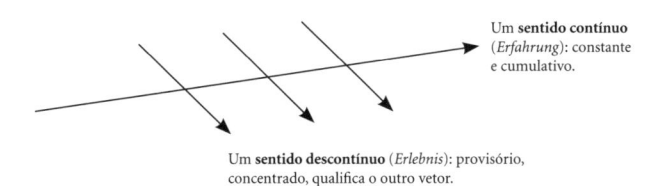

Um **sentido contínuo** (*Erfahrung*): constante e cumulativo.

Um **sentido descontínuo** (*Erlebnis*): provisório, concentrado, qualifica o outro vetor.

FIGURA 1. DOIS SENTIDOS DA DIALÉTICA DA EXPERIÊNCIA.

---

[29] Mauro Amatuzzi, "Experiência: um termo-chave para a psicologia". *Memorandum*, 13, 0815, 2007, disponível em http://www.fafich.ufmg.br/~memorandum/a13/amatuzzi05.pdf.

[30] Martinho Lutero, *Obras selecionadas: os primórdios. Escritos de 1517 a 1519*, vol. 1 (São Leopoldo/Porto Alegre: Sinodal/Concórdia, 1987).

[ANÁLISES TEÓRICAS]

Como não entender a questão

Nem sempre fica clara, para os analistas e profissionais em geral, a interação entre essas duas dimensões. Isso pode ser estudado brevemente a partir de um exemplo extraído do artigo em que Stuart, tentando promover a experiência de uma forma específica de viagem turística, acaba por desqualificá-la.[31] Trata-se da viagem em busca de experiências místicas no consumo da Ayahuasca, referido por Stuart no interior do Peru. Na verdade, essa forma de cultivo de experiências acontece em toda a região Norte do Brasil, onde mais se encontre a erva.

Devo esclarecer, neste ponto, que me interessam a estrutura da viagem turística e a experiência de aventura imbricada em todo o contexto, não as discussões acerca de consumo de drogas ou de substâncias em ritos particulares. De resto, viajar para consumir substâncias é uma ideia muito vaga, e, de saída, não se pode dizer se é uma viagem à fronteira para comprar uísque; ou uma peregrinação liminoide a vinhedos e enotecas; ou uma grande festa da cerveja. Assim, interessa-me apenas e tão somente frisar, em um caso típico, a dificuldade de perceber dimensões subjetivas, eventuais, e a estrutura dialética da experiência mencionada.

Stuart narra diversos aspectos da viagem do turista, desconsiderando as dimensões subjetivas ou tornando-as algo acessório. Apresenta a viagem, suas dificuldades e possibilidades e, quase concluindo, troveja, com um balanço final:

> É óbvio que as minhas observações e encontros pessoais serão diferentes dos de qualquer outra pessoa que viaje ao Peru. Mas eu advertiria turistas em potencial a avaliar as próprias motivações para determinar se vale a pena fazer uma longa viagem para outro continente. Se o interesse é aprender os diversos aspectos de outra sociedade, e se a pessoa está disposta a navegar pela rústica infraestrutura peruana, então pode ser interessante experimentar a *ayahuasca* em um momento de férias. Por outro lado, se o interesse específico da pessoa for apenas experimentar a *ayahuasca*, seria mais barato preparar a mistura em casa, com ingredientes encomendados de um fornecedor etnobotânico. Com a ajuda de algum amigo mais experiente, pode-se ter uma intensa experiência enteogênica, na segurança e no conforto da própria morada, ou em um lugar natural isolado. Esta abordagem de estilo faça-você-mesmo poderia vir a ser muito mais iluminadora do que a que a pessoa experimentaria depois de viajar todo o caminho até a América do Sul.[32]

---

[31] Rachel Stuart, "Ayahuasca Tourism: a Cautionary Tale", em *Maps*, vol. XII, nº 2, verão de 2002.
[32] *Ibid.*, p. 38.

O discurso de Stuart trai uma sensibilidade tipicamente colonialista e aponta para o desafio de perceber a importância da dinâmica subjacente ao turismo de experiência. Não se trataria, do ponto de vista de quem busca, de perceber os efeitos de uma substância, mas de algo mais que não está sendo capturado na sua leitura. Nela, um país de "terceiro mundo" é mostrado apenas como algo sem estrutura turística. Xamãs são possivelmente suspeitos, perigosos detentores ou fingidores de uma técnica para impressionar os turistas. Os desonestos são, na verdade, aqueles que se transformaram em trabalhadores e converteram seu trabalho e seu *métier* em produtos, que cobram em dólares, como na citação a seguir:

> Eu compartilho estas histórias para apontar que é uma aventura arriscada viajar para um país de terceiro mundo e solicitar uma experiência espiritual a uma pessoa totalmente estranha. Enquanto muitos xamãs, sem dúvida, chegaram à sua profissão com o fito de ajudar as pessoas, saiba que o turismo da *ayahuasca* é um negócio muito forte no Peru e que, provavelmente, você será tratado apenas como tal – como um turista.

A contraposição não é entre honestidade e desonestidade, mas entre formação tradicional e interesse tecnocomercial, o que seria desencorajado. O exótico é encorajado com cautela, mas a repetição da técnica, o arremedo e a assimilação são vistos como algo ruim, com extrema desconfiança. Paradoxal, porque esse é o movimento do comércio em toda a história da humanidade.

No texto aparece, ainda, a estranha ideia de que as ervas podem ser compradas de qualquer comerciante etnobotânico (*ethnobotanic dealer*) ao redor do mundo. Ou seja, sobrevoa-se perigosamente a injustiça implicada na contradição entre rejeitar a estrutura turística do *outro* país e aceitar o consumo da erva no país de origem, o que pode trazer à cena o tema da biopirataria e das patentes de ervas exóticas, mas isso seria outro assunto. Só me refiro a isso aqui porque é bom lembrar que essa desqualificação de tradições não é inocente e pode estar ligada a conflitos de interesse.

O que se perde na análise? Justamente a riqueza da experiência buscada. O turista de que se trata é um místico em botão – aqui, pela lógica da experiência, anteriormente denominada liminoide, seria um *paramístico*. Anseia por um encontro com um guru, quer a orientação de uma pessoa dada a coisas espirituais ou especializada em enxergar algumas coisas da vida que ele não consegue ver. Daí que se organiza para uma viagem até o Peru e monta o mosaico do seu deslocamento – simbólico, mais do que apenas uma mudança de local – até o lugar onde vai se encontrar com o *ayahuasquero*, o suposto mestre que entende os ritmos das plantas e domina as técnicas primordiais de preparo de um chá especial que teria efeitos sagrados, induzindo uma experiência de ampliação de consciência.

Viaja, encontra-se com o guru, vê o chá e tem a experiência focal do consumo e dos efeitos desejados, ou de sua negação. A partir daí, terminado todo o ciclo da viagem, tendo experimentado a diferença das instalações e dos costumes e retomando a segurança do seu lar de origem (sua *home safety*), é que o *paramístico* em questão vai poder filtrar a relevância ou não da sua experiência. Aí temos a instalação das duas camadas em sua narrativa existencial.

A experiência como esforço, busca e totalidade de ações empreendidas até conseguir realizar um estilo de contato é entendida como uma série de providências realizadas em conjunto com agentes, companhias e assessores. Já a experiência como verticalização de algo que qualifica a viagem toda é um recorte estético e axiológico, dotado de uma ambivalência singular.

Será vista e narrada positivamente, como "algo espetacular, não repetível e inesquecível, porque foi diferente de tudo o que eu já tinha vivido" (possível avaliação que se faz ao fim de uma viagem interessante), ou negativamente, algo impossível de repetir, porque se instalou acima de todas as expectativas ou abaixo delas. Interessa aqui observar a complementaridade dos dois aspectos: o mais cíclico da experiência como algo produzido e o abissal, do vivido e único que qualificaria ou desqualificaria todo o resto.

Ao mesmo tempo, interessa também, nos limites deste texto, mostrar que a experiência repete o ciclo da existência humana. A mesma polaridade entre comum e incomum, entre linearidade e manutenção e ruptura ou qualificação se repete na escolha de uma destinação turística. Poli observa que, para Freud, a pressa do mundo contemporâneo – que no fundo denuncia a dificuldade de manter o ritmo alienado de produção e de desejo desfocado, um "mal-estar na cultura" –, deságua na transformação da experiência de viver em um produto, na "virtualização da vida", transformada em imagens de consumo.[33] Para quebrar o ciclo desse processo de exteriorização, de comodificação, é possível criar uma zona de silêncio, outro tipo de vácuo, dessa vez produzido pelo e no sujeito, uma zona de escuta de outras dimensões da experiência comum para pensar a vida como sentido, antes de qualquer ato de fala, antes de escolhas de destinos.

---

[33] Maria Cristina Poli, "O psicanalista como crítico cultural: o campo da linguagem e a função do silêncio", em *Revista Mal-estar e Subjetividade*, vol. VIII, n° 2, Fortaleza, junho de 2008, pp. 365-378.

A escolha de uma destinação ou de uma atividade caracterizada como sendo "de aventura" qualifica-se como a busca, mais ou menos inconsciente, de reequilibrar um ritmo de vida que anda desgastado. Cannell afirma que o turista busca reviver a autenticidade da experiência de outros povos ou de outros tempos.[34] A sua própria vida e a sua cultura estão rotinizadas, circulando ao redor de variáveis sentidas como rígidas – um trabalho rotineiro sob uma pressão rotineira; uma relação com chefes difíceis, já analisada por livros de autoajuda e que se encontra sob formas de controle bastante rígidas: reguladores de humor; um casamento visto como rotineiro, com tudo previsto, inclusive depósitos programados em fundos de ação para a educação dos filhos (caso haja mais de um); uma relação rotineira, com momentos de sexo selvagem programados e assessorados por *personal sex advisors*, e assim por diante.

Ora, diante do cenário esboçado podemos pensar que a busca atual por experiência significa também uma busca de realidade em um horizonte que anda meio obscurecido ou meio dificultado pelos ritmos estranhos. Em determinado momento de uma música no CD *Breathe*, do conjunto Midnight Oil, o cantor Peter Garrett afirma, em tom recitativo, em certo momento da canção "Surf's up tonight", que no momento em que a pessoa deixa as suas ocupações e encontra *aquela* onda, "você se inebria; você se sente vivo" (*you get high; you're alive*).[35] O ser humano vaga, ou seja, aprende a vagar, surfar, consegue entregar-se ao *svago* apenas em alguns momentos ou tempos determinados, nos quais se lhe abre o acesso a diferentes níveis de realidade.

Novidade, divertimento e *salus*

Abordei até aqui algumas dimensões psicológicas do turismo de experiência – ou seja, do divertimento buscado em si e por si mesmo. A seguir, tentarei sintetizar, elaborando ulteriormente, algumas das principais ideias apresentadas, retomando a questão proposta pela obra de Frankl e a transcendência da experiência em sua dialética.

---

[34] Dean MacCannell, "Staged Authenticity: Arrangements of Social Space in Tourist Settings", em *American Journal of Sociology*, 79 (3), 1973, pp. 589-603.
[35] Midnight Oil, "Surf's up Tonight", em *Breathe* (Nova York: Columbia Records, 1996).

Frankl: por uma leitura psicoantropológica do existir

Anteriormente, observei que Frankl vê, no que chamou de *neurose noogena*, o início de uma base muito ambígua, que pode terminar tanto bem quanto mal. Nos casos em que termina mal, o ser humano perde a capacidade de cuidar de si mesmo em condições potencialmente patogênicas, como alimentação ruim e descontínua, vida sedentária, trabalho despersonalizante, etc. Ou seja, um estilo que abre a janela para ulteriores complicações psíquicas e até mesmo doenças físicas. Nos casos em que termina bem, as condições levam à negociação e à reconciliação com o sofrimento bem como à descoberta, a partir de seu seio, de um sentido.

Partindo da relação entre sofrimento, vazio e o encontro de um sentido, proposta por Frankl, podemos buscar alguma luz para pensar o fenômeno da aventura – a que antes o Ocidente assistia em grandes *blockbusters*, como aqueles estrelados pelo lendário e hoje já envelhecido Indiana Jones (interpretado pelo ator Harrison Ford) – e para o fenômeno propriamente dito do turismo de experiência, uma busca de aventura em primeiríssima pessoa.

Para o bem e para o mal, o turismo de experiência é um deslocamento da pergunta sobre o sentido e não um abandono da questão. Ao contrário. Hoje essa pergunta é posta de forma histórica, corpórea. Ocorre um deslocamento para uma linguagem corpórea, como o que se dá com a criança que, quando não se sente ouvida, começa a morder os cantos da boca. A nossa época faz buscas à beira do abismo justamente para tentar negociar com a dificuldade de sentir e de sentir-se à vontade num tempo suspenso, num corpo frágil e protético, num presente modelado, medido e evasivo de seus mistérios. Brincamos com o abismo para tentar aprender mais sobre ele, para negociar com os seus limites. A busca de experiência pode ser um retorno à corporeidade, à procura de um abismo ou a uma regressão diante dele.

A partir desses *insights*, a relação entre o sentido da existência, a percepção da totalidade da experiência e as experiências singulares parecem ser uma espécie de matriz, que facilita ou dificulta os processos de saúde ou de doença. Esse ponto de vista é importante porque está à base de várias outras formas de reflexão, sendo uma das filhas legítimas do pensamento da autenticidade oriundo de Heidegger.

Transcendência da dialética da experiência

Politzer, em seu livro sobre a psicologia, propondo uma abordagem "em primeira pessoa", afirma que

> [...] a psicologia clássica busca substituir o drama pessoal por um drama impessoal. O drama em que o ator é o indivíduo concreto *que é uma realidade* por um drama cujos figurantes são *criaturas mitológicas*: a abstração consiste, em última análise, em admitir *a equivalência destes dois dramas*, a afirmar que o drama impessoal, o "verdadeiro", explique o drama pessoal, que não é mais que "aparente". O ideal da psicologia clássica consiste na investigação de dramas puramente "nocionais".
> [...]Pelo contrário, a psicologia que aceita uma definição aqui enunciada não admite a substituição do drama pessoal por um drama impessoal. O evento, ou o ato, representa para ela o *termo* da análise, e é por meio do pessoal que ela busca explicar o pessoal. A psicologia terá, pois, algum componente de uma crítica dramática: um ato aparecerá sempre, para ela, como um segmento do drama que existe apenas no e pelo drama. Seu método não será, pois, um método *de observação* pura e simples, mas um método *de interpretação*."[36] (Grifos do original)

Exatamente no texto em que faz a sua "crítica aos fundamentos da psicologia", Politzer aponta para uma questão fundamental, que é a da importância de uma atenção psicológica (psicanalítica) diferenciada para a unicidade da experiência como ferramenta de leitura para o sentido de toda a experiência humana numa época desenraizada e na qual a crise se instaurou como linguagem comum. Nesse sentido, ele está juntando sua voz a outras vozes que estão começando a tematizar esse outro método da razão, apontado por Freud.

Paralelamente, muitos intelectuais de hoje têm enfatizado que os tempos pós-modernos são os de uma sociedade do vazio, retomando às vezes a metáfora marxiana de que tudo o que é sólido desmancha no ar – olhando o que acontece nas geleiras glaciais, poder-se-ia afirmar que tudo o que é sólido desmancha no mar, o que pode ser ainda pior. Ora, no seio da sociedade do risco há um grupo de pessoas – cada vez maior e mais significativo – que se especializa em diversas formas de dança sobre o abismo, afirmando que isso é divertido. *Amusing*. Pascal, já em 1660, escrevera sobre a fundamental importância antropológica do *divertissement*. O ser humano, segundo ele, com medo do próprio abismo, dança-lhe ao redor.

Aqui está o paralelo. O turismo de experiência, e justamente no que ele representa para o início do século XXI de negociação lúdica com o sentido do risco, é candidato a *locus classicus* de uma nova época que tenta pensar o humano e o que significa ser sujeito em toda a sua radicalidade. O sujeito quer dispor da própria vida, encenan-

---

[36] Georges Politzer, *Critique des Fondements de la Psychologie: la Psychologie et la Psychanalyse*, cit., pp. 52-53.

do um drama, vivendo e recriando a experiência do vácuo. Desafiando limites – da velocidade, da cultura, das convenções, da tradição, do que lhe passar pela frente com cara de limite. O que se aponta, a partir daqui, é que o tema da experiência foi fundamental para o século XX e vai continuar sendo no século XXI. O que muda é o seu ponto de acesso, que começa a ser visto como a experiência extraordinária fincada no cotidiano. Justamente no vão que está se abrindo cada vez mais forte na nossa civilização do intervalo, será importante pontuar que o fenômeno de buscar saídas, escapes, vagabundagens, intervalos e entrepontos seja justamente a porta de entrada para voltar a entender a velha questão da autenticidade e do sentido.

O homem contemporâneo lança-se em busca do abismo porque é capaz de mostrar insatisfação com um estilo de ser e de agir que o nivela por baixo. Entre outras coisas, no sentido de redescobrir um protagonismo, uma capacidade de definir o próprio rumo e itinerário. Mas também no sentido de reencontrar a capacidade de sentir-se vivo, de tentar sair da condição de objeto, de experimentar eventualmente, de abrir acesso ao diferente, negociando com ele e com suas particularidades, trazendo para dentro da vida cotidiana, da volta para casa, uma série de questionamentos, esforços de redimensionamento e busca de novos horizontes de avaliação da totalidade da experiência humana como escolha, como mobilidade e como capacidade de sentir e de negociar com os próprios sentimentos – não no sentido de psicologizar as escolhas, mas no de integrar na vida a sensibilidade de modo estrutural e não apenas na superfície do estético, ou seja, no verniz do gosto.

A meu ver, a proposição da experiência como uma espécie de esquema de redescoberta do todo no fragmento pode abrir uma perspectiva a partir da qual se possa compreender o esforço do ser humano de aventurar-se – no sentido de que esse esforço parece implicar a tentativa de, por trás da busca de aventura e de exploração dos limites, encontrar ou fabricar um "si mesmo", conquistando ou produzindo uma identidade projetada, integrando-se com a própria imagem e conferindo um pouco mais de densidade à experiência do tempo, inserindo nele voluntariamente o intervalo.

Seguindo a gramática estabelecida por Maslow, a viagem turística pode ser, ou transformar-se em, uma *peak experience* ("experiência culminante").[37] Uma experiência que puxa pelos cabelos o barão de Munchausen de dentro do atoleiro e o reposiciona no cume do monte Tabor, onde vai ouvir a proclamação das leis da felicidade

---

[37] Abraham Maslow, *Introdução à psicologia do ser*, cit., p. 14.

por algum guru da estação, ter acesso à verdade definitiva ou apenas ouvir o doce barulho do vento indo de algures a nenhures. Mas pelo menos vai poder ouvir.

REFERÊNCIAS BIBLIOGRÁFICAS

AHOLA, Eeva-Katri. "How Is the Concept of Experience Defined in Consumer Culture Theory? Discussing Different Frames of Analysis". Em *Kuluttajatutkimus*, Nyt. 1, 2005, pp. 91-98.

AMATUZZI, Mauro. "Experiência: um termo-chave para a Psicologia". *Memorandum*, 13, 0815, [s/l.], 2007. Disponível em www.fafich.ufmg.br/~memorandum/a13/amatuzzi05.pdf.

BAUMAN, Zygmunt. "De peregrino a turista, o una breve historia de la identidad". Em HALL, Stuart & DU GAY, Paul (orgs.). *Cuestiones de identidad cultural*. Buenos Aires/Madri: Amorrortu Editores, 1996.

BERMAN, Marshall. *Tudo que é sólido desmancha no ar: a aventura da modernidade*. São Paulo: Companhia das Letras, 1982.

CANCLINI, Nestor Garcia. "Culturas Híbridas y estrategias comunicacionales". Em *Estudios sobre las culturas contemporáneas*, época II, vol. III, nº 5, Colima, junho de 1997, pp. 109-128.

FRANKL, Viktor Emil. *A questão do sentido em psicoterapia*. Campinas: Papirus, 1990.

_____. *Em busca de sentido: um psicólogo no campo de concentração*. São Leopoldo/Petrópolis: Sinodal/Vozes, 1991.

_____. *Fundamentos antropológicos da psicoterapia*. Rio de Janeiro: Zahar, 1978.

_____. *On the Theory and Therapy of Mental Disorders: an Introduction to Logotherapy and Existential Analysis*. Nova York: Brunner-Routledge, 2004.

_____. *Psychotherapy and Existentialism: Selected Papers on Logotherapy*. Nova York: Clarion Books, 1968.

_____. *Recollections: an autobiography*. Nova York: Insight, 1997.

FROMM, Erich. *Psicanálise da sociedade contemporânea*. Rio de Janeiro: Zahar, 1961.

HALL, Stuart. *Da Diáspora: identidades e mediações culturais*. Belo Horizonte/Brasília: Editora UFMG/Representação da Unesco no Brasil, 2003.

_____. "Pensando a Diáspora: reflexões sobre a terra no exterior". Em SOVIK, L. (org.). *Da Diáspora: identidades e mediações culturais*. Belo Horizonte/Brasília: Editora UFMG/Representação da Unesco no Brasil, 2003.

_____. "The West and the Rest: Discourse and Power". Em HALL, Stuart & GIEBEN, Bram (eds.). *Formations of Modernity*. Londres: Sage Publications, Inc./The Open University, 1992.

_____ & DU GAY, Paul (orgs.). *Cuestiones de identidad cultural*. Buenos Aires/Madri: Amorrortu Editores, 1996.

HOLBROOK, Morris & HIRCHMAN, Elizabeth. "The Experiental Aspects of Consumption: Fantasies, Feelings, and Fun". Em *Journal of Consumer Research*, 9, 1982, pp. 132-140.

JAFARI, Jafar (org.). *Encyclopedia of Tourism*. Londres: Routledge, 2000.

KUPER, Adam & KUPER, Jessica (orgs.). *The Social Science Encyclopedia*. 2ª ed. Londres: Routledge, 1996.

LIPOVETSKY, Gilles. *A era do vazio: ensaios sobre o individualismo contemporâneo*. Trad. T. M. Deutsch. Barueri: Manole, 2005.

LONERGAN, Bernard. *Insight: a Study on Human Understanding*. Nova York: Philosophical Library, 1956.

LUTERO, Martinho. *Obras selecionadas: os primórdios. Escritos de 1517 a 1519*. Vol. 1. São Leopoldo/Porto Alegre: Sinodal/Concórdia, 1987.

MACCANNELL, Dean. "Staged Authenticity: Arrangements of Social Space in Tourist Settings". Em *American Journal of Sociology*, 79 (3), 1973, pp. 589-603.

MASLOW, Abraham. *Introdução à psicologia do ser*. Rio de Janeiro: Eldorado, 1962.

MAY, Rollo. *O homem à procura de si mesmo*. Petrópolis: Vozes, 1995.

MCNAMEE, Mike Joseph. (org.). *Philosophy, Risk and Adventure Sports*. Londres/Nova York: Routledge, 2007.
MORGAN, Nigel & PRITCHARD, Annette. *Advertising in Tourism and Leisure*. Oxford: Butterworth-Heinemann, 2001.
POLI, Maria Cristina. "O psicanalista como crítico cultural: o campo da linguagem e a função do silêncio". Em *Revista Mal-estar e Subjetividade*, vol. VIII, nº 2, Fortaleza, junho de 2008, pp. 365-378.
POLITZER, George. *Critique des Fondements de la Psychologie: la Psychologie et la Psychanalyse*. Paris: Presses Universitaires de France, 1967.
SIEWERTH, Gustav. "Erfahrung". Em HÖFER, Josef. & RAHNER, Karl. *Lexikon für Theologie und Kirche*. Dritter Band/Freiburg: Co let bis Faistenberger/Herder, 1986.
SIMMEL, George. "The Metropolis and Mental Life". Em *On Individuality and Social Forms*. Chicago: University of Chicago Press, 1903.
STUART, Rachel. "Ayahuasca Tourism: a Cautionary Tale". Em *Maps*, vol. XII, nº 2, verão de 2002.
TANIS, Bernardo. "Cidade e subjetividade". Em TANIS, Bernardo & KHOURI, Magda Guimarães (orgs.). *A psicanálise nas tramas da cidade*. São Paulo: Casa do Psicólogo, 2009.
TÖNNIES, Ferdinand. *Community and Civil Society*. Cambridge: Cambridge University Press, 2001.
VATTIMO, Gianni (org.). *Il pensiero debole*. Milão: Feltrinelli, 1983.
WEBER, Max. *Ensaios de sociologia*. 5ª ed. Trad. Waltensir Dutra. Rio de Janeiro: LTC, 1982.

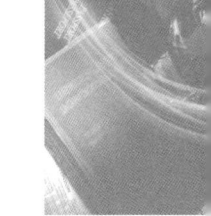

Lazer e experiência estética: caminhos para pensar o turismo como experiência[1]

CLEIDE APARECIDA GONÇALVES DE SOUSA

Para pensar o turismo como experiência, proponho, neste capítulo, um diálogo com o campo dos estudos do lazer. Para tal, centralizarei a discussão nas possibilidades da experiência estética como opção de lazer. Considerando o campo de estudos do lazer ligado à área de pesquisa em turismo, creio que essas reflexões poderão levantar questões sobre o tema desta obra.

Para contextualização, é imprescindível compreender as características da modernidade e da pós-modernidade, em que surgem os tempos livres institucionalizados – férias, feriados, folgas semanais – resultantes das lutas dos trabalhadores por melhores condições na realização das atividades profissionais. Tais conquistas são importantes na configuração do fenômeno *lazer* a partir deste momento e do turismo, especialmente do turismo de lazer, extremamente ligado a essa nova ordem econômica e sociocultural.

Antes de tudo, é importante expor o que entendo por *lazer*. O conceito de *lazer* tem sido debatido e reconstruído em seu campo de pesquisa no Brasil, de maneira mais concisa a partir da década de 1970. Inicialmente, considerava-se o lazer um simples sinônimo de "tempo livre", mas hoje esse conceito não apreende a complexidade do objeto. É preferível considerá-lo uma construção cultural, um fenômeno social e, no Brasil, um direito social defendido na Constituição. Para analisar o fenômeno,

---

[1] Este texto se baseia em estudos realizados durante o Mestrado em Lazer pela Universidade Federal de Minas Gerais e em dados da pesquisa bibliográfica que realizei para dissertação de mestrado: *Espaços de arte como espaço de lazer: um estudo comparativo entre ações educativas do Museu Mineiro e Museu de Arte da Pampulha – Belo Horizonte*, sob a orientação de Victor Andrade de Melo – UFRJ/UFMG.

trabalharei com um conceito que condensa várias dimensões importantes. Segundo Gomes, o lazer é:

> Uma dimensão da cultura constituída por meio da vivência lúdica de manifestações culturais em um tempo/espaço conquistado pelo sujeito ou grupo social, estabelecendo relações dialéticas com as necessidades, os deveres e as obrigações, especialmente com o trabalho produtivo.[2]

Nos estudos contemporâneos do lazer é comum considerá-lo mais do que um tempo residual do tempo de trabalho,[3] compreendo-o como um tempo de liberdade, um tempo potencial para o exercício de escolhas, que pode efetivamente ser preenchido (ou não)[4] por atividades, o que Gomes chama de "manifestações culturais", quaisquer que sejam elas. Certamente não se pode afirmar que tais escolhas estejam livres de reproduzir as contradições da sociedade ou de ser submetidas às influências ideológicas e da mídia de massa. Mas, no cotidiano contemporâneo, marcado pelo capitalismo que traz a efemeridade do produto a todas as esferas da vida, é no tempo/espaço do lazer que efetivamente se manifestam maiores possibilidades de escolha e satisfação de desejos, mesmo que estes estejam ligados ao consumo.

Outra questão importante para a compreensão do fenômeno é a discussão a respeito de seu surgimento. Para muitos estudiosos inspirados pelos estudos e conceitos da antropologia, o lazer é uma herança dos chamados "divertimentos" existentes nas culturas tradicionais, encontradas entre os povos gregos (festas, teatro), romanos (circo, bacanais, banquetes), continuando na Idade Média (saturnais, carnavais, datas festivas, paródias, teatro).[5] Tais estudiosos afirmam que todo fenômeno tem suas heranças no passado e que essas vivências culturais seriam "ancestrais" do que hoje chamamos de *lazer*, reconfiguradas de acordo com as necessidades de nosso tempo.

---

[2] Christianne L. Gomes (org.), *Dicionário crítico do lazer* (Belo Horizonte: Autêntica, 2004), p. 125.

[3] Na modernidade, o tempo mecânico passa a dominar e a organizar a vida das pessoas. Nesse contexto, os tempos de trabalho, de descanso e de lazer passam a ser fortemente demarcados. Por esse motivo, os primeiros estudos do lazer o relacionam diretamente ao trabalho, como tempo residual de descanso e renovação de forças dos operários, servindo aos interesses da burguesia dominante.

[4] Os conceitos atuais de lazer levam em consideração a possibilidade do ócio, da contemplação, do "nada fazer" como opção no momento de lazer. Essa ideia se desenvolveu em decorrência da análise crítica sobre a visão negativa que a Igreja Católica e, mais tarde, a Protestante criaram em torno do ócio, patente em expressões do tipo "mente vazia, oficina do diabo", entre outras. Tal pensamento religioso foi fundamental para o fortalecimento da ideologia capitalista de supervalorização do trabalho como a mais humana das atividades, que encontrava ressonância na fala das religiões judaico-cristãs de que a salvação do homem pecador só se dará através do trabalho.

[5] Para maiores detalhes sobre a ocorrência histórica do lazer, ver Christianne L. Gomes, "Lazer: ocorrência histórica", em Christianne L. Gomes (org.), *Dicionário crítico do lazer*, cit., pp. 133-141.

Nesse contexto, podemos observar também as viagens e peregrinações como antecedentes do turismo moderno.

Para outro grupo de estudiosos, baseados especialmente nos estudos da sociologia, o lazer é um fenômeno moderno, fruto da reconfiguração promovida pela Revolução Industrial. Especialmente as mudanças na organização do tempo, que se tornou mecânica em vez de determinada pelos ritmos naturais, marcada pela invenção e pela popularização do uso do relógio, pela divisão da vida em tempo de trabalho, pelos tempos de descanso e de lazer. Essa nova configuração também reorganizou o turismo como o conhecemos hoje, isto é, uma atividade diretamente ligada ao desenvolvimento dos meios de transporte e da tecnologia. Surge com maior força o turismo de lazer, que, a partir desse momento e cada vez mais, se torna uma das opções mais desejadas – e promotoras de *status* – para o preenchimento de um dos tempos de lazer regulamentados: as férias.

Compreender a modernidade, em que várias dessas questões surgem, seus desdobramentos na pós-modernidade e suas consequências na atualidade faz-se, então, mister. A modernidade trouxe profundas mudanças para o mundo ocidental, e várias características de nosso cotidiano têm esse momento como ponto de partida. Uma dessas mudanças foi a configuração do meio urbano e sua centralidade no estilo de vida moderno, estendendo-se à contemporaneidade.

No século XIX, foram criados os projetos de urbanização das grandes cidades para refletir o pretenso ideal universal racional e a eficiência da modernidade.[6] Escritores e artistas da época problematizaram a cidade que morria – a cidade tradicional com raízes na Antiguidade, questionando o que viria a substituí-la.

A cidade, originalmente centro político e mercantil que subordinava o campo por sua dominação político-ideológica (e militar, sem dúvida) e pela necessária realização da produção em suas praças de mercado, sofreu uma transformação radical com a entrada da produção industrial em seu território. De espaço privilegiado da festa, do poder e do excedente coletivo, obra civilizatória, transformou-se em um espaço privilegiado da própria produção, reunindo capital, trabalho, meios de produção e o

---

[6] O caso de Barcelona é dos mais conhecidos e importantes. O engenheiro urbanista Ildefons Cerdá projetou a extensão da cidade para além das muralhas, demolidas em 1854 [...] Entretanto, o caso mais emblemático e que influenciou todo o mundo ocidental e suas colônias foi a famosa experiência do Barão Georges Eugène Haussmann, em Paris [...], que projetou e implantou o que é considerado o primeiro plano regulador para uma metrópole moderna. [...] No Brasil, foi o plano de Aarão Reis para a Capital de Minas (Belo Horizonte), na última década do século XIX, que aplicou com maior clareza e sucesso os princípios haussmannianos, acrescidos de elementos barrocos, como no plano de Washington D.C. Para mais detalhes, ver Roberto L. M. Monte-Mór, *A cidade e o urbano* (Belo Horizonte: Caderno de Textos Cidades, Ieat/UFMG, 2006), pp. 62-63.

mercado, subordinando definitivamente o campo à sua dominação não mais apenas por seu controle, mas também por sua produtividade local. A cidade combinou, então, o espaço da vida coletiva e o território da produção industrial.[7]

É inegável que a cidade em nosso tempo, mais do que em qualquer outro, se torna o centro da vida social. Além disso, a partir da modernidade, a ideologia dominante configura o trabalho como a mais humana das atividades, justificando sua centralidade nos contextos moderno e pós-moderno. No final do século XIX, o urbano passa a ser o palco das diversas manifestações e o cenário de obras artísticas, literárias, entre outros; a urbanidade passa a fazer parte do imaginário da humanidade. A partir do século XX, a maior parte da população mundial passa a residir nas grandes cidades, sobrepondo-se à vida no campo.

O capitalismo de consumo, nascente no final do século XIX, vai se desenvolvendo e se adaptando às novas tecnologias. Segundo Lipovetsky, na primeira fase se apresenta como consumo de massa, inacabado e com predominância burguesa.[8] No século XX, aumenta o poder aquisitivo, democratiza-se o consumo, surge o consumo por moda (produtos com prazo de validade determinado e segmentação mercadológica); na fase II, o consumo é definido por símbolos distintos, o centro do consumo e *status*. Nesse contexto, o turismo e o lazer vão sendo colocados como objeto de desejo e consumo, inicialmente para as classes econômicas de maior poder aquisitivo como símbolo de distinção social. Na fase seguinte, tornam-se também prática das massas.

Deve-se observar que a organização social proposta pela modernidade também gerou a problemática de acesso aos bens culturais. E é também a partir da modernidade que o acesso a esses bens – entre eles a possibilidade de viajar – passa a se configurar como *status* de algumas classes em detrimento de outras.

Para Lipovetsky, a fase do capitalismo atual caracteriza-se por uma dimensão hedonística do consumo, crescendo, assim, o papel do lazer nas sociedades contemporâneas. Segundo ele, as despesas com lazer e turismo aumentaram consideravelmente da década de 1950 aos tempos atuais: "O turismo tornou-se a primeira indústria mundial: em 1998, o número de turistas elevara-se a 625 milhões e previsões fazem menção a 1,6 bilhão de pessoas que fariam ao menos uma viagem ao estrangeiro em 2020".[9]

---

[7] Roberto L. M. Monte-Mór, *A cidade e o urbano*, cit., p. 1.
[8] Gilles Lipovetsky, *A felicidade paradoxal: ensaio sobre a sociedade de hiperconsumo* (São Paulo: Companhia das Letras, 2007).
[9] Segundo o autor, o lazer, a cultura e a comunicação ocupam, cada vez mais, a maior parte do orçamento das famílias. Em 1960, eram destinados a esse fim 6% dos rendimentos familiares. Em 1980, 7,3%, e em 1999, 9,5%.

Com esse crescimento econômico, o marketing busca, cada vez mais, vender a experiência hedônica: aumentam os parques, os espetáculos, as viagens temáticas – se oferecem emoções. Não é o bastante vender a viagem ou o lazer; "é preciso oferecer a experiência vivida".[10] Mas isso leva a questionar o caráter das experiências que se oferecem e se elas realmente estão embasadas no contato e no conhecimento do que foi vivenciado ou apenas na sensação efêmera, podendo ser substituídas pela busca de novas e diferentes sensações.

Observa-se também, a partir da modernidade, um crescente empobrecimento da experiência da vida cotidiana,[11] dado o restrito acesso aos bens culturais a muitos, seja por sua distribuição espacial, seja pelo preparo e pela educação necessários aos indivíduos para garantir tal acesso, seja por questões econômicas. Para Bourdieu, que realizou uma pesquisa sobre a frequência em museus na Europa, o "amor à arte", as "necessidades culturais" e a busca da emoção estética são construções socioculturais e dependem, mais que do ensino escolar, da prática familiar, ou seja, de um exercício longo e diário.[12]

Perante tal constatação, pode-se observar um tipo de segregação sutil: as classes de alto poder econômico justificam a distribuição injusta dos bens culturais e o difícil acesso às artes e à cultura erudita pelo fato de as pessoas de classes menos privilegiadas voluntariamente "não gostarem" ou "não buscarem" manifestações artísticas e culturais. Assim, a experiência estética é considerada um dom inato, uma busca da alma de quem nasceu para amar a arte; a quem não nasceu para isso, aos "destituídos do dom artístico", o acesso seria inexoravelmente restrito.

A modernidade traz, então, em seu seio, o germe de diversas mudanças: a centralidade da racionalidade, capital e ciência; o empobrecimento da experiência por não se ter acesso a todo o volume de informação produzido e por não mais haver certezas nem verdades absolutas; e a divisão cada vez mais injusta do capital cultural e o *status* ligado às classes que podem consumir suas manifestações. A contemporaneidade, por sua vez, caracteriza-se por um sem-número de incertezas e por uma pluralidade de possibilidades de explicações para o mundo, para a vida, para a realidade, além da

---

Para mais detalhes, ver Gilles Lipovetsky, *A felicidade paradoxal: ensaio sobre a sociedade de hiperconsumo*, cit., p. 62.

[10] *Ibid.*, p. 63.

[11] São vários os filósofos que discorrem sobre o empobrecimento da experiência a partir desse período: Habermas, Benjamim, entre outros, apesar de suas devidas peculiaridades e discordâncias.

[12] Pierre Bourdieu, *As regras da arte* (São Paulo: Companhia das Letras, 1996).

multiplicidade de vozes e dos crescentes movimentos das minorias em busca de seus direitos, inclusive o de acesso ao lazer e à cultura.

Compreender como se construiu e como se tem construído o acesso às artes durante a modernidade e a pós-modernidade, a configuração do lazer como tempo de livre escolha, assim como as contradições que direcionam e influenciam esse tempo e essas escolhas, permite refletir sobre as possibilidades de acesso às manifestações artísticas pelas populações do meio urbano como escolha voluntária, exercício de liberdade. Pensar na experiência estética em nossos tempos também permite analisar aspectos da experiência de lazer e turística no contexto atual.

O acesso à arte, a vivência e a experiência em Benjamim

Segundo alguns autores da escola de Frankfurt, que discutiram a arte no contexto do início do século XX, especialmente Walter Benjamim,[13] a popularização das manifestações artísticas tenderiam a transformá-las em fenômenos de massa, banalizando-as, alienando-se o que foi produzido, transformando tudo em produtos de consumo imediato, posteriormente relegados ao esquecimento. Esses autores problematizam que nem toda população compreenderia profundamente a arte. Para Benjamim, "À mais perfeita reprodução falta sempre algo: o *hic et nunc* da obra de arte, a unidade de sua própria presença no local onde se encontra. É a esta presença, única, no entanto, e só a ela que se acha vinculada toda a sua história".[14]

Para o autor, uma vez destacada de seu contexto cultural e divulgada, a obra de arte já não tem o mesmo valor que teria no espaço e no tempo em que foi concebida. O contato com a obra seria, então, fugaz, não tendo o caráter de experiência mais profunda. Ainda para o autor:

> Os quadros nunca pretendem ser contemplados por mais de um espectador ou, então, por pequeno número deles. O fato de que, a partir do século XIX, tiveram a permissão de ser mostrados a um público considerável corresponde a um primeiro sintoma dessa crise, não apenas desfechada pela invenção da fotografia, mas de modo relativamente independente de tal descoberta, pela intenção da obra de arte de se endereçar às massas.

---

[13] Walter Benjamim, *A obra de arte na época da reprodutibilidade técnica*, Coleção Os Pensadores (São Paulo: Abril Cultural, 1983), pp. 29-56.
[14] *Ibid.*, p. 7.

Ora, é exatamente contrário à própria essência da pintura que ela possa oferecer a uma receptividade coletiva.[15]

Deve-se pontuar que a reflexão de Walter Benjamim é mais profunda e não pode ser descontextualizada. O autor não se posicionou tão duramente por toda a sua obra contra a democratização da arte; ele falou de um período de incertezas sobre o porvir e o que essa multidão faminta por consumir bens culturais poderia gerar a partir das possibilidades de divulgação destes proporcionadas pela modernidade. Porém, sua crítica ajuda a refletir sobre a relação entre lazer e turismo de maneira diferente da práxis atual em nossa sociedade, propondo intervenções no âmbito da cultura com um caráter que transcende o mero consumo das sensações.

Muito se argumenta sobre o fato de que considerar as manifestações artísticas possibilidades de vivências de lazer seria sua desvalorização, até que chegassem ao fim por meio do consumo abusivo da indústria cultural. Postura compreensível, uma vez que, em nossa sociedade, em geral se confunde lazer, uma dimensão da cultura que dialoga com outras esferas da vida e da sociedade e momento de exercício possível de liberdade, com mero entretenimento, que seria o preenchimento indiscriminado e muitas vezes alienado do tempo, obedecendo às leis do mercado e potencializando o desejo de consumo. O entretenimento pode ser uma opção no tempo de lazer, mas as duas coisas não são sinônimos.

A democratização da obra de arte como opção nos momentos de lazer não necessariamente traz em si a possibilidade de sua massificação e crescente banalização. Para Walter Benjamim, "a arte exige concentração e a massa quer diversão".[16] Ao refletir sobre o assunto, cabe-nos questionar se a massa demanda apenas diversão irrefletida ou, como explicita Bourdieu, o "amor pela arte" é fruto de educação.[17] Como pensar sobre isso em um contexto no qual cada vez mais a velocidade condena as vivências à efemeridade? A emoção estética perante as manifestações artísticas seria perpetuamente exclusividade de classes privilegiadas da sociedade, devido à educação que recebem. Mudar esse quadro configuraria uma desvalorização da obra de arte. É imprescindível repensar esses conceitos observando-se o contexto da globalização, especialmente perante as possibilidades já colocadas de alargamento do tempo de lazer e crescimento da atividade turística e acesso a elas.

---

[15] *Ibid.*, p. 21.
[16] *Ibid.*, p. 26.
[17] Pierre Bourdieu, *As regras da arte*, cit.

Perante todas essas questões, acredito que a emoção estética, o significado intrínseco de uma obra e o que ela pode despertar em uma pessoa é resultado da educação estética, processo que mune as pessoas de ferramentas suficientes para compreender as manifestações artísticas e sua importância. Isso não é necessariamente fruto de educação formal; pode partir de um primeiro contato, de um estranhamento inicial, que pode ocorrer durante uma viagem, no encontro com uma obra ou durante uma proposta de educação "não formal",[18] quando a contemplamos em uma vivência de lazer.

Benjamim propõe uma teoria sobre o contato das pessoas com as diferentes realidades, entre elas a artística. Para ele, isso pode se dar em níveis variados. Diferencia a interação das pessoas com as situações como *Erfahung* (experiência) e *Erlebnis* (vivência). Para o filósofo, a modernidade e a pós-modernidade caminham cada vez mais da primeira para a segunda condição. A relação do homem moderno com o tempo caracteriza-se pelo enfraquecimento da experiência na crescente velocidade dos acontecimentos.[19]

Segundo sua teoria, a *experiência* se liga à memória e conota uma tradição; já a *vivência* se dá através do que ele chama de "choque" – contato superficial com a realidade, sem força suficiente para ser guardado pela memória inconsciente, ou seja, que não causa registro profundo. O autor se baseia na teoria psicanalítica para lançar tal ideia. Para Benjamim, a consciência opera para manter o equilíbrio do organismo; assim, quanto mais natural e corrente for o registro dos choques, e quanto mais superficial for esse registro, menor será o risco de traumas.[20]

Por outro lado, a memória involuntária guarda impressões duradouras de fatos que nem mesmo chegam a se tornar conscientes. Não há como, apenas pela vontade e pelo esforço, ter acesso a essas impressões, mas um acontecimento aleatório pode trazê-las à tona. Desse modo, a interação com uma situação ou coisa tem caráter de *experiência (Erfahung)*, pois desperta sensações, lembranças do passado, como se

---

[18] Entre os estudiosos da educação, considera-se que há três âmbitos possíveis de se educar: a *educação formal* (institucionalizada, hierarquizada, cronológica; a educação escolar); a *educação não formal*, na qual há mediação, mas de maneira diferente da mediação escolar, destinada a grupos diversos e tipos específicos de aprendizagem; e a *educação informal*, que se relaciona com o fato de o ser humano aprender todo o tempo, através das informações que chegam de maneiras diversas a seu aparelho sensível, ou com a forma como qualquer pessoa cotidianamente acumula conhecimentos e habilidades. Para mais detalhes, ver Maria Isabel Leite & Luciana E. Ostetto, *Museu, educação e cultura: encontros de crianças e professores com a arte* (Campinas: Papirus, 2005); e Vânia de Fátima Alves et al., *Lazer, lúdico e educação* (Brasília: Sesi/DN, 2005).

[19] Walter Benjamim, *Sobre alguns temas em Baudelaire*, Coleção Os Pensadores (São Paulo: Abril Cultural, 1983b), pp. 29-56.

[20] *Ibidem*.

fosse possível reviver dentro de um momento uma gama de sensações já vividas e como se aquela experiência trouxesse em seu seio outros momentos para dentro do momento presente.

Ou seja, embora se possa fazer um grande esforço para trazer à tona uma sensação conscientemente, talvez não se obtenha sucesso, mas essa lembrança pode voltar através de acontecimentos que não controlamos: um sabor, um odor, entre outros estímulos. Esse passado que retorna no momento e nos liga a uma cadeia de acontecimentos e sensações caracterizaria a experiência, "onde há experiência, no sentido próprio do termo, determinados conteúdos do passado entram em conjunção na memória com os do passado coletivo".[21] Esse fato é observável nas viagens turísticas. A experiência estética com uma localidade pode trazer à tona muitas lembranças e sensações, de forma que nem sempre é possível explicar nossa predileção por uma cidade ou por outra. Os roteiros de viagem que permitem maior contato do turista com a vida local e suas especificidades, com maior tempo para fruição e observação do que o cerca, certamente poderá lhe proporcionar maiores experiências poéticas, em vez de apenas vivências, isto é, contatos rápidos, superficiais.

O fato de o choque ser captado e "aparado" pela consciência, não levando a registros de maior profundidade, daria ao acontecimento que o provoca o caráter de *vivência* (*Erlebnis*). Tal mecanismo esterilizaria esse acontecimento para a experiência poética, incorporando-o diretamente ao inventário da lembrança consciente, podendo ser acessado em qualquer momento. Sendo a experiência dependente da memória e da tradição, para o autor:

> O próprio titulo já diz que a estrutura da memória é considerada decisiva para a estrutura filosófica da experiência. Na verdade, a experiência é um fato de tradição, tanto na vida coletiva quanto na particular. Consiste não tanto em acontecimentos isolados fixados exatamente na lembrança, quanto em dados acumulados, não raro inconscientes que confluem na memória.[22]

De acordo com essa teoria, na modernidade predomina a estética baseada nos choques, o que condena os modernos a ser "desmemoriados". Não é sem motivo que o cinema, arte da vida moderna por excelência, baseia-se nesse princípio. Outro exemplo patente do domínio da vivência é a popularização do jornal. A linguagem jornalística vende a informação por si mesma, sem contextualizá-la,

---

[21] *Ibid.*, p. 32.
[22] *Ibid.*, p. 30.

não entrando na "tradição". Atrofia-se nesse contexto a experiência. Segundo Benjamim, quanto menos se penetra no campo da experiência, mais se aproxima do conceito de vivência, e isso é observável em vários campos.[23] Transpondo essa ideia para o turismo, se visitássemos um local rapidamente, apenas para fotografá-lo e catalogá-lo em nossa coleção de viagens, não viveríamos necessariamente uma experiência. As fotografias não podem evocar algo não vivido; é preciso conhecer, experimentar o local, entrar em sua tradição e história para senti-lo e gravar o que se viveu realmente na memória.

Na contemporaneidade os elementos que foram elaborados na modernidade se exacerbam. Para Lipovetsky, a relação do homem com o tempo engendrada pelos últimos tempos impactou de maneira decisiva os ritmos sociais e individuais na nossa sociedade:

> A obstinação em comprimir o tempo foi interpretada como um dos signos do advento de uma nova condição temporal do homem, marcada pela sacralização do presente, por um "presente absoluto", autossuficiente, cada vez mais desligado do passado e do futuro. Invadindo o cotidiano, atingindo o conjunto das atividades humanas, a ordem do tempo precipitado faz desaparecer, ao que nos dizem, a distância e o recuo necessários ao pensamento, destrói universos simbólicos, encerra o homem no imediatismo ativista.[24]

Entretanto, perante essa nova relação com o tempo, observa-se um fenômeno interessante, que o mesmo autor destaca: em contrapartida à aceleração dos ritmos da vida, cresce um movimento que anseia por comportamentos orientados para a busca de prazeres sensoriais e estéticos, que almejam uma "valorização de uma temporalidade lenta, qualitativa, sensualista. 'Slow food', escutas musicais, passeios a pé, excursões, *spas* e banhos turcos, meditações e relaxamentos: contra a *fast live*, os lazeres lentos encontram amplo eco".[25]

Com isso, observa-se o retorno de uma figura que a modernidade viu desaparecer em suas multidões apressadas: o *flaneur*.[26] Percebe-se, cada vez mais, em nossos

---

[23] Ibidem.
[24] Gilles Lipovetsky, *A felicidade paradoxal: ensaio sobre a sociedade de hiperconsumo*, cit., p. 112.
[25] Ibid., p. 113.
[26] Em *Sobre alguns temas em Baudelaire*, Walter Benjamim problematiza a questão do desaparecimento do *flaneur* na modernidade. Para ele, o flanar exigia um espaço/tempo, diferente da realidade que os centros urbanos invadidos pela multidão ofereciam. O *flaneur* se caracteriza pelo hábito tranquilo de tudo olhar sem a nada se prender. O homem da multidão tem um toque "maníaco": "mas ainda havia o *flaneur*, que precisa de espaço e não quer renunciar ao seu gênero particular de vida. A massa tem que correr atrás de seus negócios: no fundo,

momentos de lazer ou em nossos passeios turísticos, o gosto por *flanar*: longas caminhadas à beira da praia, idas a restaurantes à noite, contemplação ociosa em terraços de cafés. A contemporaneidade, portanto, complexifica a relação homem-tempo, ora acelerado, ora com gosto pela contemplação. Nesse contexto, é rico observar o caráter da experiência e se ela é possível nesse emaranhado de opções que acabam por depender da escolha e da consciência individual, assim como de sua relação com a vida e com o tempo, e ainda se em nosso tempo de turismo e lazer estamos nos proporcionando experiências de fato ou apenas vivências.

O lazer e a experiência estética

Comumente, repete-se que a experiência artística foge do campo da fruição do lazer, uma vez que, sendo fruto de elaboração intelectual complexa, não seria adequada à busca de realização e prazer que caracteriza o tempo livre. Perante tais conceitos e a ideia de que a experiência estética está diretamente ligada ao nível intelectual do indivíduo, há quem levante a hipótese de que o pouco acesso aos espaços destinados a tais experiências na realidade brasileira se deve à falta de identidade dos espaços de arte com a nossa cultura.

O estudioso Pierre Bourdieu concluiu, após longa pesquisa envolvendo uma amostragem que abrangia museus de arte de toda Europa,[27] que naquele continente tampouco as instituições artísticas podem ser consideradas popularizadas, uma vez que o seu público se compõe, em grande parte, dos chamados "detentores do capital cultural" e, em menor escala, de turistas. Para o autor, esse segundo público não poderia ser considerado fiel, por ser composto, na maioria, por leigos sobre o assunto. Os turistas visitam os museus e as galerias muito mais por curiosidade ou por constarem sua existência no guia de viagem do que pelo que o autor chama de "necessidade cultural".[28] O pensamento de Bourdieu pode ser relacionado com a ideia de vivência em Benjamim, uma vez que, desconhecendo o contexto e a história, a "narração" ligada à obra, não é possível experienciá-la.

---

o indivíduo somente pode flanar quando, como tal, já sai de cena. Onde o tom é dado pela vida privada há tão pouco espaço para o *flaneur* como no tráfego febril da City". Para mais detalhes, ver Walter Benjamim, *A obra de arte na época da reprodutibilidade técnica*, cit., p. 41.

[27] Para maiores detalhes sobre a amostra e a sondagem de museus na pesquisa de Pierre Bourdieu, ver Pierre Bourdieu, & Alain Darbel, *O amor pela arte: os museus de arte na Europa e seu público* (São Paulo: Edusp, 2003), pp. 24-30.

[28] Pierre Bourdieu, *As regras da arte*, cit.

[ANÁLISES TEÓRICAS]

Em tempos de globalização e crescente democratização da informação, é preciso repensar a importância do público turista nos espaços culturais, especialmente dado o crescimento das trocas culturais e o maior interesse pelo "diferente" que a atividade promove, não desprezando-o por ser considerado público leigo. A contemporaneidade é muito mais complexa do que essa ideia pode abarcar. Atestando a relevância desse público, é imprescindível salientar que, na lei "Estatuto dos museus", o conceito de *museu* substituiu o termo *lazer* pelo termo *turismo* como uma das finalidades dessas instituições.[29]

A questão da experiência do público com as obras de arte envolve vários elementos. Muitos pesquisadores se esforçaram por desvendar de onde nasce o interesse pela interação com a arte, especialmente sem outros fins que não o prazer dessa interação, ou seja, os que buscam na experiência estética uma opção de prazer. Uma das mais detalhadas pesquisas foi a realizada por Bourdieu. Os dados do seu universo estatístico de pesquisa lhe revelaram que "o acesso às obras culturais é privilégio da classe culta".[30] Segundo ele, esse privilégio está diretamente ligado à instrução, e o maior acesso se dá pelas classes economicamente privilegiadas. Entretanto, no cotidiano, isso se configura como um privilégio velado, pois, no caso europeu, ao pensar em barreiras econômicas, percebe-se que os preços dos museus não seriam o principal impedimento para a visitação. A ideia que fica patente no senso comum é a de que as pessoas simplesmente escolhem não buscar espaços destinados à fruição de obras de arte por não quererem, por questão de gosto.

Perante a situação exposta, Bourdieu afirma que, se "não existe nenhum ensino racional para o que não se pode aprender, será possível fazer outra coisa, senão criar as condições favoráveis para que se despertem as virtualidades adormecidas em algumas pessoas?".[31] Tal provocação vai além da ideia consolidada de que, para alguém acessar as obras de arte, é necessário apenas um simples dom, com o qual se nasce. Mas isso depende das condições e do conhecimento de regras sociais que dominam os espaços e os grupos que os frequentam.

---

[29] No "Estatuto de museus", Lei nº 11.904, de 14 de janeiro de 2009, artigo 1º, "Consideram-se museus, para os efeitos desta lei, as instituições sem fins lucrativos que conservam, investigam, comunicam, interpretam e expõem, para fins de preservação, estudo, pesquisa, educação, contemplação e turismo, conjuntos e coleções de valor histórico, artístico, científico, técnico ou de qualquer outra natureza cultural, abertas ao público, a serviço da sociedade e de seu desenvolvimento."

[30] Pierre Bourdieu, *As regras da arte*, cit., p. 69

[31] *Ibid.*, p. 18.

O autor, então, discute as várias teorias que depositam na obra de arte poder de persuasão tal que bastaria que se colocassem os indivíduos diante delas para que eles as compreendessem em seu sentido profundo. Essas teorias defendem que uma cultura da imagem tal como é a nossa certamente conta com homens dotados aprioristicamente da "cultura necessária para decifrar a obra pictural".[32] Entretanto, o autor observa que:

> Em definitivo os antigos e os modernos estão de acordo para abandonar, completamente, as possibilidades de salvação cultural aos acasos insondáveis da graça ou, melhor ainda, ao arbítrio dos "dons". Como se aqueles que falam de cultura, para si mesmos e para os outros, ou seja, os homens cultos, só pudessem pensar a salvação cultural segundo a lógica da predestinação; como se, por terem sido adquiridas, suas virtudes se encontrassem desvalorizadas.[33]

Partindo disso, o autor procura entender a gênese da "necessidade cultural", desconstruindo o mito de que a emoção estética seria inata. Uma de suas primeiras constatações é de que, no recorte estabelecido em seu estudo, a frequência dos museus era diretamente proporcional ao nível de instrução dos visitantes, sendo assim um estilo de vida quase exclusivo das classes consideradas cultas.

Bourdieu ainda problematiza e acrescenta a essa questão a influência do que ele chama de "hábitat". Para ele, essa categoria não pode ser analisada de maneira isolada, pois faz parte de todo um contexto e está intimamente ligada à categoria socioprofissional: "Tudo parece indicar, de fato, que as desigualdades culturais associadas à residência estão ligadas às desigualdades de nível de instrução e de situação social".[34]

Ele levanta também a hipótese da atividade turística como proporcionadora de contato de pessoas de nível de instrução mais baixo com as instituições museológicas. Para ele, o turismo pode exercer influência diferencial, pois, ao proporcionar um primeiro contato com a experiência estética, pode "determinar conversões duradouras".[35] No entanto, problematiza que o turismo também é uma atividade dependente de instrução, profissão e renda. Portanto, o estilo de turismo e atividades culturais envolvidas na viagem é influenciado pelo montante de tempo livre e local visitado. Ele afirma que o turismo cultural, modalidade mais dependente da instru-

---

[32] Ibid., p. 20.
[33] Ibidem.
[34] Ibid., p. 44.
[35] Ibid., p. 49.

ção do que as outras modalidades de turismo, se caracteriza como uma possibilidade de se atualizar culturalmente. É importante salientar que, com a democratização dos destinos turísticos, as possibilidades de acesso aos atrativos culturais têm sido abertas a um público mais diversificado.

Para o autor, a atividade turística, por si só, não é capaz de "compensar a ausência de formação artística ou intelectual";[36] o turismo pode facilitar as ocasiões de conhecimento de museus e visitas, mas não é capaz de determinar a prática cultural como hábito. Partindo dessas reflexões, questiono sua fatalidade com a proposição de que talvez, no contexto cultural da pós-modernidade, a vivência possa constituir um ponto de partida para a construção da experiência.

A visita aos museus, para alguns turistas, tem o peso de obrigação, o que ele chama de "imperativo cultural". O cumprimento desses "deveres" é de extrema importância para quem quer fazer parte do mundo culto – e, nesse aspecto, é difícil mensurar o impacto da visitação ao museu na formação cultural e artística do turista.

O tom fatalista de Bourdieu sobre a busca de experiências culturais por parte da população deve ser problematizado, e não apenas absorvido sem questionamento. Alguns autores tentam flexibilizar a teorização a respeito da questão do acesso às artes, desvinculando-a da posição intelectual e aproximando-a de uma experiência emocional. Um deles é Shusterman, que vê a experiência estética como ponto de partida para adentrar a linguagem do campo da arte. Para ele:

> A experiência estética não está confinada nos limites restritos da prática artística historicamente definida e não é sujeita, portanto, ao controle exclusivo daqueles que dominam essa prática e determinam seus objetivos internos. Ela pode então, servir como uma pedra de toque relativamente independente, ainda que não inteiramente externa para criticar e melhorar a prática artística, especialmente quando a intenção é reorientá-la no sentido de permitir uma experiência estética mais rica e frequentemente para um maior número de pessoas.[37]

Dessa forma, o autor lança nova luz sobre a questão, validando a experiência individual perante as obras: a atividade turística pode ser fomentadora de uma experiência estética cada vez mais profunda, pois, ao colocar o visitante em contato com os espaços culturais, pode lhe permitir maior acervo subjetivo que o acompanhe nos

---

[36] Ibid., p. 51.
[37] Richard Shusterman, *Vivendo a arte: pensamento pragmatista e estética popular* (São Paulo: Editora 34, 1998), p. 38.

próximos contatos, até que tais contatos sejam convertidos em experiência, no sentido tratado por Benjamim.[38]

Shusterman ainda contra-argumenta uma postura teórica comum no campo das artes: a de que a experiência estética demanda prática anterior e não é possível sem a prática artística propriamente dita. O autor considera que toda experiência estética depende de uma experiência anterior, "mas não necessariamente a prática artística historicamente definida e classificada". Assim, abre a possibilidade de fruição das artes pelos "não especialistas".[39]

Gonçalves considera que a exposição de arte é um acontecimento antes de tudo social, além de estético, e que a vivência do efeito estético teria o poder de promover a aproximação das pessoas com um conhecimento sensível da realidade, justificando a importância do acesso da sociedade a esses espaços.[40]

É importante considerar que muitas vezes a vivência, conforme entende Benjamim,[41] pode ser um caminho para a experiência. A velocidade dos acontecimentos nos tempos modernos e pós-modernos reduziu o contato do indivíduo com os atrativos culturais, naturais e artísticos à efemeridade, mas deve-se considerar que, sem o primeiro contato, a quebra da rotina, o contato com o novo, não pode haver ponto de partida para uma experiência mais profunda.

No campo artístico, o despertar do indivíduo para que ele queira buscar educar-se esteticamente pode ser uma aventura, proporcionando-lhe assim maiores possibilidades de fruição de diferentes realidades, marcadas pela profundidade. Sobre isso, Gonçalves pontua que:

> Começa com a experiência primeira do efeito de uma obra de arte sobre o seu destinatário, o observador. Inicia-se, portanto, na contemplação, na fruição primeira, no prazer. A interpretação do significado acontece em um segundo momento, imediatamente posterior ao efeito, quando a vivência do sujeito, a sua visão de mundo é acionada.[42]

A autora pontua dois momentos relevantes para a experiência estética: o primeiro contato – o impacto da obra – e, posteriormente, a construção do significado pelo receptor. Para ela, tal construção é feita com certa autonomia, o que mostra a função transgressora da arte em relação às visões cristalizadas de mundo, propondo a quem

---

[38] Walter Benjamim, *Sobre alguns temas em Baudelaire*, cit..
[39] Richard Shusterman, *Vivendo a arte: pensamento pragmatista e estética popular*, cit., p. 38.
[40] Lisbeth Rebollo Gonçalves, *Entre cenografias: o museu e a exposição de arte no século XX* (São Paulo: Edusp, 2004).
[41] Walter Benjamim, *Sobre alguns temas em Baudelaire*, cit.
[42] Lisbeth Rebollo Gonçalves, *Entre cenografias: o museu e a exposição de arte no século XX*, cit., p. 87.

quer que seja o repensar da vida e da sociedade e, dessa forma, permitindo certa liberdade ao receptor. No entanto, apesar da abertura observada, há sempre "um feixe de valores culturais básicos"[43] permeando o diálogo.

Considero a estética como colocada por Melo, em um âmbito ampliado que não a entende apenas como o estudo do belo, mas de outras possibilidades de apreensão sensível da realidade, "contemplando inclusive o feio, o sublime, o trágico, o cômico, o grotesco".[44] O autor entende essa estética como o estudo de um modo de apropriação da realidade que destaca as questões ligadas à dimensão sensível do ser humano, não a ligando apenas à experiência erudita, tampouco submetendo-a à ética, que, para ele, têm igual importância para a vida em sociedade. Para o autor, um processo de educação estética ou das sensibilidades

> no mínimo pode permitir aos indivíduos desenvolver o ato de julgar e criticar por meio do estabelecimento de novos olhares (mais tolerantes e multirreferenciais) acerca da vida e da realidade. Sem falar na não menos importante possibilidade de potencializar o prazer de cada indivíduo.[45]

Segundo o estudioso, deve haver propostas de educação estética, pois as sensibilidades podem ser educadas. Mesmo que não se formem críticos especialistas em arte, pode-se pelo menos munir as pessoas de senso suficiente para julgar e criticar "por meio do estabelecimento de novos olhares acerca da vida e da realidade".[46] Para ele, educar as várias possibilidades sensoriais do ser humano permite diversificar as possibilidades de prazer, seja perante manifestações culturais populares, seja perante as artes ditas eruditas.

Certamente, apenas a impressão sensível não é suficiente para formar a apreciação às obras de arte: "a experiência estética não se esgota, nem está ligada somente à sensibilidade, ao sentimento, à emoção".[47] O conhecimento, o intelecto e a razão também participam desse processo, mas é importante que se observe o equilíbrio. Não se deve considerar a experiência com arte erudita privilégio de um grupo seleto de escolhidos nem submetê-la à simples contemplação sem esclarecimento e intervenção educativa. É necessário ter a experiência pessoal de contato com cada obra como

---

[43] *Ibidem.*
[44] Victor Andrade de Melo, *Fundamentos da animação cultural* (Campinas: Papirus, 2006), p. 58.
[45] *Ibid.*, p. 59.
[46] *Ibidem.*
[47] *Ibid.*, p. 60.

ponto de partida para a busca de conteúdos que venham agregar valor à fruição da obra de arte.

Dessa forma, tal intervenção, além de contribuir para o enriquecimento das experiências dos indivíduos especificamente nos espaços artísticos, pode mudar sua percepção da realidade em que está inserido, permitindo olhares mais aprofundados sobre própria vida.

Não se pretende aqui propor uma hierarquização das manifestações culturais, nem sugerir que todos os cidadãos devem optar pela arte erudita nos momentos de lazer e turismo, mas que a abertura dos sentidos às diferentes manifestações seja capaz de ampliar as possibilidades de escolha de cada indivíduo e que o contato com diferentes manifestações lhe permita posturas críticas e ações mais criativas nas suas vivências em sociedade.

Esses elementos são também importantes na experiência turística, nos levando a pensar que, antes de mais nada, a viagem de lazer é uma experiência estética, se a consideramos em um sentido mais amplo, que seria o da experiência sensorial: o contato com a cultura, com os sabores, com os odores e as imagens guardados no contato com a localidade que se visita. O estranhamento, a vivência inicial do lugar pode vir a promover maior contato com uma nova realidade: o lugar, o objeto, a obra de arte, a cultura.

Muitas vezes, a ideia de que a experiência estética não pode fazer parte dos momentos de lazer se deve a um entendimento preconceituoso do que seja o fenômeno, impedindo maiores diálogos sobre as possibilidades de experiência nesse tempo. Não menos comum é a ideia de que vivências ditas "sérias" não seriam adequadas nos momentos de lazer, causada pelo fato de pensar em lazer como sinônimo de diversão ou de entretenimento. O lazer abarca tais possibilidades, mas não se resume a elas.

> Em muitos trabalhos, confunde-se diversão com lazer, divertimento com tempo livre, entretenimento com tempo de não trabalho, ócio com ociosidade, etc., permutando-se em combinações diversas. Situação prejudicial para o aprimoramento do debate na área, pois transparece a falta de construção e estabelecimento de conceitos, bem como da explicitação de autores da compreensão de elementos essenciais em suas argumentações e reflexões.[48]

---

[48] Maria Cristina Rosa, "Verbete diversão", em Christianne L. Gomes (org.), *Dicionário crítico do lazer*, cit., p. 64.

O entretenimento[49] configura-se como o preenchimento do tempo com atividades recreativas, aproxima-se do conceito de diversão. Em nossa sociedade, é comum entender a diversão e o entretenimento por um viés exclusivamente comercial (mercadoria), pelo fato de haver, por detrás desses conceitos, uma indústria em crescimento mundial e extremamente lucrativa. Sob um olhar preconceituoso, atribui-se à diversão e ao entretenimento características como futilidade, que os liga à ideia do ócio, geralmente repudiado em nossa sociedade. É importante ressaltar que, em tempos de indústria do entretenimento, mercado de desejos, sociedade permeada por imagens e estímulos, a diversão tende a se destacar, mas é apenas um dos objetivos do lazer.

Dumazedier, um dos estudiosos clássicos do lazer no Brasil, lista suas três funções: diversão, descanso e desenvolvimento.[50] Apesar de o descanso também ser considerado na sociedade pós-industrial, por seu potencial de renovar as forças de trabalho, pouco se observa a dimensão "desenvolvimento", possível nos momentos de lazer – espaços de educação não formal, presentes também como preocupação nas intervenções da animação cultural.[51]

Dessa forma, a compreensão do lazer como dimensão da cultura, que é dinâmica e dialoga com outras dimensões, como trabalho, estudo e religião, e que se caracteriza pela vivência lúdica de vários conteúdos culturais em um tempo conquistado,[52] caminha para um entendimento que não localiza o fenômeno apenas como um bem de consumo ou uma necessidade colocada abaixo das necessidades básicas do ser humano, e sim como dimensão importante da vida. Tal compreensão do lazer também pode auxiliar em um entendimento mais amplo do turismo, especialmente da modalidade "turismo de lazer", desvinculando-o da análise puramente econômica e

---

[49] "Entretenimento", em *Dicionário Barsa da Língua Portuguesa*, vol. 1 (São Paulo: Melhoramentos, 1981), p. 402.
[50] Joffre Dumazedier, *Lazer e cultura popular* (São Paulo: Perspectiva, 1976).
[51] Para Melo, *animação cultural* define-se como uma tecnologia educacional (uma proposta de intervenção pedagógica) pautada na ideia radical de mediação (que nunca deve significar imposição), que busca permitir compreensões mais aprofundadas acerca dos sentidos e significados culturais (considerando tensões que se estabelecem nesse âmbito) que concedem concretude à nossa existência cotidiana, construída com base no princípio de estímulo às organizações comunitárias (que pressupõe a ideia de indivíduos fortes para que tenhamos realmente uma construção democrática), sempre tendo em vista provocar questionamentos acerca da ordem social estabelecida e contribuir para a superação do *status quo* e para a construção de uma sociedade mais justa. [...] É uma proposta de pedagogia social que não se restringe a um campo único de intervenção (pode ser implementado no âmbito do lazer, da escola, dos sindicatos, da família, enfim, em qualquer espaço possível de educação), nem pode ser compreendida por somente uma área de conhecimento. Para mais detalhes, ver Victor Andrade de Melo, *Fundamentos da animação cultural*, cit., p. 28.
[52] Christianne L. Gomes (org.), *Dicionário crítico do lazer*, cit.

observando-o como fenômeno cultural fomentador de experiências estéticas várias, enriquecendo os turistas com estímulos de novas visões da vida.

Referências bibliográficas

ALVES, Vânia de Fátima et al. *Lazer, lúdico e educação*. Brasília: Sesi/DN, 2005.
BENJAMIM, W. A. *Modernidade e os modernos*. Trad. Heindrun Krieger Mendes da Silva, Arlete de Brito e Tânia Jatobá. Rio de Janeiro: Tempo Brasileiro, 1975.
_____. *A obra de arte na época da reprodutibilidade técnica*. Coleção Os pensadores. São Paulo: Abril Cultural, 1983.
_____. *Sobre alguns temas em Baudelaire*. Coleção Os Pensadores. São Paulo: Abril Cultural, 1983.
BOURDIEU, Pierre. *As regras da arte*. São Paulo: Companhia das Letras, 1996.
_____ & DARBEL, Alain. *O amor pela arte: os museus de arte na Europa e seu público*. São Paulo: Edusp, 2003.
DICIONÁRIO BARSA DA LÍNGUA PORTUGUESA. Vol. 1. São Paulo: Companhia Melhoramentos de São Paulo, 1981.
DUMAZEDIER, Joffre. *Lazer e cultura popular*. São Paulo: Perspectiva, 1976.
GOMES, Christianne L. (org.). *Dicionário crítico do lazer*. Belo Horizonte: Autêntica, 2004.
GONÇALVES, Lisbeth Rebollo. *Entre cenografias: o museu e a exposição de arte no século XX*. São Paulo: Edusp, 2004.
HABERMAS, J. "Modernidade: um projeto inacabado". Trad. Marcio Suzuki. Em ARANTES, Otília. *Um ponto cego no projeto moderno de Jungen Habermas, B*. São Paulo: Brasiliense, 1992.
LEITE, Maria Isabel & OSTETTO, Luciana E. *Museu, educação e cultura: encontros de crianças e professores com a arte*. Campinas: Papirus, 2005.
LIPOVETSKY, Gilles. *A felicidade paradoxal: ensaio sobre a sociedade de hiperconsumo*. São Paulo: Companhia das Letras, 2007.
MELO, Victor Andrade de. *Fundamentos da animação cultural*. Campinas: Papirus, 2006.
MONTE-MÓR, Roberto L. M. *A cidade e o urbano*. Belo Horizonte: Caderno de Textos Cidades, IEAT/UFMG, s/d.
ROSA, Maria Cristina. "Verbete diversão". Em GOMES, Christianne L. (org.). *Dicionário crítico do lazer*. Belo Horizonte: Autêntica, 2004.
SHUSTERMAN, Richard. *Vivendo a arte: pensamento pragmatista e estética popular*. São Paulo: Editora 34, 1998.

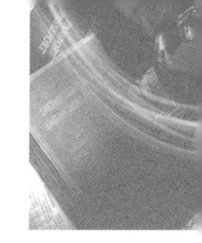

O fotógrafo-turista: simbiose perfeita na experiência de viajar[1]

Cynthia Menezes Mello Ferrari

O surgimento da fotografia no início do século XIX certamente abriu portais de possibilidades construtivas e criativas para aquilo que hoje conhecemos como *contemporaneidade*. Desde então, diversos estudos científicos, artísticos e filosóficos tiveram como objeto de estudo a fotografia, embora um número insuficiente de trabalhos tenha investigado a relação entre *fotografia* e *turismo*, que remetem ao mesmo núcleo central da modernidade.

A fotografia e o turismo exercem um encantamento em nossa sociedade atual – fotografar uma viagem passou a ser um dos elementos da experiência de viajar equiparado a se hospedar, se alimentar, visitar um atrativo turístico, contemplar uma linda paisagem ou adquirir um suvenir. Um experimento visual único que se tornou uma das marcas da pós-modernidade.

Turistas e fotografia são companheiros inseparáveis, vivem uma experiência simbiótica através de câmeras digitais ou analógicas. Este capítulo pretende incursionar nas experiências de viagens nesse universo simbiótico, perpassando aspectos filosóficos, sociais, culturais, estéticos e éticos, numa tentativa de entendermos um pouco mais as suas relações, assim como o surgimento a partir da modernidade, ao que chamaremos de metáfora do "fotógrafo-turista".

Partimos, como base para as reflexões dessa jornada, das ideias de uma das maiores pensadoras contemporâneas, Susan Sontag, que, em sua obra *Ensaios sobre foto-*

---

[1] Este capítulo é uma versão revisada e ampliada de um trabalho apresentado e publicado com o mesmo título. Para mais detalhes, ver Cynthia Menezes Ferrari Mello, "O fotógrafo-turista: simbiose perfeita na experiência em viajar", em *III Seminário Nacional de Pesquisa da Uninove*, São Paulo, 2009.

grafia, abre discussões sociais, éticas e estéticas sobre a responsabilidade da fotografia e apresenta as matizes entre essa atividade e o turismo. Em seus ensaios, a filósofa analisa de forma reflexiva a imagem fotográfica como um prodígio de civilização, desde o aparecimento do daguerreótipo, no século XIX. Até então, essa abordagem não foi realizada por outros pensadores, e ganha destaque na construção do entendimento da evolução imagética em nossa sociedade, tornando-se referência para estudos diversos, como o que apresentarei aqui.

Fotografia e viagens: encontrando o fio condutor

Desde que o inventário fotográfico iniciou-se, em 1839, quase tudo tem sido fotografado. Antes de mais nada, devemos ressaltar que a fotografia é uma imagem e, como tal, sempre fez parte da produção dos nossos sentidos, em suas diversas representações simbólicas. Essas imagens, quando transformadas em fotografias, apresentam um espectro de incontáveis possibilidades e sentidos que fazem parte da cultura imagética contemporânea.

A origem da palavra *fotografia* deriva dos termos gregos *fós* ("luz") e *grafis* ("estilo", "pincel") ou *grafê*, e significa "desenhar com luz".[2] Entretanto, sua ligação com o estético origina-se na palavra com que Fox Talbot, um dos mais expressivos pesquisadores desse setor, patenteou a fotografia em 1841, na Inglaterra: "calótipo", de *Kalos*, "belo".[3]

Essa intricada linguagem fotográfica (desenhos de luz/belo) consegue deslizar entre uma expressão artística e uma ferramenta profissional. Isso atribui à fotografia características muito singulares: primeiramente como uma expressão artística visual, como a arte de representar e apreender uma realidade; depois como a técnica de gravação, por meios químicos, mecânicos ou digitais, de uma imagem numa camada de material sensível à luz. Dessa forma, confere a ela diversas abordagens: artística, profissional, de lazer e entretenimento. Seu uso é incontável e incontestável, passando tanto pelas mãos de artistas, cientistas e gestores, como pelas de sujeitos comuns e turistas.[4]

---

[2] John Hegedcoe *apud* Aldemir Santos Jr. & Aldenyra Santos, "Arte e turismo: a fotografia como instrumento de trabalho do turismólogo contemporâneo", em *Revista Eletrônica Aboré*, 3ª ed. 2007, disponível em http://www.revistas.uea.edu.br/old/abore/artigos/ artigos_3/Aldemir%20Pereira%20dos%20Santos%20Junior.pdf (acesso em 28-1-2010).

[3] Susan Sontag, *Ensaios sobre fotografia* (São Paulo: Companhia das Letras, 1981).

[4] Aldemir Santos Jr. & Aldenyra Santos, "Arte e turismo: a fotografia como instrumento de trabalho do turismó-

Como expressão de arte, a fotografia se impõe ao compor novas linguagens estéticas, uma maneira de concretizar o passado, perceber o presente e antever o futuro. Enquanto ferramenta profissional, é um poderoso instrumento de planejamento e estratégias de gestão. As fotografias turísticas são utilizadas quer por turistas, durante a experiência de viajar, quer por profissionais do setor em seu planejamento.

Sobre essa amálgama, Susan Sontag, em um mergulho estético social fascinante, mais que uma reflexão sobre a fotografia, faz uma análise crítica abordando o caleidoscópio de significados sobre o ato de fotografar e trazendo à tona matizes de sua relação com a atividade turística em seu fenômeno sociocultural. Ela afirma: "Hoje em dia, tudo existe para terminar em fotografia"[5] e credita às imagens fotográficas um lugar central em nossa cultura, um desligamento do enfoque social da simples prática fotográfica, em um cenário que, ao mesmo tempo, a inventa e a consome.

Ao se preocupar em desprender a imagem fotográfica de uma simples técnica, a filósofa amplia a concepção sobre os diversos conteúdos e significados que a permeiam. Assim, traça paralelos importantes com outras atividades e eventos da nossa sociedade. É o que faz, evidenciando pela primeira vez a ligação entre fotografia e turismo: "Assim é que a fotografia vem evoluindo passo a passo com uma das atividades mais características de nossa época: o turismo".[6]

As analogias iniciais entre fotografia e experiências de viagens

Tracemos o primeiro paralelo entre a fotografia e o turismo, retomando a afirmação de Sontag: "Hoje em dia, tudo existe para terminar em fotografia".[7] Com um rápido olhar em nossos próprios acervos fotográficos, certamente descobriremos que quase tudo o que é importante ou significativo em nossas vidas foi fotografado; consequentemente, nossas experiências de viagens também.

É difícil discordar de Sontag quando ela complementa a ideia anterior ao apontar os aspectos acumulativos da fotografia, que brinca com a escala do mundo: amplia e reduz, corta, é retocada, consertada ou distorcida. Nesse sentido, a fotografia de viagem – ou qualquer outra – é uma realidade que todos podemos arquitetar, adquirir, portar e trocar. Fotografias afixadas em um álbum, emolduradas em porta-retratos,

---

logo contemporâneo", cit.
[5] Susan Sontag, *Ensaios sobre fotografia*, cit., p. 24.
[6] *Ibid.*, p. 9.
[7] *Ibid.*, p. 24.

presas a paredes, em pôsteres, *folders* turísticos, na tela de nossos *notebooks* e celulares. Os aficionados em viagens as colecionam em álbuns pessoais, cartões-postais, *fotoblogs*, suplementos e revistas especializadas em viagens.

Pode-se ir além: "Os jornais a exibem; a polícia a codifica; museus a expõem; editores a compilam".[8] Ou seja: novos usos são atribuídos às coisas, aos significados e a eventos a partir da fotografia e do turismo. Por outro lado, justificamos os aspectos do turismo lembrando que os deslocamentos das viagens associados à captação dessas experiências imagéticas propiciam o desenvolvimento de novas visões e leituras do mundo, superando os sentidos de um simples registro. Aliadas dissolvem a existência de barreiras espaçotemporais e podem nos projetar a universos impensáveis, vivências de refinamentos estéticos externos e encontros emocionantes entre o eu interior e o limiar do aqui agora-passado.

Mas talvez a mais paradigmática reflexão elaborada por Sontag sobre a fotografia tenha sido introduzir questões filosóficas que enfocam as implicações de uma "nova ética do ver", desenvolvida a partir do advento fotográfico em sua universalidade de objetos e, entre eles, o nosso tema: experiências de viagens. Vejamos o que ela diz: "Ao ensinar-nos um novo código visual, a fotografia transforma e amplia nossas noções sobre o que vale a pena olhar e o que efetivamente podemos observar. Constitui ela uma gramática e, o que é ainda mais importante, uma ética do ver".[9]

Com um novo código visual instaurado, passamos a ver o mundo representado por meio de uma imagem fotográfica, na qual a "coisa real" fotografada (capturada) em determinado momento é vista pelo olhar de um sujeito através de lentes. Ela pode ser vista por outros sujeitos, que podem aumentá-la ou reduzi-la, retocá-la, recortá-la em centenas de possibilidades. Esse processo criou um novo conjunto de regras que ensinou a interpretar o mundo e a sociedade de outra maneira, que determina os padrões éticos ou não, de acordo com o que essa sociedade escolhe como relevante ou irrelevante.

Podemos reforçar essa léxis com base na ressalva das ideias de Roland Barthes por Gastal.[10] Barthes, ao defender a necessidade de compreender essa gramática, afirma: "[...] precisamos, sim, conhecer a gramática (e seus códigos) da imagem para podermos assimilá-la com competência".[11] Isso implica darmos maior atenção à leitura

---

[8] *Ibid.*, p. 5.
[9] *Ibid.*, p. 1.
[10] Susana Gastal, *Turismo, imagens e imaginários* (São Paulo: Aleph, 2005), p. 52.
[11] Roland Barthes, *Mitologias* (São Paulo: Difel, 1987), p. 52.

das imagens fotográficas que nos cercam e de seus significados, um esforço para realmente sermos alfabetizados nesse tipo de elocução para evitarmos consequências contraproducentes pessoais e para a sociedade.

Embora essa linguagem visual tenha múltiplos desdobramentos de sentido que dependem, *a priori*, do fotógrafo e, depois, do objeto captado e de seu contexto, seria improdutivo entender que a linguagem fotográfica é única para todos os objetos. Ao contrário. Ela é composta por infinitas possibilidades sociais, culturais, éticas e estéticas e, quando aplicada à atividade turística, circunscreve (ou deveria circunscrever) também as necessidades do sujeito-turista, que podem ser ao mesmo tempo diversas.

Ressaltamos, porém, que as fotos turísticas não devem ser censuradas levianamente, como alguns pesquisadores o fazem, generalizando as imagens fotográficas de turismo como que voltadas somente ao consumo estético/supérfluo, sem antes conhecer a intenção de quem fotografou, seu objetivo e sua impressão do momento. De modo geral, tanto o fotógrafo profissional quanto os turistas captam imagens ligadas ao belo, que certamente remetem à ideia inicial da atividade turística, que é conhecer outros locais, outras culturas e belas paisagens, assim como os pintores as utilizam como modelo artístico. Sontag contribui muito para repensarmos essas críticas:

> Ninguém jamais descobriu feiura através da fotografia. Mas, muitos, através da fotografia, têm descoberto a beleza. Com exceção dos casos em que a câmara é usada para documentar ritos sociais, o que leva uma pessoa a tirar fotografias é a procura de alguma coisa bela. [...] Ninguém exclama "Puxa, que negócio feio! Tenho de tirar uma fotografia". [...] O papel da câmara de embelezar o mundo tem sido tão bem-sucedido que a fotografia, e não o mundo, tornou-se o padrão de referência do belo.[12]

Ninguém viaja a turismo para ver feiúra, paisagens destruídas, cenários angustiantes, monumentos inacabados ou destruídos, e assim por diante. As pessoas viajam, entre outras coisas, para ver o belo, o interessante, o enigmático, o original, e nunca o repulsivo, o trágico. Portanto, não pensam em tirar fotogramas feios de suas viagens; ao contrário, lamentam-se diversas vezes ao longo do roteiro porque não tiraram algumas fotos de momentos interessantes, alegres, paisagens exuberantes. E, mesmo quando fotografam monumentos e sítios turísticos malcuidados ou depredados, o sentido estético do belo ainda é o que movimenta a captação, pois a feiura é

---

[12] Susan Sontag, *Ensaios sobre fotografia*, cit., p. 24.

transformada em algo admirável através da fotografia. Tudo depende da interpretação estética de quem fotografa.

Esse aspecto também pode ser explorado por outro ângulo, como a questão do mito da "viagem perfeita no mundo perfeito", sugerida por Markwell em um estudo sobre fotografias turísticas.[13] O conceito se refere à exclusão de imagens fotográficas turísticas sobre temas ligados ao desinteressante, ao mundano e ao doméstico captadas durante a viagem. Fotografar só fará sentido se tiver como objeto os opostos, um reforço ao mito do "perfeito", criando a impressão de que os turistas estão afastados do cotidiano imperfeito, do previsível, dos afazeres caseiros e das obrigações profissionais durante essas experiências de viagem, e, por fim, caso se funde na ideia de captar o belo.

Todavia, o reverso da moeda existe quando o aspecto estético do belo desencadeia sentidos contraditórios e questionáveis, como discutido por Sontag: "O conteúdo ético da fotografia é frágil". Ela nos lembra de que criamos uma ferramenta suscetível à manipulação, pois o evento em si e as suas representações (imagens) se misturam numa sociedade industrial e consumista, onde "a realidade, como tal, é redefinida pela fotografia".[14]

Incursionando um pouco mais sobre a questão da "ética do olhar" e o "conteúdo frágil da fotografia", espelhemos nossas reflexões relacionando-a a um exemplo turístico, um *folder* de hotel. O objetivo das imagens fotográficas nesse tipo de material publicitário é vender hospedagem e seus diversos serviços, portanto explorar o estético. Como o produto turístico "hotel" não pode ser deslocado e consumido antes da viagem por ser intangível, a estratégia de experimentação se dá por meio de imagens fotográficas. Para tanto, é importante que essas fotos retratem o meio de hospedagem da melhor forma, o mais realista e mais convidativa possível; a finalidade é que o consumidor turista sinta vontade de se deslocar até o hotel e consumir a hospedagem e seus serviços.

No entanto, muitas vezes podemos ter uma experiência de viagem frustrada por falsas impressões ou representações, porque as fotos turísticas criam "fantasias" sobre a coisa fotografada. Muitas dessas fotos podem ser manipuladas para dar outra dimensão e percepção do produto turístico – sempre para melhor, é lógico. Um turista

---

[13] Alexandra Coghlan & Bruce Prideaux, *No Pictures, No Memory: Capturing Image-talking Behavior on the Great Barrier Reef*, 2008, disponível em http://www.griffith.edu.au/conference/cauthe2008/refereed-papers/RP047.pdf.

[14] Susan Sontag, *Ensaios sobre fotografia*, cit., pp. 2, 167.

inexperiente pode se frustrar, por exemplo, por ter acreditado que a piscina do hotel era "quase olímpica" e, ao chegar lá e olhá-la de perto, ter percebido que, com apenas duas braçadas, seria capaz de alcançar as bordas do lado oposto.

Quando as imagens fotográficas dos *folders* ou do *site* do hotel mostram uma realidade, a constatação do contrário pode comprometer todo um planejamento de viagem. Esse tipo de ocorrência com os materiais promocionais turísticos é muito mais frequente do que imaginamos e resulta da inexperiência de "ler" a gramática visual, como suscitam as ideias de Roland Barthes, aliada à barreira do mito da vida perfeita.

Fotografia, viagens e poder

A relação entre poder e fotografia é esclarecida por Sontag da seguinte maneira: "Fotografar é apropriar-se da coisa fotografada. É envolver-se numa certa relação com o mundo que se assemelha com o conhecimento e, por conseguinte, com o poder".[15] Nesse sentido, podemos indicar também o aspecto do poder entre fotografia e turismo, já que ambas as atividades são instrumentos usados separadamente para obtê-lo. Como? Vejamos: se a imagem fotográfica é uma informação, um signo, uma nova gramática de ver, ler, contar uma história não pela oralidade (o mundo em uma mesma linguagem), amplia as formas tradicionais (oralidade e escrita) de obter conhecimento por meio de outro código linguístico. O mesmo ocorre com a atividade turística, através de seus diversos símbolos, nas experiências das viagens, que possibilitam múltiplos tipos de vivência e de leitura de maneiras não clássicas. Quanto mais experiências imagéticas e turísticas tiver o sujeito, mais conhecimento acumulado ele terá; além disso, estará mais capacitado para realizar escolhas eficazes e terá mais controle sobre as circunstâncias e acontecimentos.

Sem dúvida, quando as experiências propiciadas por essas atividades acontecem em conjunto, além de significarem obtenção de poder, demonstram uma relação simbiótica de conhecimento. Afinal, o homem sente necessidade de registrar-se no tempo, de dominar o desconhecido, e fotografar é assegurar a "aura" de sua imortalidade, mesmo que fragmentada em vários momentos. Portanto, fotografar essas experiências de viagem ultrapassa o ato de captar o momento e registrá-lo; é sentir-se poderoso ao eternizar-se na imagem, talvez uma sensação momentânea, mas intensa

---

[15] *Ibid.*, p. 4.

e documentada (física), o que dá a sensação de assegurar uma espécie de eternidade concreta.

É importante ressaltar ainda que o processo da modernidade, entre tantos inventos e eventos ocorridos na época, desenvolveu novas maneiras de olhar, perceber e interpretar o mundo, o que impulsionou o surgimento do que chamaremos de metáfora dos "fotógrafos-turistas" e suas experiências de viagens.

O sentido de viajar

> Viajar é como um passe de mágica, que nos remete, em um abrir e fechar de olhos, ao passado aprendido nos livros. Uma viagem também é capaz de nos arremessar ao futuro imaginado em nossas mentes ou visto nos filmes. É possível ir além. Um passeio em outras cidades e países nos coloca diante de conhecimentos nunca antes imaginados. Viajar é o ato de se buscar um prazer impalpável, impossível de ser traduzido em palavras ou mesmo reproduzido em fotos e filmes. Viajar é um som harmonioso que vibra em nossas mentes com a possibilidade de descobrir novos caminhos e trilhar a nós mesmos, com mais consciência e lucidez. Viajar é poder realizar os sonhos e desejos mais profundos de adultos e crianças. Seja por intermédio de roteiros culturais, religiosos e ecológicos ou mesmo para fechar grandes negócios. Viajar pode ser tudo isso ou muito mais – depende só de você. Os homens viajam desde os tempos primordiais e continuarão ao longo dos anos, enquanto houver a motivação interna de alcançar novas fronteiras e enfrentar novos desafios. Por que viajam não é a questão primordial, mas sim para que viajam. Cada indivíduo terá sua própria resposta, mas a minha é esta: viajar é poder ter por algum tempo a chave dos nossos destinos nas mãos.[16]

Entretanto, "apesar de a linguagem ser poética, atrás da retórica existe um conteúdo real sobre a estrutura do turismo e seus elementos",[17] assim como de suas diversas possibilidades significativas.

Em nossos dias a experiência de viajar, tal qual a fotografia, transformou-se numa prática social em quase todas as sociedades. Todos anseiam viajar e fotografar e, em decorrência disso, essa experiência tornou-se também um objeto de consumo importante. Remetendo ao passado ou arremessando para o futuro, os homens sempre

---

[16] Cynthia Menezes Ferrari Mello, *O relacionamento da mídia impressa e o turismo*, dissertação de mestrado (São Paulo: ECA-USP, 2002), pp. 50-51.
[17] *Ibid.*, pp. 46-47.

viajaram, ora por conta de desígnios divinos na Antiguidade, ora pelo prazer, ora por questões profissionais na modernidade. Contudo, somente no mundo moderno as pessoas puderam eternizar, reviver e mostrar suas viagens através da experiência fotográfica.

Anos depois de Sontag, John Urry, em um estudo sobre "o olhar do turista", também se debruçou sobre a questão, não somente explicando a ligação entre o aspecto fundamental exercido pela fotografia para o crescimento do olhar do turista na modernidade, mas também levando-nos a concluir que essa é também uma experiência visual. Assim, ele amplia o significado de *viajar*: "A imensa expansão da popularidade fotográfica no final do século XIX indica a importância dessas novas formas de percepção visual e seu papel de reestruturação do olhar do turista, que estava imergindo naquele período".[18]

Acrescentamos que viajar na contemporaneidade também denota fotografar essa experiência, captar o belo, eternizar-se, adquirir poder e ganhar *status* ao apreender os momentos turísticos vividos em uma imagem fotográfica. Lado a lado, as atividades se desenvolveram, e hoje fica difícil imaginar uma distinção entre elas, ou seja, uma experiência de viagem sem fotografias, um turista sem câmera fotográfica, sem criar memórias e o admirável através de álbuns de fotos e de suas crônicas fotográficas de viagens. Afinal, "a fotografia será uma prova incontestável de que o turista fez a viagem, cumpriu o programa e se divertiu".[19]

A fotografia é uma linguagem que possibilita tornar real (representação) a jornada turística, na qual o prêmio são fotos-troféus, o retrato do "mundo perfeito", o reencontro do Paraíso perdido de Adão e Eva. Seu resultado permite a solução de conflitos pessoais e origina-se da seguinte forma: "A necessidade de conhecer novas experiências traduz-se na necessidade de tirar fotografias: a experiência que procura uma fórmula à prova de crises".[20]

Todavia, outra pragmática ideia da ensaísta nos leva a ampliar ainda mais o sentido de *viajar*: "Viajar torna-se estratégia para o acúmulo de fotografias".[21]

---

[18] John Urry, *O olhar do turista: lazer e viagens nas sociedades contemporâneas*. (3ª ed. São Paulo: Studio Nobel, 2007), p. 183.
[19] Susan Sontag, *Ensaios sobre fotografia*, cit., p. 9.
[20] Ibid., p. 155.
[21] Ibid., p. 10.

[ANÁLISES TEÓRICAS]

A experiência de viajar e de fotografar no espaço e no tempo

Partamos do princípio de que cada viagem é única e singular na inserção do momento em que ocorre e de que sua extensão se dá através da fotografia, por meio da referência espaço/tempo propiciada com o deslocamento simbólico antecipado das imagens turísticas. A importância do momento antecipado para a experiência de viajar torna a fotografia o principal instrumento capaz de nos fazer conhecer determinado destino turístico e, assim, "nos fazer conhecer determinada experiência".[22]

Desse modo, cria-se um elo de segurança psicológica que transforma o distanciamento físico do sujeito em uma aproximação com o espaço/local físico que será visitado. Esse elo é estabelecido por meio da compreensão do tempo/espaço nas implicações sobre as viagens relacionadas aos riscos e às incertezas do deslocamento, que podem ser minimizadas por um conjunto de experiências codificadas através de mapas, *folders* turísticos, guias de viagem, de créditos e *sites* específicos.[23]

Outro aspecto está ligado ao momento após o deslocamento: a *vivência*, em que o sujeito, depois de afastar a insegurança do desconhecido pela antecipação imagética, consegue intervir no local turístico, captando suas impressões pessoais sobre ele. A prática fotográfica também facilita a socialização do turista com o grupo e o local turístico, pois lhe sanciona uma espécie de liberdade de aproximar-se e afastar-se em qualquer situação das pessoas e dos espaços sem que para isso necessite de autorização prévia. A câmera fotográfica é seu passaporte, seu salvo-conduto, e a fotografia turística captada por esse sujeito é, por fim, o resultado da experiência desse encontro, uma liberdade que só pode ser conquistada durante a trajetória de sua viagem e mantida através de uma imagem fotográfica.

Para o fotógrafo-turista, nossa metáfora, a prática fotográfica durante a experiência de viagem é complexa, liberta – como vimos – um mix de sensações psicológicas de revitalização e abstração, como complementa Sontag:

> A fotografia não é simplesmente o resultado do encontro entre o evento e fotógrafo; tirar fotografias é, em si mesmo, um acontecimento, com direitos cada vez mais líquidos e certos de interferir, invadir ou ignorar tudo que estiver ocorrendo ao redor. Nosso próprio sentido de localização é agora articulado pelas interferências da câmara.[24]

---

[22] *Ibidem.*
[23] Renato Ortiz *apud* Beatriz Labate, "A experiência do 'viajante-turista' na contemporaneidade", em Célia Serrano *et al.* (orgs.), *Olhares contemporâneos sobre o turismo.* (2ª ed. Campinas: Papirus, 2000), p. 57.
[24] Susan Sontag, *Ensaios sobre fotografia*, cit., p. 11.

O próprio ato de fotografar é algo reconfortante que alivia a sensação de desorientação que as viagens propiciam aos turistas pelo afastamento de seu espaço cotidiano e cumpre o papel de direcionar suas ações sobre o que fazer e como agir. Esses sujeitos, então, formalizam esse experimento como formalizam suas atividades profissionais: ao parar, tirar uma foto e seguir em frente.

Outro elemento estruturador das experiências de viagens, "o tempo" é alcançado pela distância e proximidade, e é explicado por Ferrari: "[...] toda e qualquer viagem pede uma aproximação e um distanciamento, nas diversas sociedades e culturas ao longo dos tempos, cujas práticas, a partir deste distanciamento do 'viajar', estabelecem algumas distinções do ambiente cotidiano".[25]

Mas também encontramos eco sobre esse contexto na seguinte observação da filósofa: "A onipresença de máquina fotográfica induz-nos fortemente a crer que o tempo consiste em acontecimentos interessantes, eventos que valem a pena ser fotografados".[26] Esse afastamento do cotidiano, além de nos remeter a um mundo perfeito e supostamente nos afastar das crises cotidianas, faz com que sintamos um grande prazer em seu oposto: a viagem. E o ato fotográfico, nesse contexto, nos leva a registrar "a deliciosa experiência de estar em lugares diferentes dos da rotina".[27]

Dessa forma, estabelece "uma relação crônica e voyeurística com o mundo e nivela a significação de qualquer acontecimento".[28] O fotógrafo-turista passa a sentir um grande prazer em olhar o mundo e em ser visto. Quanto ao aspecto do nivelamento do momento fotográfico levantado por Sontag, ele acontece do mesmo modo quando o fotógrafo-turista ingere uma bebida típica que promove o tráfico familiar para o "interessante", e vice-versa, como observado por Serrano. A pesquisadora retrabalha a ideia de "bolha ambiental" de Boorstin,[29] que nivela suas referências familiares, que pode incluir desde o idioma, a locação de carros, as cadeias internacionais e as bebidas do tipo "cola", tornando o turista seguro para a "eventual descoberta de um (dis) sabor gastronômico".[30]

---

[25] Cynthia Menezes Ferrari Mello, *O relacionamento da mídia impressa e o turismo*, dissertação de mestrado, cit., p. 55.
[26] Susan Sontag, *Ensaios sobre fotografia*, cit., p. 11.
[27] Susana Gastal, *Turismo, imagens e imaginários* (São Paulo: Aleph, 2005), p. 35.
[28] Susan Sontag, *Ensaios sobre fotografia*, cit., p. 11.
[29] Daniel J. Boorstin, *The Images: a Guide to Pseudo-events in America* (Nova York: Athenaeum, 1987).
[30] Célia Serrano, "Poéticas e políticas das viagens", em Célia Serrano et al. (orgs.), em *Olhares contemporâneos sobre o turismo* (2ª ed. Campinas: Papirus, 2000), p. 47.

[ANÁLISES TEÓRICAS]

Fotografia e turismo: uma experiência de consumo

O mundo moderno caracteriza-se pelo movimento: um número expressivo de pessoas começou a viajar regularmente e precisava interagir com a cultura do local visitado. Uma das formas estabelecidas por elas foi o consumo (compras), integrando-o não só à cultura, mas também à economia local.[31] Contudo, o consumo turístico não se caracteriza somente pela compra de artigos típicos, de suvenires, de serviços de hospedagem e alimentação, como *a priori* pode-se pensar. Sua maior característica é a contemplação visual, tema explorado exaustivamente por Urry.[32]

Desse modo, a primeira relação do consumo turístico se dá através da antecipação da experiência fotográfica, que não seria um ato espontâneo do sujeito-observador, como lembra Serrano, aspecto difícil de ser alterado. Portanto, além dos complexos aspectos já apontados, o consumo visual aborda outros novos:

- Foto nenhuma é imparcial, pois ocorre uma transferência da classe social e ideológica do fotógrafo para a imagem. Também não há objetividade em fotografia, pois ela depende tanto do repertório cultural de quem registra a imagem quanto de quem a vê. O mesmo se dá com fotos turísticas.[33]
- No que diz respeito à percepção do meio, o consumo imagético relacionado à atividade turística equivale ao seguinte: "Cristalizar experiências em fotogramas próprios (ou de outrem, os cartões-postais) é, aliás, uma das 'obrigações' às quais o turista se submete em suas viagens".[34]
- A suposta "obrigação" de fotografar as experiências de viagens, de colecioná-las exerce especial atração sobre os sujeitos que, por razões várias, ficam excessivo tempo confinados em lugares fechados no cotidiano de suas vidas e precisam consumir o oposto propiciado pelas viagens, em um emaranhado de necessidades, entre elas vivenciar um tipo de liberdade somente propiciada através da simbiose dessas atividades.[35]
- Todos esperam consumir para ver/ter/mostrar as "fotos-troféus" da viagem de barco, os monumentos, as paisagens paradisíacas.[36] Portanto, viajar e não participar do rito de registrar os momentos triunfantes da viagem é como se

---

[31] Ibid.
[32] John Urry, *O olhar do turista: lazer e viagens nas sociedades contemporâneas*, cit.
[33] Susan Sontag, *Ensaios sobre fotografia*, cit.
[34] Célia Serrano, "Poéticas e políticas das viagens", cit., p. 49.
[35] Susan Sontag, *Ensaios sobre fotografia*, cit.
[36] Ibidem.

não tivéssemos viajado, nem uma forma de se diferenciar dos familiares, dos amigos que não foram.
- O plástico vivenciado também é primordial no consumo da experiência de viajar. A fotografia utilizada nas reportagens turísticas, promocionais ou as pessoais cumprem esse papel de saciar uma necessidade estética e psicológica.
- O consumo imagético turístico supera a antecipação temporal da viagem e se instala na escala do tempo entre o real e passado em sequência nas memórias. Dessa forma, documenta eventos de consumo efetuados longe dos familiares ou dos vizinhos e será uma prova incontestável de que o viajante cumpriu o programa e se divertiu.[37]

O sujeito

Até aqui, pouco foi discutido sobre o sujeito, esse indivíduo que viaja, fotografa. Bem... Mas quem é esse sujeito? Viajante ou turista? Uma pista é dada com base na apreciação de Sontag, que afirma: "Colecionar fotografias é colecionar o mundo".[38] Isso remete à ideia de "viajar" já explicada por Ferrari, que leva a quem coleciona o mundo: o "sujeito". Esse é o centro do turismo, abordado em Beni,[39] entre outros estudiosos do tema.

Diversas tipologias tentam fazer distinções entre *viajantes*, *peregrinos* e *turistas*, mas não importa a qual categoria pertença o indivíduo, pois isso em nada modifica a sua condição de "sujeito" do deslocamento turístico. Independentemente dos diversos desdobramentos tipológicos, todos os tipos compartilham de experiências do devaneio – peculiar do turismo –, das artes, da fotografia, do cinema, da propaganda, da televisão, enfim, da contemporaneidade. Sem dúvida, o "sujeito" é o centro do deslocamento (viagens) e também da cultura imagética (fotografia). E, como tal, não necessita de atribuição tipológica, continuará se deslocando e fotografando.

Porém, o "sujeito" ganha identidade quando se transforma em "fotógrafo-turista", um só com sua máquina fotográfica, um tipo de personagem construído durante as experiências de viagens e que volta a ser "fotógrafo-turista" todas as vezes que relembra suas viagens, quando fala sobre elas ou olha, mostra ou expõe suas fotografias.

[37] *Ibidem*.
[38] *Ibid.*, p. 3.
[39] Mário Carlos Beni, *Análise estrutural do turismo* (São Paulo: Editora Senac São Paulo, 1997).

Sobre a ideia da metáfora que aqui propomos, encontramos respaldo em Urry, que afirma:

> À medida que todos se transformam em fotógrafos, todos também se transformam em semióticos amadores. Aprendemos que uma casa campestre, com cobertura de palha, representa "a velha Inglaterra"; ou que as ondas se arrebentando nas pedras significa "a natureza selvagem e indômita"; ou, sobretudo, que uma pessoa com uma máquina dependurada no pescoço é, sem dúvida, "um turista".[40]

E complementamos ao dizer: isso ocorre mesmo quando ele é um fotógrafo profissional. Recentemente, em matéria do jornal *O Estado de S. Paulo*,[41] um título chamou a atenção e nos remeteu à proposta da nossa metáfora: "Olhares de fotógrafos-turistas". A reportagem se referia a um grupo de fotógrafos brasileiros importantes e ao lançamento da série fotográfica "Passaporte", composta por seis minilivros com doze imagens cada um, que tinha como público-alvo colecionadores de imagens fotográficas. As fotos foram realizadas durante viagens desses fotógrafos, que se misturaram com outros turistas no Brasil e no exterior para registrá-las. Diversas obras fotográficas se dedicaram ao tema viagens, e seus realizadores, independentemente de ser fotógrafos profissionais, atuaram como "fotógrafos-turistas".

Relembramos que o turista e o fotógrafo, quando transformados em fotógrafos-turistas, compartilham do ganho de poder (conhecimento, estética e *status*), e também da dialética da novidade e da insaciabilidade – características de ambas as atividades – em viajar e captar imagens turísticas. Essa insaciabilidade também é indicada como parte do perfil do fotógrafo, que é uma espécie de "caçador". Ele e sua câmera (a arma) caçam o diferente, o novo, o inusitado, o significante. Eles não perseguem uma caça qualquer; sua presa é a cultura. E a cultura é também a presa do fotógrafo-turista quando ele experiencia as viagens. Vejamos o que Flusser diz a esse respeito:

> Quem observa os movimentos de um fotógrafo munido de aparelho (ou de um aparelho munido de fotógrafo) estará observando movimento da caça. O antiquíssimo gesto do caçador paleolítico que persegue a caça na tundra. Com a diferença de que o fotógrafo não se movimenta em pradaria aberta, mas na floresta densa da cultura.[42]

---

[40] John Urry, *O olhar do turista: lazer e viagens nas sociedades contemporâneas*, cit., p. 186.
[41] *O Estado de S. Paulo*, "Olhares de fotógrafos turistas: fotos de viagem de seis famosos fotógrafos brasileiros viraram item de colecionador", 2009, disponível em http://www.estadao.com.br/noticias/suplementos,olhares-de-fotografos-turistas,482127,0.htm (acesso em 12-1-2010).
[42] Vilém Flusser *apud* Lucia Santaella & Winfried Nöth, *Imagem: cognição, semiótica e mídia* (4ª ed. São Paulo: Iluminuras, 2005), p. 116.

Por outro lado, ao expor os aspectos éticos do ato de fotografar, Sontag aponta um perfil "predador" para o caçador fotógrafo-turista, em oposição às ideias de Flusser quanto ao "caçador de cultura".

> O lado predatório da fotografia está no cerne da aliança, evidente nos Estados Unidos mais que em qualquer outro lugar, entre fotografia e turismo. Depois do desbravamento do Oeste em 1869, com a conclusão da estrada de ferro transcontinental, veio a colonização através da fotografia. O exemplo mais brutal disso refere-se ao índio americano. Amadores discretos e sérios, como Vroman, já vinham trabalhando nesse campo desde o final da Guerra Civil. Era a vanguarda de um exército de turistas que chegou antes do final do século, ávidos por "uma boa fotografia" da vida indígena. Os turistas invadiram a privacidade dos índios ao fotografar objetos, danças e lugares sagrados, pagando-lhes, se necessário, para que posassem e convencendo-os a adaptar suas cerimônias de forma que possibilitassem tomadas mais fotogênicas.[43]

Não muito diferente, a faceta predadora do fotógrafo-turista ainda pode ser observada em vários destinos turísticos pelo mundo. Um exemplo brasileiro acontece na Bahia, na cidade de Salvador, com as "baianas" do Pelourinho: travestidas em personagens que as remetem a sua origem africana, elas cobram por fotografias. O fotógrafo-turista, ávido em experienciar (fotografar) e em abater novas caças, movimenta-se em direção a elas. Em um rito, primeiro para e as contempla; em seguida, se deixa abordar por elas, negocia o valor e, por fim, é autorizado a tirar as fotos, imagens que depois exibirá e legitimará como um troféu da viagem.

Esse é um exemplo do avesso das consequências apontado por Sontag e evidenciado por outras abordagens de estudos turísticos. Ele nos remete às ideias de Roland Barthes sobre a necessidade de educarmos nossos fotógrafos e seus leitores nessa práxis imagética.[44] Talvez o fotógrafo-turista se submeta tão facilmente porque gosta de colecionar viagens e de mostrar sua prova irrefutável: suas coleções de fotografias. Afinal:

> A fotografia dá forma à viagem. É o motivo para se tirar uma foto – clique! – e prosseguir. A fotografia implica em obrigações. As pessoas sentem que não podem deixar de ver determinadas cenas, pois, caso contrário, as oportunidades de fotografá-las serão perdidas.[45]

---

[43] Susan Sontag, *Ensaios sobre fotografia*, cit., p. 64.
[44] Roland Barthes, *A câmara clara*, cit.
[45] John Urry, *O olhar do turista: lazer e viagens nas sociedades contemporâneas*, cit., p. 187.

Mas, como Sontag afirma, o fotógrafo-turista mistura outras complexas características: "O fotógrafo saqueia e ao mesmo tempo preserva, denuncia e consagra"[46] os locais turísticos. Certa ingenuidade também parece caracterizá-lo, e, de caçador ou predador de cultura, pode passar a presa dessa mesma cultura imagética que ele arquiteta. Entretanto, o fotógrafo-turista não clica à toa, não caça à toa; ele elege sua presa, pois fotografar é homenagear um tema, e esse tema é conduzido pelo olhar dos turistas construído "através de signos, e o turismo abrange uma coleção de signos".[47]

O fotógrafo-turista precisa comprovar a realidade e ampliar a experiência de suas viagens para depois reduzi-las. E isso só é possível através das imagens fotográficas turísticas que ele capta e que representam um consumo estético pelo qual somos obcecados. Fotografar parece algo quase imperativo para quem viaja. Contudo, mais que uma obrigação, o fotógrafo-turista tem outra característica peculiar: gosta de ver fotografar e de ser visto fotografando como um *flaneur*. É uma espécie de herói moderno "capaz de viajar, chegar, contemplar, ser anônimo, situar-se em zona liminar"[48] e seguir adiante.

Enfim, ser fotógrafo-turista tornou-se uma atividade emblemática: "o democratizado ato de fotografar, de ser visto e registrado, de ver os outros e registrá-lo",[49] e sempre autorizado por essa sociedade imagética.

Considerações finais

Viajar é uma prática ritualística que, antes de mais nada, propicia momentos agradáveis, lúdicos e memoráveis. Além disso, viajar gera uma pitada de ansiedade, por conta do deslocamento e do afastamento do nosso território "real". A experiência de viajar demanda organização e planejamento na escolha do destino adequado às nossas diversas necessidades: sociais, culturais, estéticas, econômicas, psicológicas e temporais; quem nos acompanhará ou qual o melhor meio de transporte, a melhor hospedagem, quais os trajes mais adequados, que bagagem levar e... como vamos documentá-la: usando uma câmera fotográfica.

Esse experimento mexe com o imaginário de todo viajante e tem início muito antes de se alcançar o destino escolhido, em contatos anteriores, por meio de imagens

---

[46] Susan Sontag, *Ensaios sobre fotografia*, cit., p. 65.
[47] John Urry, *O olhar do turista: lazer e viagens nas sociedades contemporâneas*, cit., p. 18.
[48] *Ibid.*, p. 185.
[49] *Ibid.*, p. 18.

fotográficas encontradas em *sites*, revistas especializadas e suplementos de turismo, *folders* de destinos e serviços turísticos, fotos de viagens feitas por amigos e familiares, etc.

A atividade turística desenvolvida no lastro da modernidade caracteriza-se pelo desejo de conhecer outros países, cidades, museus, culturas e paisagens, acompanhado por outro desejo: o de registrar esses eventos para tentar eternizá-los (memórias). Isso só foi possível após o advento fotográfico. É difícil conceber um viajante sem uma câmera fotográfica, não importa onde ele esteja. Durante o percurso turístico, a câmera quase se transforma em um precioso membro físico, ficando grudada ao pescoço e posicionada entre mãos que focam um objeto, consumindo uma paisagem ou capturando um momento turístico decisivo. Ou seja, fotografar é também um rito. Os "motivos" fotográficos podem ser diversos, perpassando o registro inesquecível, o lazer, o mundo profissional e o *status*. Os temas seguem o interesse do viajante, determinado, em sincronia com o próprio dedo, em clicar e clicar, na tentativa de registrar sem deixar nada escapar.

Capturar, caçar até que o olhar se volte para um novo interesse, uma nova presa e, com isso, o movimento de clicar recomece. Nesses momentos esses viajantes são fotógrafos-turistas – não somente turistas nem apenas fotógrafos –, atentos ou não, sempre fascinados na captura da melhor imagem, do melhor ângulo, da melhor luz. Ou simplesmente ligados ao prazer (ou à obrigação) de clicar e consumir um instante ou se deixar consumir. Eles sentem que podem intervir nesse instante, desvendando detalhes, criando memórias, marcando o real, livres de olhares críticos a respeito de como interferem na paisagem, de como as sentem, as percebem. Afinal, são somente viajantes. Contudo, nesses instantes, bem no fundo, eles se sentem poderosos capturando o momento e, logo depois, resgatando esse poder através das fotografias tiradas.

Tempos depois, as fotos podem ter vários destinos: ficar ora esquecidas em uma gaveta, em meio a tantas outras; ser parte de um livro de arte ou de uma reportagem sobre o destino; ir parar em um *blog* ou em uma mostra particular; ou estimular outras experiências de viagens para si e para outros, quem sabe? E, certamente, tudo recomeçará na próxima viagem.

Sobre o tema, observou-se o fascínio narcisista que a fotografia e o viajar exercem na sociedade atual e quanto essas práticas são complexas e sedutoras. A aliança entre fotografia e turismo aqui apresentada tem origem na modernidade e tornou-se foco de um consumo extremamente significativo no mundo contemporâneo, o que acende questões éticas, estéticas e sociais inseridas na cultura imagética desde o seu surgimento. Essa aliança está intimamente ligada ao experienciar do turista, é uma simbiose perfeita na vivência do fotógrafo-turista, como Sontag propôs, Urry retrabalhou e nós retomamos aqui.

A experiência de viajar nos abastece de sentidos novos. Afinal, é o que procuramos quando nos afastamos do cotidiano, quando nos atiramos ao seu avesso e saímos para "caçar" ou nos deixamos ser "caçados" pela civilização imagética. Os novos sentidos percebidos precisam ser incorporados, ou melhor, materializados, pois só assim poderão ser eternizados. À fotografia cabe essa função.

O fotógrafo-turista tem essa certeza quando supera a fronteira do capturar documental e se estabelece muito mais próximo, entre o limiar do aprisionar e o expressar do sentido daquela imagem/momento, imprimindo o belo em sua crônica pessoal. É o encontro de algo que buscamos traduzir internamente e que só é possível alcançar por meio da simbiose entre as experiências de viajar e fotografar, a "aura" desses sentidos. A experiência de viajar se assemelha à experiência de fotografar em vários aspectos: ambas trazem ganhos éticos, estéticos, sociais e psíquicos. Trata-se de um aprendizado que se configura com base nessa nova gramática visual.

Espero que este capítulo tenha propiciado mais que um novo olhar sobre o tema proposto, que seja uma mola propulsora para novas discussões, por sua importância e pela grandeza de seus significados, pois todos nós, em algum momento, fomos e seremos fotógrafos-turistas.

REFERÊNCIAS BIBLIOGRÁFICAS

BARTHES, Roland. *A câmara clara*. Lisboa: Edições 70, 1989.
_____. *Mitologias*. São Paulo: Difel, 1987.
BENI, Mário Carlos. *Análise estrutural do turismo*. São Paulo: Editora Senac São Paulo, 1997.
BOORSTIN, Daniel J. *The Images: a Guide to Pseudo-events in America*. Nova York: Athenaeum, 1987.
COGHLAN, Alexandra & PRIDEAUX, Bruce. *No Pictures, No Memory: Capturing Image-talking Behavior on the Great Barrier Reef*, 2008. Disponível em www.griffith.edu.au/conference/cauthe2008/refereed-papers/RP047.pdf.
FERRARI, Cynthia Menezes Mello. "O fotógrafo-turista: simbiose perfeita na experiência em viajar". Em *III Seminário Nacional de Pesquisa da Uninove*. São Paulo, 2009.
_____. *O relacionamento da mídia impressa e o turismo*. Dissertação de mestrado. São Paulo: ECA-USP, 2002.
GASTAL, Susana. *Turismo, imagens e imaginários*. São Paulo: Aleph, 2005.
LABATE, Beatriz. "A experiência do 'viajante-turista' na contemporaneidade". Em SERRANO, Célia et al. (orgs.). *Olhares contemporâneos sobre o turismo*. 2ª ed. Campinas: Papirus, 2000.
O ESTADO DE S. PAULO. *Olhares de fotógrafos turistas*. Fotos de viagem de seis famosos fotógrafos brasileiros viraram item de colecionador. Disponível em http://www.estadao.com.br/noticias/suplementos,olhares-de-fotografos-turistas,482127,0.htm.

PALMER, Catherine. Moving with the Times: Visual Representation of the Tourism Phenomenon. Em *Journal of Tourism Consumption and Practice*, 1(1), 2009. Disponível em http://eprints.brighton.ac.uk/view/year/2009.html.

SANTAELLA, Lucia & NÖTH, Winfried. *Imagem: cognição, semiótica e mídia*. 4ª ed. São Paulo: Iluminuras, 2005.

SANTOS JR., Aldemir & SANTOS, Aldenyra. "Arte e turismo: a fotografia como instrumento de trabalho do turismólogo contemporâneo". Em *Revista Eletrônica Aboré*, 3ª ed., 2007. Disponível em http://www.revistas.uea.edu.br/old/abore/artigos/artigos_3/Aldemir%20Pereira%20dos%20Santos%20Junior.pdf.

SERRANO, Célia. "Poéticas e políticas das viagens". Em SERRANO, Célia *et al.* (orgs.). *Olhares contemporâneos sobre o turismo*. 2ª ed. Campinas: Papirus, 2000.

SONTAG, Susan. *Ensaios sobre fotografia*. São Paulo: Companhia das Letras, 1981.

URRY, John. *O olhar do turista: lazer e viagens nas sociedades contemporâneas*. 3ª ed. São Paulo: Studio Nobel, 2007.

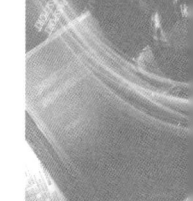

Construir, habitar, viajar: reflexões acerca da relação comunicação-turismo comunitário

Aristides Faria Lopes dos Santos

Este capítulo busca provocar reflexões sobre o turismo na pós-modernidade a partir da perspectiva comunitária. Sua finalidade, fundamentalmente, é fomentar o estabelecimento de novos paradigmas acerca da gestão pública ou privada de destinos turísticos ou empreendimentos, respectivamente, com base nas compreensões contemporâneas do consumidor/turista.

Há três elementos presentes na sociedade pós-moderna que reorientam o entendimento sobre o turismo enquanto fenômeno social: a *globalização da economia*, fenômeno que gera "ilhas de prosperidade", mas também oportuniza o aumento da massa consumidora; a *difusão da informação*, ou seja, a disseminação em maior escala das experiências de viagem acerca de um produto, serviço ou destino turístico, o que antecipa e subsidia o estabelecimento de (pré)conceitos acerca das experiências que serão vividas; e as *estratégias complementares de massificação e segmentação,* tanto da oferta quanto da demanda.

A combinação desses três elementos converge para o turismo comunitário enquanto modelo de desenvolvimento consistente à sociedade contemporânea, já que este tende a provocar maior relacionamento, envolvimento e aprendizagem acerca das singularidades locais – tanto em relação ao espaço quanto às pessoas que o habitam.

Além disso, experiências orientadas para relacionamentos tendem a fugir do lugar comum do turismo de massa, propiciando (res)significações dos patrimônios material e imaterial. De modo complementar, pode-se afirmar que o turismo comunitário tende a ser mais dinâmico, uma vez que essas experiências – provavelmente mais autênticas – derivam da valorização de elementos não estáticos.

[ANÁLISES TEÓRICAS]

Segmentação mercadológica: pós-modernidade

O mercado contemporâneo, pós-moderno, inclina-se de certo modo a uma nova massificação. Isso porque há cada vez mais pessoas viajando, custos de comercialização, deslocamento e estada decrescendo, além de mais destinos surgindo enquanto opções de compra. Nesse processo, as viagens passaram a ocupar de maneira distinta a agenda dos Estados, das famílias e dos indivíduos, ou seja, viajar tornou-se muito mais uma opção pessoal do que uma questão de lazer ou *status*.

Um interessante conceito de *pós-modernidade* é proposto por Mafessoli, que afirma ser a "sinergia de fenômenos arcaicos e do desenvolvimento tecnológico".[1] Trata-se, pois, de uma abordagem generalista, mas que esclarece o que este estudo entende acerca do tema.

Conforme Ashton, os parques temáticos – ditos "fenômenos da pós-modernidade – são espaços que promovem interação social em sentido verbal e não verbal, na medida em que se observou o compartilhar dos sentimentos e das emoções, dando início ao processo de interação de afinidades, valorizando o mundo dos signos". A autora comenta, brilhantemente, a questão da exacerbação de signos na gestão desses parques – híbridos, modelos mutantes, laboratórios civilizacionais, com arquitetura definida e limitada à simbologia predeterminada.[2]

A estratégia de segmentação é, então, a fragmentação do mercado turístico em subdivisões. Dado que esse mercado é marcadamente ocupado por micro e pequenas empresas, o turismo – enquanto um setor maior – pode ser amplo demais para esses empreendimentos, fragilizando-os diante dos grandes conglomerados internacionais ou mesmo dos grupos regionais. O setor de bebidas, por exemplo, é segmentado em alcoólicas e não alcoólicas, sucos e refrigerantes, sucos naturais e em pó, sucos concentrados e prontos para beber, e assim por diante.

A atividade turística concretizou-se, ao longo do tempo, como vetor de desenvolvimento econômico e social. Tornou-se também um meio de viabilização de projetos de conservação e preservação do patrimônio histórico, artístico, natural e cultural – este, material e imaterial. À medida que um contingente cada vez maior utiliza serviços turísticos, o segmento consolida-se e amadurece, alcançando índices de qualidade, produtividade e eficiência comparáveis a outros setores da economia.

---

[1] Michel Maffesoli, *Sobre o nomadismo, vagabundagens pós-modernas* (Rio de Janeiro: Record, 2001), p. 21.
[2] Mary Sandra Guerra Ashton, "Parques temáticos: fenômenos da pós-modernidade", em Alexandre Panosso Netto & Marília Gomes Ansarah (orgs.), *Segmentação do mercado turístico: estudos, produtos e perspectivas* (Barueri: Manole, 2008), p. 258.

Para suprir as demandas sociais – individuais e/ou coletivas –, fornecedores de produtos e serviços turísticos e gestores de destinos de viagens empenham-se para posicionar sua oferta em relação à concorrência. A segmentação é, em essência, a setorização da oferta para que ela possa alcançar seu público-alvo, de modo a atender aos desejos e/ou necessidades de seus grupos de consumidores com o máximo de eficiência.

Uma nova forma de turismo

Ao longo dos anos, pela diversificação da produção, dos locais de instalação industrial e pela exaustão dos destinos turísticos "da moda", sobretudo de "Sol & Praia", surgiram novas formas de experimentar as localidades e de ter contato com as comunidades ali residentes.

As relações de intercâmbio provocadas pelo turismo "proporcionam enriquecimento e conhecimento, assim como estabelecem pautas de convívio baseadas no respeito de ambas as partes [...]",[3] segundo Ribeiro. É interessante apontar, então, para o crescimento de uma forma de turismo alternativo, que fuja das destinações homogeneizadas. É chamado de *alternativo* em virtude de ser uma nova opção em relação ao *turismo de massa* ou *convencional*.

Assim, conforme Coriolano, "do turismo global, elitizado e de *resorts* emergiu o turismo local e alternativo, voltando-se para os interesses dos residentes, das pequenas pousadas, da valorização e manutenção da identidade local [...]".[4] Deve-se esclarecer que a autora refere-se não ao século XIX, quando a massa assalariada pressionava em demasia os poucos destinos de viagem, mas aos tempos atuais, no litoral Nordeste[5] do Brasil. Sua observação, no entanto, é pertinente até para que sejam observadas as discrepâncias e repetições de erros no gerenciamento dos territórios – sejam estes turísticos ou não.

---

[3] Marcelo Ribeiro, "Turismo comunitário: relações entre anfitriões e convidados", em Alexandre Panosso Netto & Marília Gomes Ansarah (orgs.). *Segmentação do mercado turístico: estudos, produtos e perspectivas*, cit., p. 117.
[4] Luzia Neide Coriolano, "Turismo: prática social de apropriação e de dominação de territórios", em Amália Inés Gerageis de Lemos *et al.* (orgs.), *América Latina: cidade, campo e turismo* (São Paulo: Clacso, 2006), p. 374.
[5] Reflexão semelhante faz Cruz ao afirmar que *liberalização* e *desregulamentação* são dois traços marcantes do Estado neoliberal, traços esses que, naturalmente, refletem sobre o setor de turismo, como no que diz respeito ao transporte aéreo e a sua desregulamentação em meados dos anos 1990, mas também, e sobretudo, ao papel que passa a exercer o Estado brasileiro na produção do espaço nacional, por meio da adequação de partes eleitas do território, a um uso turístico. Para mais detalhes, ver Rita Cássia Ariza da Cruz, "Planejamento governamental do turismo: convergências e contradições na produção do espaço", em Amália Inés Gerageis de Lemos *et al.* (orgs.), *América Latina: cidade, campo e turismo*, cit., p. 344.

[ANÁLISES TEÓRICAS]

Por *comunitário*, Maldonado entende "um sujeito coletivo, com direitos e obrigações, constituído com base na adesão voluntária de seus membros [indivíduos e famílias], com ou sem sustento institucional no direito consuetudinário ou de viver em uma territorialidade comum".[6]

Na perspectiva do turismo, é essa a base da proposta alternativa às viagens massificadas, em que as experiências assemelham-se e impedem o diálogo com o espaço local e com sua gente em virtude de sua formatação.

Classifica-se como *turismo comunitário* uma estratégia de sobrevivência e de entrada daqueles de menores condições econômicas na cadeia produtiva do turismo. Pode ser intitulado também *turismo de base local*, pois, no entendimento de Coriolano, é "uma forma [de turismo] que pensa o lugar, a conservação ambiental e ressignifica a cultura".[7]

Turismo comunitário é, então, entendido, na visão de Ribeiro, como uma

> forma de organização empresarial sustentada na propriedade e na autogestão dos recursos patrimoniais comunitários, como o arranjo das práticas democráticas e solidárias no trabalho e na distribuição dos benefícios gerados pela prestação de serviços turísticos, com vista a fomentar encontros interculturais de qualidade com os visitantes.[8]

Atenta-se para duas esferas reconhecidas na paráfrase do autor: *organização empresarial* e *encontros interculturais de qualidade*. Ele continua sua interpretação da prática comunitária do turismo afirmando que os turistas

> começam com uma nova forma de relação ou de interação com as realidades tão distantes da sua, favorecendo o que se pode chamar de experiências autênticas. Além disso, há o intercâmbio de pessoas, a interação com o trabalho das comunidades e outras atividades da vida cotidiana.[9]

Trata-se, pois, de um diálogo aberto e sincero entre visitante e visitado. Um diálogo não mediado, descentralizado e que tem no enriquecimento cultural sua razão de ser e seu benefício mútuo.

Essas conversas entre autóctones e viajantes são

---

[6] Maldonado *apud* Marcelo Ribeiro, "Turismo comunitário: relações entre anfitriões e convidados", em Alexandre Panosso Netto & Marília Gomes Ansarah (orgs.), *Segmentação do mercado turístico: estudos, produtos e perspectivas*, cit., p. 108.
[7] Luzia Neide Coriolano, "Turismo: prática social de apropriação e de dominação de territórios", cit., p. 374.
[8] Marcelo Ribeiro, "Turismo comunitário: relações entre anfitriões e convidados", cit., p. 108.
[9] *Ibid.*, p. 109.

tanto mais perturbadoras e inescrutáveis quanto maior for a expressão da população local [...], em outras palavras, quanto mais fortes forem as territorialidades estabelecidas sobre vínculos identitários historicamente determinados, mais complexos vão ser os embates e ajustes.[10]

Essa complexidade tende, com o passar do tempo, a delinear os limites da liberdade – que pode beirar a anarquia, percebida em destinações massificadas, em que não se verificam quaisquer sinais de respeito a residentes ou a tradições, ainda que estas se encontrem desgastadas.

As motivações e os resultados desse diálogo ficam claros nas palavras de Carlos, que afirma não ser o espaço um "palco de ações deliberadas de atores hegemônicos, em que a relação entre sociedade e espaço é, também, dialética [visitante/visitado, emissor/receptor, dominante/dominado]".[11] A autora também afirma que "o espaço é condição, meio e produto da realização da sociedade em toda a sua multiplicidade ou, ainda, que o espaço não é apenas um receptáculo da história, mas condição de sua realização qualificada".[12]

Em complemento ao exposto, Coriolano aponta que "o espaço geográfico não é suporte nem reflexo [é, diga-se, condição, meio e produto] da ação da sociedade, mas um produto social, e esse produto social não se faz sem conflitos, contradições e resistências. Justamente dessas contradições emergem as relações de dominação e de poder na produção do espaço, que visa à acumulação capitalista".[13] É, então, dos citados embates, ajustes, conflitos, contradições e resistência que emergem limites, conceitos, relações comunitárias e, ainda, a identidade compartilhada entre os membros da comunidade, assim como entre as diversas comunidades que co-habitam determinados territórios.

Turismo comunitário e a nova comunicação

A atividade turística – enquanto fenômeno social – caracteriza-se como um elemento marcante da vida urbana na pós-modernidade. Sua condição dinâmica, comunicativa e desterritorializada corrobora tal crença. Dinâmica porque possibilita um

---

[10] Adyr Balastreri Rodrigues, "Turismo e territorialidades plurais", em Amália Inés Geraiges de Lemos *et al.* (orgs.), *América Latina: cidade, campo e turismo*, cit., p. 302.
[11] Ana Fani Alessandrini Carlos, *Espaço-tempo na metrópole* (São Paulo: Contexto, 2001), p. 11.
[12] *Ibidem*.
[13] Luzia Neide Coriolano, "Turismo: prática social de apropriação e de dominação de territórios", cit., p. 369.

deslocamento (seja qual for sua motivação), tanto pelo espaço (físico ou imaginário) quanto pelas diversas esferas da sociedade; comunicativa, a saber, pela demanda de interação que os serviços (transportes, comércio – eletrônico ou não –, alimentação, entretenimento, hospedagem, entre outros) exigem; e desterritorializada, pois não há limites nem sequência lógica para os deslocamentos humanos.

Essa falta de limitações, em verdade, baseia-se em duas esferas: 1) os resultados da experiência turística dependem soberana, mas não unicamente, das expectativas do turista; 2) a origem, o destino anterior, o posterior e o acúmulo de informação e experiências prévios alteram sua compreensão.

E se a viagem for virtual? Surge a ideia de cidadania universal ou global. Sintetizando o pensamento de diversos autores (George Bataille, Carl Schmitt e Friedrich Nietzsche), Abruzzese conceitua a cidadania como "a condição civil, o espaço institucional, contratual, normativo, que conserva as obras do espírito universal no qual se reconhece e se faz reconhecer".[14] Aqui basta acrescentar o adjetivo *global* após o conceito central exposto pelo autor.

A junção das noções abordadas anteriormente acontece, ao passo que cresce a demanda por viagens a destinos singulares, que abrigam comunidades tradicionais, culturas arraigadas e história rica em signos, músicas, linguagem, rituais, mitos e identidade únicos. O meio para basear a decisão de compra e o acesso a esses destinos, cada vez mais distantes das metrópoles homogeneizadas pela globalização, passa a ser a *web*.

Nesse momento, emerge o conceito de globalização, que suscita a coexistência do global (*media* escolhida para adquirir os destinos de viagem) com o local (núcleos, geralmente de pequenas proporções territoriais, que despertam interesse dos turistas ao redor do planeta).[15] Mais adiante, o autor refere-se à conectividade como a ação dos indivíduos de se ligarem e formarem grupos que se interconectam.

A fim de introduzir as considerações sobre as contribuições da comunicação mediada, apresenta-se o pensamento de Silva, que sintetiza a prática do turismo e sua relação com a tecnologia telemática. A autora afirma que

> o crescimento do ciberespaço também provoca mudanças significativas no turismo mundial, tornando o acesso mais fácil e rápido às informações de que o indivíduo

---

[14] Alberto Abruzzese, "Novos *media*: além da política e da arte", em Massimo di Felici (org.), *Do público para as redes: a comunicação digital e as novas formas de participação social* (São Caetano do Sul: Difusão, 2008), p. 79.
[15] Derrick de Kerckhove, "Da democracia à ciberdemocracia", em Di Felici (org.), *Do público para as redes: a comunicação digital e as novas formas de participação social*, cit., p. 137.

precisa para planejar sua viagem, desde a escolha do destino turístico, levantamento de preços, visita virtual a pontos turísticos, até a reserva *on-line* de hotéis, ou a compra de passagens aéreas pela *web*, além de outros serviços diretamente ligados à atividade do turismo.[16]

Assim, a rede mundial de computadores, inicialmente utilizada para fins militares, configura-se agora naquilo que pelo menos tange ao turismo, como o principal caminho até os longínquos destinos turísticos de base local.[17] Convenciona-se chamar assim as regiões que, ao longo do tempo, mantiveram seus fatores de atratividade, ou seja, os elementos da cultura, da arquitetura, da história, da paisagem ou mesmo dos negócios que sempre motivaram o deslocamento e, eventualmente, a permanência do viajante na localidade em questão.

O uso da web é cada vez mais diversificado, ou seja, são variadas as formas de conversa entre turistas, ofertantes de produtos, serviços e os destinos de viagem e, ainda, entre os viajantes que já visitaram o local, tendo vivido a experiência.

É possível citar os seguintes usos da internet em favor das viagens e do turismo:

- Divulgação institucional (normalmente tarefa do poder público) – baixa interatividade;
- Comercialização de produtos e serviços (tarefa da iniciativa privada) – há certo diálogo.

Segundo Figueiredo, "as informações sobre hotéis, aluguel de carros, restaurantes, passeios etc. podem ser extraídas diretamente de *sites* na rede mundial de computadores, até mesmo informações sobre o clima, temperatura, ocupação e saturação das atrações turísticas".[18]

- Promoção do lugar e seu patrimônio (sociedade civil local) – interatividade razoável. Rodrigues afirma que, nas localidades turísticas,

> há que desvendar que mecanismos culturais e simbólicos se exercem sobre a população anfitriã, a partir do contato com os visitantes, que vai produzir consequências inenarráveis em nível das representações sociais, pois a viagem e o conhecimento do novo através do outro [...] também se dá entre a população local.[19]

---

[16] Ivanda Maria Martins Silva, "Turismo, novas tecnologias e inclusão social", em *Jornal do Comércio On-line*, Recife, 2005, disponível em http://jc.uol.com.br/canal/lazer-e-turismo/turismo/noticia/2005/09/12/turismo-novas-tecnologias-e-inclusao-social-89794.php (acesso em 2-4-2010).

[17] Marcelo Felipe Moreira Persegona & Isabel Teresa Gama Alves, *História da internet: origens do e-gov no Brasil*, disponível em http://www.unbcds.pro.br/conteudo_arquivo/280606_1E4182.pdf (acesso em 14-3- 2010).

[18] Silvio Lima Figueiredo, "Turismo virtual?", em Alexandre Panosso Netto & Marília Gomes Ansarah (orgs.), *Segmentação do mercado turístico: estudos, produtos e perspectivas*, cit., p. 527.

[19] Adyr Balastreri Rodrigues, "Turismo e territorialidades plurais", cit., p. 302.

> Redes/comunidades virtuais/reais sobre o tema (diversos atores) – alta conectividade e interação;
> Relato de experiência (viajantes) – alta interatividade. É interessante notar que, nos relatos de viajantes, há duas experiências em voga: a possibilidade de visitar um local que preserva, ainda que parcialmente, seu patrimônio material e/ou imaterial (cultural, artístico, tecnológico, histórico, social, ambiental) e a chance de, via web, compartilhar sua vivência com os demais viajantes.

O tópico a seguir apresenta algumas reflexões sobre o turismo enquanto fenômeno social. Para a formulação das reflexões propostas buscou-se fundamentação na "quadratura" de Heidegger, tema introduzido pelo autor em sua obra *Ensaios e conferências*.[20] Propõe-se neste estudo analisar a relação dessas escolhas com a evolução dos *media* e também das percepções sobre as dimensões espaciais e temporais inerentes ao turismo.

Construir, habitar, viajar

A percepção das dimensões de tempo e espaço transformou-se, ao longo dos anos, conforme a evolução das tecnologias da informação e comunicação. Esse permanente desenvolvimento fez com que os custos inerentes ao deslocamento e à comunicação – presentes em todos os processos da cadeia produtiva do turismo – diminuíssem marcadamente. Transformou-se, também, a percepção que as comunidades urbanas têm do espaço que compartilham.

Ao deslocar-se entre um espaço e outro sobre a superfície do planeta, por uma motivação particular, o homem faz escolhas, que vão desde a eleição de quais locais visitará até os meios de transporte dos quais fará uso. Assim, como afirmado anteriormente, a comunicação encontra-se presente em todos os processos da comercialização de um produto, serviço ou destino de turismo. Nesse sentido, verifica-se que o homem baseia sua escolha por meio de imagens projetadas, que são apropriações do real (e um processo comunicacional).

Em relação aos destinos turísticos, pode-se, então, afirmar que a realidade da localidade a ser experimentada parece não importar tanto quanto a boa qualidade das imagens em que o consumidor/turista baseará sua decisão. A imagem provoca uma

[20] Martin Heidegger, *Ensaios e conferências* (Petrópolis: Vozes, 2002).

revolução no "sentido da visão" e da ideia de real .[21] Verifica-se que é cada vez mais relevante o investimento de recursos financeiros, materiais, humanos e de tempo na gestão dos processos comunicacionais inerentes aos produtos, serviços e destinos turísticos.

Trata-se do esforço na reorientação da experiência turística, trocando a massificação por uma vivência autêntica, mais próxima da realidade local (tanto da comunidade, quanto dos espaços, significados por seus usos tradicionais). Reside aí a essência do turismo comunitário, prática da visitação intencional à "alma" do lugar e das pessoas que o habitam.

São inúmeros os estudos e as intervenções nesse sentido. Comentando o projeto turístico Aldeias Históricas de Portugal, Rodrigues afirma que "o modelo de turismo que se propôs para sua recuperação acabou por imprimir feições novas a essas aldeias, atendendo aos gostos forjados pela demanda que clama pelo bucólico, artesanal, familiar, pastichizado".[22] É natural que surjam tensões e paradoxos, já que manter o ar de tranquilidade, por exemplo, passa a ser uma espécie de "objetivo" dos não residentes, enquanto para os autóctones pode haver desejo de aceleração do ritmo de vida local. De fato, parece importante preservar a dinâmica natural da comunidade, vendendo, assim, a ideia de que a cada visita haverá uma nova experiência.

Em viagem, o homem desloca-se pelas vias comunicacionais que cortam florestas, superam montanhas, ladeiam abismos, beiram o mar. Conforme Heidegger, a "terra é o sustentáculo da construção, a fecundidade na aproximação, estimulando o conjunto das águas e dos minérios, da vegetação e da fauna".[23] O filósofo propõe uma interessante reflexão sobre o elemento terra no contexto do turismo. O autor sugere que se deslocar se trata, pois, de um processo comunicativo em que o viajante passa a ser informação, pois carrega consigo mensagens linguísticas, culturais, visuais e comportamentais.

Outro elemento contemplado pela quadratura do autor é o céu. Não importa a motivação de seu deslocamento, tampouco a cor do céu. Ao tomar a decisão de gozar seu tempo livre em uma casa de campo, por exemplo, não será a chuva ou a neve que

---

[21] Mario Perniola, *Pensando o ritual: sexualidade, morte, mundo* (São Paulo: Studio Nobel, 2000).
[22] Adyr Balastreri Rodrigues, "Turismo e territorialidades plurais", cit., p. 303. Pastichizado: contração de pasteurizado e fetichizado, sugere a homogeneização e a massificação dos produtos, atrativos e serviços turísticas, além da fantasia em viver uma vida "melhor", como "antigamente", sem *stress* e em contato com a natureza. Sobre o assunto, ver também André Marcos Vieira Soltau, *Jovens nômades em fronteiras fixas: juventude e escola*, dissertação de mestrado em Educação, Universidade Federal de Santa Catarina, Florianópolis, 2004.
[23] Martin Heidegger, *Ensaios e conferências*, cit., p. 155.

o impedirá. Ao buscar seu destino final de viagem, o homem interage com as paisagens e com as mais diversas e adversas condições temporais.

Esse elemento é descrito como o "caminho do sol, o curso da lua, o brilho das constelações, as estações do ano, luz e claridade, a escuridão e densidade da noite, o favor e as intempéries do clima, a procissão de nuvens e a profundeza do azul do éter".[24] O próprio deslocamento é, em verdade, parte da experiência. Todas as sensações e os sentimentos ficarão marcados e serão contados a outras pessoas.

Como afirmado, uma percepção transformada ao longo do tempo foi aquela acerca do espaço. Então, passa a ser importante notar que a experiência de viagem pode ter início no deslocamento, por meio da "conexão" com as mensagens que a paisagem e as pessoas trocam com o viajante.

Heidegger entende que ser anfitrião é uma bênção; assim, ter sido "o escolhido" para receber o forasteiro é visto como um privilégio. O autor acredita que a

> doação da vaza [no caso, o vinho, que substitui o espaço oco, cheio de ar da jarra] é bebida para os mortais. É ela que lhes alegra os encontros, a convivência; assim, enquanto hospitalidade e em forma de agradecimento a Deus, visitante e visitado celebram ao redor da mesa, alimentando-se e degustando do vinho produzido nas terras da região. Em um compromisso mútuo, a doação da vaza, quando entendida como "oferenda" e não como "bebida", vivem, cada qual de modo diferente [...] e, enquanto "conjunto", terra e céu, mortais e imortais.[25]

A ideia de buscar a alma do lugar e das pessoas que o habitam pode ser representada por essa reflexão acerca do preenchimento da vaza com o suco do fruto das terras locais.

Os relacionamentos vividos nessas ocasiões podem criar laços de amizade, transformando estranhos em conhecidos, inimigos em amigos, amigos em melhores amigos. A forma de interação entre os membros – mortais – da comunidade e seus visitantes aparece como fator de destaque na formulação das impressões construídas, confirmando ou não as projeções anteriores.

O turismo de base comunitária é o fundamento do "novo olhar" do consumidor/turista, aquele que anseia por uma experiência autêntica e por veracidade nas representações socioculturais com as quais tiver contato em seu destino de viagem.

---

[24] *Ibidem.*
[25] *Ibid.*, p. 151.

A quantidade e a boa qualidade da informação que hoje um consumidor/turista adquire antes de realizar seu deslocamento fazem com que a motivação some-se às expectativas reais experimentadas por outrem. E isso favorece a projeção imaginada da experiência que será vivida.

O turismo comunitário parece proporcionar maior relacionamento, envolvimento e aprendizagem acerca das singularidades da localidade e das pessoas que a habitam. Sentir-se membro da comunidade e, logo, confortável em um grupo que não é o seu habitual tende a fazer com que o turista deseje retornar, repetir a vivência e, ainda, patrocine o destino compartilhando sua experiência. A essência da hospitalidade emerge aqui, pois esse envolvimento é um ciclo sem fim de doação, recebimento e gratidão, ainda que não presencial.

Além de fugir do lugar-comum do turismo de massa e de apresentar novas significações ao patrimônio material e imaterial, o turismo comunitário caracteriza-se como mais dinâmico. Isso acontece justamente porque essa modalidade de turismo proporciona relacionamento, envolvimento e aprendizagem, o que favorece o estabelecimento de vínculos emocionais entre visitante, visitado e o espaço em que esses diálogos acontecem. O valor percebido é maior nos elementos não estáticos, construídos e "pastichizados", pois é a singularidade o próprio fator de atratividade dos destinos de base local.

Gestores públicos e empreendedores têm, assim, de fazer frente a esse acúmulo de informações, orientando a projeção da imagem desejada, aguçando a percepção no sentido planejado e gerenciando as expectativas dos consumidores/turistas em um nível próximo à realidade.

A experiência turística consolida-se, como visto, enquanto experiência comunicativa. Fazendo alusão às novas maneiras de comunicar (mediadas, interativas, conectivas, participativas e colaborativas), nota-se que o viajante confunde-se ora com o emissor, ora com o receptor e a todo instante com o conteúdo, pois interage com os espaços (res)significando-os com base em informações previamente acumuladas e trocando mensagens diversas impregnadas de valores, julgamentos e crenças.

Considerações finais

Os pensamentos aqui apresentados são bastante preliminares diante da complexidade da relação entre "comunicação" e "experiência turística". Contudo, julga-se pertinente a contribuição do presente capítulo aos administradores do poder público e também da iniciativa privada, enquanto tomadores de decisões e planejadores das estratégias de promoção e de comercialização de produtos, serviços e destinos de turismo.

Ao considerar as mudanças nos hábitos de consumo e na forma como os consumidores/turistas escolhem seus pacotes de viagem, esses gestores tenderão a decisões mais eficazes e a desenvolver processos de gestão mais eficientes.

Acredita-se, ainda, que a sustentabilidade, a perenidade dos destinos turísticos, bem como sua conservação – a qual pressupõe preservação – tanto no aspecto ambiental quanto no social, no cultural e no econômico, dependem da atuação bem-sucedida desses profissionais.

Verifica-se como estratégia-chave o envolvimento, a participação comunitária e o esforço no sentido de gerar e fortalecer a identidade e os vínculos compartilhados entre a comunidade e o espaço em que suas inter-relações acontecem.

Como visto, não é sem embates que se estabelecem os múltiplos relacionamentos em determinado espaço. E é justamente esse ajuste permanente que confere significados diferentes a um mesmo território. Trata-se, pois, da conversão de "espaço" em "lugar". O desenvolvimento participativo de lugares turísticos parece ser o meio, a estratégia de desenvolvimento mais coerente com o perfil contemporâneo do consumidor/turista, bem como do turismo enquanto fenômeno social.

É na busca de experiências genuínas que se baseia o desejo de praticar o turismo comunitário. Esse hábito ganhou uma dimensão diferente dos tempos originais do mercado de viagens e turismo, remetido à Revolução Industrial do século XIX na Europa, quando o tempo livre era escasso e "qualquer" destinação no campo ou à beira-mar era massivamente visitada pela classe assalariada daquele continente.

Parece residir nessa nova concepção de consumo de bens e serviços turísticos o segredo para o desenvolvimento de práticas sustentáveis que considerem a comunidade local/regional desde o planejamento e a ordenação territorial para a recepção dos fluxos turísticos até a distribuição justa e equitativa de empregos, trabalho, renda e oportunidades de qualificação e de geração de novos negócios.

Os relacionamentos humanos dentro de comunidade locais e o seu patrimônio, assim, passam a ter novo valor e novo significado tanto para seus membros quanto para seus visitantes. Ao notar a identidade fortemente arraigada quanto aos elementos da terra, da arquitetura, da história e da imaterialidade de usos e costumes e do folclore, o valor percebido pelo turista tende a transformar-se.

É assim que se fundem a *comunicação* e a *experiência turística*, ou seja, a partir do diálogo, não necessariamente verbal, acontece um compartilhamento de informações entre visitantes, visitados e o lugar. Nasce aí uma nova experimentação de valores e significações.

REFERÊNCIAS BIBLIOGRÁFICAS

ABRUZZESE, Alberto. "Novos *media*: além da política e da arte". Em DI FELICI, Massimo (org.). *Do público para as redes: a comunicação digital e as novas formas de participação social*. São Caetano do Sul-SP: Difusão, 2008.

ASHTON, Mary Sandra Guerra. "Parques temáticos: fenômenos da pós-modernidade". Em PANOSSO NETTO, Alexandre & ANSARAH, Marília Gomes (orgs.). *Segmentação do mercado turístico: estudos, produtos e perspectivas*. Barueri-SP: Manole, 2008.

CARLOS, Ana Fani Alessandrini. *Espaço-tempo na metrópole*. São Paulo: Contexto, 2001.

CORIOLANO, Luzia Neide. "Turismo: prática social de apropriação e de dominação de territórios". Em LEMOS, Amália Inés Geraiges de et al. (orgs.). *América Latina: cidade, campo e turismo*. São Paulo: Clacso, 2006.

CRUZ, Rita de Cássia Ariza da. Planejamento governamental do turismo: convergências e contradições na produção do espaço. Em LEMOS, Amália Inés Geraiges de et al. (orgs.). *América Latina: cidade, campo e turismo*. São Paulo: Clacso, 2006.

DE KERCKHOVE, Derrick. "Da democracia à ciberdemocracia". Em DI FELICI, Massimo (org.). *Do público para as redes: a comunicação digital e as novas formas de participação social*. São Caetano do Sul-SP: Difusão, 2008.

FIGUEIREDO, Silvio Lima. "Turismo virtual?" Em PANOSSO NETTO, Alexandre & ANSARAH, Marília Gomes (orgs.). *Segmentação do mercado turístico: estudos, produtos e perspectivas*. São Paulo: Manole, 2009.

HEIDEGGER, Martin. *Ensaios e conferências*. Petrópolis: Vozes, 2002.

MAFFESOLI, Michel. *Sobre o nomadismo, vagabundagens pós-modernas*. Rio de Janeiro: Record, 2001.

PERNIOLA, Mario. *Pensando o ritual: sexualidade, morte, mundo*. São Paulo: Studio Nobel, 2000.

PERSEGONA, Marcelo Felipe Moreira & ALVES, Isabel Teresa Gama. *História da internet: origens do e-gov no Brasil*. Disponível em http://www.unbcds.pro.br/conteudo_arquivo/280606_1E4182.pdf.

RIBEIRO, Marcelo. "Turismo comunitário: relações entre anfitriões e convidados". Em PANOSSO NETTO, Alexandre & ANSARAH, Marília Gomes (orgs.), *Segmentação do mercado turístico: estudos, produtos e perspectivas*. São Paulo: Manole, 2009.

RODRIGUES, Adyr Balastreri. "Turismo e territorialidades plurais". Em LEMOS, Amália Inés Geraiges de et al. (orgs.). *Améria Latina: cidade, campo e turismo*. São Paulo: Clacso, 2006.

SILVA, Ivanda Maria Martins. "Turismo, novas tecnologias e inclusão social". Em *Jornal do Comércio On-line*. Recife, 2005. Disponível em http://jc.uol.com.br/canal/lazer-e-turismo/turismo/noticia/2005/09/12/turismo-novas-tecnologias-e-inclusao-social-89794.php.

SOLTAU, André Marcos Vieira. *Jovens nômades em fronteiras fixas: juventude e escola*. Dissertação de mestrado. Programa de Pós-graduação em Educação. Universidade Federal de Santa Catarina, Florianópolis, 2004.

Turismo de experiência e novas demandas de formação profissional

Cecília Gaeta

Introdução

No Brasil, é inegável que a partir de 1995 houve um aumento de cursos de turismo:[1] de graduação (tecnológicos e bacharéis), técnicos, habilitação profissional de curta duração, livres e outros relacionados com a área. O cenário econômico que se apresentava era de grande expansão do turismo, o que provocou o aumento da oferta de empregos e a consequente necessidade de mão de obra competente em diversos níveis. Em função desse crescimento repentino, tais cursos tiveram de vencer grandes desafios, entre outros, a escassez de professores preparados, a falta de diretrizes e de padrões mínimos para os currículos, a existência de componentes copiados de instituições estrangeiras, a ausência de bibliografia especializada.

Atualmente, a disparidade da realidade nacional aponta cursos com variadas propostas educacionais e diferentes níveis de qualidade. Há, no entanto, um consenso de que os cursos técnicos devem dar ênfase ao operacional e de que os superiores devem enfatizar o planejamento e a gestão. De qualquer maneira, o foco é a inserção no mercado profissional. Com que características? A atuação profissional no setor de turismo ganha complexidade num mundo que se modifica constantemente e tende a transformar os tradicionais serviços turísticos em um arranjo de experiências culturais. Que paradigmas regem os atuais currículos dos cursos superiores de turismo? Os conhecimentos e as competências desenvolvidos são adequados ao constante mo-

---

[1] Marília G. R. Ansarah, *Formação e capacitação do profissional em turismo: reflexões e cadastro das instituições educacionais no Brasil* (São Paulo: Aleph, 2002).

vimento de atualização em relação às demandas socioculturais, tão características da atividade turística?

A formação do profissional de turismo no Brasil

Para responder essas questões, começaremos analisando as atuais diretrizes curriculares para turismo,[2] que sugerem uma estrutura definida por módulos (pacotes fechados), nas formas *seriada anual, seriada semestral* e *modular*. As diretrizes determinam que o estágio supervisionado seja um componente curricular indispensável; propõem atividades complementares em ambientes profissionais que integrem os segmentos do mercado do turismo, assim como ações culturais de extensão junto à comunidade.

> Quanto ao perfil desejado, o curso de graduação em Turismo deverá oportunizar a formação de um profissional apto a atuar em mercados altamente competitivos e em constante transformação, cujas opções possuem um impacto profundo na vida social, econômica e no meio ambiente, exigindo uma formação ao mesmo tempo generalista – no sentido tanto do conhecimento geral, das ciências humanas, sociais, políticas e econômicas –, como também de uma formação especializada – constituída de conhecimentos específicos, sobretudo nas áreas culturais, históricas, ambientais, antropológicas, de Inventário do Patrimônio Histórico e Cultural, bem como o agenciamento, organização e gerenciamento de eventos e a administração do fluxo turístico [...]. Os cursos de graduação em Turismo deverão contemplar, em seus projetos pedagógicos e em sua organização curricular, os seguintes conteúdos interligados: Conteúdos Básicos; Conteúdos Específicos e Conteúdos Teórico-Práticos.[3]

Os conteúdos básicos são estudos relacionados com os aspectos sociológicos, antropológicos, históricos, filosóficos, geográficos, psicológicos, artísticos e ambientais, que conformam as sociedades e suas diferentes culturas. Os conteúdos específicos são estudos relacionados com a teoria geral do turismo e com a teoria da informação e da comunicação, estabelecendo ainda as relações do turismo com a administração, o direito, a economia, a estatística e a contabilidade. Os conteúdos teórico-práticos proporcionam estudos localizados nos respectivos espaços de fluxo turístico, com-

---

[2] Ministério da Educação e Cultura, *Diretrizes curriculares para turismo* (Brasília: MEC, 2006), pp. 2-3.
[3] Resolução CNE/CES nº 13, de 24-11-2006.

preendendo aulas práticas, planejamento turístico, laboratórios de aprendizagem e de estágios.

Passamos nossa análise para a realidade e buscamos dois modelos de curso de turismo ofertados em 2008 em São Paulo, que, ao nosso ver, tinham currículos que representavam a maioria das ofertas da cidade. Analisamos seus projetos pedagógicos e entrevistamos as coordenações acadêmicas.

Verificamos, entre os dois bacharelados, coincidências de proposições, principalmente em relação aos objetivos, conhecimentos, competências e perfil do egresso, em um evidente respeito às orientações das diretrizes curriculares para turismo vigentes. O conteúdo é o foco principal da aprendizagem, a partir do qual pretendem desenvolver competências de planejamento e gestão de atividades turísticas. Os textos ressaltam a preocupação com a interdisciplinaridade e propõem ações e atividades que propiciem a integração de temas, ofereçam oportunidades de vivência em ambientes profissionais do turismo e incentivem nos alunos o gosto pela pesquisa. Uma das instituições incorpora, em seu curso de bacharelado, a formação opcional como guia de turismo. A justificativa apresentada para isso é a de que o campo de atuação profissional do bacharel em Turismo é amplo e diversificado, o que exige dele outras competências, além do planejamento e gestão.

Analisando as propostas curriculares das duas instituições e considerando suas representatividades, percebemos ser inegável que se efetuaram progressos consideráveis nos cursos de turismo: as referências dos projetos pedagógicos confirmam essa evolução. Há maior preocupação de integração entre teoria e prática, entre sala de aula e realidade local, bem como uma evidente tentativa de superação do conceito de *multidisciplinaridade* para o de *interdisciplinaridade*, entranhado como essência do saber turístico. Os alunos e professores estão mais ativos e participativos, e as tecnologias e as atividades em ambientes profissionais foram incorporadas na facilitação do processo de aprendizagem. Há mais interação com as comunidades, mais pesquisas, mais infraestrutura e mais comprometimento das instituições com as diretrizes e políticas educacionais nacionais.

Os cursos analisados, que constituem exemplos da realidade encontrada no país, têm foco da formação do turismólogo, voltado para o negócio (leia-se o serviço) turístico com abordagens redutíveis a determinantes econômicos. Neles, faz-se uma clara dissociação entre as atividades de planejamento/gestão e a "linha de frente", o operacional do turismo. As proposições curriculares dos cursos orientadas pelas Diretrizes confirmam uma educação voltada a objetivos profissionalizantes. Na verdade, há sólidos argumentos a favor da educação em turismo voltada para a inserção profissional e, portanto, com ênfase nas técnicas de operação e gestão. Conforme indica o pesquisador Stergiou, essa tipologia "atende a demanda por mão de obra especializada nos empreendimentos, forma estudantes com boas perspectivas de primeiro emprego e assegura o preenchimento de boa parte das vagas nas instituições de ensino".[4]

Há, portanto, coerência entre os objetivos gerais da educação em turismo e as estruturas curriculares apresentadas, pois o que se busca ao formar profissionais com essas características é qualificar as organizações empresariais para o atendimento ao turista.

No entanto, atualmente a atividade turística apresenta características que vão além do aspecto econômico, avançando no plano social, psicológico, afetivo. Envolve relações anticonvencionais, de parcerias, de interações simbólicas, de confiança, de hospitalidade e de cumplicidade em seus propósitos. Uma atuação qualificada exige do profissional conhecimento do contexto em que ele atua, seja na interpretação das diferentes abordagens em que se apresenta, seja na compreensão de suas especificidades e, principalmente, na interface de seus componentes. Ao dominar os meandros e as particularidades da profissão, ele terá condições de analisar e compreender o contexto em que a atividade se desenvolve, o que lhe permitirá fazer uma intervenção criteriosa e eficaz nessa realidade. Esse, em última instância, é o objetivo da formação superior.

Detectar necessidades do mundo turístico e ajustar-se a elas torna-se condição imprescindível para a formação profissional. A investigação constante e rotineira sobre as questões *Que turismo é esse? Há um novo sentido na viagem?* deveria ser a premissa básica de qualquer intenção de "ser turismólogo".

Turismo de experiência

Não há como se esquivar de compreender e refletir sobre a evolução do turismo.

A partir de 1950, mudanças socioculturais, técnicas, econômicas e educacionais provocaram uma alteração nos hábitos nas pessoas. Abriu-se espaço tanto para a atividade de turismo como para a necessidade de serviços e de infraestrutura para atendê-la.

---

[4] Dimitrios Stergiou, "Ensino", em David Airey & John Tribe, *Educação internacional em turismo* (São Paulo: Editora Senac São Paulo, 2008), p. 391.

A evolução se acentuou na década de 1960, com o aumento de rendimento da classe média dos países industrializados, somado ao advento dos voos fretados dos aviões de grande porte, que reduziram o custo e aceleraram o tempo gasto com a viagem. O turismo perdeu seu caráter elitizado e de minorias, passando à categoria de bem de consumo e aumentando o interesse por viagens. A demanda se tornou numerosa, mas pouco experimentada, e não exigiu muito da oferta turística.

A partir da década de 1990, o turismo se consolidou com um setor dinâmico e significativo na economia mundial. Hoje apresenta como principal atividade o turismo tradicional, com roteiros clássicos, "pacotes" com itinerários rápidos ou excursões superficiais, organizados para grupos de turistas ávidos por visitarem *tudo*, comprarem o *possível* e aproveitarem o *máximo* em uma única viagem. Assim, lotam-se hotéis, restaurantes, museus e lojas, criam-se filas: "explora-se o local". Esse tipo de atividade, ao mesmo tempo que desgasta os lugares mais frágeis, impulsiona consideravelmente os negócios locais, pois cria uma ampla gama de serviços paralelos que lhes dão suporte e que se traduzem em consequente geração de empregos.

A demanda se diversifica e o turismo se subdivide em vários segmentos, dependendo das motivações que levam as pessoas a viajar: turismo recreativo ou de lazer, turismo cultural, de saúde, religioso, esportivo, de eventos, turismo nacional, internacional, ecoturismo, aventura, rural, gastronômico, de compras, para terceira idade, GLBT (*gays*, lésbicas, bissexuais, travestis, transexuais, transgêneros), etc. Paralelamente, desponta a tendência do turismo a desenvolver-se como uma atividade socialmente responsável, que propõe a comercialização do lazer com forte compromisso de respeito às culturas e o envolvimento da comunidade nos projetos. O ambiente físico também passa a ocupar lugar de destaque, e há maior preocupação com a conservação das áreas naturais.

Cada período de mudança da sociedade provoca transformações no turismo e consequentes alterações nas atividades a ele relacionadas. Modificam-se a estrutura e o funcionamento, seja no domínio da oferta, seja no da procura. É interessante notar que esses estilos de turismo não são obrigatoriamente excludentes, dependendo das circunstâncias, do contexto e da demanda: convivem placidamente o turismo de consumo, que envolve grandes grupos e viagens a lugares tradicionais; o turismo do tipo Sol & Praia; o turismo ecológico bem como aquele com características intimistas de integração com a natureza; o turismo cultural e outros. As condições políticas, sociais e tecnológicas atuais permitem uma enorme diversidade de atrativos turísticos ao gosto de cada cliente. Os serviços, conforme explicita Rifkin, não se qualificam como propriedades, são imateriais e intangíveis. São executados, e não produzidos. Não podem ser guardados, acumulados ou herdados. Enquanto produtos são comprados, os serviços são disponibilizados. Em uma economia de serviços é o tempo humano o que está transformado em *commodity*.[5]

A sobrevivência da atividade turística enquanto prestadora de serviços depende, então, de sua adaptação às mudanças da sociedade nos aspectos social, político e econômico, além do atendimento das expectativas do cliente. Como é o turista/viajante atual? Que características e atitudes apresenta em relação ao lazer, ao tempo livre e ao turismo? Em que contexto está inserido?

- Indivíduo. Há uma forte tendência à personalização do turista, atenção às suas necessidades, expectativas, participação e integração com seus pares e com a sociedade em que está inserido.
- Sociedade. Pertence a um novo contexto social: sociedade da informação, do consumo, da tecnologia, do instantâneo, do conhecimento e muitos outros atributos que contextualizam e tornam peculiar o complexo mundo em que vivemos neste início de milênio.
- Demograficamente. Há evidente tendência de envelhecimento dos turistas, porém, com características de independência, condições financeiras e de saúde favoráveis, que permitem o turismo. As famílias são menores e de diferentes estilos, e dificilmente as viagens envolvem todos os membros (em geral, são individuais ou feitas em duplas).
- Estilo de vida. Mais pessoas são economicamente ativas, têm horário de trabalho flexível e mais tempo livre. O requisito *disponibilidade para viagens* é frequente em anúncios de vagas de emprego. Tornaram-se comuns as viagens curtas, tanto a negócios como em férias.
- Experiências. Os novos turistas são oriundos de um processo de educação mais elaborado e têm mais escolaridade. Isso lhes permite aprender mais rápido, aguça sua curiosidade, sua capacidade de seleção e análise e seu senso crítico. Esses turistas têm interesses especiais e consciência de qualidade, advindos da experiência turística acumulada.
- Valores. O valor puramente econômico das coisas diminuiu, e começaram a ser valorizadas as atividades ligadas ao lazer, às artes, às culturas, ao ambiente,

---

[5] Jeremy Rifkin, *A era do acesso: a transição de mercados convencionais para networks e o nascimento de uma nova economia* (São Paulo: Makron, 2005), p. 27.

à saúde e aos contatos internacionais. Superou-se o conceito anterior de *lazer* com o sentido restrito de repouso, reposição de energia, contraponto à rotina diária, e passou-se a buscar mais diversão e aventura: os balneários deram lugar aos *resorts*. Há mais sensibilidade em relação às questões de preservação do meio ambiente, criando demanda para as viagens à natureza. Há necessidade de informação e integração com as culturas local, regional, nacional e a internacional em aspectos que vão além do conhecimento da arte guardada em museus ou exposta em *shows* folclóricos, ou da degustação gastronômica.

- Consumo. Os turistas, assim como os clientes em geral, mudaram seu conceito de consumo. "Os consumidores não são meramente racionais; eles querem entretenimento, estímulo, emoções e desafios criativos, acrescentando valores emocionais às compras racionais".[6]
- Acesso. Também os turistas anseiam por acesso a informações, bens, serviços, experiências culturais, entre outros acessos imprescindíveis ao mundo moderno. Jeremy Rifkin afirma "que um quinto da população atual gasta quase tanto de sua renda acessando experiências culturais quanto adquirindo bens e serviços". Nesse sentido, continua o autor,

> a viagem e o turismo global, parque e cidade temáticos, centros de entretenimento, bem-estar, moda e culinária, esportes e jogos profissionais, música, filme, televisão, espaços virtuais cibernéticos e o entretenimento mediado eletronicamente de todo tipo estão se tornando rapidamente o centro de um novo hipercapitalismo, que comercializa o acesso às experiências culturais.[7]

Em amparo a esse novo turista, as facilidades do mundo globalizado e um aparato de tecnologia da comunicação e de marketing criam uma nova representação sobre a viagem e incitam a empreendê-las. São inúmeras revistas, cadernos e suplementos especializados na imprensa em geral; documentários e filmes sobre povos e costumes e relatos de experiências são programas corriqueiros na TV; informações sobre logística de hospedagem e transporte do mundo todo são facilmente acessíveis na internet. É um convite contínuo ao turismo. No entanto, cada convidado adequará essa possibilidade a experiências anteriores, aporte financeiro, estilo de vida, significado que atribui ao ato de viajar, representação que criou sobre o lugar a ser visitado.

---

[6] Bernd H. Schmitt, *Marketing experimental*, trad. Sara Gedanke (São Paulo: Nobel, 2000), p. 9.
[7] Jeremy Rifkin, *A era do acesso: a transição de mercados convencionais para networks e o nascimento de uma nova economia*, cit., p. 6.

Começa a se definir um novo perfil de turismo, no qual o prazer de viajar está intimamente associado às experiências ímpares que serão vivenciadas durante a viagem, em perspectiva individual e personalizada. O turista não quer mais ser um expectador passivo em sua viagem; ele quer vivenciar sensações. Basta de fotos ou filmes de recordações de paisagens, monumentos ou pontos turísticos apenas com registro de presença. O turista de hoje quer ter a sensação de que viveu um momento único, marcante, inesquecível! Provavelmente não captado pela câmera digital, mas sem dúvida gravado em sua alma. É o fenômeno que os especialistas chamam de *turismo de experiência*.

Schmitt teoriza que atualmente a experiência tem sido muito valorizada no consumo em geral, porque os clientes superaram a característica de racionalidade (que processa toda a informação que recebe, como, por exemplo, as peculiaridades e os benefícios) para estabelecer o valor de compra do produto.[8] Hoje eles necessitam de "algo a mais", que agregue valor perceptível, proporcionando sensações ímpares que diferenciem uns itens dos outros, permitam a seleção e a aquisição a partir de necessidades individuais. Incorporaram a característica da emoção em suas demandas. O autor explica as estratégias *experienciais* em cinco módulos – *perceber, sentir, pensar, agir* e *relacionar* – perfeitamente aplicáveis à prática do turismo.

A EXPERIÊNCIA DA PERCEPÇÃO

Confia ao produto certa atratividade peculiar e única, que mexe com os sentidos do indivíduo com o objetivo de criar experiências sensoriais por meio da visão, audição, tato, paladar e olfato. Os turistas passam a ser considerados colecionadores de experiências, e não compradores de serviços; *destinos são experiências, mais que características ou atributos*. Para isso, os hotéis e equipamentos devem mudar seu conceito de hospedagem e, apropriando-se da tecnologia, procurar atender as expectativas do imaginário de cada um através de suas sensações. É a mudança de conceito de serviço de *high-service* para *self-service*. Um mesmo quarto de hotel, ao alterar sua temperatura interna, iluminação, decoração, música ambiente e serviço de alimentação, pode favorecer a sensação de ambientes diferentes e destinos específicos, como campo, sol e praia e urbano.

Gastronomia é outra área especializada em atrair turistas para experiências sensoriais. Os restaurantes de comidas regionais, as festas do Havaí, as noites italianas, os

---

[8] Bernd H. Schmitt, *Marketing experimental*, cit.

cafés parisienses, o churrasco dos pampas, a cozinha mediterrânea, etc. são exemplos típicos. A música e a decoração ambiente e, eventualmente, a indumentária dos funcionários são escolhidas com a evidente intenção de criar uma atmosfera que intensifique as experiências gustativas. Na Amazônia e no rio Araguaia, existem variados roteiros que incluem cardápios regionais e a presença de *chefs de cousine* renomados, que transportam vinhos da melhor qualidade para acompanhar refeições que preparam à beira dos rios, sob um maravilhoso céu de estrelas, em mesas decoradas com toalhas de linho e folhas de bananeira, iluminadas com velas de citronela que espanta mosquitos.

A experiência da sensação

Envolve estados de espírito, a emoção e outros sentimentos pessoais do consumidor, com o objetivo de criar experiências afetivas que variam do humor medianamente positivo até emoções fortes de alegria e orgulho. Note que a impressão mais forte ocorre durante o consumo. Surge a necessidade, por exemplo, de os empreendimentos hoteleiros se adequarem sob medida às necessidades humanas, aliando experiências, projeto arquitetônico e tecnologia. A proposta é vender hospedagem com um novo enfoque, utilizando-se de conceitos de serviço revolucionários. A equipe não é composta por recepcionistas, governantas, camareiras, mensageiros, etc., mas por gerentes de experiência, cujo objetivo é "potencializar paixões", ou seja, provocar novas experiências e, ao mesmo tempo, a sensação de sentir-se em casa.

Despertar emoções é a característica principal dos parques, equipamentos temáticos e *resorts*. São locais construídos com o objetivo de retirar o turista de ambientais cotidianos, afastá-lo da realidade e do contato com os habitantes locais e levá-lo para paraísos artificiais, onde todas as questões negativas (segurança, deslocamentos, trânsito, escolha do cardápio, preocupações com remuneração, etc.) são eliminadas e expectativas de *realização de sonhos* são ofertadas. O complexo turístico da Disney é um exemplo clássico de destino turístico que provoca no turista sentimentos da infância: ludicidade, fantasia, descompromisso, diversão. Evocar os sentimentos provocados pelos contos de fadas e histórias infantis. Ouvir as músicas, penetrar nos ambientes, encontrar com personagens, travestir-se de herói. Toda uma complexa infraestrutura está disponível para suportar as atrações. Pouca gente sabe que abaixo do parque há uma "cidade" com o dobro de funcionários da superfície e equipamentos funcionando 24 horas por dia para oferecer ao turista uma experiência ímpar. Há ainda o requinte da instalação de caixas eletrônicos localizados na rua principal de acesso ao parque, equipadas com *spray* com aroma de *apple pie*, borrifado de tempos em tempos para provocar nos passantes a sensação de estar em casa, na época da infância, com a mãe assando tortas de maçã.

A experiência do pensamento

Conduz o cliente a um interessante desafio intelectual, com objetivo de criar experiências cognitivas e de resolver problemas que envolvam o consumidor de forma criativa. Apela ao raciocínio pela surpresa e pela provocação. O turismo em favelas, em aldeias indígenas, em comunidades ribeirinhas, a participação e a execução de trabalhos comunitários são exemplos em que se busca inserir o cliente em realidades específicas para, no mínimo, conscientizá-lo das diferenças e, de modo ideal, engajá-los em projetos voluntários que proponham soluções para problemas sociais.

Outro exemplo de desafio intelectual é a crescente publicação de livros sobre gastronomia com uma perspectiva que vai além da publicação de receitas. Eles vêm suprir nossa enorme carência de publicações nessa área, mas surgem com a característica de edições luxuosas, fartamente ilustradas, com apelo visual à degustação. A maioria procura associar a gastronomia aos contextos culturais onde os pratos são elaborados e consumidos, apresentando os ritos, as personagens e os ingredientes associados a cada receita. Há nisso uma evidente preocupação em ampliar a experiência cultural do leitor com abordagens antropológicas, sociológicas, históricas, entre outras. Os livros mudam de *status*, passando das prateleiras da cozinha para as das bibliotecas.

A experiência da ação

Está ligada a comportamentos e a estilos de vida. Enriquece a vida do cliente, melhorando suas experiências físicas e seus inter-relacionamentos, mostrando-lhe alternativas para fazer coisas. Nessa categoria incluímos o turismo de aventura, a diversão agregada à superação dos limites físicos, a emoção de tentar o inatingível pela maioria dos mortais, a adrenalina. São atividades que variam de ambientes rústicos e naturais por terra, mar e ar. Escalar montanhas, mergulhar em paraísos tropicais ou com tubarões, pular de *bungee jump* (pular de uma ponte amarrado pelos tornozelos), "caçar" tornados nos Estados Unidos, experimentar a gravidade zero, explorar cavernas e mergulhar em minas desativadas são alguns dos pacotes oferecidos pelas agências especializadas.

A EXPERIÊNCIA DO RELACIONAMENTO

Procura a identificação do produto com o cliente a partir de sentimentos individuais, pessoais e privativos, aumentando as experiências pessoais, relacionando o indivíduo consigo mesmo e com outras pessoas e culturas. Trata-se aqui do planejamento de roteiros individuais, elaborados a partir das experiências anteriores, necessidades e expectativas dos clientes de maneira que privilegiem as ações de interação com pessoas e culturas. Podem ser roteiros clássicos, ambientalistas, exóticos, culturais, ecoturistas e até de aventura. Mas todos eles, sob o viés de expectativas, necessidades, ritmo, disponibilidade financeira e temporal próprias de cada cliente. O turismo, nesse caso, significa a possibilidade de agregar informações e vivências que mudem o *status* de cultura original de modo personalizado. A viagem possibilita, nesse caso, conhecer com detalhes as nuances do destino escolhido, adentrar em suas particularidades, vivenciar suas características. Eu mesma tive a experiência de um roteiro personalizado com destino Rússia, onde pude experimentar ser parte, mesmo que momentaneamente, dessa cultura: comer suas comidas, visitar suas igrejas e atrativos, ouvir seus sons, ver suas imagens, observar sua vida, entender sua história recente nas entrelinhas do comportamento e reler a história na versão oficial nos catálogos dos museus. Conversar com as pessoas e interagir com sua cultura. Uma experiência significativa, única e inolvidável.

A análise anterior aponta que os padrões do turismo continuam se alterando em uma dinâmica constante, visto que a sobrevivência da atividade turística, enquanto prestadora de serviços, depende do atendimento das expectativas do cliente e, portanto, da adaptação às mudanças sociais, econômicas, políticas, educacionais e tecnológicas. É compreensível, portanto, que diante dessa realidade os representantes do mercado turístico, nas áreas de viagens, entretenimento, hospedagem, transporte e gastronomia sejam unânimes ao procurar adequar seus equipamentos, atividades correlatas e serviços agregados, de modo a proporcionar uma experiência marcante aos turistas.

Um claro exemplo dessa movimentação é o Projeto São Paulo das Sensações, lançado pela Prefeitura e pelo SPTuris em novembro de 2009. Pioneiro no Brasil, o projeto do mapa começou no início do ano, com a indicação, por 2,5 mil pessoas, de pontos da cidade que remetessem a sensações relacionadas a um dos cinco sentidos. Na sequência, foram selecionados 100 pontos e realizada uma votação popular para determinar 20 atrativos, os quais foram testados por 40 turistas brasileiros e estrangeiros. Ao prestar depoimentos sobre suas sensações, esses turistas foram monitorados por um aparelho que gerava uma representação gráfica da oscilação de emoções (verdade, mentira, muita emoção ou emoção normal). O resultado foi a elaboração de um mapa, impresso ou interativo na internet.[9]

As atenções se voltam, concomitantemente, à qualificação dos recursos humanos. Está claro que novas concepções de serviços turísticos exigem atuação profissional competente e responsável e, consequentemente, o efetivo preparo para responder aos novos desafios de forma criativa e empreendedora. Ao profissional caberá a difícil tarefa de assegurar equilíbrio entre a eficiência no processo e a eficácia nos resultados, o comercial, técnico/ financeiro e a necessidade de ter os sentimentos de experiência pessoal de seus clientes atendidos. Os conhecimentos e as competências a serem desenvolvidos dizem respeito às capacidades pessoais, que transcendem as técnicas e sobrevivem às transformações nos cenários do turismo, acrescentando complexidade às tarefas de formação e qualificação.

Repensando a formação do turismólogo

No caso do ensino superior, a formação de bacharel exige estudo mais aprofundado do tema, pois expõe novas maneiras de levar em consideração o turismo, de entender novos conceitos e teorias, de fundamentar e construir um corpo de conhecimento. Nesse contexto, a expectativa é que compreendam o fenômeno turístico e suas variações; que ajudem a ampliar seu espectro e a superar a técnica; que ultrapassem os limites da prática profissionalizante rumo a uma educação que estimule uma competência mais ampla, que compreenda, valorize e ao mesmo tempo permita a atuação eficaz no contexto atual do turismo, que se prepare para detectar e se adequar às mudanças futuras. Conforme Airey,

> em outras palavras, há cada vez mais necessidade de indivíduos e gerentes capazes de assumir uma visão mais ampla e duradoura do turismo, tanto para satisfazer aos objetivos sociais como para permitir que as empresas mantenham seus recursos e obtenham vantagem competitiva.[10]

---

[9] Disponível em http://www.mapadassensações.com.br e em http://www.cidadedesaopaulo.com.
[10] David Airey *apud* Dimitrios Stergiou, "Ensino", em *Educação internacional em turismo*, cit. (São Paulo: Editora Senac São Paulo, 2008), p. 392.

Hoje o profissional de turismo deve extrapolar a característica de prestador de serviços e se constituir em um *consultor de experiência*, tanto no receptivo como no emissivo, em suas dimensões mais amplas. O limite da qualidade desse serviço está em sua competência e na eficácia de sua atuação. É preciso apontar o ambiente e o cenário certos para que as experiências pelas quais o cliente queira passar possam acontecer. Geralmente, as experiências não são espontâneas, mas induzidas, com referencial e intencionalidade.

O profissional de turismo deve compreender que o foco de sua ação é o viajante, sua necessidade e expectativa. Ao conhecê-lo, deve tornar-se capaz de informá-lo sobre as possibilidades de roteiros, individuais ou em grupos, tradicionais ou personalizados, de ponderar sobre as vantagens, as ocorrências imprevistas e oferecer-lhe, enfim, opções de escolha. Deve poder, ainda, corrigir as distorções e as interpretações equivocadas com boa margem de segurança, estabelecendo uma parceria em busca do prazer da viagem. Desse modo, criará uma relação de confiança que, com certeza, facilitará a venda do serviço. Se, depois da venda, ainda mantiver um acompanhamento gentil e cuidadoso até o embarque, durante a viagem e após a volta, com base nos mesmos critérios de competência, iniciará uma ação de fidelização do cliente, que passará a enxergá-lo como um parceiro de viagens e a quem voltará a recorrer em outras oportunidades.

Mas, afinal, o que falta na formação profissional? Trata-se de rever a matriz curricular ou de incluir uma disciplina chamada *negociação, venda e fidelização do cliente*, ou mesmo *turismo de experiência*, nos cursos de bacharelado em Turismo? Em nossa opinião, a questão é como integrar o produto (entendido como o local onde ocorrem as experiências) com o viajante (entendido como o turista com desejo de experiência). A perspectiva é compreender a dimensão do turismo, que fará diferença tanto na consultoria para viagens como no planejamento de ações turísticas dos municípios, na elaboração de roteiros, na organização de eventos, na gestão de equipamentos e em outras ações do espectro turístico.

Quando fazemos um levantamento de demanda, onde está nosso foco? No fluxo turístico ou na expectativa de cada entrevistado? Perguntamos ao "turista comprador de serviços" ou ao "viajante" quais as suas necessidades? Quando simulamos o frio ou o calor, por exemplo, o que estamos pretendendo é imprimir à gestão de negócio um diferencial de prazer e de satisfação que traga o cliente de volta não apenas ao hotel, mas àquele destino turístico com todos os seus componentes. A questão não é rever conteúdos, *é imprimir sensibilidade aos atos e atores do complexo turístico.*

Ser turismólogo é compreender a complexidade do turismo em todos os seus aspectos e dimensões: econômica, social, cultural e individual. É criar relações de reciprocidade onde o viajante é visto como pessoa que participa, que tem imaginação e expectativas, que deseja uma relação de prazer inteligente com sua experiência de viagem. É claro que, por mais que se procure conhecer as necessidades do viajante, nenhuma viagem é possível sem que os aspectos técnicos de planejamento de um roteiro turístico sejam de pleno domínio do atendente. É preciso estabelecer uma relação de confiança, competência e respeitabilidade no serviço prestado. Não há como negar a necessidade de os profissionais de turismo desenvolverem competências técnicas, além de domínio e integração com culturas, situações políticas, procedimentos excepcionais, rotinas que requerem atenção, enfim, particularidades do destino. Sendo o turismo uma atividade que necessita de orientação cuidadosa, requer funcionários com familiaridade com as regiões indicadas, responsabilidade e transparência, mas principalmente que saibam lidar com o imprevisível de forma criativa e sensível, seja em seus aspectos operacionais, seja no planejamento, na gestão e na orientação ao viajante.

Evidencia-se, nesta altura de nossa análise, uma questão primordial na formação do turismólogo: como os cursos devem tratar seus conteúdos de forma a propiciar uma visão mais abrangente, como a requerida na perspectiva do turismo de experiência? A concepção profissionalizante possui características que dificultam essa tarefa. Tribe, por exemplo, alerta que:

> O foco relativo a uma educação em turismo profissionalizante possui um discurso específico e representa uma constelação de crenças, que corresponde à fórmula rotineira de determinar como as coisas devem ser feitas. Isso implica um interesse instrumental e imediatista em relação ao conhecimento: uma busca de meios de eficiência técnica em vez de meios para uma educação estimulante e penetrante.[11]

As estruturas curriculares dos cursos que analisamos, por exemplo, apresentam-se conservadoras, técnicas e disciplinares, a despeito da tentativa de inovação metodológica. A seleção das disciplinas indica o princípio de uma formação generalista e fragmentada do saber e pressupõe que a somatória das visões parciais de cada tema permite o entendimento da complexidade que o fenômeno turístico apresenta nessa sociedade globalizada, possibilitando ainda uma atuação que atenda as atuais neces-

---

[11] John Tribe, *International Handbook of Tourism Education* (Londres: Elsevier, 2005), p. 294. (Tradução livre da autora).

sidades do *trade*. O princípio epistemológico que os norteia, conforme diz Masetto "é da lógica linear, pré-requisitos, teoria precedendo a prática, organização de disciplinas independentes justapostas tanto na linha horizontal (entre disciplinas do mesmo período) quanto em seu aspecto vertical (umas após as outras na sequência das séries)".[12]

Em relação às metodologias de ensino, apesar da utilização de projetos em determinadas situações ou da preocupação com o desenvolvimento de competências (principalmente as operacionais) em outras ocasiões, ainda se privilegia a técnica da transmissão da matéria e da experiência de professores, contratados por sua renomada atuação no mercado. Percebe-se a sensibilização das coordenações de cursos em propor alterações ou motivar seus professores a inovar nas metodologias de aprendizagem, mas a força do paradigma tradicional é muito forte. A avaliação também valoriza o envolvimento e a participação do aluno no processo, mas é o domínio do conteúdo que aprova ou reprova o aluno. Dencker resume a questão sobre a formação do profissional de turismo da seguinte maneira:

> O aluno é treinado na reprodução de modelos e fórmulas que supostamente deram certo no passado, desconsiderando o perfil do turista de hoje, cujas expectativas e percepções não se restringem aos espaços definidos pelos equipamentos que formam a oferta turística.[13]

Considerações finais

Neste ponto de nossa análise, o "como ensinar" assume relevância para a conclusão de nossa argumentação. O turismo é uma área de estudos recente, dinâmica e flexível. Como mencionamos, a tendência que hoje emerge é a de *turismo de experiência*, que não exclui outras, que ocorrem simultaneamente. O que pretendemos defender é que a formação do turismólogo deve ir além dos limites da prática profissionalizante, rumo a uma educação que estimule uma competência mais ampla, que compreenda, valorize e permita uma atuação eficaz no contexto atual do turismo.

---

[12] Marcos Masetto, *Competências pedagógicas do professor universitário* (São Paulo: Summus, 2003), p. 8.
[13] Dencker, *A pesquisa e a interdisciplinaridade no ensino superior, uma experiência no curso de turismo*, tese de doutorado (São Paulo: Universidade de São Paulo, Programa de Pós-graduação em Ciências da Comunicação, área de Relações Públicas e Propaganda, 2000), p. 22.

Em poucas palavras, o que se espera da educação superior em turismo é a síntese entre relevância profissionalizante e educação desafiadora. Nesse sentido, os cursos formatados sob o paradigma tradicional, organizados por disciplinas justapostas em blocos sequenciais aos quais são agregadas atividades complementares, visitas técnicas e estágios como interface com a realidade tendem a se limitar à transmissão de especialidades e a dificultar o desenvolvimento da criatividade e da sensibilidade, e, portanto, a deturpar a compreensão da complexidade do turismo.

Talvez valesse a pena distribuir melhor o processo, deslocar um pouco os holofotes da aprendizagem do serviço (da viagem, da elaboração do roteiro, do planejamento do destino, da gestão do equipamento, etc.) e focá-lo um pouco no viajante – suas necessidades, representações e imaginário – e no contexto – suas características e demandas. Utilizar novos métodos, distribuir de forma inovadora os mesmo conteúdos. Os estudantes têm que fazer algo mais estimulante do que ouvir e tomar notas sobre como agir no mundo profissional. O desenvolvimento da aprendizagem baseada em pesquisa, atividades de cooperação mútua, utilização criteriosa de estudos de caso, exercícios e projetos em grupo são ferramentas úteis para estimular a reflexão e a construção do conhecimento sobre turismo em uma abordagem mais ampla e crítica. É necessário partir da realidade e de estudos de caso para aprender a planejar técnica e eficazmente todo o necessário para a viagem, para o planejamento do destino, para o receptivo; dar significado ao aprendizado, considerando que as experiências de aprender geram valores sensoriais, emocionais, cognitivos, comportamentais e de identificação. Como analisa Schmitt, é preciso, portanto, desenvolver também estímulos para os sentidos, para os sentimentos e para a mente.[14] Nossa proposta refere-se a métodos, organização de atividades e situações de aprendizagem, prática pedagógica, atuação docente.

Processo difícil, complexo, que envolve variáveis múltiplas e a integração de vários atores do ensino-aprendizagem, particularmente a equipe docente. Rever o "como" não é identificar uma sequência muitas vezes linear de etapas e operações, como identifica o senso comum, mas captar em cada situação de aprendizagem as maneiras mais sutis e menos explícitas, mais desafiadoras e instigantes, mais produtivas e significativas para intensificar o aprendizado e facilitar a construção do conhecimento. É refletir constantemente sobre a atuação pedagógica. Essas ações integram a sabedoria

---

[14] Bernd H. Schmitt, *Marketing experimental*, cit.

profissional dos professores e requerem um tipo específico de expertise: transformar intenção em ação respeitando um contexto específico.

Referências bibliográficas

ANSARAH, Marília G. R. *Formação e capacitação do profissional em turismo: reflexões e cadastro das instituições educacionais no Brasil.* São Paulo: Aleph, 2002.

DENCKER, *A pesquisa e a interdisciplinaridade no ensino superior, uma experiência no curso de turismo.* Tese de doutorado. Universidade de São Paulo, Programa de Pós-graduação em Ciências da Comunicação, área de Relações Públicas e Propaganda, São Paulo, 2000.

ERNESTO, José. *Palestra proferida na Conferência Amforht para a América Latina.* São Paulo, Centro Universitário Senac, 2006.

GAETA, Cecília. *Formação docente para o ensino superior: uma inovação em cursos de* lato sensu. Tese de doutorado. Pontifícia Universidade Católica de São Paulo, Programa de pós-graduação em educação e currículo, São Paulo, 2008.

MAPA DAS SENSAÇÕES. Disponível em http://www.mapadassensacoes.com.br.

MASETTO, Marcos. *Competências pedagógicas do professor universitário.* São Paulo: Summus, 2003.

MINISTÉRIO DA EDUCAÇÃO E CULTURA. *Diretrizes curriculares para turismo.* Brasília: MEC, 2006.

PREFEITURA DE SÃO PAULO. *Site oficial de turismo da cidade de São Paulo.* Disponível em http://www.cidadedesaopaulo.com.

RIFKIN Jeremy. *A era do acesso: a transição de mercados convencionais para networks e o nascimento de uma nova economia.* São Paulo: Makron, 2005.

SCHMITT, Bernd H. *Marketing experimental.* Trad. Sara Gedanke. São Paulo: Nobel, 2000.

STERGIOU, Dimitrios. "Ensino". Em AYREI, David & TRIBE, John. *Educação internacional em turismo.* São Paulo: Editora Senac São Paulo, 2008.

TRIBE, John. *International Handbook of Tourism Education.* Londres: Elsevier, 2005.

Parte II

Estudos de caso

A reciprocidade como lógica determinante da experiência de viagem: o caso do CochSurfing Project

Ana Flávia Andrade de Figueiredo

As viagens envolvem um movimento de descoberta de si e simultaneamente do outro. No processo, o ser humano pode estabelecer uma posição de abertura ou de negação, de demarcação de similaridades, diferenças, laços ou afastamentos. Os espaços essencialmente de comunicação e negociação promovidos ou gerados pelo mercado oficial do turismo se fundamentam em trocas monetárias baseadas em um sistema de valoração que se estabelece de acordo com interesses flutuantes. Nesse contexto, vivenciamos hoje uma explosão de movimentos (caracterizados em redes mundiais de viajantes com foco na abertura do lar para o outro) cuja dinâmica é baseada em valores culturais, como laços de confiança, reciprocidade, amizade, conflito e tolerância. Em tais movimentos, os princípios da dádiva[1] tornam-se o motor da própria construção e sobrevivência.

A lógica da reciprocidade nesses movimentos vem ferir os recorrentes mecanismos dicotômicos utilizados pelo mercado oficial do turismo – emissor/receptor, descobridor/descoberto, turista/nativo – e vem forjar uma nova perspectiva de dinâmica para o setor. O universo das redes mundiais de viajantes é múltiplo, mas um ponto em comum se destaca: são grupos de pessoas que partem do discurso de que suas viagens devem produzir experiências mais profundas e totalizadoras, desde o posi-

---

[1] O *Ensaio sobre a dádiva*, publicado originalmente em 1925, por Marcel Mauss, tem gerado críticas às economias de mercado aplicadas desde então. Nas sociedades estudadas por Mauss, "Tudo faz parte de uma etiqueta; não é como no mercado onde, objetivamente, por um preço, adquire-se uma coisa. Nada é indiferente". A dádiva, para Marcel Mauss, envolve três aspectos: dar, receber e retribuir. Ela produz alianças, sejam políticas, matrimoniais, religiosas, econômicas, jurídicas ou diplomáticas. São próprias da constituição da vida social, pois vivemos sob um eterno dar e receber. Para mais detalhes, ver Marcel Mauss, "Ensaio sobre a dádiva: forma e razão da troca nas sociedades arcaicas", em *Sociologia e antropologia* (São Paulo: Cosac Naïfy, 2003), p. 287.

cionamento ativo de negociação até a construção de um mundo melhor a partir de intercâmbios culturais, estabelecidos através da imersão nos cotidianos e hábitos do outro por estar em sua residência. Aqui, o centro das atenções é o contato direto e profundo com pessoas da localidade visitada.

Minha inserção nesse campo de pesquisa deu-se em 2006, quando o *CouchSurfing Project* foi selecionado entre tais redes pela amplitude de sua atuação e pelas ferramentas de sociabilidade presentes em sua página oficial. O objetivo deste capítulo é analisar como a lógica da reciprocidade vem se tornando determinante na experiência de viagem para um número crescente de pessoas em todo o mundo, tendo como estudo de caso o próprio "Projeto de Surfe por Sofás".

A metodologia empreendida foi, desde o início, balizada por uma postura fenomenológica,[2] de maneira a construir uma relação entre sujeitos, e não mais de sujeito-objeto de pesquisa, em que a busca da suspensão de preconceitos tornou-se constante, e pela teoria da complexidade, método que busca um maior número de variáveis, detectando suas ligações, articulações, solidariedades, implicações, imbricações e interdependências.[3]

A partir desses princípios, inscrevi-me no *site* em 2007 e, tornando-me integrante do grupo, sensações de estranhamento (às vezes de não identificação) e outras de aproximação foram sendo geradas. No entanto, é importante destacar que o enfrentamento de minhas limitações tem possibilitado uma compreensão mais profunda do fenômeno "pois, me tornando parte, as dúvidas, expectativas, questionamentos dos participantes do grupo tornaram-se pouco a pouco minhas também, clareando os caminhos onde tinha que passar e facilitando minhas intervenções".[4]

Os objetivos da pesquisa foram apresentados com antecedência aos fundadores, administradores do *site* e a todos os entrevistados. Os cenários pesquisados compreenderam o ambiente virtual do *site*: questões administrativas; conteúdo postado institucionalmente; levantamento de dados a partir de perfis dos integrantes e postagens realizadas através de ferramentas como grupos de discussão, *chats* e fóruns; reportagens sobre a rede; participação em encontros nacionais e locais; entrevistas com

---

[2] Sobre fenomenologia, ver Gaston Bachelard, *A poética do espaço*, Coleção Tópicos (São Paulo: Martins Fontes, 1993); Alex Coltro, A fenomenologia: um enfoque metodológico para além da modernidade, em *Caderno de Pesquisas em Administração*. São Paulo, vol. 1, nº 11, jan.-mar. de 2000; Alexandre Panosso Netto, *Filosofia do turismo: teoria e epistemologia* (São Paulo: Aleph, 2005).

[3] Edgar Morin, "Conclusões éticas", em *O método 6: ética* (Porto Alegre: Sulina, 2005).

[4] Ana Flávia Andrade de Figueiredo, *Sobre buscas e sentidos em uma rede mundial de viajantes*: The CouchSurfing Project, dissertação de mestrado (Pernambuco: Universidade Federal de Pernambuco, CFCH, Antropologia, 2008).

fundadores, administradores, embaixadores voluntários e integrantes (na condição de *hosts* ou *guests*).[5] Nas próximas páginas, o leitor percorrerá uma breve apresentação do *CouchSurfing Project*, além de reflexões iniciais sobre as possíveis ressonâncias de redes mundiais de viajantes balizadas sobre a lógica da reciprocidade nas visões de mundo forjadas e, ainda, sobre a própria estrutura em que o setor turístico opera atualmente.

Redes mundiais de viajantes: The CouchSurfing Project

Temos vivenciado no mundo reflexões acerca da base em que sedimentamos nossa sociedade: uma economia de mercado com permutas e valores estabelecidos a partir de noções de capital fluido, em que os bens não têm seu valor reconhecido de maneira concreta. Esse tipo de desenvolvimento, em que os valores são bombardeados por especulações monetárias, tem produzido uma grande fragmentação nos laços sociais. Simultaneamente, somos testemunhas da emergência, em todo o mundo, de micro e médias iniciativas que travam uma luta no caminho inverso, o do envolvimento.

Nesse contexto, chama cada vez mais atenção o crescente movimento das redes mundiais de viajantes, em que os princípios da dádiva tornam-se motores de sua própria dinâmica e sobrevivência.[6] Para algumas dessas redes, o ponto-chave é a aproximação de pessoas de um mesmo círculo profissional, gênero ou estilo de vida; para outras, é a acomodação gratuita como facilitadora das viagens; e, para um número significativo, os principais focos são a promoção do conhecimento e a compreensão entre os povos. Umas podem se constituir como organizações não governamentais, outras como organizações comerciais. Em algumas delas, a hospedagem está atrelada a uma taxa; em outras, é apenas sugerida. Entretanto, pode ser estabelecido um ponto em comum: o processo de hospedagem parte sempre da negociação entre os indivíduos diretamente envolvidos, que se "obrigam" mutuamente.

Os integrantes dessas redes buscam, na experiência de estar com o outro na intimidade de seu lar, não apenas enxergar o mundo através de seu único olhar, mas somá-lo essencialmente ao olhar do outro. Segundo Marc Augé, todo indivíduo se

---

[5] A tradução das entrevistas e a elaboração do conteúdo oficial do *site* foram realizadas pela autora.
[6] A atenção é dada pela sociedade em geral (revistas e jornais de grande circulação já publicaram reportagens sobre o projeto. Veja algumas reportagens veiculas nos *sites* indicados na seção "Para saber mais") e, mais especificamente, pela academia (pesquisadores em todo o mundo começam a se debruçar sobre o tema). Recentemente, o *CouchSurfing* criou um espaço de intercomunicação específico entre fundadores/administradores e pesquisadores, devido ao grande número de solicitações de informações por esse público.

define pela relação com diversas coletividades e com outros indivíduos, que podem ou não pertencer às mesmas coletividades que ele.[7] Nessa interseção, viajantes acabam por descobrir o outro em si mesmo e, simultaneamente, o si mesmo no outro.

Fundado em 2004, o *CouchSurfing* – ou CS, como seus integrantes costumam chamá-lo – é uma rede mundial de viajantes cuja proposta de viagem diferenciada tem atraído adeptos em 236 países. No ano de sua fundação, foram um pouco mais de 6 mil inscritos; em meados de 2009, quase 700 mil; e atualmente, 1.725.695.[8] O *Projeto de Surfe por Sofás* parte da ideia de que as pessoas, hospedando-se na casa umas das outras, mantêm um contato mais profundo com outras culturas, o que facilita o intercâmbio de conhecimentos, a consciência coletiva e a compreensão entre os povos, segundo o principal conteúdo do *site*.

A missão do grupo, durante os dois primeiros anos, girava em torno da ideia de que o mundo era menor do que podíamos pensar, de que ele estava ao nosso alcance: *Showing That the World Is Smaller Than You Think* ("Mostrando que o mundo é menor do que você imagina"). Em 2006, após um colapso no sistema – que quase levou ao fim do grupo em razão da total perda de dados –, sua missão passou a ser *Participate in Creating a Better World, One Couch at a Time* ("Participe da criação de um mundo melhor, um sofá por vez"), que se tornou verdadeiramente um lema para seus integrantes. A missão era seguida de uma breve explanação:

> O *CouchSurfing* visa criar uma rede internacional de pessoas e lugares e intercâmbios educativos, elevar a consciência coletiva, a tolerância e facilitar a compreensão cultural. Como uma comunidade, nós nos esforçamos para fazer a nossa parte individual e coletiva, a fim de tornar o mundo um lugar melhor, e estamos convencidos de que o surfe por sofás é um meio para alcançar esse objetivo. O *CouchSurfing* não tem a ver com o mobiliário, nem apenas com a possibilidade de encontrar alojamento gratuito em todo o mundo. Trata-se de estabelecer conexões em todo o mundo. Nós tornamos o mundo um lugar melhor abrindo as nossas casas, os nossos corações e as nossas vidas. Abrimos nossa mente e damos boas-vindas ao conhecimento que o intercâmbio cultural torna disponível. Criamos conexões profundas e significativas que atravessam oceanos, continentes e culturas. O *CouchSurfing pretende alterar não só a nossa forma de viajar, mas o modo como nos relacionamos com o mundo!* (grifo nosso)[9]

---

[7] Marc Augé, *O sentido dos outros*: atualidade da antropologia (Petrópolis: Vozes, 1999), pp. 43-44.
[8] Dados disponíveis em http://www.couchsurfing.org/statistics.html.
[9] *CouchSurfing. Site* oficial do projeto disponível em http://www.couchsurfing.com. Esta e outras citações retiradas do *site* o projeto foram traduzidas pela autora.

Atualmente, sua missão gira em torna da temática deste livro, *Create Inspiring Experiences*:

> Nossa missão é criar Experiências Inspiradoras. *Inspiring Experience* é divertido, emocionante e dá acesso a experiências que estimulam as pessoas a aprender e a amadurecer. Experiências dessa natureza encorajam a exploração e a conexão com pessoas e lugares diferentes dos quais estamos acostumados. *Se cada vez mais gente tiver esse tipo de experiência, pode-se começar a vislumbrar um mundo onde as pessoas se sintam mais conectadas umas com as outras, apesar das diferenças.*[10] (grifo nosso)

Alguns integrantes que desejam envolver-se na difusão da missão do projeto tornam-se *ambassadors* ("embaixadores"). A ideia é que, durante suas viagens, ao se hospedar ou *surfando* pelos sofás de outros membros, além de participar e de gerar encontros, o embaixador voluntário promova os valores que encarnam o espírito do *CouchSurfing*. Os embaixadores são considerados os representantes do CS onde vivem e têm o dever de participar de discussões que determinam a visão e o curso do projeto. Há quatro níveis de embaixadores: nômades, de cidade, do país e globais, cada qual com seus deveres e responsabilidades.

Ao longo dos últimos anos, o rápido aumento de adeptos a esse tipo de rede tem sido alvo de reportagens em jornais e de comentários em diversos *blogs* e páginas na internet ao redor do mundo. Tal fato pode suscitar, em princípio, a seguinte questão: até que ponto as pessoas têm participado dessas comunidades para compartilhar sentimentos e ideais semelhantes, ou essas redes devem ser consideradas apenas mais um tipo de rede de relacionamentos, como o Orkut, o Facebook, etc.?

No processo de individualização, os membros constroem perfis-base; postam testemunhos referentes ao que pensam do *CouchSurfing Project*; participam de grupos de discussão e podem conversar com outros membros de qualquer parte do mundo através das salas de bate-bapo *(chats)*. Os perfis-base (*profiles*) são construídos com dados gerais, como idade, sexo, ocupação, educação, lugar onde cresceu, há quanto tempo se tornou membro, se já fez alguma doação (financeira) ao projeto, línguas que fala, grupos de discussão a que pertence, se possui amigos.[11] Há também espaço para uma descrição pessoal, fotos, viagens planejadas e realizadas, como participa

---

[10] Texto disponível em http://www.couchsurfing.org/about.html/mission (acesso em 7-3-2010).
[11] Um integrante que deseja que você seja seu amigo requisita sua aprovação via *link* do *site* (*link* = ligação = uma referência em hipertexto a outro documento ou a outro recurso). Se você aceitar a requisição, a foto com informações sobre como você conheceu seu amigo aparecerá no *profile* ("perfil") dos dois.

efetivamente do *CouchSurfing Project*, quais seus interesses, filosofia, missão, tipo de pessoas que gosta de ter por perto e/ou admira e opiniões sobre o CS. Seus convidados e anfitriões também deixam depoimentos, em verdade referências sobre você, dizendo o que o "credencia", perante as outras pessoas que estão observando seu *profile*, ("perfil") a pedir hospedagem e a se hospedar.[12]

Primeiramente, vale destacar o fato de que a internet, muitas vezes colocada como espaço de distorções da realidade, deve ser entendida como uma caricatura do real, uma diferente forma de sua visualização. Segundo Joel de Rosnay, a internet é

> [...] um novo espaço de desenvolvimento e interação, e mesmo um novo paradigma. Mas o forte da internet não é apenas a interatividade, é também a intercriatividade. Todo mundo pode ser ao mesmo tempo receptor e criador de informações, e *não mais apenas consumidor passivo*. [...] De uma sociedade de distribuição piramidal passamos a uma sociedade em rede de criação e integração em tempo real. (grifo nosso)[13]

É nesse sentido que a internet, para muitas dessas redes e em especial para o *CouchSurfing*, se estabelece como espaço essencialmente de interlocução e de negociação, e,

> quando você lida com diferenças culturais, você vê os problemas que são pertinentes, que não é um problema seu, é um problema da espécie humana, [...]. Então você começa a ver que, lógico, existem coisas pertinentes à sua cultura, mas existem coisas pertinentes à espécie humana [...] (entrevista concedida por uma embaixadora voluntária do *site* em sua casa, janeiro de 2008).[14]

De certo modo, na sociedade globalizada em que vivemos, particularmente no setor turístico, existe uma atenção muito intensa na diferença, no que é particular e nas políticas de preservação, que, por vezes, geram exclusões e isolamentos. Obviamente, a homogeneização deve ser combatida; entretanto, as consequências de uma particularização extremada são a despolitização e a cegueira quanto aos elementos univer-

---

[12] Ana Flávia Andrade de Figueiredo, *Sobre buscas e sentidos em uma rede mundial de viajantes*: The CouchSurfing Project, dissertação de mestrado (Pernambuco: Universidade Federal de Pernambuco, CFCH, Antropologia, 2008), p. 33.

[13] Entrevista concedida por Joel de Rosnay em 2008, disponível em http://brigadasinternacionais.blogspot.com/2008/03/entrevista-jol-de-rosnay-190308.html (acesso em 12-11-2008).

[14] Os trechos de entrevistas apresentados neste capítulo, assim como mais informações acerca do *CouchSurfing*, do ponto de vista administrativo, suas políticas de segurança, voluntariado e manutenção do *site*, podem ser encontrados na dissertação defendida no Programa de Pós-Graduação em Antropologia da Universidade Federal de Pernambuco, disponível em http://www.dominiopublico.gov.br/pesquisa/DetalheObraForm.do?select_action=&co_obra=153852.

sais da humanidade. Em vez de gerar desenvolvimentos sustentáveis e experiências construtivas, pelo fato de muitas vezes o foco no particular ser descontextualizado, o que se tem perpetuado são grandes hiatos na comunicação humana. No grupo pesquisado há uma tentativa de promover, como ponto de partida, efetivamente, uma comunicação nessa diversidade de culturas.

A reciprocidade como base da experiência turística

> [...] olha só. Eu acho que, na verdade, se mudou a forma de viajar em si! Aquele velho e bom turismo de conhecer aspectos históricos enfim mudou, pela possibilidade da troca pessoal mesmo! As pessoas querem se envolver mais! Querem conhecer mais.[15]

Em nossa sociedade, o dom tem se tornado um ato que liga sujeitos abstratos.[16] É mais fácil promover a doação de alimentos para vítimas de enchentes e terremotos em regiões distantes do que enfrentar realidades sociais próximas, pelo fato de isso envolver dilemas morais mais intensos. Por outro lado, redes de viajantes têm provocado um fluxo global em que as trocas são medidas pelo acolhimento, aprofundando de maneira *sine qua non* a experiência da viagem e, consequentemente, fomentando a compreensão e o diálogo entre pessoas de diferentes culturas.

No percurso etnográfico desenvolvido desde 2006, verifica-se que entre hóspedes e hospedados há um dar, receber, retribuir e um guardar,[17] destacadamente na experiência do acolhimento, através de dicas, presentes, confraternizações, fotos e referências postadas.[18] Ainda assim, o dom é paradoxal, pois une ao mesmo tempo que cria um devedor, estabelecendo hierarquias.[19]

> [...] *dos meus guests* [...] *eu espero que eles sejam gratos! Se eles demonstram gratidão, consequentemente eles serão ótimos guests!* Cada pessoa varia, e eu não espero que nenhum deles saia da minha casa sendo meus melhores amigos! Mas eu gosto da troca!

---

[15] Entrevista concedida via *messenger* por uma embaixadora voluntária nômade, em 12-8-2008. Nesta e em outras citações, a autora optou por não revelar os nomes dos entrevistados.
[16] Maurice Godelier, *O enigma do dom* (Rio de Janeiro: Civilização Brasileira, 2001).
[17] Esfera acrescida por Maurice Godelier às estruturas apresentadas por Marcel Mauss em *Ensaio sobre a dádiva*, cit.
[18] As referências, além de servirem de fonte de informação, são postadas também como forma de segurança. Na medida em que se hospedam e são hospedadas, as pessoas vão deixando relatos de como foi essa experiência com o outro integrante: positiva, negativa...
[19] Maurice Godelier, *O enigma do dom* (Rio de Janeiro: Civilização Brasileira, 2001).

> *Cada pessoa que vem sempre tem algo a compartilhar comigo e vice-versa!* Eu lembro que, quando me cadastrei no CS, a minha ideia era: "se eu não posso viajar o mundo, o mundo virá até mim!" *Cada pessoa com a sua cultura, seus costumes, seus idiomas, suas personalidades... isso tudo é bonito e é rico! Como host eu espero o mesmo! Poder conseguir ter essa troca com as pessoas que eu visito.*[20] (grifos nossos)

Podemos afirmar que a moeda que circula e mede o valor da troca é a do acolhimento, mais precisamente a disponibilidade de se doar. A restituição do dom recebido é uma regra simbólica. A hospedagem oferecida transforma quem a recebe em devedor, e essa dívida não deve ser paga em dinheiro, mas com pequenos atos que podem acabar se estabelecendo como peças de um quebra-cabeças. O convívio entre *host* e *guest* pode se constituir de maneira íntima ou com muitas reservas, e é a doação, cravada essencialmente pelo acolhimento, que possibilita a constituição do vínculo.

A troca simbólica, como afirma Marcel Mauss, é mais ampla que a mera troca mercantil, e as táticas que contrapõem as estratégias de mercado são formas de enfrentamento que produzem transformações diárias nas estruturas sociais.[21] Tais ciclos de mudança, por vezes, não são compreendidos; noutras nem mesmo se tornam objeto de reflexão em setores como o turismo. O ser humano e suas necessidades mais profundas são observadas apenas como oportunidades, como nichos para captação. Viajantes, turistas têm se confrontado com a lógica do mercado turístico corrente, apropriando-se à sua maneira dos diversos objetos de consumo e *bricolando*[22] seus usos em uma prática coletiva que se obriga mutuamente. Pois o nível de experiência sensorial que temos buscado cada vez mais requer um envolvimento e, essencialmente, uma troca, para a qual a indústria do turismo não está preparada.

> [...] quando você tem a oportunidade de ter alguém da cidade pra te mostrar a cidade, pra te apresentar lugares com amigos, pessoas locais assim, coisas legais pra se fazer, a sua experiência da cidade é outra. Você, como turista sozinho, não chega em certos cantos que alguém local da cidade pode te mostrar [...][23]

---

[20] Entrevista concedida via *messenger* em agosto de 2008.
[21] Marcel Mauss, "Ensaio sobre a dádiva: forma e razão da troca nas sociedades arcaicas", em *Sociologia e antropologia* (São Paulo: Cosac Naïfy, 2003).
[22] Termo criado pelo antropólogo Claude Lévi-Strauss que remete à ideia de reunir pedaços de materiais diferentes, transformando o conjunto em algo completamente novo.
[23] Entrevista concedida em julho de 2008.

Eu sinto muito pela política de que o povo marroquino não possa viajar como em outros países, mas eu estou muito feliz com o CS, porque nós não podemos viajar, mas pessoas podem vir a nós e é o mesmo, porque, quando você viaja, encontra pessoas, você cresce e conhece a si mesmo. Eu espero que o mundo mude e nós possamos viver como irmãos e irmãs, em humanidade e de uma forma natural.[24]

Em Marrocos não é possível, para nós, viajar pelo mundo. Com o *CouchSurfing* eu viajei quase pela maioria dos países no planeta. Quando as pessoas ficam comigo, é para mim uma grande experiência, eu conheço mais a mim mesmo [...][25]

Nós fazemos o mundo um lugar melhor abrindo nossos lares, nossos corações e nossas vidas. Nós abrimos nossa mente e damos boas-vindas ao conhecimento que o intercâmbio cultural proporciona [...]. O CouchSurfing *quer transformar não apenas o modo como nós viajamos, mas o modo como nos relacionamos com o mundo!*[26] (grifo nosso)

De fato, o CS espera que seus integrantes construam conexões, laços de amizade e de confiabilidade. Que as experiências sensorialmente vividas ao redor do mundo possam ter ressonâncias positivas no retorno ao lar, tornando os viajantes agentes de mudança em busca de um mundo melhor. Entretanto, entre *hosts* e *guests*, acolhidos ou hospedados,[27] todos são levados a assumir suas escolhas, limitações e preconceitos.

Ao lançar-se em um universo de incertezas, o indivíduo tende a interagir consigo mesmo de maneira mais profunda. Segundo uma das integrantes, o mais fascinante no CS é a questão da confiança. Nesse tipo de rede em que eu recebo um "estranho" e vou me hospedar na casa de alguém que eu não conheço, a confiança é fundamental. " É importante acreditar no lado bom das pessoas, porque ele EXISTE, apesar de toda a maldade desse mundo".[28]

As possibilidades de viagem são muitas – sejam físicas, sejam virtuais –, mas os desejos de liberdade, prazer e descoberta parecem ser constantes. A viagem não se dá apenas pela ida a outros lugares, mas tendo pessoas de diferentes lugares em sua casa ou mesmo lendo sobre outras localidades, o que expõe que sua relação consigo e com o outro transcende a essência objetiva das coisas. Nesse plano, o sujeito é coautor da

---

[24] Testemunho marroquino postado no *site* em 29-08-2008.
[25] Testemunho postado por outro membro do Marrocos em 29-8-2008.
[26] Conteúdo oficial do *site* do projeto *CouchSurfing*, disponível em http://www.couchsurfing.com.
[27] Ratifico que o acolhimento pressupõe envolvimento e doação mútuos. Certamente não podemos admitir que esse estágio na experiência do *CouchSurfing* se processe em 100% dos casos.
[28] Entrevista concedida por *e-mail* em julho de 2008.

realidade que vivencia, despontando da dimensão passiva em que é posto continuamente.

Considerações finais

Nestas reflexões finais, partimos do seguinte questionamento: a experiência de viagem de que estamos tratando, sob a égide da reciprocidade e da abertura ao outro, pilares de redes como o *CouchSurfing* têm favorecido de fato uma amizade entre contrários? Ou muito mais entre iguais? As narrativas observadas no *site* pregam o encontro, mas a prática do desarmamento de crenças pessoais em prol do diálogo não deixa de ser uma experiência dolorosa.

Existe de fato, em alguns momentos, um distanciamento entre a narrativa que ordena a comunidade e seu exercício cotidiano. Para Kant,

> *o que contribui para a amizade é antes a diversidade, permitindo desse modo a alguém compensar o que falta ao outro.* Todavia, em uma coisa os amigos precisam estar de acordo. Os seus princípios intelectuais e morais devem ser idênticos, para que possa haver entre eles uma compreensão total; caso contrário, ao divergirem nos seus juízos, eles jamais poderão sentir-se unidos.[29] (grifo nosso)

Isso posto, há que se observar que princípios universais implicam uma atitude também de espanto e de posicionamento político perante o outro. A manutenção da *diferença pela diferença*, como já mencionado neste capítulo, fragmenta o ser humano e anuncia um *descompromisso* diante do projeto de humanidade. No *CouchSurfing*, no contato e mesmo no acolhimento entre *hosts* e *guests*, existe um mal-estar nas divergências; estas são muitas vezes rapidamente abafadas e justapostas à concepção de tolerância igualmente presente nas narrativas do CS. O indivíduo entra em conflito consigo próprio, sozinho, sem precisar da relação (de troca) direta com o outro. A noção de tolerância fica, assim, essencialmente ligada à busca da harmonia.

Em *Amor líquido*, Bauman fala de uma das características das cidades que tem sido reforçada ao longo dos tempos: a de ser um espaço onde o compartilhamento com estranhos vivendo em sua proximidade é repugnante e impertinente; é uma condição dada, não negociável, da qual não se pode escapar.[30] Entretanto, o *modus*

---

[29] Immanuel Kant *apud* Michel Maffesoli, *Sobre o nomadismo: vagabundagens pós-modernas* (Rio de Janeiro: Record, 2001), p. 30.
[30] Zygmunt Bauman, *Amor líquido* (Rio de Janeiro: Jorge Zahar, 2004), p. 130.

vivendi, ou seja, o modo como vou perceber, compreender, negociar com esse outro é uma questão de escolha, feita diariamente. O indivíduo pode optar por omitir-se ao encontro, mas, como o próprio autor lembra – e aqui a reflexão sobre os vínculos estabelecidos entre *hosts* e *guests* no CS são fundamentais –, quanto mais as pessoas

> permanecem num ambiente uniforme – na companhia de outras "como elas", com as quais podem "socializar-se" de modo superficial e prosaico sem o risco de serem mal compreendidas, nem a irritante necessidade de tradução entre diferentes universos de significações –, mais tornam-se propensas a "desaprender" a arte de negociar um *modus convivendi* e significados compartilhados.[31]

A noção de tolerância é marcadamente diferente da de aceitação. Tolera-se o outro, mas não necessariamente se aceita esse outro como tal. No dicionário, encontram-se as seguintes definições:[32]

> Tolerância *s.f.* 1. Qualidade de tolerante. 2. Ato ou efeito de tolerar. 3. Pequenas diferenças para mais ou para menos. 4. Respeito ao direito que os indivíduos têm de agir, pensar e sentir de modo diverso do nosso.
> Tolerar. *v.t.d.* 1. Ser indulgente para com. 2. Consentir tacitamente. 3. V. suportar (2).

Para além desse compromisso de *consentimento* ou *respeito ao outro*, é preciso que haja reconhecimento e aceitação do outro como legítimo outro. E, como enxergamos em grande parte aquilo que nossa sociedade nos permite perceber, é importante um movimento de desarmamento de nossas crenças e mesmo de nossas cristalizações culturais. Sem o debate, não há aceitação mútua, não se alcança a dimensão de acolhimento na experiência da viagem, nem no retorno ao lar.

> Sem sombra de dúvida, isso q encanta e fascina, *descobrir as diferenças e tentar conviver em harmonia*.[33] (grifo nosso)

> [Você acha que os modos de pensar/agir são muito diferentes entre culturas diferentes?] Sim, mas o legal do CS é isso: a diversidade. *Aprender a conviver com pessoas diferentes é delicioso!*[34] (grifo nosso)

---

[31] *Ibid.*, pp. 134-135.
[32] Aurélio Buarque de Holanda. *Miniaurélio século XXI: o minidicionário da língua portuguesa*, (4ª ed. Rio de Janeiro: Nova Fronteira, 2000), p. 675.
[33] Resposta acerca do questionamento sobre culturas diferentes = pensamentos diferentes, entrevista concedida por *e-mail*, em agosto de 2008.
[34] Entrevista concedida por *e-mail*, em agosto de 2008.

somos todos diferentes, mas ao mesmo tempo somos todos iguais [...] muita coisa muda, mas somos todos carentes de afeto, de carinho [...]. Eu acho que é isso que *temos em comum*, todas as culturas precisam de amor, o resto...[35] (grifo nosso)

No grande grupo pesquisado, a noção de tolerância está intimamente ligada à noção de harmonia, mas, para alguns, essa harmonia é conquistada através do diálogo, enquanto para outros é muitas vezes vivenciada a partir do silêncio diante de ideias e ações divergentes. Tolerar é aceitar a ideia de que os homens não são definidos apenas como livres e iguais em direito, mas que todos os humanos, sem exceção, são definidos como homens.[36]

No *site* a tolerância é vista como condição *sine qua non*. Em um tempo no qual as fronteiras não são mais tão bem definidas, nesse ir e vir entre países, ideias e culturas, necessitamos – além de reconhecer as desigualdades – descobrir a igualdade entre todos, com o objetivo de forjar uma compreensão e uma ética universais. Assumir o conflito gerado pelo diálogo, inclusive na relação *host/guest*, impede falsos moralismos desresponsabilizados, permitindo a anuência da ética do *bem relacionar-se, da compreensão entre os povos,* como resultado também de um embate. Assumem-se assim, desde o princípio, as ressonâncias de sua experiência.

O viajante do *CouchSurfing* empreende buscas e sentidos alimentados no contato *com* o outro, com sua família, com amigos, mas também com outras culturas – percebidas igualmente como viajantes. As buscas, em sua maioria, são qualificadas como uma experiência por conhecimento – de e *através de* novas pessoas, culturas, lugares...

> *Conhecimento – Eu sempre procuro algo para conhecer... novos lugares, novas pessoas, antigas também, e a mim mesmo.*
>
> *Para conhecer tantas culturas diferentes quanto possível. Eu realmente adoro estar em contato com a "alma" dos lugares, aquele tipo de coisa que você não pode sentir se for apenas a lugares "turísticos". Eu adoro bonitas construções e museus, mas o que eu mais gosto são pessoas.*
>
> *Eu quero encontrar novas pessoas de diferentes culturas. Compreender as culturas e aprender novas línguas.*

---

[35] Entrevista concedida em janeiro de 2008.
[36] Françoise Barret-Ducrocq (org.), *A intolerância: Foro Internacional sobre a Intolerância*, Unesco, 1997 (Rio de Janeiro: Bertrand-Brasil, 2000), p. 27.

> *Eu gostaria de conhecer o mundo e viajar bastante, pessoas são o meu real interesse, porque eu gosto de conhecer povos e suas culturas e seus diferentes pensamentos, mas eu também estou procurando descobrir a mim mesmo nessa longa jornada chamada vida...*[37]

O ponto de vista de quem é o viajante e, mais especificamente, de quem é o viajante do *CouchSurfing Project,* se esclarece a partir da constatação de que a experiência *do ser* é, antes de mais nada, comunitária. Precisar do outro. Sair de um isolamento no interior da identidade e ser obrigado a falar com seres diferentes leva cada um a não se tomar muito como o centro do universo, pois injeta certa dose de tolerância, enriquecendo seu espírito.[38]

Quase todos os membros do *CouchSurfing* com quem tive algum tipo de contato durante o levantamento relataram que sua vida mudou de diversas maneiras após sua entrada no projeto, seja pelo sentimento de tornar-se parte de uma comunidade global, seja pela percepção de que o ser humano é o mesmo em qualquer parte do mundo, seja pela descoberta de como diferentes culturas pensam de modos tão diversos. Muitos contam como a forma de ver as coisas mudou, falam da redescoberta do lugar onde vivem, de amadurecimento e de uma visão mais ampla do mundo.

> Agora, se você conhece diretamente as pessoas, absorve melhor visões de sua vida e cultura. No fim, você provavelmente encontra uma porção de similaridades que, *esperançosamente, fazem entender que todos somos os mesmos*. Então, talvez e esperançosamente, através dessas iniciativas, as pessoas ao redor do mundo vão se conectar e se tornar mais próximas.[39]

As identidades aqui construídas permeiam territórios transnacionais e põem a cultura em constante movimento, inventando-a, refletindo sobre ela, fazendo experiências com ela, recordando-a (ou armazenando-a de alguma outra maneira), discutindo-a e transmitindo-a.[40] A experiência de viagem para os integrantes do *CouchSurfing* torna-se, assim, um afastamento fundador, iniciático, um instrumento de passagem e religação com o outro.

---

[37] Trechos retirados de perfis postados por membros brasileiros do CS em língua inglesa.
[38] Tzvetan Todorov, *O homem desenraizado* (Rio de Janeiro: Record, 1999), p. 234.
[39] Entrevista concedida por uma alemã, por *e-mail*.
[40] Ulf Hannerrz. "Fluxos, fronteiras, híbridos: palavras-chave da antropologia transnacional", em *Mana*, vol. 3, Rio de Janeiro, 1997, disponível em http://www.scielo.br/pdf/mana/v3n1/2454.pdf.

Referências bibliográficas

AUGÉ, Marc. *O sentido dos outros: atualidade da antropologia*. Petrópolis: Vozes, 1999.
BUARQUE DE HOLANDA, Aurélio. *Miniaurélio século XXI: o minidicionário da língua portuguesa*. 4ª ed. Rio de Janeiro: Nova Fronteira, 2000.
BARRET-DUCROCQ, Françoise (org.). *A intolerância: Foro Internacional sobre a Intolerância*, Unesco, 1997. Rio de Janeiro: Bertrand-Brasil, 2000.
BAUMAN, Zygmunt. *Amor líquido*. Rio de Janeiro: Jorge Zahar, 2004.
CARVALHO, Edgard de Assis & MENDONÇA, Terezinha (orgs.). *Ensaios de complexidade*. Vol. 2. Porto Alegre: Sulina, 2003.
CLIFFORD, James. "Culturas viajantes". Em ARANTES, Antonio (org.). *O espaço da diferença*. Campinas: Papirus, 2000.
DURAND, Gilbert. *O imaginário: ensaio acerca das ciências e da filosofia da imagem*. 3ª ed. Rio de Janeiro: Difel, 2004.
GODELIER, Maurice. *O enigma do dom*. Rio de Janeiro: Civilização Brasileira, 2001.
FIGUEIREDO, Ana Flávia Andrade de. *Sobre buscas e sentidos em uma rede mundial de viajantes: The CouchSurfing Project*. Dissertação de mestrado, Universidade Federal de Pernambuco, CFCH, Antropologia, Pernambuco, 2008.
HANNERRZ, U. *Fluxos, fronteiras, híbridos: palavras-chave da antropologia transnacional*. Vol. 3. Mana, Rio de Janeiro, 1997. Disponível em http://www.scielo.br/pdf/mana/v3n1/2454.pdf.
KRISTEVA, Julia. *Estrangeiros para nós mesmos*. Rio de Janeiro: Rocco, 1994.
LEMOS, A. *Ciber-socialidade: tecnologia e vida social na cultura contemporânea*. Disponível em http://www.facom.ufba.br/ciberpesquisa/txt_and3.htm.
MAFFESOLI, Michel. *Sobre o nomadismo: vagabundagens pós-modernas*. Rio de Janeiro: Record, 2001.
MASSIMO, Baldini. *Amizade & filósofos*. Bauru: Edusc, 2000.
MATURANA, Humberto. *Emoção e linguagem na educação e na política*. Belo Horizonte: Editora UFMG, 1998.
MAUSS, Marcel. "Ensaio sobre a dádiva. Forma e razão da troca nas sociedades arcaicas". Em *Sociologia e antropologia*. São Paulo: Cosac Naïfy, 2003.
MORIN, Edgar. Conclusões éticas. Em *O método 6. Ética*. Porto Alegre: Sulina, 2005.
_____. *O método 1. A Natureza da Natureza*. 2ª ed. Porto Alegre: Sulina, 2005.
TODOROV, Tzvetan. *O homem desenraizado*. Rio de Janeiro: Record, 1999.

Para saber mais

Reportagens sobre redes
ALSOP, Peter & OCONNOR, Siobhan. "Sleeping with Strangers". Em *Good Magazine*. Los Angeles/Nova York, 7 de dezembro de 2006. Disponível em http://www.good.is/post/sleeping-with-strangers/.
BOCK, Lia. "Mochileiros da geração web". Em *Revista Época*, Sociedade, ed. 468, São Paulo, junho de 2009.
LUPINACCI, Heloisa & PRETTI, Lucas. "Viaje conectado com o mundo". Em *O Estado de S. Paulo*, São Paulo, 29-6-2009.
MANSUR, Bia. "Viajantes rodam o mundo dormindo em sofás". Em *Fantástico*, 30-9-2009. Disponível em http://fantastico.globo.com/Jornalismo/FANT/0,,MUL1324584-15605,00.html.
NEVES, Céu. "Redes na net. *Sites* de trocas nascem como cogumelos". Em *Diário de Notícias*, Sociedade, Portugal, 12-12-2004.
RESENDE, Letícia. "Surfe de Sofá". Em *Revista Paradoxo*, Comportamento, 4-6-2008.

Sobre redes mundiais de viajantes
BIALSKI, Paula. "Intimate Tourism". *Friendship in a State of Mobility: the Case of the Online Hospitality Network*. Master Thesis, Institute of Sociology, Department of Social Psychology, 2007.
BREDA, Zélia & KLICEK, Tamara. "Hospitality Exchange Tourism: a New Travel Concept". Em *ATLAS International Conference 2007*. Portugal, Viana do Castelo, 5/7-9-2007.

Sites
AMIGOST. http://www.amigost.com.
BE WELCOME. https://www.bewelcome.org/tour.
Free Stay. http://www.freestay.com.
Global Freeloaders.com. http://www.globalfreeloaders.com.
MOTORCYCLE TRAVEL NETWORK. http://www.motorcycle-travel.net/home/mt1/page_45/motorcycle_travel.html.
SERVAS INTERNATIONAL. http://joomla.servas.org.
SERVAS. http://brazil.servas.org.
TEACHERS TRAVEL WEB. http://www.teacherstravelweb.com.
TEJO. Tutmonda Esperantista Junulara Organizo. http://www.tejo.org/en.
THE HOSPITALITY CLUB. http://www.hospitalityclub.org.
WARMSHOWERS.ORG. http://www.warmshowers.org.
WELCOME TRAVELLER. Hospitality club. http://www.welcometraveller.org.
WOMEN WELCOME *women world wide*. http://www.womenwelcomewomen.org.uk.

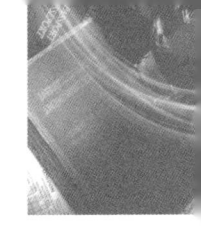

Turismo de experiência e a interpretação em museu

Claudia Corrêa de Almeida Moraes

A comunicação interpretativa nas visitas a patrimônio começou a ser utilizada em áreas naturais, sendo depois incorporada em sítios históricos e museus. No Brasil, a interpretação em bens culturais despontou timidamente no terceiro quartel do século XX, período em que ocorreu a implantação da nova museologia.[1]

A comunicação interpretativa, segundo Black,[2] é "o processo de comunicar às pessoas o significado de um lugar ou objeto, de forma que elas desfrutem mais, entendam melhor o patrimônio e o ambiente, e desenvolvam uma atitude positiva em relação à conservação".

A interpretação é a ferramenta da educação patrimonial que permite atingir os objetivos da comunicação interpretativa. Para Horta e outros,[3] educação patrimonial é "um processo permanente e sistemático de trabalho educacional centrado no patrimônio cultural como fonte primária de conhecimento e enriquecimento coletivo".

O papel da interpretação na educação patrimonial é o de traduzir, explicar, significar e reificar os bens materiais e imateriais, visando despertar o interesse nas pessoas, transformar, aguçar os sentidos e fazê-las perceber formas diversas de vivenciar a cultura.

---

[1] A nova museologia mudou a forma de tratar o objeto museológico, relacionando-o ao seu contexto, e, com isso, fez com que as ações desenvolvidas saíssem do edifício e passassem a ser exercidas de forma participativa pela comunidade.

[2] Graham Back, *The Engaging Museum: Developing Museums for Visitor Involvement*. Series: *Heritage Care Preservations Managers* (Londres: Routedgle, 2005), p.121.

[3] Maria de Lourdes P. Horta *et al*. *Guia básico de educação patrimonial* (Brasília: Iphan/Museu Imperial, 1999), p. 6.

Um dos espaços culturais passíveis de aplicar a educação patrimonial é o museu, entendido como uma instituição a serviço da sociedade para a preservação da memória e, ao mesmo tempo, um espaço para a educação e a mediação cultural, visando à proteção e ao respeito ao patrimônio cultural.

Nos museus, a interpretação patrimonial tem o papel de auxiliar os visitantes a desenvolver repertório para decodificar as mensagens na apresentação do acervo, pois o desconhecimento dos códigos emitidos pela linguagem museográfica gera hermetismo na mensagem, impedindo sua compreensão.

Muitos museus são considerados atrativos culturais e incluem-se no turismo cultural, que, segundo Prentice, é uma modalidade de turismo constituído, proferido e consumido sob a forma de apreciação cultural, com experiências ou obtenção de conhecimento.[4]

Na economia contemporânea, promove-se o acesso a serviços e experiências em detrimento da ideia de se comprar uma mercadoria.[5] Não é mais a busca do reconhecimento social que se procura, mas o bem-estar, a funcionalidade e o prazer para si mesmo. O consumo passa para a ordem do utilitarismo e do primitivismo individualista. Nesse sentido, o que está em jogo é a sede de imagens e espetáculos, o gosto pela autonomia, o culto ao corpo, a embriaguez de sensações e do novo.[6]

Por isso, esses elementos, presentes na contemporaneidade, refletem nos produtos e serviços oferecidos às demandas movidas por experiências memoráveis, emoções e situações inusitadas.

Segundo Pine e Gilmore, para que haja produtos e serviços com experiências inesquecíveis, é necessária a presença de quatro fatores: *educação*, permitindo aprender algo; *entretenimento*, oferecendo diversão; *estética*, obtendo acuidade visual; e *evasão*, conduzindo à perda de noção do tempo.[7]

A experiência promovida pela comunicação interpretativa como uma das técnicas utilizadas para o desenvolvimento da atividade museal pode ser uma ferramenta que conduz aos quatro fatores citados por Pine e Gilmore, assim como o museu pode ser um dos espaços para a fruição cultural no contexto dessa economia.

---

[4] Richard Prentice, *Tourism and Heritage Attractions* (Londres: Routledge, 1993).
[5] Jeremy Rifkin, *A era do acesso: a transição de mercados convencionais para networks e o nascimento de uma nova economia*. Trad. Ruth Gabriela Barh (São Paulo: Makron Books, 2001).
[6] Gilles Lipovetsky, *O império do efêmero: a moda e seu destino nas sociedades modernas*. Trad. Maria Lúcia Machado (São Paulo: Companhia das Letras, 2009).
[7] Joseph Pine II & James Gilmore, *The Experience Economy: Work is Theatre and Every Business a Stage* (Cambridge: Harvard Business SCH, 1999).

Sob o domínio do individualismo e do utilitarismo – o valor da experiência

Na contemporaneidade, a economia atinge um estado de dominação sobre toda a vida social, em que as relações passam a ser mediadas pelo consumo. Os sujeitos se reconhecem como consumidores, porém não se percebem inseridos socialmente como objetos. Debord entende que esse processo alienante inclui todos e encobre o empobrecimento humano que o capital produz.[8]

Na sociedade contemporânea, consumir transcende o processo de transformação do capital e as condições de valor de uso e valor de troca. Estetizados, a economia, o mercado, a mercadoria e o consumo viram metáforas. Ao consumir objetos, consomem-se intrinsecamente signos. O ato de consumir não é mais a concretização de uma demanda, mas um processo que compreende a apreensão de signos. Consomem-se, então, mais imaginários do que objetos materiais. Esses imaginários induzem à fantasia como forma de estruturar o desejo e de reduzir o empobrecimento humano. A fantasia torna-se realidade social quando estrutura a determinação do valor e o significado de realidade.

Na contemporaneidade existe um poder do individualismo privado, impulsionado pelo hedonismo de massa, em que os sujeitos consomem rapidamente e descartam da mesma maneira. Movidos pela ânsia do novo, ocorre a "desrealização"[9] das coisas.

O culto do homogêneo, da utilidade e da novidade apresenta o inverso invertido. Em vez de os objetos se desempossarem dos sujeitos e se coisificarem, como posto pela teoria crítica do consumo, são os sujeitos que se desempossam deles. Essa alteração na relação objeto-consumo-sujeito traz dúvidas sobre haver mesmo a alienação das consciências.[10]

É a sedução que configura o nosso mundo e o remodela segundo um processo sistemático de personalização, trazendo a liberdade de opções de elementos da sua existência, comandadas pelas motivações individuais. A individualidade privada, a funcionalidade, o efêmero, o desapego pelos objetos estimulam a existência de uma

---

[8] Guy Debord, *A sociedade do espetáculo*. Trad. Estela dos Santos Abreu (Rio de Janeiro: Contraponto, 1997).
[9] Sensação de irrealidade.
[10] Gilles Lipovetsky, *O império do efêmero: a moda e seu destino nas sociedades modernas*. Trad. Maria Lúcia Machado (São Paulo: Companhia das Letras, 2009), p. 204.

economia na qual o marketing de experiência apresenta-se como um arranjo de experiências culturais.

Davis, em suas pesquisas sobre os novos consumidores, percebeu que eles desejam o conforto psíquico-espiritual oriundo principalmente de experiências, e que estas são mais significativas que o consumo desenfreado de produtos. A autora atribui esse comportamento à era das imagens, que valoriza a representatividade em detrimento do real e das aspirações neoindividualistas, que procuram transgressões sem desordem e emoções atreladas às novidades reconhecíveis.[11]

O turismo cultural e os museus

Antes da segunda metade do século XIX, as viagens proporcionavam uma relação mais intensa entre as pessoas e os lugares, apesar do desconforto, das dificuldades, do alto custo e dos conflitos entre visitantes e visitados.[12] Com o surgimento do agente de viagens, no contexto do turismo mercantilizado em larga escala, muitos turistas tornaram-se seres passivos diante dos destinos visitados. Ao contratar assessoria para as viagens, passaram a utilizar uma mercadoria acessível à compra por anônimos, oriunda das vivências que tinham feito parte da experiência de viagens de outros sujeitos.

A viagem, assim vista, é uma vivência em que tudo já está programado e poucos são os riscos a correr. Além desse elemento da passividade, destacam-se o grande número de viajantes e a impessoalidade que esse tipo de deslocamento proporciona. A tecnologia da informação tornou a viagem mais fácil, segura e previsível, possibilitando a comunicação instantânea com seu lugar de origem. Com isso, porém, também perdeu a sedução da surpresa e da descoberta que cada nova experiência reserva.

Parte dos turistas contemporâneos praticamente já tem atendidas suas necessidades materiais e vive em sociedades nas quais a novidade, o utilitarismo, a fantasia, a aventura, a diversão e o individualismo são fundamentais. Por isso, passam a valorizar as experiências para aquilatar quem são ou para obter entretenimento. As experiências são consideradas gratificações maiores que bens materiais e tornam-se a nova maneira de externar *status*.[13]

---

[11] Melinda Davis, *A nova cultura do desejo*. Trad. Eliane Fraga e Sylvio Gonçalves (São Paulo: Record, 2003).
[12] Louis Tuner & John Ash, *La horda dorada: el turismo internacional y la periferia del placer* (Madri: Endymion, 1992).
[13] Henley Centre Headlight, Amadeus, *Future Traveler Tribes 2020 Identifies Four Key Consumer Groups that Will Potentially Change the Type of Services airlInes Offer and How They Deliver Them*, disponível em http://www.amadeus.com/amadeus/travellertribes.html (acesso em 20-12-2008).

Após 1980, desponta o interesse por outro turismo, diferente do impessoal e passivo. Esse turismo busca viver experiências mais "autênticas", embora estas não existam, pois a autenticidade das culturas é referente às suas identidades. As identidades na modernidade, no entanto, são dinâmicas, diversas e podem até ser contraditórias. Nesse sentido, Duggan afirma que a cultura autêntica "não é a que permaneceu imutável, o que parece impossível sob qualquer condição, mas a que reteve a habilidade de determinar a aplicabilidade de suas adaptações".[14]

No turismo de experiência, os serviços e produtos adquirem características que permitem oferecer essas vivências. O que o turista valoriza é o engajamento durante o processo de composição dos produtos e serviços, sendo para ele uma atividade autêntica.

O turismo cultural possui, como objetivo, propiciar experiências que gerem um processo educativo informal, oportunizando o desenvolvimento cultural dos turistas, podendo ter como consequência a preservação do recurso visitado.[15] Há também efeitos negativos a serem observados pela presença do turista, que são bastante conhecidos na literatura sobre o turismo. Barretto alerta que as mudanças provocadas pela presença do turista não são necessariamente negativas e que algumas ações bastante criticadas nos anos 1970, como a aculturação, têm cedido lugar a outros conceitos, como os de hibridação cultural, cosmopolitismo e reflexividade.[16]

Em algumas análises sobre a classificação do turista cultural, Richards categorizou-os como "turistas culturais específicos", aqueles com maior nível de escolaridade, para quem os atrativos culturais são importantes nas suas relações profissionais e sociais. São sujeitos acostumados a frequentar instituições culturais e a envolver-se com a produção cultural.[17]

Os outros turistas são "turistas culturais generalistas", que não dominam os códigos culturais por não possuírem capital cultural para decodificá-los. Quando visitam um bem cultural, sua apreciação é prejudicada por questões educacionais. Autores como Prentice[18] entendem que muitos sujeitos, ao visitarem patrimônios culturais,

---

[14] Betty Duggan, "Tourism, Cultural Authenticity, and the Native Crafts Cooperative: the Eastern Cherokee Experience", em Erve Chambers (org.), *Tourism and Culture: an Applied Perspective* (Nova York: State University of New Work Press, 1997), p. 31.
[15] Flávia Roberta Costa, *Turismo cultural e comunicação interpretativa*, dissertação de mestrado, Programa de Pós-Graduação em Ciências da Comunicação da ECA/USP (São Paulo: ECA/USP, 2001).
[16] Margarita Barretto, *Cultura e turismo: discussões contemporâneas* (Campinas: Papirus, 2007).
[17] G. Richards, "Cultural Tourists or a Culture of Tourism? Developments in the European Cultural Tourism Market", em Butcher, J. (org.), *Innovation in Cultural Tourism* (proceedings of the 5th ATLAS International Conference Innovatory Approaches to Culture and Tourism (Rethymmon: s/ed., 1998).
[18] Richard Prentice, *Tourism and Heritage Attractions* (Londres: Routledge, 1993).

estão mais preocupados com a recreação do que com o conhecimento patrimonial, visitando os atrativos culturais pelo *status* gerado por essas experiências diante dos amigos e conhecidos.

Há ainda um último grupo, considerado por muitos museólogos o mais importante nas visitações aos museus: os estudantes. Esses visitantes são "não espontâneos" e, muitas vezes, vão aos museus por causa de atividades escolares obrigatórias.

Os turistas culturais representam um número grande nas estatísticas de visitantes a museus. Para Vasconcelos, são viajantes "ávidos por conhecer as distintas manifestações culturais e artísticas de povos com os quais não mantêm contato, cujos acervos sugerem alguma 'viagem' pelo imaginário de seus visitantes".[19]

O aparecimento da nova museologia contribuiu para a abertura de outras tipologias de museus, denominados "modelos alternativos", nos quais foram desenvolvidas várias experiências museais: os museus abertos, ao ar livre, de sítio, ecomuseus, de rua, de casa, comunitários, vivos, interativos, itinerantes, de vizinhança, de ciências, casas de cultura, casas de memória, entre outros.

As novas comunicações e tecnologias trouxeram maior dinamismo, interação e aproximação do público com o fato museológico. Também as exposições complementares, as oficinas de manipulação, os vídeos informativos, a interpretação patrimonial, os restaurantes, as áreas de descanso e as lojas de suvenires contemporanizaram o museu, que passou a acolher melhor o público e tornou-se um espaço para o turismo de experiência, permitindo ao visitante o aprendizado e a vivência do espaço museológico.

O marco da mudança na relação entre museu e público foi a criação do Centro Georges Pompidou, na França, em 1980. Essa instituição cultural usou novos métodos de comunicação para atrair diversos públicos, como o estudo da recepção estética.[20]

Novos métodos permitiram que a educação patrimonial fosse instrumento de alfabetização cultural, fazendo com que o sujeito passasse a fazer uma leitura do mundo que o levasse a compreender o universo sociocultural e a trajetória histórico-temporal em que está inserido.[21] As metodologias utilizadas pela educação patrimonial

---

[19] Camilo Vasconcelos, *Turismo e museus* Coleção ABC do Turismo. (São Paulo: Aleph, 2006), p. 9.
[20] A recepção estética surgiu no âmbito da literatura e tratava da percepção da obra literária pelo leitor. Ele, diante dos vazios do texto, deveria encontrar pontos de indeterminação que preenchessem de acordo com o seu próprio imaginário. No caso da arte, ela é utilizada para entender a impressão das manifestações artísticas no sujeito-receptor.
[21] Maria de Lourdes P. Horta *et al. Guia básico de educação patrimonial* (Brasília: Iphan/Museu Imperial, 1999).

objetivam provocar situações de aprendizado sobre o processo cultural por meio do desenvolvimento de habilidades para observar, analisar, interpretar, contextualizar e ressignificar objetos e fenômenos culturais a partir da interação com a percepção do sujeito, ampliando sua capacidade de compreender o mundo.

Os primeiros materiais interpretativos foram os guias e os mapas, que, no processo de descoberta, envolviam a observação e a descrição por meio das técnicas disponíveis. Para criá-los, os viajantes que forneciam os relatos e as cartas precisavam vivenciar os lugares, e eles o faziam com o olhar de sua cultura.

Durante o século XX, a rapidez das viagens, o pouco tempo de permanência e os meios de comunicação acabaram distanciando o visitante do lugar visitado. Os meios de comunicação proporcionam a sensação de *dèjá vu*, que, associada aos conhecimentos sobre lugares facilmente adquiridos na contemporaneidade, dão a impressão de ter havido melhor aproveitamento do destino.

Na maioria das vezes, não se aproveita quase nada do lugar, pelo pouco tempo disponível, pela fragmentação da linguagem, pela ausência de percepção dos detalhes e pela pequena capacidade de observação, que ocasionam um adormecimento na experiência vivencial do lugar.[22]

As viagens assim organizadas podem não atender aos novos consumidores, que buscam o conforto psíquico-espiritual advindo das experiências, das transgressões sem desordem e da emoção atrelada às novidades reconhecíveis. Há, ainda, o desejo de viver experiências durante as viagens que os engajem no processo de composição dos produtos e serviços.

Em atrativos culturais, como museus, a comunicação interpretativa é um processo de reconhecimento e de apreensão pelo visitante que fornece um aprendizado revelador sobre os novos conhecimentos obtidos por meio de experiências que comuniquem os sentidos do passado e do presente, reinterpretando as descobertas dentro de suas próprias vidas.

A filosofia interpretativa foi iniciada por Mills, solidificada com os princípios de Tilden e atualizada pelas propostas de Beck e Cable para o século XXI.[23] Para *Interpretation Canada*, "a interpretação é um processo de comunicação que visa revelar significados e relações com o patrimônio cultural para o público por meio de experiências com os objetos, artefatos, paisagens ou sítios".[24]

---

[22] Brian Gooney, "Turismo cultural: novos viajantes, novas descobertas", em Stella Murta & Brian Gooney, *Interpretar o patrimônio: um exercício do olhar* (Belo Horizonte: Editora UFMG/Território Brasilis, 2002).
[23] Flávia Roberta Costa, *Turismo cultural e comunicação interpretativa*, cit.
[24] Conferir o *site* Interpretation Canada: an Association Heritage and Interpretation, disponível em http://www.interpcan.ca/new.

O gestor cultural, ao planejar a comunicação interpretativa, tem como objetivo proporcionar ao visitante a possibilidade de compreender, apreciar e vincular-se com o patrimônio cultural de maneira muito mais significativa que a pura observação de um cenário ou objeto. Deve fazê-lo sentir e perceber algo relacionado a um valor que não o seu propriamente, ou que pelo menos não seria comum em seu cotidiano.[25] Em um nível mais emocional e ético, a interpretação pode conduzir a maior valorização, afetividade e conexão com o lugar, objeto, artefato ou paisagem, permitindo a identificação com ele.[26]

As atividades interpretativas permitem desenvolver um estado cognitivo que, para Moscardo, é denominado *mindful*, resultado "[...] da retirada de novas distinções, da análise da informação sob novas perspectivas e sendo sensível ao contexto".[27] No estado *mindful*, as pessoas reconhecem mais de uma perspectiva possível para a mesma situação; quando as situações são novas ou não familiares, elas percebem que não devem emprestar um roteiro utilizado, o que as leva a ter interesse e outros questionamentos.

A interpretação patrimonial pode trabalhar com essa forma de estado cognitivo e prover condições para que sejam desenvolvidas habilidades de compreensão crítica sobre o patrimônio vivenciado, por meio um diálogo entre o visitante e o patrimônio.

Segundo Moscardo, as instituições que não usam a interpretação em programas culturais proporcionam um estado cognitivo denominado *mindless*.[28] Esses programas provêm rotinas sequenciais de comportamento que proporcionam baixa detenção de informações e são insignificantes para os visitantes. Um bom exemplo disso são as enfadonhas visitas monitoradas que muitos museus ainda oferecem, nas quais o visitante percorre passivamente os corredores dos museus enquanto recebe uma enorme quantidade de informações das quais pouco se lembrará depois.

As mídias interpretativas mais utilizadas são:
- meios estáticos: textos e publicações, placas, painéis e letreiros, exposições, mostras e vitrines, reconstruções e modelos humanos, dioramas;
- meios animados: luz, som e sombras, cheiro e movimento, filmes e vídeos, animatrônicos, multimídias e computadores;

---

[25] Stephen Wearing & John Neil, *Ecotourism: Impacts, Potentials and Possibilities* (Oxford: Butterworth-Heinemann, 2009).
[26] Clifford Geertz, *A interpretação das culturas* (Rio de Janeiro: LTC, 1998).
[27] Gianna Moscardo, Marking Visitors Mindful: Principles for Creating Sustainable Visitor Experiences Through Effective Communication (Campaign: Sagamore, 1999), p. 381.
[28] *Ibidem*.

- mídias personalizadas: palestras interpretativas, imaginação guiada, viagens de fantasia ou viagens imaginárias, fantochada, caminhadas e trilhas monitoradas, trilhas interpretativas, interpretação espontânea, demonstrações, história viva (*living histry*) ou ambientação com base histórica e cenografia dramatizada.[29]

Casos de comunicação interpretativa

Muitos são os museus que usam a interpretação para se comunicar com o público, e muitas são as mídias interpretativas utilizadas para isso. Por essa variedade, escolhemos analisar os exemplos luz, som e sombra, participação multissensorial e *living history*.

Luz, som e sombra

A multivisão integra-se às mídias animadas de exibição, que, segundo Murta e Gooney, compreendem "a utilização de instrumentos mecânicos ópticos ou elétricos que introduzem som, luz, cheiro e movimento para acrescentar realismo à exibição, para melhorar a comunicação com o visitante".[30]

No Brasil, exemplos conhecidos desse tipo de mídia são o espetáculo de Luz e Sombra das Missões Jesuíticas (RS), do Museu Imperial de Petrópolis (RJ), da Colonização de Caxias do Sul (RS), das Igrejas Convento de São Francisco em Salvador (BA) e da Igreja Nossa Senhora do Carmo da Antiga Sé (RJ).

Um dos mais tradicionais exemplos brasileiros é o espetáculo multivisão "Arte e Humanismo", no Centro Cultural do Liceu de Artes e Ofícios de São Paulo. Na década de 1980, poucos espaços culturais utilizavam tecnologias audiovisuais para fazer o visitante interagir com o acervo. A exposição do Centro Cultural do Liceu usa para isso a técnica de interpretação "luz, som e imagem", realizada por meio de imagens produzidas por vídeos, sonorização com música e texto, e luzes que iluminam as réplicas das esculturas. Todos esses recursos tecnológicos são comandados por um computador, e o conteúdo procura proporcionar ao visitante a percepção da humanização da arte.[31]

---

[29] Flávia Roberta Costa, *Turismo cultural e comunicação interpretativa*, cit.; Lisbeth Ruth Gonçalves, *Entre cenografias: o museu e exposição de arte no século XX* (São Paulo: Edusp/Fapesp, 2004).
[30] Stella Murta & Brian Gooney, *Interpretar o patrimônio*: um exercício do olhar (Belo Horizonte: Editora UFMG/ Território Brasilis, 2002), p. 33.
[31] Centro Cultural do Liceu, disponível em http://www.liceuescola.com.br/conteudo.asp?numero_materia=2660317101&id_subitem=411 (acesso em 5-2-2010).

Em 2001, essa atividade interpretativa passou a integrar um espaço em uma exposição intitulada "Imagens do Liceu: trabalho dos mestres com painéis fotográficos, gravuras e desenhos, retratando o período de 1895 a 1950", mostrando a importância do Liceu na vida paulistana.

A experiência que o turista vivencia com essa técnica é dinâmica, porque ela o insere em uma atmosfera que lhe desperta curiosidade, instiga seu conhecimento e, ao mesmo tempo, o diverte. Os apelos aos sentidos criados pela técnica fazem com que, naquele momento, o turista seja levado a outro lugar, tenha despertadas sua fantasia e imaginação. Se a temática for bem elaborada, haverá a possibilidade de um aprendizado lúdico e uma visitação gratificante.

Participação multissensorial

As exposições em museus de arte também contam com a interação multissensorial entre o visitante e a obra. Popper apontou as novas formas de participação do espectador como parcialmente responsáveis pelo desaparecimento do objeto de arte nas exposições.[32]

A artista brasileira Lygia Clark desenvolveu trabalhos que levaram à participação multissensorial e a um tipo de comportamento estético que concilia o problema do indivíduo e do grupo de atividade. Um exemplo desse tipo de trabalho foi a exposição "A casa é o corpo", no MAM-RJ, em 1968: uma instalação de oito metros de comprimento que permitia o trânsito de pessoas por seu interior, com o objetivo de fazê-las obter sensações como penetração, ovulação, germinação e expulsão do ser vivo.[33] Esse tipo de arte possibilita a interatividade com a obra, proporcionando diversas sensações.

No caso da arte é mais presente a dificuldade do "turista cultural genérico" em compreender o conteúdo de uma exposição, por causa da falta de repertório. Proporcionar a ele uma mediação que lhe permita conhecer e fazer isso utilizando linguagens que lhes sejam próximas pode ser uma experiência significativa memorável.

Living History

Uma técnica bastante usada em museus históricos e também em *site museums* é a *living history*, ou ambientação de base histórica. "Ambientar significa criar uma

---

[32] Frank J. Popper, *Art of the electronic age*. Nova York: Thames and Hudson, 1997.
[33] Márcia Martins Rodrigues de Moraes, *Entre o museu e a praça: o legado de Lygia Clark e Helio Oiticica*, dissertação de mestrado, Programa de Pós-Graduação em Artes. Instituto de Artes (Campinas: Unicamp, 2006).

atmosfera específica, proporcionando ao visitante um escape à rotina cotidiana, por meio de experiências não vivenciais no dia a dia."[34]

Esse método refere-se a uma interpretação ao vivo, realizada por uma ou mais pessoas caracterizadas segundo o período histórico de que estão tratando. Pode ser proporcionada por atores, especialistas ou monitores, de maneira encenada, como teatro passivo ou interativo. Como recursos usam-se a dramatização, o canto, o diálogo e outras formas de comunicação. Seu objetivo é fazer reviver a história local usando várias técnicas que estabeleçam ligações entre o público visitante e a história. A maior crítica é quanto ao "congelamento histórico" e também à escolha do recorte histórico. Muitas também são criticadas pela ideologia presente na interpretação (que leva a contar apenas a "história dos vencedores"), outras pelo esvaziamento do conteúdo pela produção.

A ambientação também é aplicada a restaurantes temáticos, *shopping centers* e casas noturnas. Nesses casos, entretanto, difere da ambientação de base histórica por seu conteúdo de entretenimento. Essa forma de comunicação interpretativa é a mais controvertida. Handler e Gable, utilizando-se dos dados da *Colonial Williamsburg*, nos Estados Unidos, apontaram que muitas vezes essa mídia é percebida pelos visitantes como puro entretenimento, e não como uma atividade educativa.[35] A recreação adaptada do passado também é utilizada pelos parques temáticos, ocasionando confusões conceituais em relação às atividades interpretativas em museus. Existe uma linha muito tênue entre a história viva para a educação e a teatralização para o entretenimento.

Roth apresenta duas grandes correntes segundo a técnica utilizada: na primeira, o intérprete faz alusão ao passado sempre no presente e não pode sair da personagem; na segunda, ele não assume uma personagem histórica, seja real, seja fictícia.[36] Sua atuação se fundamenta em palestras e demonstrações interativas.

Como exemplo de história viva, podemos citar o Chá Imperial – Projeto "Cozinha Viva", no Museu Casa da Hera, no município de Vassouras, Rio de Janeiro.[37] Esse pro-

---

[34] Mário Jorge Pires, "Ambientação de base histórica: uma expressão de marketing", em *Revista Turismo em análise*, ECA-USP, vol. 3, nº 2, 1992, p. 57.
[35] Richard Handler & Eric Gable, *The New History in an Old Museum: Creating the Past at Colonial Williamsburg* (Durham/Londres: Duke University Press, 1997).
[36] Philip Roth *apud* Flávia Roberta Costa, *Turismo cultural e comunicação interpretativa*, cit.
[37] Estes dados foram coletados em 1995, em entrevista realizada com Isabel Ferreira, do Museu Casa da Hera, para o seminário sobre ambientação com base histórica da disciplina Marketing de Recursos Culturais, ministrada pelo Prof. Dr. Mario Jorge Pires, no Programa de Mestrado da ECA/USP. Ver Flávia Roberta Costa, *Turismo cultural e comunicação interpretativa*, cit.; Lisbeth Ruth Gonçalves, *Entre cenografias: o museu e exposição de arte no século XX*, cit.

jeto surgiu da necessidade de criar uma alternativa dinâmica para a transmissão do fato histórico. O circuito de visitação da casa era bastante rígido e fechado, não dando espaço para uma discussão mais aprofundada do momento e do contexto histórico em que foi construída. No entanto, a cozinha era um espaço amplo e seu acervo tinha sido perdido, tornando plausível recriar um ambiente vivo sem afetar a segurança do objeto histórico original. O contexto foi retirado das informações deixadas pelas famílias que ali se reuniam no inverno e discutiam um pouco de tudo.

A Casa da Hera pertenceu a Joaquim José Teixeira Leite, um dos mais importantes cafeicultores do Rio de Janeiro no século XIX. Sua herdeira, Eufrásia, passava os dias entre a Europa, a Corte no Rio e a Casa da Hera. Uma amiga de Eufrásia, Conceição de Andrade Pinto, era a anfitriã do Chá, que o iniciava desculpando-se pela ausência da amiga por compromissos que a retiveram na Corte.

A cerimônia do chá estava associada a um costume requintado: era servido após o almoço, segundo a tradição do interior fluminense, ou às 9 horas ou às 10 horas da manhã, à moda do Império. Um chá para dezoito talheres era servido em torno de uma mesa na cozinha às 16 horas e depois às 17 horas e 30 minutos. A ambientação física era obtida por velas, lampiões, um fogão a lenha aceso,[38] a presença das mucamas e da Sinhá Conceição ou da Sinhá Helena (personagem criada para substituir Conceição quando preciso) e uma mesa farta de quitutes da época.

O diálogo entre os participantes do chá e a anfitriã era livremente criado pelos visitantes, por meio de perguntas e comentários com a Sinhá, que respondia como se todos ali ainda estivessem no século XIX, conduzindo a conversa de maneira que as pessoas percebessem a viagem no tempo. O tema da conversa alterava-se conforme o grupo, e eram os participantes que o definiam durante a conversação. Com 1 hora e 30 minutos de duração, a atividade não era conduzida por uma atriz, mas por uma estudiosa e pesquisadora. A atividade teve início em 1989 e, infelizmente, não mais ocorre.

Segundo Silveira, essa proposta interpretativa não foi pensada apenas para o público estudantil – desejava-se trazer a comunidade ao museu e também angariar fundos para sua revitalização.[39] Ela foi desenvolvida em parceria com a municipalidade e um hotel local, visando criar novos atrativos turísticos para o município de Vassouras.

---

[38] O fogo é obtido utilizando-se carvão acondicionado em bandejas próprias, sem afetar o fogão, que é uma peça do século XIX adquirida para o acervo na década de 1970.

[39] Adalgiso Silveira, *Ambientação de base histórica, ferramenta de incremento do turismo: o exemplo de Vassouras – RJ*, dissertação de mestrado, Programa de Pós-Graduação em Ciências da Comunicação da Escola de Comunicação e Artes (São Paulo: USP, 2002).

Outro exemplo de ambientação com base histórica é o *Conner Prairie Museum*, em Indianápolis, nos Estados Unidos. A instituição é um *site museum*, onde "as atividades museológicas transcorrem na forma de encenações do cotidiano de determinado momento histórico escolhido para ser congelado no tempo, em um espaço delimitado, em função dos vestígios preservados".[40]

O museu foi criado nas terras de William Conner, que as habitava com a esposa e os cinco filhos. Seus negócios consistiam na compra e revenda de peles de animais, que comprava do povo indígena local. Anos depois, ficou rico e construiu uma mansão em um local conhecido como *Prairie Conner*.

Em 1930, o presidente da indústria farmacêutica Eli Lilly viu na história de Conner uma experiência da democracia norte-americana e transformou o lugar, inserindo reconstruções históricas que permitissem contar a história de Indiana. Nos anos de 1970, o museu transformou-se em *site museum*, onde atores dramatizavam a história com roupas e falas de 1886.

Em 2000, o museu fez uma pesquisa com seu público e constatou que não estava atingindo os objetivos de mediar um aprendizado de alta qualidade. Por isso, redesenhou sua proposta, o que culminou no projeto "Portas Abertas para o Visitante". Nela, os funcionários do museu seriam os embaixadores, que facilitariam as experiências de aprendizagem sobre o passado, e não mais apresentariam um teatro em que a mesma informação fosse recitada todos os dias. Os funcionários ouvem os visitantes, que, por sua vez, desenvolvem atividades cotidianas do período retratado. O objetivo é estimular a curiosidade e promover o aprendizado sobre o passado de Indiana por meio de experiências atraentes, individualizadas e únicas.

Comparando as duas formas de interpretação – a passiva e a ativa – nos exemplos de *living history* apresentados, percebe-se que, no primeiro caso, a representação não proporcionou uma experiência motivadora e a falta de participação direta dos turistas gerou o estado cognitivo *mindless*; no segundo, como no caso do Museu Casa da Hera, contou-se com a participação dos visitantes na construção da atividade interpretativa, criando o estado cognitivo *mindful*.

---

[40] Margarita Barretto, *Cultura e turismo*: discussões contemporâneas (Campinas: Papirus, 2007), p. 152.

Considerações finais

O visitante contemporâneo de museus é sujeito de seu tempo, e a volatilidade, a mobilidade e o consumo são características de sua vida. Ele deseja um consumo rápido, uma fruição apressada, pois o tempo parece esgotar-se logo e o que interessa é o instante. Esse visitante possui melhor formação, mais informações em razão da facilidade com a tecnologia, desempenha múltiplas funções, valoriza a vida pessoal e o bem-estar, além de ter seus desejos materiais satisfeitos. Por isso, quando viaja, procura experiências que só se podem obter quando se age participativamente. Os museus, por princípio, são espaços de permanência, locais que o sujeito sempre pode voltar a visitar. Essas condições diferem daquelas do visitante contemporâneo, fazendo com que tais instituições sejam vistas como lugares anacrônicos. Assim, embora os museus não devam perder a condição de lugar da memória e da permanência, devem almejar também estar em sintonia com as condições contemporâneas.

Procurar metodologias que despertem a curiosidade, ampliem o repertório e produzam reflexão sobre as memórias, utilizando as novas tecnologias e o lúdico, aproximará o público dos museus. Em consequência disso, auxiliará o turismo cultural a cumprir uma de suas funções, que é permitir a ampliação dos conhecimentos do visitante. Para isso, é preciso que a museologia acompanhe a nova função social do museu: possibilitar o acolhimento de um público com experiências alteradas quanto à duração e à permanência em relação à memória regressa ou à expectativa do futuro.

Ao procurar entender a relação do turismo de experiência com as interpretações patrimoniais desenvolvidas pelos museus, percebeu-se que o uso dessa metodologia nos atrativos culturais atende às aspirações do turista. Isso ocorre porque a interpretação proporciona participação e mediação entre o bem cultural e o visitante, de maneira instigadora e reflexiva, instigando o desejo de conhecer. Tal experiência pode ser importante para esse visitante, para a comunidade e para a instituição museal.

A experiência que se espera de uma instituição cultural de cunho educativo difere das experiências realizadas por algumas exposições conhecidas como *blockbusters exhibitions*. Nestas, os valores apresentam-se invertidos; a imaginação, a criação e a expressão artística são menos significativas que a montagem, a exposição e a promoção. Ocorre uma separação entre a experiência mnemônica e a visual. A função da memória passa a ser exercida pelos arquivos eletrônicos, e a função visual é dada pela arquitetura espetáculo do museu-edífico, que circula na mídia como espaço.[41]

---

[41] Cristina Freire, "Por uma arqueologia das exposições", em *Revista Trópico*, disponível em http://pphp.uol.com.br/tropico/html/textos/2806,1.shl (acesso em 10-1- 2009).

Esse posicionamento em relação às ações de alguns museus tem gerado polêmicas sobre a divisão dessa instituição em dois tipos distintos: os museus dedicados a objetivos educativos e aqueles que funcionam como centro de entretenimento.[42]

Não é necessária, entretanto, uma posição maniqueísta entre os objetivos educativos e o entretenimento. A educação, por tratar de aspectos filosóficos e políticos, não pode ser considerada um produto; contudo, as ações educativas que os museus realizam são entendidas como produtos, "por serem formas de realização baseadas em princípios educacionais".[43] Essas ações podem ter caráter lúdico sem perder a sua função educativa.

Uma política museológica que concilie educação com entretenimento sem desvirtuar a essência da educação no contexto da lógica do mercado pode atender bem a essa problemática. Vasconcelos assinala que o "museu é mais que um mercado de tempo livre, posto que trate de preservar traços da memória da humanidade para que as gerações presentes e futuras possam deleitar-se com o gozo e o aprendizado de sua contemplação".[44] Por meio do planejamento interpretativo, os museus podem obter esses bons resultados. Cada instituição, segundo seu acervo e seu plano museológico, determinará as melhores metodologias.

Referências bibliográficas

BACK, Graham. *The Engaging Museum: Developing Museums for Visitor Involvement.* Series Heritage Care Preservations Managers. Londres: Routedgle, 2005.

BECK, Larry & CABLE, Ted. *Interpretation for the 21st Century: Fifteen Guiding Principles for Interpreting Nature and Culture.* 2ª ed. Champaign: Sagamore, 2002.

CATÁLOGO MUSEU CASA DA HERA. Rio de Janeiro: Ministério da Cultura, s/d.

CENTRO CULTURAL DO LICEU. Disponível em http://www.liceuescola.com.br/conteudo.asp?numero_materia=2660317101&id_subitem=411.

COSTA, Flávia Roberta. *Turismo cultural e comunicação interpretativa.* Dissertação de mestrado. Programa de Pós-Graduação em Ciências da Comunicação da ECA/USP. São Paulo: ECA/USP, 2001.

DAVIS, Melinda. *A nova cultura do desejo.* Trad. Eliane Fraga e Sylvio Gonçalves. São Paulo: Record, 2003.

DEBORD, Guy. *A sociedade do espetáculo.* Trad. Estela dos Santos Abreu. Rio de Janeiro: Contraponto, 1997.

DUGGAN, Betty. "Tourism, Cultural Authenticity, and the Native Crafts Cooperative: the Eastern Cherokee Experience". Em CHAMBERS, Erve (org.). *Tourism and Culture: an Applied Perspective.* Nova York: State University of New Work Press, 1997.

---

[42] Flávia Roberta Costa, *Turismo cultural e comunicação interpretativa*, dissertação de mestrado, Programa de Pós-Graduação em Ciências da Comunicação da ECA/USP (São Paulo: ECA/USP, 2001).

[43] Denise Studart, "Educação em museus: produto ou processo?", em *Revista Brasileira de Museus e Museologia (MUSAS)*, vol. 1, nº 1, Rio de Janeiro, Iphan, 2004, p. 35.

[44] Camilo Vasconcelos, *Turismo e museus*, Coleção ABC do Turismo (São Paulo: Aleph, 2006), p. 9.

FREIRE, Cristina. Por uma arqueologia das exposições. Em *Revista Trópico*. São Paulo. Disponível em http://pphp.uol.com.br/tropico/html/textos/2806,1.shl.

GEERTZ, Clifford. *A interpretação das culturas*. Rio de Janeiro: LTC, 1998.

GOIDANICH, Karin & MOLETA, Vânia. *Turismo rural*. Vol. 6. 2ª ed. Porto Alegre: Sebrae/RS, 2000.

GOONEY, Brian. "Turismo cultural: novos viajantes, novas descobertas". Em MURTA, Stella & GOONEY, Brian. *Interpretar o patrimônio: um exercício do olhar*. Belo Horizonte: Editora UFMG/Território Brasilis, 2002.

GONÇALVES, Lisbeth Ruth. *Entre cenografias: o museu e exposição de arte no século XX*. São Paulo: Edusp/Fapesp, 2004.

HALL, Stuart. *Identidade cultural na pós-modernidade*. Trad. Tomáz Tadeu da Silva e Guacira Lopes Louro. 7ª ed. Rio de Janeiro: DP&A, 2003.

HANDLER, Richard & GABLE, Eric. *The New History in an Old Museum: Creating the Past at Colonial Williamsburg*. Durham/Londres: Duke University Press, 1997.

HENLEY CENTRE HEADLIGHT, AMADEUS. *Future Traveler Tribes 2020 Identifes Four Key Consumer Groups that Will Potentially Change the Type of Services Airlines Offer and How They Deliver Them*. Disponível em http://www.amadeus.com/amadeus/travellertribes.html.

HORTA, Maria de Lourdes P. et al. *Guia básico de educação patrimonial*. Brasília: Iphan/Museu Imperial, 1999.

INTERPRETATION CANADA. An Association for Heritage Interpretation. Disponível em http://www.interpcan.ca/new.

LIPOVETSKY, Gilles. *O império do efêmero: a moda e seu destino nas sociedades modernas*. Trad. Maria Lúcia Machado. São Paulo: Companhia das Letras, 2009.

MORAES, Márcia Martins Rodrigues de. *Entre o museu e a praça: o legado de Lygia Clark e Helio Oiticica*. Dissertação de mestrado. Programa de Pós-Graduação em Artes. Instituto de Artes. Campinas: Unicamp, 2006.

MOSCARDO, Gianna. *Marking Visitors Mindful: Principles for Creating Sustainable Visitor Experiences Through Effective Communication*. Campaign: Sagamore, 1999.

PINE II, Joseph & GILMORE, James. *The Experience Economy: Work is Theatre and Every Business a Stage*. Cambridge: Harvard Business SCH, 1999.

PIRES, Mário Jorge. "Ambientação de base histórica: uma expressão de marketing". Em *Revista Turismo em análise*, ECA-USP, vol. 3, nº 2, 1992.

POPPER, Frank J. *Art of the Electronic Age*. Nova York: Thames and Hudson, 1997.

PRAIRIE CONNER. Disponível em http://www.connerprairie.org.

PRENTICE, Richard. *Tourism and Heritage Attractions*. Londres: Routledge, 1993.

RICHARDS, G. "Cultural Tourists or a Culture of Tourism? Developments in the European Cultural Tourism Market". Em BUTCHER, J. (org.). *Innovation in Cultural Tourism: Proceedings of the 5th ATLAS International Conference Innovatory Approaches to Culture and Tourism*. Rethymmon: s/ed., 1998.

RIFKIN, Jeremy. *A era do acesso: a transição de mercados convencionais para networks e o nascimento de uma nova economia*. Trad. Ruth Gabriela Barh. São Paulo: Makron Books, 2001.

SILVEIRA, Adalgiso. *Ambientação de base histórica, ferramenta de incremento do turismo*. Dissertação de mestrado do Programa de Pós-Graduação em Ciências da Comunicação da Escola de Comunicação e Artes. São Paulo: USP, 2002.

STUDART, Denise. "Educação em museus: produto ou processo?" Em *Revista Brasileira de Museus e Museologia (Musas)*, vol. 1, nº 1, Rio de Janeiro: Iphan, 2004.

TUNER, Louis & ASH, John. *La horda dorada: el turismo internacional y la periferia del placer*. Madri: Endymion, 1992.

VASCONCELOS, Camilo. *Turismo e museus*. Coleção ABC do Turismo. São Paulo: Aleph, 2006.

WEARING, Stephen & NEIL, John. *Ecotourism: Impacts, Potentials and Possibilities*. Oxford: Butterworth-Heinemann, 2009.

ZIZEK, Slavoj. *O mais sublime dos histéricos: Hegel com Lacan*. Rio de Janeiro: Jorge Zahar, 1999.

PARA SABER MAIS

Livros

BARRETTO, Margarita. *Cultura e turismo: discussões contemporâneas*. Campinas: Papirus, 2007.
Livro fundamental para compreender as questões relacionadas à cultura e ao turismo.

BRUNO, Maria Cristina. *Museologia e turismo: os caminhos para a educação patrimonial*. São Paulo: Centro Estadual de Educação Tecnológica Paula Souza/Coordenadoria do Ensino Técnico, 1998.
Estudo que aproxima o museu do turismo e da educação patrimonial.

MURTA, Stella & GOONEY, Brian. *Interpretação do patrimônio para o turismo sustentado: um guia*. Belo Horizonte: Sebrae, 1995.
Pioneiro no Brasil a tratar do assunto, contém teoria sobre interpretação e também estudos de caso.

TILDEN, F. *Interpreting our Heritage*. 4ª ed. expandida e comentada. Chappell Hill: The University of North Carolina Press, 2007.
Livro clássico sobre interpretação, considerado o mais tradicional por muitos estudiosos.

Sites

ASSOCIATION FOR HERITAGE INTEPRETATION. http://heritage-intepretation.org.uk.
ASSOCIATION FOR LIVING HISTORY, FARM AND AGRICULTURAL. http://www.alhfarm.org.
ASSOCIACIÓN PARA LA INTERPRETACIÓN DEL PATRIMONIO. http://mediamweb.uib.es.
INTERPRETATION AUSTRALIA ASSOCIATION. http://home.vicnet.net.au/~interpoz.

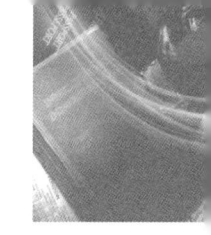

Sentidos, sabores e cultura: a gastronomia como experiência sensorial e turística

Maria Henriqueta Sperandio Garcia Gimenes

O termo *gastronomia* tem sido mencionado com grande frequência, fazendo parte não apenas do discurso dos profissionais de hotéis, restaurantes e estabelecimentos similares, mas também daqueles que se interessam pela boa comida e bebida e as apreciam como *hobby* ou forma de lazer. Segundo o historiador Henrique Carneiro, ele foi usado pela primeira vez na tradução francesa do *Banquete dos sofistas*, de Ateneu, em 1623.[1] Em 1801, ganhou popularidade ao aparecer em um longo poema de Joseph Berchoux,[2] passando a designar "a boa mesa" e a ser associado à ideia do uso requintado e delicado de alimentos.[3]

Essa perspectiva de sofisticação permaneceu em algumas definições, como a que Maria Lucia Gomensoro apresenta na obra *Pequeno dicionário de gastronomia*: "a arte do bem comer e do saber escolher a melhor bebida para acompanhar a refeição".[4] Outras definições se baseiam na construção do próprio vocábulo, derivado do grego antigo γαστήρ (*gastér* = "estômago") e νόμος (*nómos* = "conhecimento" ou "lei"). Assim, a *gastronomia* foi tomada como "conhecimento das leis ou conhecimento relativo ao estômago".

A respeito do desenvolvimento desse conceito, não se pode deixar de mencionar uma obra importantíssima: *A fisiologia do gosto*, publicada apenas dois meses antes do falecimento de seu autor, Jean Anthelme Brillat-Savarin, advogado, político e gas-

---

[1] Henrique Carneiro, *Comida e sociedade: uma história da alimentação* (Rio de Janeiro: Campus, 2003), p. 11.
[2] Joseph Berchoux, "A gastronomia ou os prazeres da mesa", trad. Manoel Joaquim da Silva Porto (Porto: Typographia Commercial Portuense, 1842).
[3] Jean-Robert Pitte, *Gastronomia francesa, história e geografia de uma paixão* (Porto Alegre: LP&M, 1993).
[4] Maria Lucia Gomensoro, *Pequeno dicionário de gastronomia* (Rio de Janeiro: Objetiva, 1999), p. 195.

trônomo francês. Nesse marco para os estudos do gênero, a *gastronomia* é definida como "o conhecimento fundamentado de tudo o que se refere ao homem, na medida em que ele se alimenta. Seu objetivo é zelar pela conservação dos homens, por meio da melhor alimentação possível".[5] Ainda segundo o autor:

> [...] o assunto material da gastronomia é tudo o que pode ser comido; seu objetivo direto, a conservação dos indivíduos; e seus meios de execução, a cultura que produz, o comércio que troca, a indústria que prepara e a experiência que inventa os meios de dispor tudo para o melhor uso.[6]

Uma das contribuições de Brillat-Savarin foi a ampliação da própria ideia de gastronomia. Segundo a concepção contemporânea, para além dos aspectos técnicos (relativos ao cultivo e ao preparo de alimentos e bebidas) e biológicos (relativos à degustação e à digestão dos acepipes), a gastronomia é entendida como o estudo das relações entre a cultura e a alimentação, incluindo os conhecimentos das técnicas culinárias, do preparo, da combinação e da degustação de alimentos e bebidas, e ainda dos aspectos simbólicos e subjetivos que influenciam e orientam a alimentação humana.

A complexidade expressa por tal definição resulta no interesse pelo estudo do tema por profissionais da mais diversas áreas: médicos, nutricionistas, antropólogos, sociólogos, historiadores e turismólogos, entre tantos outros profissionais, têm se debruçado sobre a questão, abordando-a de forma inter e multidisciplinar.

Ainda que os estudos envolvendo o binômio turismo-gastronomia mostrem-se tímidos numérica e qualitativamente em termos de frequência e incidência no Brasil, percebe-se o esforço de acadêmicos e profissionais do *trade* em pensar, operacionalizar e transformar elementos gastronômicos em estratégias de desenvolvimento de localidades. Diante disso, urge compreender de forma ampla a gastronomia para orientar o planejamento e as ações voltadas ao uso turístico dos elementos gastronômicos.

Este capítulo tem como objetivo contribuir para ampliar a reflexão sobre a gastronomia e as atividades a ela relacionadas. Para tanto, pretende-se discutir a gastronomia como fonte de experiência sensorial e turística, evidenciando, de forma introdutória, algumas interfaces desse termo tão presente na atualidade.

---

[5] Jean-Anthelme Brillat-Savarin, *A fisiologia do gosto* (São Paulo: Companhia das Letras, 2009).
[6] *Ibid*, p. 58.

Gastronomia como experiência sensorial

Em seu uso corriqueiro, a gastronomia é frequentemente associada a uma culinária mais requintada, capaz de propiciar um prazer superior ao obtido pelo mero ato de se alimentar, mais ligado às necessidades básicas de sobrevivência do ser humano. Não importando propriamente o grau de complexidade ou especificidade da forma de preparo e das técnicas utilizadas, a experiência gastronômica é sempre associada a uma experiência prazerosa. O prazer que pode ser obtido por meio de uma refeição deriva de uma base biológica, de uma série de operações que o organismo humano realiza e que lhe permitem estabelecer contato com o mundo que o rodeia.

De que forma é possível sentir o amortecimento causado pelo jambu ou agrião-do-pará, a acidez de um limão, o gosto amargo da guariroba, a doçura do mel ou ainda distinguir a pimenta mais ardida? Como é possível reunir vários ingredientes, gerando sabores complexos como os da moqueca baiana, do empadão goiano, do tutu de feijão e do barreado do Paraná? São necessários, para tanto, a ação de alguns órgãos de sentido e uma série de processos fisicoquímicos.

O paladar é o sentido que oferece informações sobre quais substâncias os animais podem ou não comer, servindo de proteção contra elementos potencialmente prejudiciais ao organismo. Embora sejam estudados como sistemas sensoriais distintos, em realidade, o paladar e o olfato estão intimamente ligados. Prova simples disso é a dificuldade em perceber o gosto de grande parte dos alimentos quando se está gripado ou com outro problema que prejudique o bom funcionamento das vias respiratórias. Tanto no paladar quanto no olfato, os receptores respondem a substâncias químicas, variando a localização de tais receptores – no paladar, eles estão localizados na boca e na garganta, enquanto no olfato eles se encontram no nariz.

O paladar difere do sabor no sentido de que aquele se relaciona a uma sensação química percebida pelas células receptoras especializadas que formam os botões gustativos, enquanto este é considerado algo mais complexo, produto da fusão de várias sensações: o cérebro deve interpretar os estímulos gustativos do paladar, bem como os olfativos e as sensações térmicas e táteis.

A língua é um órgão muscular vital para o processo digestivo e para a degustação. Ela é considerada um órgão digestivo acessório por manter o alimento entre os dentes até que ele seja suficientemente mastigado, e também um órgão de sentido periférico, por ajudar a sentir o gosto, bem como responder à pressão, ao calor e à dor. Escrevendo sobre o funcionamento do paladar, Linda Davidoff esclarece que a língua é recoberta por papilas, estruturas que ajudam a criar atrito entre a língua e o alimento e que possuem os chamados *botões gustativos*.[7] Os botões gustativos são estruturas menores que ficam nas dobras entre as papilas e são formados por um conjunto de células receptoras gustativas, que duram em média alguns dias e vão sendo continuamente substituídas por novas células. A maioria dos botões gustativos se encontra na superfície da língua, embora também estejam presentes em outras partes da boca.

Ao entrar na boca, as substâncias penetram nos diminutos poros das papilas e estimulam as células receptoras. Estas formam sinapse com os neurônios, e um impulso elétrico é enviado à área gustativa do córtex cerebral, sendo processado pelo córtex somatossensorial nos lobos parientais e pelo sistema límbico. Acredita-se que existam quatro qualidades palatais primárias: salgado, doce, azedo e amargo, que podem originar uma série de combinações. Alguns pesquisadores têm se dedicado ao estudo do que seria a quinta qualidade, denominada *umami* (palavra de origem japonesa que pode ser traduzida por "saboroso" ou "delicioso"), associada aos alimentos que possuem naturalmente quantidades significativas de glutamatos.

Análises mostram que a língua tem regiões particularmente sensíveis a essas sensações palatais primárias. O meio da língua é relativamente insensível a todas as sensações palatais. A ponta, por sua vez, é responsiva ao doce, e a parte subsequente, ao salgado. Os lados são mais responsivos ao azedo, e a parte posterior da língua, ao fundo, ao amargo.[8] Tradicionalmente, o sabor doce é associado a alimentos nutritivos e calóricos, como frutas maduras, enquanto o amargo é associado a substâncias não nutritivas e até mesmo tóxicas, como frutas verdes e vegetais venenosos. Assim, a necessidade de identificar rapidamente substâncias nocivas é uma das explicações dadas para a alta *responsividade* da língua aos sabores amargos.

No que tange à atuação dos sentidos no processo de degustação, é possível treinar o paladar e o olfato para aguçá-los e permitir que se tornem sensíveis a diferentes matizes de sabores. Algumas pessoas, inclusive, usam tal capacidade para finalidade profissional. Um barista,[9] ao tomar contato com a bebida, provavelmente procurará identificar as seguintes características: o aroma que o café exala; a acidez ou a capacidade que a bebida possui de deixar rapidamente o palato limpo de vestígios após ter sido degustada – um café de acidez baixa, por exemplo, é descrito como mais suave

---

[7] Linda Davidoff, *Introdução à psicologia* (3ª ed. São Paulo: Pearson Education/Makron Books, 2001).
[8] *Ibidem*.
[9] Profissional especializado em cafés de alta qualidade, capaz de identificar os mais diversos matizes e variações na degustação da bebida final, bem como de preparar a bebida corretamente das mais variadas formas, inclusive criando *drinks* a partir do café.

e com maior permanência na boca; o corpo ou a sensação de "peso" que o café deixa na língua como um gosto mais leve ou mais pronunciado; e o sabor, as sensações gustativas do paladar propriamente ditas. Bem se vê que nesse processo tanto o olfato quanto o paladar estão bastante envolvidos.

Um *sommelier*[10] também faz uso de sentidos bem treinados. A degustação do vinho tem início com o uso da visão: observa-se a intensidade da cor para perceber a idade e a qualidade da bebida; prossegue-se usando o olfato, inalando, girando levemente o conteúdo da taça e inalando novamente, buscando identificar o buquê/aroma que se desprende; e culmina-se com o uso do paladar, quando se dá um gole no vinho e se deixa que o líquido passeie pela língua e pelas bochechas para identificar o doce, o amargo e a acidez, bem como a persistência no palato, após o gole ter sido engolido ou cuspido, como fazem alguns profissionais.[11] A partir dessas operações sensoriais, um degustador experiente obtém informações sobre a idade, a qualidade, o processo e as uvas usadas na preparação da bebida em questão, podendo inclusive, mesmo em uma degustação totalmente às cegas, identificar o rótulo do vinho e sua safra!

Deve-se observar ainda que, de modo geral, características como textura e cor também interferem na degustação. Assim, uma fruta de textura ou consistência muito mole pode ser reconhecida como demasiadamente madura, imprópria para consumo. Da mesma forma, iguarias com cores geralmente não associadas aos alimentos, como o azul e o marrom, podem causar repulsa. Por outro lado, novas tendências culinárias conseguem desafiar os sentidos, criando novas e interessantes sensações. Como grande exemplo, pode-se citar a *gastronomia molecular*, termo cunhado pelo físico húngaro Nicholas Kurti e pelo físico-químico francês Hervé This em 1988, que consiste no estudo dos processos fisicoquímicos que ocorrem durante a preparação de alimentos. A gastronomia molecular ganhou destaque por conta de *chefs* como Heston Blumenthal e Ferran Adriá. Este último, considerado por anos seguidos o melhor *chef* do mundo, afirma não pertencer diretamente ao movimento, mas fazer largo uso de conhecimentos fisicoquímicos para inventar pratos que surpreendem quanto ao sabor, à textura e à temperatura, criando, inclusive, iguarias cujo sabor remetem a ingredientes que sequer foram utilizados em seu preparo. É a perícia humana manipulando os sentidos.

---

[10] Profissional especializado em vinhos, conhecedor dos diferentes tipos, estilos e regiões produtoras. Domina as técnicas de serviço de vinhos, define a carta de vinhos, administra a adega (do restaurante, do hotel ou da enoteca onde trabalha) e orienta a harmonização dos vinhos com as iguarias a serem degustadas (enogastronomia).
[11] Hugh Johnson & Jancis Robinson, *Atlas mundial do vinho* (6ª ed. Rio de Janeiro: Nova Fronteira, 2008).

[ESTUDOS DE CASO]

Gastronomia como experiência cultural

Como visto, toda experiência gastronômica começa no plano biológico. Uma vez que o cérebro tenha recebido as informações necessárias e feito a "leitura" de determinado sabor, outras operações, igualmente complexas, têm início. O indivíduo é capaz de relacionar determinado sabor a uma situação, a uma localidade, a uma fase da sua vida e até mesmo a um grupo social. Em sua obra-prima *Em busca do tempo perdido*, Marcel Proust escreve sobre a capacidade que um aroma ou sabor, mais especificamente, o sabor das *madeleines* celebrizadas por ele, possui de reavivar lembranças.[12] Essa experiência emocional, que tem início no processo químico do paladar, ilustra bem quão intrincada é a complexidade da alimentação humana, sendo que é essa perspectiva de aproximação entre o biológico e o cultural que se deseja explorar ao se discutir a gastronomia.

Ao experimentar uma iguaria, simples ou muito elaborada, automaticamente o homem ativa sua subjetividade para pensar sobre seu alimento. Excetuando-se as situações de fome extrema, em que padrões culturais são quebrados em nome da sobrevivência, mediante o simples ato de colocar um alimento na boca, o indivíduo se torna capaz de manifestar ao menos uma opinião (se o sabor é agradável ou não) e de fazer relações dessa degustação com suas experiências anteriores (se o pão italiano preferido é o feito na região de Lazio ou da Toscana, por levar pouco sal). Nessa lógica, dois pontos precisam ser frisados antes que a discussão avance: o primeiro diz respeito ao fato de que, na qualidade de indivíduos integrantes de um sistema cultural, as preferências alimentares individuais fazem parte de um arcabouço maior; o segundo trata de compreender que a alimentação, e por consequência a gastronomia, cumpre diferentes papéis, extrapolando a questão da nutrição.

Sobre o primeiro ponto, Marcelo Alvarez defende que a alimentação humana é um ato social e cultural em que a escolha e o consumo de alimentos colocam em jogo um conjunto de fatores de ordem ecológica, histórica, cultural, social e econômica ligado a uma rede de representações, simbolismos e rituais.[13] Isso se dá porque as decisões relacionadas à alimentação são suscetíveis às mudanças sociais, econômicas e tecnológicas, não sendo estabelecidas de forma isolada ou à revelia de um contexto maior, mas sim construídas no mesmo bojo cultural que orienta as demais práticas e disposições do grupo social.

---

[12] Marcel Proust, *Em busca do tempo perdido*, 3 vols. (Rio de Janeiro: Ediouro, 2009).
[13] Marcelo Alvarez, "La cocina como patrimônio (in)tangible", em Leticia Maronese (org.), *Primeras jornadas de patrimonio gastronómico* (Buenos Aires: CPPHC-Caba, 2002).

Tomando o conjunto geral do fenômeno da alimentação, verificamos que a noção de gosto geralmente percebida é, na verdade, permeada pela fusão do biológico com o cultural,[14] pois, como observa Roberto Da Matta,[15] nem todo alimento, considerando-se aquilo que pode fornecer nutrientes, é comida. Só se torna comida o alimento que é aceito social e culturalmente dentro de determinado grupo de indivíduos. Ou, como defende Luce Giard, "mesmo cru e colhido diretamente da árvore, o fruto já é um alimento culturalizado, antes de qualquer preparação e pelo simples fato de ser tido como comestível".[16]

Assim, o gosto alimentar se aproxima da ideia de gosto em Bourdieu, para quem o gosto caracteriza uma propensão e uma aptidão à apropriação material e simbólica de determinada categoria de objetos ou práticas classificadas e classificadoras, constituindo a fórmula generativa de um *estilo de vida*.[17] Nesse sentido, integrantes de grupos sociais tendem a compartilhar certas aptidões de escolha (gosto) que terminam por conectá-los, tornando-os passíveis de ser reconhecidos como tal, inclusive no plano das decisões alimentares.[18]

Sobre o segundo ponto, observa-se que a função primordial da ingestão de alimentos é fornecer combustível e outros elementos que garantam a continuidade da vida do organismo, a partir da ingestão de carboidratos, gorduras, proteínas, vitaminas e sais mineirais. Contudo, na composição da dieta, outras necessidades terminam por ter importância capital. O indivíduo escolhe a partir de um panorama alimentar que lhe é sancionado e das restrições de aquisição que lhe são impostas, principalmente as financeiras, se utilizando também de outros critérios subjetivos. É por isso que, quando se fala de consumo alimentar, muito frequentemente se fala também de consumo simbólico.

---

[14] Maria Henriqueta Sperandio Garcia Gimenes, *Cozinhando a tradição: festa, cultura e turismo no litoral paranaense*. Tese de doutorado em História (Curitiba: Departamento de Ciências Humanas, Letras e Artes, Universidade Federal do Paraná, 2008).

[15] Roberto Da Matta, "Sobre o simbolismo da comida no Brasil", em *O Correio*, Rio de Janeiro, vol. 15, nº 7, julho de 1987.

[16] Luce Giard, "Cozinhar", em Marcel de Certeau, *A invenção do cotidiano: morar, cozinhar* (Petrópolis: Vozes, 1994), p. 232.

[17] Pierre Bourdieu, "Gostos de classe e estilos de vida", em Ricardo Ortiz, *Sociologia* (São Paulo: Ática, 1983). Para Bourdieu, a ideia de estilo de vida se apoia no conceito de *habitus* e se funda na concepção de classe social, entendida como um espaço social ocupado pelo indivíduo, marcado pela integração em um espaço simbólico que transcende a posição ocupada por ele dentro de determinado processo de produção. Para cada posição ocupada existe um estilo de vida correspondente, um conjunto unitário de preferências distintivas que exprimem, na lógica específica de cada um dos subespaços simbólicos, a mesma intenção expressiva que forma um princípio de unidade de estilo, um conjunto de gostos específicos.

[18] Maria Henriqueta Sperandio Garcia Gimenes, *Cozinhando a tradição: festa, cultura e turismo no litoral paranaense*, cit.

A essência do consumo simbólico, segundo o filósofo Jean Baudrillard,[19] reside no fato de que aquilo que é consumido não é o objeto ou produto material, mas sim a relação (ou as relações) que se estabelece com e através dele. A carga simbólica atrelada a um objeto faz com que ele transcenda seu valor utilitário e possa incorporar outras funções. Seguindo esse raciocínio, o filósofo reforça a ideia de que os objetos e produtos materiais não são apenas objetos de consumo, mas objetos de satisfação das necessidades dos indivíduos. "A circulação, a compra, a venda, a apropriação de bens e de objetos/signos diferenciados constituem hoje a nossa linguagem e o nosso código, por cujo intermédio toda a sociedade se comunica e fala."[20]

No caso específico da alimentação, uma iguaria pode deixar de ser consumida por suas características fisico-químicas e degustada pelos valores simbólicos que lhe são atribuídos. Assim, uma comida ou bebida pode trazer *status* – brindar com champagne Don Pérignon é diferente de brindar com uma cidra qualquer; evidenciar um posicionamento ideológico – ser *vegan*, por exemplo, mais do que ser vegetariano, significa defender os direitos dos animais; evidenciar o respeito à fé que professamos – um hindu, ao se abster de carne bovina, reafirma sua crença em um código religioso; ou ainda externar a preocupação com tendências dietéticas e estéticas, como a busca por um corpo esbelto, adequado aos padrões de beleza vigentes.

A alimentação, porém, possui outros usos sociais. A oferta de alimentos e a partilha de uma refeição são atitudes ligadas historicamente à ideia de hospitalidade. A comensalidade é também uma das formas primordiais de sociabilidade, entendida pelo sociólogo Jean Baechler como a capacidade humana de estabelecer redes, através das quais as atividades fazem circular informações que exprimem interesses, gostos, paixões e opiniões, ligando, mesmo que momentaneamente, os indivíduos envolvidos.[21] Como observa Maria do Carmo Marcondes Brandão Rolim:

> O comer entre amigos é uma forma de reforçar os laços sociais da amizade, e é por isso que ocupa um espaço determinado na relação da amizade. Quando o sair para comer junto transforma a comida numa meta, sabe-se que a comida em si, que é ingerida, não deixa de dissimular, muitas vezes, o prazer de partilhar a amizade.[22]

---

[19] Jean Baudrillard, *O sistema dos objetos* (São Paulo: Perspectiva, 2000), p. 145.
[20] Jean Baudrillard, *Simulacros e simulações* (Lisboa: Relógio d'água, 1991), p. 80.
[21] Jean Baechler, "Grupos e sociabilidade", em Raymond Boudon (org.), *Tratado de sociologia* (Rio de Janeiro: Jorge Zahar, 1995).
[22] Maria do Carmo Marcondes Brandão Rolim, *Gosto, prazer e sociabilidade: bares e restaurantes de Curitiba, 1950-1960*, tese de Doutorado em História (Curitiba: Departamento de Ciência Humanas, Letras e Artes, Universidade Federal do Paraná, 1997), p. 209.

É nesse sentido que, muitas vezes, uma experiência gastronômica é também uma experiência social. Mesmo que a estrutura das refeições tenha se alterado, na medida em que muitos indivíduos almoçam e jantam sozinhos ao longo da semana, vários momentos de comensalidade são preservados, e até mesmo festejados, nos finais de semana e em ocasiões especiais, como datas comemorativas e religiosas. Mesmo em situações mais corriqueiras, muitas vezes o convite para um cafezinho extrapola a degustação da bebida, da mesma forma que em um churrasco entre amigos os pratos principais são a boa companhia e a amizade, relegando as iguarias gastronômicas a um segundo plano.

Assim, comer junto significa experimentar fazer parte, sentir-se aceito. Da mesma forma, o ato de oferecer comida significa uma oferta de inclusão, um reconhecimento, um acolhimento. Por meio da comida é comunicada uma mensagem capaz de gerar reconhecimentos e identificações. Como observa Alvarez:

> Comer, então, implica um feito social complexo que coloca em cena um conjunto de movimentos de produção e consumo tanto material quanto simbólico, diferenciados e diferenciadores. E, nesse sentido, o consumo de alimentos e os processos sociais e culturais que os sustentam contribuem para a constituição das identidades coletivas, uma vez que são uma expressão de relações sociais e de poder.[23]

As escolhas alimentares terminam por constituir uma forma de representação do mundo e, por consequência, fornecem informações significativas sobre os indivíduos em questão. Para Maria Eunice Maciel, a cozinha constitui-se em um tipo de linguagem que permite pensá-la, assim como a culinária, como um vetor de comunicação, um código complexo que possibilita compreender os mecanismos da sociedade à qual pertence, da qual emerge e à qual confere sentido.[24] A alimentação, portanto, pode ser considerada uma linguagem que fala materialmente de dimensões sociais e simbólicas. Para o semiólogo Roland Barthes, "substâncias, técnicas de preparo, hábitos, tudo se torna parte de um sistema de diferenças em termos de significação, e, tão logo isso aconteça, nós temos a comida como forma de comunicação".[25] Segundo o autor:

---

[23] Marcelo Alvarez, "La cocina como patrimônio (in)tangible", em Leticia Maronese (org.), *Primeras jornadas de patrimonio gastronómico* cit. p. 11.
[24] Maria Eunice Maciel, "Uma cozinha à brasileira", em *Estudos históricos*, Rio de Janeiro, nº 33, pp. 25-39, jan.-jun. 2004.
[25] Roland Barthes, "Toward a Psychosociology of Contemporary Food Consumption", em Carole Counihan, & Penny Van Esterik, *Food and Culture: a Reader* (Nova York: Routledge, 1997), p. 22.

Quando compra um alimento, o consome ou o serve, o homem moderno não apenas manipula um simples objeto, o alimento possui e transmite uma situação, constitui uma informação, tem um significado. Isso quer dizer que o alimento não é apenas um elemento que revela motivações mais ou menos conscientes, mas é um verdadeiro símbolo. Talvez a unidade funcional de um sistema de comunicações. E por isso me refiro não apenas aos elementos mais evidentes da comida, como a comida no contexto da hospitalidade.[26]

Dessa forma, as práticas gastronômicas não apenas informam sobre as características de determinado grupo para os "de fora", mas também demarcam significados para os "de dentro". O preparo do acarajé pelas baianas nas ruas de Salvador não se resume ao uso de técnicas culinárias, mas representa e materializa uma série de elementos históricos e religiosos aos olhos do degustador, aspecto este que inclusive foi fundamental para o "Registro do Saber Fazer das Baianas do Acarajé" no *Livro de saberes do Instituto Brasileiro do Patrimônio Artístico Nacional*.[27] Da mesma forma, o preparo de iguarias em datas comemorativas, como o *mochi* (ou moti) no Shogatsu, ano-novo japonês, ou de peru, batata-doce e torta de abóbora no dia de Ação de Graças, pelos norte-americanos, ganha outro sentido.

A comida pode, então, ser usada para relembrar e reforçar laços religiosos, étnicos e familiares, na medida em que determinadas iguarias estão tão associadas a certos grupos que o comer se torna um exercício identitário. É, ainda, uma forma de conhecer dado grupo ou localidade a partir do contato com as tradições e hábitos alimentares. Foi nessa lógica, inclusive, que a ideia de gastronomia como fonte de experiência turística ganhou força.

Gastronomia como experiência turística

Durante muitos anos, a discussão da gastronomia no âmbito do turismo ficou restrita à premissa de um serviço essencial para a permanência do visitante. A mudança de perspectiva se deu por diversos fatores, entre eles a própria ampliação do conceito de patrimônio cultural, que extrapolou a percepção histórico-arquitetônica

---

[26] *Ibid.*, p. 21.
[27] Iphan, *Processo de registro de patrimônio imaterial ofício das baianas de acarajé em Salvador (BA)*. Processo nº 01450.008675/2004-01, Salvador, 1º-12-2004.

e incorporou práticas, representações, expressões, conhecimentos e técnicas a partir da concepção de patrimônio imaterial.

A competitividade entre os destinos turísticos também contribuiu para um novo olhar sobre a gastronomia. Buscando diferenciação diante de seus concorrentes, muitas localidades, no exterior e no Brasil, voltaram-se aos seus patrimônios culturais e, de forma específica, aos seus patrimônios gastronômicos, procurando desenvolver novos produtos ou até mesmo uma marca reconhecível pelo público. Como observa Marcelo Azambuja, a gastronomia ganha cada vez maior importância como um produto do turismo cultural, tendo como principal motivação a busca do prazer por meio da alimentação e da viagem.[28]

Outro aspecto que merece ser mencionado é a própria popularização do termo gastronomia e das práticas a ela relacionadas. Atualmente, os prazeres gastronômicos estão acessíveis a um número muito maior e sempre crescente de pessoas, que tratam bares, restaurantes e casas noturnas como espaços de sociabilidade e lazer, notadamente nos grandes centros urbanos. Concomitantemente, inúmeras pessoas aderiram à gastronomia como um *hobby*. Proliferaram cursos de culinária para aqueles que não desejam profissionalização na área, bem como surgiram inúmeras publicações sobre os prazeres da mesa: vide as revistas *Gula*, *Menu* e *Adega*, entre outras; ou ainda os cadernos especiais publicados pelos principais jornais do Brasil, tais como o "Caderno Comida", *da Folha de S.Paulo*, e o "Caderno Paladar", de *O Estado de S. Paulo*. Inúmeros livros de culinária, inclusive os assinados por *chefs* celebridades, como os ingleses Gordon Ramsay e Jaime Oliver e o brasileiro Alex Atala, invadiram as livrarias, da mesma forma que obras voltadas para a história da alimentação alcançaram um público volumoso composto por não especialistas. Atualmente, as pessoas se interessam por gastronomia, leem sobre o assunto, consomem e praticam a arte. E levam essa paixão consigo no momento de viajar.

No turismo, a gastronomia pode ocupar o patamar de um atrativo turístico principal ou complementar. A cidade de São Paulo, por exemplo, constitui-se no principal destino de turismo de negócios e eventos do país, e possui em sua oferta gastronômica um importante atrativo complementar. O volume e a diversidade de estabelecimentos de alimentos e bebidas – oferecendo os mais diferentes tipos de culinária e atendendo aos mais diversos públicos – conferem a ela o título indiscutível de Capital Gastronômica do Brasil. No caso das Serras Gaúchas, tem-se outro movimento inte-

---

[28] Marcelo Azambuja, "A gastronomia enquanto produto turístico", em *Turismo urbano* (Porto Alegre: Editora dos Autores, 1999).

ressante: as cantinas, casas de café colonial, vinícolas e chocolaterias desempenham um papel capital na atração de visitantes.

A associação entre gastronomia e turismo pode ocorrer de diversas formas, seja por meio de estabelecimentos especializados (restaurantes, bares e casas noturnas diferenciados), rotas e roteiros turísticos (envolvendo, além de estabelecimentos de alimentos e bebidas, unidades produtoras, como vinícolas, queijarias e chocolaterias), seja por meio de acontecimentos programados (eventos focados em alimentos *in natura* e seus produtos, ou ainda em bebidas e comidas típicas).

Investir nessa relação consiste em uma poderosa estratégia de desenvolvimento e posicionamento de um destino justamente porque, seja consumindo serviços sofisticados em um restaurante de luxo, seja degustando petiscos em barracas de praia, o visitante encontra aí uma importante fonte de experiências sensoriais, sociais e culturais. Ao degustar uma iguaria ou frequentar um restaurante, o turista pode estabelecer contato com ingredientes, técnicas culinárias e tradições que desconhece, experimentando sabores e sociabilidades, se aproximando do local visitado:

> A gastronomia pode constituir uma experiência turística, na medida em que oferece, a partir de sabores e técnicas culinárias características, uma interação com o meio visitado. Ao se degustar uma iguaria, pode-se ter acesso a uma série de conteúdos simbólicos que terminam por revelar a história e a cultura de um determinado grupo humano.[29]

Essa perspectiva ganha maior força se considerarmos a inclusão de comidas e bebidas típicas na lógica do turismo. Pratos típicos (ou comidas típicas) constituem iguarias ligadas à história e ao contexto cultural de determinado grupo, marcadas pela manutenção de determinadas especificidades (combinação de ingredientes, técnicas de preparo ou serviço) que sobrevivem ao tempo, sendo readaptadas e ressignificadas, mas ainda mantendo uma essência identitária reconhecível. Assim, quando se degusta um prato típico, se estabelece contato com ingredientes locais e utensílios específicos – como panelas de barro e de pedra, colheres de pau, entre outros –, além de técnicas de preparo e serviço tradicionais que contam, da sua maneira, um pouco da história e da vida naquela localidade.

Ao analisar a paisagem humana e geográfica brasileira, tem-se ideia do potencial do turismo gastronômico no Brasil, considerando-se as técnicas culinárias diferenciadas que orquestram ingredientes diversos, oferecendo sabores complexos e vívi-

---

[29] Maria Henriqueta Sperandio Garcia Gimenes, *Cozinhando a tradição: festa, cultura e turismo no litoral paranaense*, cit., p. 501.

dos, que variam de região para região. Mesmo pensando na perspectiva daqueles que residem no país, as possibilidades são praticamente ilimitadas. Quem reside na região Sul nem sempre possui, à sua disposição, ingredientes como manteiga de garrafa, carne de bode, queijo coalho, frutos do mar e pimentas facilmente encontradas no Nordeste. Da mesma forma, quem vive na região Centro-Oeste pode ter dificuldade em encontrar maniçoba, jambu, pequi e outros ingredientes comuns na região Norte. É preciso lembrar, ainda, que dispor da matéria-prima correta sem a perícia para prepará-la gera riscos significativos ao sucesso do prato. Por outro lado, se citarmos apenas o pato no tucupi, o pirarucu de casaca, as moquecas, o baião-de-dois, a maria-isabel, o frango com pequi, o empadão goiano, a torta capixaba, o feijão-tropeiro, o tutu de feijão com torresmo, as peixadas e o churrasco, centenas de outros saborosos pratos típicos serão excluídos, mas por essa amostra poder-se-á vislumbrar um breve quadro da riqueza gastronômica no Brasil.

O uso turístico da gastronomia permite, portanto, que ela seja usufruída como uma forma de contato com sabores, sentimentos e tradições, exercitando os sentidos e também a compreensão sobre a própria diversidade humana. Materializando valores e significados, a comida, ao ser degustada, pode permitir também uma forma simbólica de degustação da realidade visitada, tornando a experiência gastronômica uma fonte importante de experiência turística.

Considerações finais

Mudanças sociais, econômicas e tecnológicas alteraram de forma visível muitos aspectos do mundo nas últimas décadas, inclusive a alimentação. Novas configurações familiares, o aumento do poder aquisitivo, a abertura de mercados permitindo acesso a diferentes ingredientes e equipamentos, bem como avanços tecnológicos foram alguns dos fatores que terminaram por moldar a alimentação contemporânea.

Nesse processo, surgiram novas correntes culinárias, as formas de preparo foram modernizadas e grande parte da alimentação cotidiana passou a ser industrializada, surgindo alimentos processados em larga escala, pré-preparados e congelados. Tais mudanças terminaram por alarmar produtores e consumidores, preocupados com os rumos da alimentação contemporânea, que parecia caminhar para uma inevitável padronização. As cadeias de *fast food*, inclusive, foram e ainda são apontadas como símbolo desse movimento de descaracterização alimentar. Entretanto, na medida em que muitas vezes uma ameaça gera uma reação de proteção, o avanço da padronização também impulsionou um movimento de procura pelo que seria mais verídico, original.

Dessa forma, muitos foram despertados para a gastronomia em seu sentido mais amplo. Movidos pelo princípio hedonístico do prazer, pela busca nostálgica de uma alimentação mais tradicional, pela preocupação dietética de consumir alimentos mais naturais, pela vontade de estabelecer contato com outras culturas ou simplesmente pela curiosidade de experimentar novos sabores, milhares – ou talvez milhões – de pessoas, no mundo inteiro, passaram a valorizar experiências gastronômicas também como uma forma de realização e cuidado pessoal.

Essas aspirações terminaram por extrapolar o cotidiano e a figurar entre as principais motivações e planos de viagem. Seja pela busca de sabores inusitados, seja pela procura de maior compreensão da localidade visitada, a gastronomia pode oferecer inúmeras experiências gustativas e culturais, constituindo-se em uma importante fonte de prazer e satisfação dos viajantes.

Referências bibliográficas

ALVAREZ, Marcelo. "La cocina como patrimônio (in)tangible". Em MARONESE, Leticia (org.). *Primeras jornadas de patrimonio gastronómico*. Buenos Aires: CPPHC-Caba, 2002.

AZAMBUJA, Marcelo. "A gastronomia enquanto produto turístico". Em *Turismo urbano*. Porto Alegre: Editora dos Autores, 1999.

BAECHLER, Jean. "Grupos e sociabilidade". Em BOUDON, Raymond (org.). *Tratado de sociologia*. Rio de Janeiro: Jorge Zahar, 1995.

BARTHES, Roland. "Toward a Psychosociology of Contemporary Food Consumption". Em COUNIHAN, Carole & VAN ESTERIK, Penny. *Food and Culture: a Reader*. Nova York: Routledge, 1997.

BAUDRILLARD, Jean. *O sistema dos objetos*. São Paulo: Perspectiva, 2000.

_____. *Simulacros e simulações*. Lisboa: Relógio d'água, 1991.

BERCHOUX, Joseph. "A gastronomia ou os prazeres da mesa". Trad. Manoel Joaquim da Silva Porto. Porto: Typographia Commercial Portuense, 1842.

BOURDIEU, Pierre. "Gostos de classe e estilos de vida". Em ORTIZ, Ricardo. *Sociologia*. São Paulo: Ática, 1983.

BRILLAT-SAVARIN, Jean-Anthelme. *A fisiologia do gosto*. São Paulo: Companhia. das Letras, 2009.

CARNEIRO, Henrique. *Comida e sociedade: uma história da alimentação*. Rio de Janeiro: Campus, 2003.

DA MATTA, Roberto. "Sobre o simbolismo da comida no Brasil". Em *O Correio*, Rio de Janeiro, vol. 15, nº 7, julho de 1987.

DAVIDOFF, Linda. *Introdução à psicologia*. 3ª ed. São Paulo: Pearson Education/Makron Books, 2001.

GIARD, Luce. "Cozinhar". Em CERTEAU, Marcel de. *A invenção do cotidiano: morar, cozinhar*. Petrópolis: Vozes, 1994.

GIMENES, Maria Henriqueta Sperandio Garcia. *Cozinhando a tradição: festa, cultura e turismo no litoral paranaense*. Tese de doutorado em História. Curitiba: Departamento de Ciências Humanas, Letras e Artes. Universidade Federal do Paraná, 2008.

_____. "Turismo à mesa: da oferta contemporânea do barreado no litoral paranaense". Em *Turismo em Análise*, vol. 20, nº 3, dez. de 2009.

GOMENSORO, Maria Lucia. *Pequeno dicionário de gastronomia*. Rio de Janeiro: Objetiva, 1999.
IPHAN. *Processo de Registro de Patrimônio Imaterial: Ofício das Baianas de Acarajé em Salvador (BA)*. Processo nº 01450.008675/2004-01. Salvador, 1º-12-2004.
JOHNSON, Hugh & ROBINSON, Jancis. *Atlas mundial do vinho*. 6ª ed. Rio de Janeiro: Nova Fronteira, 2008.
MACIEL, Maria Eunice. "Uma cozinha à brasileira". Em *Estudos históricos*. Rio de Janeiro, nº 33, jan.-jun. de 2004.
PITTE, Jean-Robert. *Gastronomia francesa, história e geografia de uma paixão*. Porto Alegre: LP&M, 1993.
PROUST, Marcel. *Em busca do tempo perdido*. 3 vols. Rio de Janeiro: Ediouro, 2009.
ROLIM, Maria do Carmo Marcondes Brandão. *Gosto, prazer e sociabilidade: bares e restaurantes de Curitiba, 1950-1960*. Tese de doutorado em História. Curitiba: Departamento de Ciências Humanas, Letras e Artes – Universidade Federal do Paraná, 1997.

Para saber mais

Livros
FERNANDEZ-ARMESTO, Felipe. *Comida: uma história*. Rio de Janeiro: Record, 2004.
FLANDRIN, Jean-Louis & MONTANARI, Massimo. *História da alimentação*. 5ª ed. São Paulo: Estação Liberdade, 2007.
FREIXA, Dolores & CHAVES, Guta. *Gastronomia no Brasil e no mundo*. São Paulo: Editora Senac São Paulo, 2009.
MONTANARI, Massimo. *Comida como cultura*. São Paulo: Editora Senac São Paulo, 2008.

Revistas não acadêmicas
Adega, Editora Inner. http://revistaadega.uol.com.br
Bares e Restaurantes, Abrasel/AD2. http://www.revistabareserestaurantes.com.br
Gula, Editora Preta. http://www.assinaturasonline.com.br/resumo.asp?ofe_cod=156 (apenas para assinantes)
Menu, Editora Três. http://revistamenu.terra.com.br

Sites
HISTÓRIA DA ALIMENTAÇÃO. História, cultura & sociedade. http://www.historiadaalimentacao.ufpr.br.
Website acadêmico mantido pelo Grupo de Estudos sobre História e Cultura da Alimentação da Universidade Federal do Paraná, traz notícias, resenhas e informações sobre pesquisas acadêmicas realizadas – ou em realização – sobre o tema.
VIAGEM E SABOR. http://www.viagemesabor.com.br.
Website sobre o turismo gastronômico brasileiro. Indica eventos relacionados e traz notícias e informações sobre o tema.

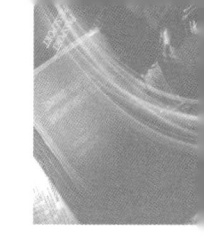

Once upon a hotel...
A valiosa experiência de estar em um lugar que é, em tudo, muito diferente da sua casa

Ana Paula Spolon

De malas prontas: a viagem como experiência

– QUE LUGARES VOCÊ ME ACONSELHA A VISITAR AGORA? –
PERGUNTOU O PEQUENO PRÍNCIPE AO GEÓGRAFO.
– O PLANETA TERRA. FALAM BEM DELE.

ANTOINE DE SAINT-ÉXUPERY, *O PEQUENO PRÍNCIPE*

O mundo do turismo e das viagens é um universo mágico, cheio de surpresas, carregado de sonhos, fantasias e sensações indescritíveis, impossíveis de serem reproduzidas materialmente e que, muitas vezes, só podem ser descritas em histórias. Algumas com final feliz e outras nem tanto.

Desde o início dos tempos, a humanidade se deixa seduzir pelas viagens, e as pessoas têm comportamentos absolutamente distintos dos que regularmente descrevem quando estão em seus ambientes familiares, cotidianos e rotineiros. Durante a viagem, deixam-se levar pela emoção ou tentam resistir a ela, acabando por vivê-la integralmente, até por negação.

Seja qual for o motivo da viagem, sair da zona de conforto do dia a dia é uma aventura. Para alguns, o deslocamento impõe menos desgaste, chegando a gerar prazer, enquanto para outros implica desconcertante tensão. Estudos sobre o comportamento do consumidor em turismo, entre os quais está a obra de Swarbrooke e Horne,[1] apontam a emoção como tendo importante significado no processo de deci-

---

[1] John Swarbrooke & Susan Horner, *O comportamento do consumidor em turismo* (São Paulo: Aleph, 2002).

são de consumo dos turistas. E essa emoção começa no momento em que o potencial viajante sabe ou decide que, por alguma razão, precisa ou quer viajar.

A viagem não começa na garagem, na estação, no píer ou no aeroporto. Começa na imaginação. Começa no fazer as malas e no fechar a porta de casa ou do escritório e sair na direção do diferente, do inusitado e do desconhecido. Ou mesmo no primeiro passo rumo ao já conhecido, mas que distinto se fará pelo simples fato de se tratar de outro tempo, de outro contexto, de outro momento.

O turismo – e suas atividades congêneres, entre as quais a hotelaria, a gastronomia e o setor de eventos – é uma das atividades mais versáteis e relevantes da contemporaneidade, não somente em termos sociais e culturais, mas também do ponto de vista econômico. Junto com a indústria do entretenimento e as novas tecnologias, é apontado como um dos pilares da propagada e relevante economia da experiência.

Os estudos relacionados ao papel da experiência na sociedade contemporânea, cuja origem foram os trabalhos de Jensen e de Pine II & Gilmore,[2] têm destacado a premissa do aumento dos gastos com o consumo de lazer, entretenimento, viagens e autoaprimoramento. Segundo os autores, as pessoas não compram mais produtos, mas sentimentos, emoções e histórias. Os turistas, por analogia, não comprariam mais uma viagem qualquer (nem mesmo uma viagem de trabalho e negócios), mas passariam a desejar e a esperar que ela seja diferenciada e, por isso, capaz de torná-los melhores por conta da experiência proporcionada, experiência essa que, espera-se, será sempre positiva.

Nas sociedades contemporâneas, o movimento de deslocamento que caracteriza a viagem é diferente daquele que, historicamente, se viu até agora. O turista de hoje é menos passivo e compassivo e muito mais participativo.

Gândara aponta que "o turista contemporâneo deseja deslocar-se para destinos onde possa mais que visitar e contemplar, mas também viver, emocionar-se, ser a personagem da sua própria viagem. Ele anseia envolver-se nas experiências".[3] Para o turista contemporâneo, a viagem é, em si, a própria experiência.

---

[2] Rolf Jensen, *The Dream Society: How the Coming Shift from Information to Imagination Will Transform your Business* (Nova York: McGraw-Hill, 1999); B. Joseph Pine II & James H. Gilmore, *The Experience Economy: Work Is Theatre and Every Business a Stage*. Boston: Harvard Business School Press, 1999.

[3] José Manoel Gonçalves Gândara, "Reflexões sobre o turismo gastronômico na perspectiva da sociedade dos sonhos", em Alexandre Panosso Netto & Marília Gomes dos Reis Ansarah (orgs.), *Segmentação do mercado turístico: estudos, produtos e perspectivas* (Barueri: Manole, 2009), p. 187.

Entre chegar e partir, onde é que eu vou ficar?

O ir e vir descrito mundo afora e que dá vigor à indústria do turismo e das viagens não é ininterrupto. As pessoas que vão e vêm de todos e para todos os lados, em definitivo ou temporariamente, têm naturalmente o desejo de parar. Entre o *chegar* e o *partir*, há a necessidade de *estar*. E estar em um lugar que não o nosso, de residência fixa ou atividade profissional permanente, mesmo que durante um período curto, é algo que demanda cuidados. Esses cuidados dizem respeito, basicamente, a onde ficar, ao espaço de estar. Às condições da estada.

Pode-se estar na casa de conhecidos ou em um local indicado por eles. Pode-se escolher ficar em um lugar por causa de sua localização, dos tipos de pessoas que nele circulam, da ambientação ou, ainda, da referência de uma agência de viagem, de um guia turístico ou de uma revista especializada.

Os meios de hospedagem existem, desde tempos imemoriais, para alojar pessoas em deslocamentos e viagens. São estabelecimentos formais ou informais, pequenos ou grandes, menos ou mais sofisticados, nos quais são ou não incorporados serviços complementares à hospedagem propriamente dita.

Em cada país, há um quadro de referências de categorias e tipologias de meios de hospedagem, e, no mundo todo, em cada rincão, genericamente, a palavra *hotel* é, de longe, a preferida para descrevê-los,[4] embora a nomenclatura mude em função de sistemas oficiais de classificação, da cultura e do hábito dos consumidores. Há meios de hospedagem chamados de *paradores, inns, pousadas, bed & breakfasts, spas, pensões, flats, hotéis residência, resorts* e um sem-número de outros nomes.[5]

O processo de escolha de um hotel pelo potencial hóspede, e até mesmo pelo hóspede dito *habitué* (aquele que frequenta o mesmo estabelecimento por muito tempo), é influenciado por uma série de variáveis, entre as quais o preço, a localização, a disponibilidade de oferta e o perfil dos frequentadores.

Algumas vezes, a escolha do hotel é feita pela empresa, que paga pela hospedagem, em especial nas viagens ditas corporativas.[6] Em casos assim, embora o usuário

---

[4] Neste capítulo, por questões de ordem puramente prática, optou-se por adotar o vocábulo *hotel* em referência genérica a diferentes meios de hospedagem, independentemente de sua localização geográfica, categoria, tipologia, tamanho e posicionamento mercadológico.

[5] Para uma discussão técnica e mais aprofundada sobre sistemas de classificação de meios de hospedagem, categorias, tipologias e nomenclaturas, no Brasil e no mundo, ver Mariana Aldrigui, *Meios de hospedagem*, Coleção ABC do Turismo (São Paulo: Aleph, 2007); John Walker, *Introdução à hospitalidade* (2ª ed. Barueri: Manole, 2002); José Ruy Veloso Campos, *Introdução ao universo da hospitalidade* (Campinas: Papirus, 2005).

[6] As características do turismo de negócios e da hotelaria no universo das viagens corporativas são tecnicamen-

final não interfira diretamente no processo de decisão pela compra pontual de um produto/serviço hoteleiro, ele pode interferir sobremaneira no processo de decisão subsequente à estada, sobre a continuidade ou a interrupção da relação comercial da empresa com o hotel, a partir da avaliação que fizer sobre sua experiência de hospedagem.

Para além da estrutura física interna dos estabelecimentos hoteleiros – vista tanto do ponto de vista da forma quanto da função –, é importante reconhecer, neste momento, a relevância da estrutura material de hospedagem inserida no espaço das cidades e seu papel na sustentação do fenômeno social do turismo e das viagens.[7]

Nesse contexto, o hotel desponta como o lugar onde se materializa o ato da hospitalidade comercial, ou o processo de acolhimento do hóspede, mediante pagamento de um valor predeterminado, em geral monetário, em troca do direito de hospedar-se por um período também predeterminado.[8]

Uma vez que se reconhece essa condição, a decisão sobre o lugar da hospedagem passa a ser também influenciada por fatores de ordem social e cultural, que extrapolam e subvertem (em um processo muitas vezes inconsciente de transubstanciação) a

---

te apresentadas e discutidas em Elisabeth Kyoko Wada, "Turismo de negócios: viagens corporativas, eventos e incentivos", em Alexandre Panosso Netto & Marília Gomes dos Reis Ansarah (orgs.), *Segmentação do mercado turístico: estudos, produtos e perspectivas*, cit., pp. 213-226.

[7] Estudos contemporâneos sobre a relevância da estrutura material da hospedagem nas cidades e sua participação no processo social de produção de espaços urbanos têm sido desenvolvidos por inúmeros teóricos, no Brasil e no exterior. Para maiores informações, ver Lúcio Grinover, *A hospitalidade, a cidade e o turismo* (São Paulo: Aleph, 2007); David Bell, "The Hospitable City: Social Relations in Commercial Spaces", em *Progress in Human Geography* 31(1), 2007, pp. 7-22, disponível em http://phg.sagepub.com/cgi/content/abstract/31/1/7; Paul Lugosi, "The Production of Hospitable Space: Commercial Propositions and Consumer Co-creation in a Bar Operation", em *Space and Culture* 12(4), 2009, pp. 396-411, disponível em http://phg.sagepub.com/cgi/ content/ abstract/12/4/396; Ana Paula Garcia Spolon, "Hospitalidade contemporânea nas grandes cidades da América Latina: São Paulo, Santiago e Buenos Aires em foco", em Paulo César Pereira *et al.*, (orgs.), *Producción inmobiliaria y reestructuración metropolitana en América Latina* (Santiago: Alfabeta Artes Gráficas, 2008), pp. 323-340; Ana Paula Garcia Spolon e Paulo César Xavier Pereira, "Turismo, hotelaria e imagem urbana: a construção e o consumo de espaços de simulação", em *Scripta Nova: Revista Electrónica de Geografía y Ciências Sociais*, Barcelona, vol. XI, 245 (59), 2007, disponível em http://www.ub.es/geocrit/sn/sn-24559.htm. Ver também Ana Paula Garcia Spolon, "Hospitalidade, arquitetura e estética contemporânea dos espaços urbanos", em *IV Seminário Anptur. Anais* (São Paulo: Universidade Anhembi-Morumbi, 2007); Donald McNeill, "The Hotel and the City", em *Progress in Human Geography* 32 (3), 2008 pp. 383-398, disponível em http://phg.sagepub.com/cgi/ content/ abstract/32/3/383 (acesso em 10-3-2010). Ana Paula Garcia Spolon, "Sobre os domínios da hospitalidade", em *VI Seminário Anptur. Anais* (São Paulo: Aleph, 2009).

[8] Na hotelaria dita regular, segundo Aldrigui e Walker, paga-se em geral um valor preestabelecido e acordado pelo direito de hospedagem em um período de 24 horas (daí o uso comum do termo *diária*), dentro do qual se pode usufruir da área interna de uma unidade habitacional, dos espaços sociais do hotel e, eventualmente, dos serviços complementares de alimentos & bebidas, entretenimento, lazer e outros, podendo estes ser cobrados à parte. Para mais detalhes, ver Mariana Aldrigui, *Meios de hospedagem*, Coleção ABC do Turismo (São Paulo: Aleph, 2007); John Walker, *Introdução à hospitalidade*, cit.

influência de variáveis técnicas, como preço da estada, opções dadas pela concorrência ou localização do hotel.

Estudos contemporâneos têm crescentemente apontado a relevância da relação entre o valor da experiência da hospedagem (em especial em cidades turísticas) e a estrutura material da hospedagem nos espaços urbanos. Spolon apresenta o trabalho de McNeill,[9] que, segundo a autora,

> discute a relação entre os edifícios hoteleiros e as cidades, analisando as relações que acontecem nos espaços comerciais dedicados à hospitalidade e apresentando os edifícios hoteleiros como o lócus onde são engendradas interações pessoais, sociais e comerciais altamente vinculadas ao valor simbólico da edificação.[10]

Ora, na contemporaneidade, como defendido por Gândara, o turista preocupa-se cada vez mais em visitar lugares onde tenha condições de viver intensamente o momento, emocionando-se e tornando-se personagem da própria viagem, mais do que olhar e contemplar.[11] Então, por extensão, esse mesmo viajante tem, implícita em seu comportamento, a crescente tendência de ficar não em um simples hotel, mas em um hotel que lhe proporcione uma estada emocionante, que mexa com seus sentimentos e lhe permita, ao final da viagem, ter histórias interessantes – e memoráveis – para contar.

A decisão sobre onde ficar passa a interferir diretamente sobre a qualidade da viagem como experiência, bem como sobre a própria experiência da hospedagem.

Era uma vez um hotel... e uma boa história para contar

> [...] VIAJAR É SEMPRE ALGO PESSOAL E [...] DUAS PESSOAS JAMAIS SAEM DA MESMA EXPERIÊNCIA LEVANDO AS MESMAS MEMÓRIAS.
>
> PATRÍCIA SCHULTZ, *1000 LUGARES PARA CONHECER ANTES DE MORRER*

Vejamos os seguintes relatos de experiência:[12]

---

[9] Donald McNeill, "The Hotel and the City", em *Progress in Human Geography* 32 (3), 2008 pp. 383-398, disponível em http://phg.sagepub.com/cgi/content/abstract/32/3/383 (acesso em 10-3-2010).

[10] Ana Paula Garcia Spolon, "Sobre os domínios da hospitalidade", em *VI Seminário Anptur. Anais*, cit. p. 8.

[11] José Manoel Gonçalves Gândara, "Reflexões sobre o turismo gastronômico na perspectiva da sociedade dos sonhos", em Alexandre Panosso Netto & Marília Gomes dos Reis Ansarah (orgs.), *Segmentação do mercado turístico: estudos, produtos e perspectivas*, cit., p. 187.

[12] As transcrições dos depoimentos colhidos em outro idioma que não o português foram apresentadas em tradução livre. São parte de uma pesquisa realizada em março de 2008, *in loco* e por correio eletrônico, e que colheu

[ESTUDOS DE CASO]

Embora a cidade já me fosse velha conhecida, aquela perspectiva era realmente diferenciada. Pela primeira vez pude estar hospedado em um contêiner, no alto de um edifício, com uma vista da Torre Eiffel que não me havia sido oferecida em nenhuma das visitas anteriores feitas a Paris e, talvez, não viesse a ser no futuro. Não me importei em pagar 444 euros por uma noite de sono que, em verdade, não tive. Achei bobagem abrir mão daquela experiência para dormir e resisti quanto pude. Ao amanhecer, despedi-me do *Everland Hotel*[13] e senti que aquilo ficaria para sempre marcado em minha memória.

(Sujeito 1, italiano, 58 anos, em entrevista concedida pessoalmente no dia 25 de março de 2008.)

Estivemos no *Ice Hotel*[14] de Québec (ou *Hôtel de Glace*) em janeiro de 2007, em comemoração ao nosso décimo aniversário de casamento. Não imaginávamos passar pelo que passamos. O frio é realmente muito maior do que o que estamos acostumados a sentir no Brasil (no Sul, onde moramos, às vezes são registradas temperaturas de –5°C). Entretanto, a experiência de estarmos naquele cenário branquinho, cercados por 45.000 toneladas de neve e gelo, e ainda assim nos sentirmos aquecidos foi sensacional. Impossível de esquecer. Tudo é feito de gelo – copos, camas, cadeiras. Tem pessoas do mundo todo. Alguns vêm se casar na capela gelada do hotel. Queremos voltar. Dos hotéis em que nos hospedamos – e já nos hospedamos em muitos –, este foi o mais especial.

(Sujeitos 2 e 3, brasileiros, ela com 39 e ele com 46 anos, em e-mail recebido em 3 de março de 2008.)

O *Hard Day's Night Hotel*,[15] em Liverpool, não estava nos nossos planos. No entanto, ao visitarmos o tradicional *Cavern Club*, clássico clube onde os Beatles tocavam, vimos o prédio e ficamos curiosos. Fomos pesquisar e vimos que a diária cabia no nosso bolso.

---

um total de 23 depoimentos a respeito de dez estabelecimentos hoteleiros (ou instalações hoteleiras temporárias), pré-classificados como sendo diferenciados em relação aos hotéis tradicionais, por apresentarem propostas inovadoras e criativas de acolhimento.

[13] O *Everland Hotel* é uma instalação criada pelos artistas Sabina Lang e Daniel Baumann e que consiste em uma cápsula de 35 m² que já esteve posicionada no telhado do Museu Leipzig (Alemanha), no meio do lago Neuchâtel (Suíça) e no alto do Palais de Tokyo, em Paris (França). A estada é limitada a uma noite e também é possível somente visitar a instalação, por seis euros. Para mais detalhes, ver em www.everland.ch/.

[14] Informações sobre o hotel de gelo, construído anualmente em Québec, no Canadá (mas também em várias outras localidades, entre as quais Noruega e Suécia – o projeto já está em sua 20ª edição), podem ser obtidas em http://www.icehotel-canada.com. O *site* institucional do projeto é http://www.icehotel.com.

[15] O *Hard Day's Night Hotel* (em tradução livre, "hotel uma noite de cão") está instalado em Liverpool, na Inglaterra, cidade reduto dos Beatles. O empreendimento revive a história do grupo e insere os hóspedes no universo de suas canções. Para mais detalhes, ver http://www.harddaysnighthotel.com.

O hotel fica em um prédio clássico do século XIX, no centro de Liverpool, e é todo tematizado. Há estátuas dos Beatles em tamanho natural, música do quarteto nos quartos, fotos espalhadas por todo canto e um sem-número de partituras penduradas no teto, além de uma *jukebox* no formato do submarino amarelo (em referência à canção "Yellow Submarine"). Ao entrarmos no nosso quarto, ligamos o CD *player* – pelo que entendi, fazem uma seleção aleatória e colocam à disposição em cada um dos quartos. Conversando com outros hóspedes, descobrimos que a primeira música é a mesma em todos os quartos – "There are places I remember", que diz: "há lugares dos quais eu me lembro por toda a minha vida" [...] Foi como eu senti que aconteceria conosco – que nos lembraríamos para sempre daquela única noite, que, de verdade, não foi "uma noite de cão" [...]

(Sujeitos 4 e 5, brasileiros, ela com 28 e ele com 35 anos, em e-mail recebido em 14 de março de 2008.)

As histórias narradas, registradas em pesquisa realizada em março de 2008, fazem referência a experiências em meios de hospedagem bastante diferentes dos hotéis tradicionais. Inovam pela proposta de ambientação, pela decoração, pela localização, pela estrutura física, pela proposta comercial.

São inúmeros os empreendimentos que conseguem surpreender pela criatividade, e há muitos outros em desenvolvimento. Basicamente, aqueles que existem estariam distribuídos em três categorias, que poderiam ser descritas da seguinte forma:

- Estabelecimentos fixos e tematizados: Nessa categoria estariam o já citado *Hard Day's Night Hotel* (inspirado nos Beatles e instalado em Liverpool, Inglaterra); o *The Jumbo Hostel* (hotel instalado em um Boeing 747-200 de 1976 e posicionado no Aeroporto de Arlanda, em Estocolmo, Suécia); os hotéis da rede espanhola *Room Mate Hotels*[16] – *Laura* (Madri, Espanha), *Lola* (Málaga, Espanha) e *Grace* (Nova York, EUA); o *Hotel Puerta America*[17] (Madri, Espanha); e o hotel flutuante que está sendo montado no Queen Elizabeth II, o mais luxuoso e famoso transatlântico britânico, agora ancorado em Dubai, nos Emirados Árabes Unidos.
- Estabelecimentos temporários: *The Ice Hotel* (Jukkasjärvi, Suécia);[18] *The Ice Hotel/Hôtel de Glace* (Québec, Canadá); *Hotel de Areia*, em Weymouth Beach (Weymouth, Inglaterra).

---

[16] Ver http://www.room-matehotels.com/eng/roommate hotel/home_general.php.
[17] Ver http://www.hoteles-silken.com/hotel-puerta-america-madrid/.
[18] Ver http://www.icehotel.com/uk/ICEHOTEL/.

> Instalações usadas temporariamente como meios de hospedagem: *Everland Hotel*, instalação de Daniel Baumann e Sabina Lang que ficou em várias cidades; *Revolving Hotel Room*, instalação de Carsten Höller, montada em 2009 no Museu Guggenheim de Nova York, Estados Unidos, e atualmente no Museu Boijmans Van Beuningem de Roterdã, Holanda.

Embora alguns teóricos classifiquem os meios de hospedagem como "não lugares", por suas características de reprodutibilidade, essa opinião não é consensual.

A ideia dos hotéis como "não lugares" partiu da teoria proposta por Augé, que os descreveu como sendo lugares cuja simbologia não existe, lugares indistintos e sem personalidade, destacando como "um mundo assim prometido à individualidade solitária, à passagem, ao provisório e ao efêmero".[19] Entretanto, outros autores discordam dessa posição, apontando que os edifícios hoteleiros podem tornar-se "ícones na paisagem [...], assim, colaborando com a criação de uma nova imagem de cidade, na qual a cultura urbana está associada à imagem e a valorização imobiliária está relacionada a marcos de distinção materializados no espaço urbano".[20]

De fato, na pesquisa realizada, descobriu-se que a tematização, a criatividade e a inovação podem proporcionar aos usuários de meios de hospedagem experiências diferenciadas e inovadoras, capazes de colaborar para o fortalecimento das economias urbanas e para o aumento significativo do valor (simbólico e material) da hospedagem.

À sua forma, cada um dos estabelecimentos pesquisados se mostra diferente, e todos, pela diferenciação, firmam-se como *obras culturais*, conceito proposto por Bourdieu e retomado por Cuche,[21] dado como sinônimo de *produtos simbólicos socialmente valorizados*.

Teóricos brasileiros também já têm reconhecido o valor desse conceito. Um artigo recente de Gândara aponta que

> Dificilmente se consegue dissociar o consumo simbólico do consumo de fato, mas o primeiro distingue-se na medida em que a motivação de aquisição e consumo se dá por características simbólicas atribuídas social e culturalmente aos objetos, enquanto o consumo de fato estaria relacionado às características inerentes do objeto.[22]

---

[19] Marc Augé, *Não lugares*: introdução a uma antropologia da supermodernidade (Campinas: Papirus, 1994), p. 81.
[20] Ana Paula Garcia Spolon, "Hospitalidade, arquitetura e estética contemporânea dos espaços urbanos", em *IV Seminário Anptur. Anais*, cit. (São Paulo: Universidade Anhembi-Morumbi, 2007), p. 5.
[21] Denys Cuche, *A noção de cultura nas ciências sociais* (2ª ed. Bauru: Edusc, 2002), p. 170.
[22] José Manoel Gonçalves Gândara, "Reflexões sobre o turismo gastronômico na perspectiva da sociedade dos sonhos", em Alexandre Panosso Netto & Marília Gomes dos Reis Ansarah (orgs.), *Segmentação do mercado turístico: estudos, produtos e perspectivas*, cit., p. 180.

O autor resgata e comenta, ainda, a ideia da "sociedade dos sonhos", caracterizada por Jensen[23] como "uma sociedade onde os consumidores querem viver experiências que passem a fazer parte de suas histórias",[24] adaptando-a a partir da vertente do fenômeno social do turismo e dizendo que "na perspectiva turística é importante poder compreender que as pessoas podem e devem ser livres para contar suas histórias por meio dos produtos que compram e consomem, concretizando, assim, inúmeras formas de consumo simbólico".[25]

Pine II e Gilmore traduzem em termos mais técnicos essa lógica, apontando que a experiência é o estágio mais avançado da oferta de bens e serviços, aquele que incorpora o mais alto nível de diferenciação e, por consequência, o maior preço, reconhecido social e mercadologicamente.[26] Eis a justificativa que sustenta o argumento: produtos são substituíveis, bens são tangíveis, serviços são intangíveis e... experiências são memoráveis! Mais do que benefícios, a experiência entrega sensações.

Bourdieu e Delsaut estabelecem a oposição entre os *objetos técnicos* e os *objetos simbólicos*, apontando-os como diferentes entre si por serem gerados de maneiras diferentes: o primeiro pelo processo regular de fabricação do bem material e o segundo pela produção (transubstanciação) do bem simbólico.[27]

Esses objetos simbólicos, uma vez apropriados como tais, transformam-se, segundo os autores, em "instrumentos de distinção, isto é, em objetos que podem desempenhar, além de sua função técnica, uma função social de expressão e legitimação das diferenças sociais".[28]

As experiências memoráveis passam a ser a tônica da viagem, o que pressupõe que o foco das empresas esteja não no desenvolvimento de um produto ou de um serviço, mas na criação de uma experiência, obtida pelo consumidor no momento da apropriação desse produto ou serviço.[29] A lógica é simples: quanto mais memorável

---

[23] Rolf Jensen, *The Dream Society: How the Coming Shift from Information to Imagination Will Transform your Business* (Nova York: McGraw-Hill, 1999).
[24] José Manoel Gonçalves Gândara, "Reflexões sobre o turismo gastronômico na perspectiva da sociedade dos sonhos", em Alexandre Panosso Netto & Marília Gomes dos Reis Ansarah (orgs.), *Segmentação do mercado turístico: estudos, produtos e perspectivas*, cit., p. 190.
[25] *Ibid.*, p. 187.
[26] Joseph B. Pine II & James H. Gilmore, "Welcome to the Experience Economy", em *Harvard Business Review*, jul.-ago. de 1988, p. 98.
[27] Pierre Bourdieu & Yvette Delsaut, "O costureiro e sua grife: contribuição para uma teoria da magia", em Pierre Bourdieu, *A produção social da crença: contribuição para uma economia dos bens simbólicos* (3ª ed. Porto Alegre: Zouk, 2006), p. 158.
[28] *Ibid.*, p. 181.
[29] Rolf Jensen, *The Dream Society: How the Coming Shift from Information to Imagination Will Transform your Business*, cit.

e relevante a experiência, maior o valor do produto/serviço, maior a relação custo-benefício; para além do valor material, há o valor simbólico, este sim alçado a um patamar bastante superior.

Checking out: o valor simbólico da experiência de hospedagem

> DÊ A SI MESMO O DIREITO – NA VERDADE, ESTIMULE A POSSIBILIDADE – DE ENVEREDAR POR DESVIOS INESPERADOS E ATÉ DE SE PERDER. NÃO EXISTEM VIAGENS RUINS, SÓ BOAS HISTÓRIAS PARA SEREM CONTADAS NA VOLTA.
>
> PATRÍCIA SCHULTZ, *1000 LUGARES PARA CONHECER ANTES DE MORRER*

O valor pago pela estada temporária em hotéis e em meios de hospedagem de toda natureza no mundo inteiro é dado, em termos econômicos, pela relação entre a demanda e a oferta de unidades habitacionais. Em função de fatores externos, como a sazonalidade e o calendário de eventos local, um período de hospedagem pode custar menos ou mais. Também interferem na fixação do preço outros elementos, como a categoria do estabelecimento, a qualidade das instalações e dos serviços prestados, o perfil da clientela e a localização do meio de hospedagem.

Tecnicamente falando, é possível estabelecer o preço de uma hospedagem a partir de um cuidadoso trabalho de pesquisa que disponibilize informações do mercado, da concorrência, dos públicos real e potencial e do próprio estabelecimento. Um acompanhamento atento dessas variáveis permite ao gestor gerenciar recursos e manipular a variável preço de maneira eficiente.

Há ocasiões, entretanto, em que o preço é dado não pelo valor de uso de um produto ou serviço, mas pelo seu valor de troca. Marx, em *O capital*, discutiu detalhadamente a questão do valor e de sua transubstanciação simbólica. Muitos teóricos seguiram aprofundando seus estudos, entre os quais Bourdieu e Delsaut.[30]

Muitos desses estudos demonstram que a lógica de consumo das sociedades contemporâneas, orientada pela experiência a ser obtida a partir do uso dos produtos/serviços, estabelece que haja também uma nova lógica nos circuitos de produção, distribuição, circulação e consumo desses itens. Já não basta projetar atributos formais

---

[30] Pierre Bourdieu & Yvette Delsaut, "O costureiro e sua grife: contribuição para uma teoria da magia", em Pierre Bourdieu, *A produção social da crença: contribuição para uma economia dos bens simbólicos*, cit.

e funcionais e optar por uma distribuição padronizada. Ao contrário, é preciso que a inovação e a criatividade estejam presentes na etapa de desenvolvimento de novos negócios, a fim de que o consumo reflita a maior relação possível entre custo e benefício, o maior valor (material e simbólico) e o mais significativo índice de satisfação dos consumidores.

Setton, na apresentação da edição brasileira da obra de Bourdieu, destaca que na realidade da socialização contemporânea "[...] a base por excelência do poder não deriva apenas das riquezas material e cultural, mas da capacidade que estas têm de transformá-lo em capital social e simbólico".[31]

Em outras palavras, seria possível pensar que na sociedade contemporânea o sucesso diferido e duradouro das empresas está em sua capacidade de criar, por meio de seus produtos e serviços, o maior capital social e simbólico possível.

Esses produtos e serviços, de acordo com o preconizado por Bourdieu e Delsaut,[32] quando alçados a uma categoria de distinção, passam a ter como característica sinais de reconhecimento que, no campo da produção cultural, estabelecem a diferença e a distinção típicas dos *objetos simbólicos* (raros, únicos), em contraposição aos *objetos técnicos*, estes muitas vezes reproduzidos em escala comercial de massa. De acordo com os autores, os objetos simbólicos são socialmente aceitos e valorizados em "ciclos de consagração que [...] produzem legitimidade [capazes de criar] objetos sagrados e, ao mesmo tempo, consumidores convertidos, dispostos a abordá-los como tais e a pagar o preço, material ou simbólico, necessário para deles se apropriarem".[33]

Nos ciclos de consagração, estabelece-se então o processo de transubstanciação do valor material em valor simbólico e se instala socialmente a crença nesse novo valor. Nessa discussão, algumas premissas foram apontadas como fundamentais para o entendimento do processo de criação de valor simbólico do material de hospedagem no contexto do turismo e das viagens. Entre elas, um estudo de Spolon aponta que

> O valor comercial da hospedagem está intrinsecamente ligado ao valor emocional da experiência da hospedagem, bem como à qualidade do ambiente no qual o empreendimento hoteleiro está instalado. Dessa forma, quanto mais adequadas as condições de

[31] Maria da Graça Jacintho Setton, "Apresentação", em Pierre Bourdieu, *A produção social da crença: contribuição para uma economia dos bens simbólicos*, cit., p. 12.
[32] Pierre Bourdieu & Yvette Delsaut, "O costureiro e sua grife: contribuição para uma teoria da magia", em Pierre Bourdieu, *A produção social da crença: contribuição para uma economia dos bens simbólicos*, cit., p. 158.
[33] Pierre Bourdieu & Yvette Delsaut, "O costureiro e sua grife: contribuição para uma teoria da magia", em Pierre Bourdieu, *A produção social da crença: contribuição para uma economia dos bens simbólicos*, cit., p. 169.

implantação do edifício na paisagem urbana [...], maiores serão (também) os valores comercial e simbólico da hospedagem.[34]

Nesse contexto, faz-se importante perceber que o edifício hoteleiro não é uma "caixa", mas um elemento que assume importância dentro da paisagem urbana e do processo de construção da ideia de lugar. Essa opinião é compartilhada por McNeill,[35] que diz que

> o hotel tem sido um elemento importantíssimo do espaço produzido (ou seja, no espaço financiado, desenvolvido, desenhado e construído), fundamental para o urbanismo mundial do novo século, um ícone da modernidade, da mesma forma que outras instituições da vida urbana, como as salas de concertos, os distritos empresariais, as lojas de departamento e os teatros.[36]

Como vimos nas pesquisas realizadas, os meios de hospedagem podem, sim, desenvolver uma capacidade de participação mais ativa no processo de criação de espaços urbanos renovados, criativos, hospitaleiros e memoráveis. Eles podem ser estruturados de forma a permitir que seus hóspedes experimentem uma sensação diferenciada e emocionante.

A proposta de inserção dos hóspedes em contextos que têm como base manifestações artísticas e cenários, de forma a lhes permitir uma vivência cultural diferenciada, pode ser o fundamento teórico para a criação de produtos hoteleiros inovadores, vistos como verdadeiros artefatos culturais.

A discussão recai, então, sobre o sentido e o significado dos edifícios dedicados à hospedagem nos circuitos das economias urbanas e da propagada economia da experiência. Esses edifícios diferenciados, como mercadorias, traduzem produtos cujo valor final não advém somente de suas qualidades técnicas, mas também de sua capacidade de permitir ao hóspede-consumidor a vivência de experiências verdadeiramente únicas, capazes de maximizar seus elementos de distinção e de aumentar sobremaneira seu valor, tornando-os produtos diferenciados dentro do circuito turístico internacional.

---

[34] Ana Paula Garcia Spolon, "Sobre os domínios da hospitalidade", em *VI Seminário Anptur. Anais*, cit., pp. 8-9.
[35] Donald McNeill, "The Hotel and the City", em *Progress in Human Geography* 32 (3), 2008, pp. 383-398, disponível em http://phg.sagepub.com/cgi/content/abstract/32/3/383. Acesso em 10-3-2010.
[36] McNeill *apud* Ana Paula Garcia Spolon, "Sobre os domínios da hospitalidade", em *VI Seminário Anptur. Anais*, cit., p. 9.

Referências bibliográficas

ALDRIGUI, Mariana. *Meios de hospedagem*. São Paulo: Aleph, 2007. (Coleção ABC do Turismo).
AUGÉ, Marc. *Não lugares: introdução a uma antropologia da supermodernidade*. Campinas: Papirus, 1994.
BOURDIEU, Pierre. *A produção social da crença: contribuição para uma economia dos bens simbólicos*. 3ª ed. Porto Alegre: Zouk, 2006.
_____ & DELSAUT, Yvette. "O costureiro e sua grife: contribuição para uma teoria da magia". Em BOURDIEU, Pierre. *A produção social da crença: contribuição para uma economia dos bens simbólicos*. 3ª ed. Porto Alegre: Zouk, 2006.
CUCHE, Denys. *A noção de cultura nas ciências sociais*. 2ª ed. Bauru: Edusc, 2002.
GÂNDARA, José Manoel Gonçalves. "Reflexões sobre o turismo gastronômico na perspectiva da sociedade dos sonhos". Em PANOSSO NETTO, Alexandre & ANSARAH, Marília Gomes dos Reis (orgs.). *Segmentação do mercado turístico: estudos, produtos e perspectivas*. Barueri: Manole, 2009.
JENSEN, Rolf. *The Dream Society: How the Coming Shift from Information to Imagination Will Transform your Business*. Nova York: McGraw-Hill, 1999.
PINE II, B. Joseph & GILMORE, James H. "Welcome to the Experience Economy". Em *Harvard Business Review*, jul.-ago. de 1988.
SCHULTZ, Patricia. *1.000 lugares para conhecer antes de morrer*. Rio de Janeiro: Sextante, 2006.
SETTON, Maria da Graça Jacintho. "Apresentação". Em BOURDIEU, Pierre. *A produção social da crença: contribuição para uma economia dos bens simbólicos*. 3ª ed. Porto Alegre: Zouk, 2006.
SPOLON, Ana Paula Garcia. "Hospitalidade, arquitetura e estética contemporânea dos espaços urbanos". Em *IV Seminário Anptur. Anais*. São Paulo: Universidade Anhembi-Morumbi, 2007.
_____. "Sobre os domínios da hospitalidade". *VI Seminário Anptur. Anais*. São Paulo: Aleph, 2009.
SWARBROOKE, John & HORNER, Susan. *O comportamento do consumidor em turismo*. São Paulo: Aleph, 2002.
WADA, Elisabeth Kyoko. "Turismo de negócios: viagens corporativas, eventos e incentivos". Em PANOSSO NETTO, Alexandre & ANSARAH, Marília Gomes dos Reis (orgs.). *Segmentação do mercado turístico: estudos, produtos e perspectivas*. Barueri: Manole, 2008.
WALKER, John. *Introdução à hospitalidade*. 2ª ed. Barueri: Manole, 2002.

Sites
CARSTEN HÖLLER. http://www.airdeparis.com/holler.htm.
EVERLAND HOTEL. http://www.everland.ch.
HARD DAY'S NIGHT HOTEL. http//www.harddaysnighthotel.com/.
HÔTEL DE GLACE. http://www.icehotel-canada.com/medias.php.
MCNEILL, Donald. "The Hotel and the City". Em *Progress in Human Geography* 32 (3), 2008, pp. 383-398. Disponível em http://phg.sagepub.com/cgi/ content/abstract/32/3/383.
THE DREAM SOCIETY AND EXPERIENCE ECONOMY. *Growth Strategies*, novembro de 2000. Disponível em http://www.allbusiness.com/specialty-businesses/1144934-1.html.
THE JUMBO HOSTEL. http://www.jumbohostel.com/.
THE WEYMOUTH BEACH SAND CASTLE HOTEL. http://curbly.com/diy-maven/posts/4900-the-weymouth-beach-sand-castle-hotel.

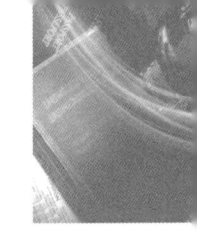

Lendas, contos de fadas e mitos dos Alpes: turismo de emoções em espaços rurais

Áurea Rodrigues
Apolónia Rodrigues

Este capítulo apresenta um *case study* relativo a um produto turístico desenvolvido tendo como base as lendas, os contos de fadas e os mitos dos Alpes.

Na pequena vila de Luserna, Trento, Itália, com 292 habitantes, foi criada a Trilha Cimbriana do Imaginário. A comunidade definiu o roteiro, escolheu as histórias que seriam apresentadas, fez estátuas para representar a "estrela" de cada história e preparou a população local como guias turísticos. A trilha pode ser realizada como uma visita autoguiada, que o turista desfruta de forma independente ou com a presença de guias da comunidade local, numa experiência em que se desenrolam encontros entre a comunidade hospedeira e o turista.

Com o fomento desse produto turístico, desenvolveram-se atividades que criaram emoções memoráveis nos turistas e, ao mesmo tempo, obtiveram-se capital social e resiliência na comunidade de Luserna. O projeto é uma atividade integrada à estratégia de um projeto europeu chamado Genuineland, conhecida como *Turismo do Imaginário*, marca registrada do Genuineland, em Portugal.

O Turismo do Imaginário consiste na descoberta do território através de narrativas moldadas pelas culturas material e imaterial das comunidades. As cinco regiões envolvidas exploram temas diferentes, como o megalitismo no Alentejo (Portugal), o shamanismo na Lapônia (Finlândia), a bruxaria em Trentino (Itália), a vida nas árvores em Lomza (Polônia) e as lendas das montanhas na região de Arad (Romênia). Dentro de cada tema são desenvolvidas diversas atividades, como a Trilha de Montanha do Imaginário.

Todos os anos, é necessário criar novas experiências para seduzir os turistas e despertar neles o interesse pelo local. Trabalhar em turismo, nesse caso, requer trabalhar o imaginário local para criar novas propostas de marketing, ferramenta que constitui um recurso fundamental na era pós-moderna. Os agentes envolvidos no desenvolvimento do turismo devem sempre procurar despertar a sensibilidade do turista (*the tourist gaze*),[1] estimulando a criatividade das comunidades para descobrir novas possibilidades de oferta turística.

Muitas comunidades locais estão, de fato, começando a criar produtos turísticos baseados em patrimônio intangível. Esse assunto passou a ser mais relevante em localidades remotas, como algumas comunidades rurais na Europa, onde os residentes estão usando o turismo como meio de melhorar a qualidade de vida, elevar sua situação econômica e criar novos empregos.[2] Neste capítulo, apresentaremos algumas reflexões teóricas sobre turismo cultural em espaços rurais, a preservação da diversidade cultural e o desenvolvimento local, além de um *case study* e algumas notas conclusivas.

Turismo cultural em espaços rurais, preservação da diversidade cultural e desenvolvimento local

McDonald e Jollife citados por Chambers aplicaram a expressão *turismo cultural rural* para se referir à compreensão do fenômeno do turismo rural:

> Uma comunidade rural distinta com as suas próprias tradições, patrimônio, artes, estilos de vida, locais e valores preservados por várias gerações. Os turistas visitam essas áreas para se informarem sobre a cultura e para experienciar o folclore, os costumes, as paisagens naturais e os marcos históricos. Podem também desfrutar outras atividades num local rural, como a natureza, a aventura, o desporto, os festivais, o artesanato e a apreciação da paisagem. [3]

Segundo Richards, o turismo cultural abarca não só o consumo de produtos culturais do passado, mas também da cultura contemporânea, além do modo de vida de um povo ou de uma região.[4] Assim, o turismo cultural pode incluir tanto o turismo

---

[1] John Urry, *The Tourist Gaze, Theory, Culture and Society Series* (2ª ed. Beverly Hills: Sage Publications, 2002).
[2] Kathleen Andereck & Christine Vogt, "The Relationship Between Residents' Attitudes Toward Tourist and Tourism Development Options", em *Journal of Travel Research*, 39 (1), pp. 27-36, agosto de 2000.
[3] Roberta McDonald & Lee Jollife *apud* Donna Chambers, "The Development of Tourism Businesses in Rural Communities: the Case of the Maroons of Jamaica", em Morag Mitchell *et al.* (orgs.), *Rural Tourism and Sustainable Business* (Clevedon: Channel View Publications, 2005), p. 182.
[4] Greg Richards, "Políticas y actuaciones en el campo del turismo cultural europeo", em Herrero Prieto (org.),

patrimonial (relacionado com artefatos do passado) como o turismo artístico (relacionado com a produção artística contemporânea) e o turismo étnico.

Atualmente, o conceito de *patrimônio cultural* alargou-se consideravelmente.[5] Inclui uma variedade de componentes, que, supostamente, variam segundo as formas como cada povo ou nação o interpreta, respeitando sua identidade e seu espólio cultural. Segundo a Unesco o patrimônio pode distinguir-se entre *tangível* e *intangível*.[6] O patrimônio tangível inclui todos os ativos que têm materialização/corporização física nos valores culturais, tais como cidades históricas, edifícios, sítios arqueológicos, paisagens culturais e aspectos da propriedade cultural móvel. O patrimônio intangível inclui todas as formas de cultura popular e folclore, isto é, ativos coletivos imaginários numa dada comunidade e baseados na tradição.[7]

Conforme Deacot e colaboradores, o âmbito do que é efetivamente um patrimônio intagível não está muito claro, pois existem muitas definições que tentam dar exemplos de diversas formas desse tipo de patrimônio.[8] Desde 1989, a Unesco vem desempenhando um papel importante na promoção e na proteção do patrimônio intangível, através de recomendações para a salvaguarda da cultura tradicional e do folclore.[9]

Segundo Graham, as definições associadas ao patrimônio são complexas, assim como a sua qualificação no nível do que é tangível e do que é intangível.[10] Essa distinção foi adotada pela Unesco e reflete uma crítica frequente de que o patrimônio ocidental está mais direcionado para ambientes naturais e construídos, como cidades, monumentos e parques naturais, enquanto na África e na Ásia está mais ligado a formas intangíveis, como a cultura, que inclui línguas, música, dança, rituais, comida e folclore. No entanto, o mesmo autor argumenta que reduzir tal dicotomia (tangível/intangível) nesses diferentes pontos do globo não é simples. Todas as so-

---

Turismo cultural: El patrimonio histórico como fuente de riqueza (Valladolid: Fundación del Patrimonio Histórico de Castilla y León, 2000).

[5] Cláudia Toselli, "O turismo cultural como instrumento de desenvolvimento local", em *Global Thinking for the Local Development*, 1, Turim: Delnet, 2007.

[6] Unesco, "Intangible Heritage", disponível em http://portal.unesco.org/culture/en/ev.php-URL_ID=34325&URL_DO=DO_TOPIC&URL_SECTION=201.html (acesso em 2-2-2010).

[7] Cristina Henriques, *Turismo cidade e cultura, planeamento e gestão sustentável* (Lisboa: Edições Sílabo, 2003).

[8] Harriet Deacon *et al.*, *The Subtle Power of Intangible Heritage, Legal and Financial Instruments for Safeguarding Intangible Heritage* (Cape Town: HSRC Publishers, 2004).

[9] William Logan, "Cultural Diversity, Heritage and Human Rights", em Brian Graham & Peter Howard, *The Ashgate Companion to Heritage Identity* (Surrey: Ashgate Publishing Ltd., 2008); Bob McKercher & Hillary Ducroos, *Cultural Tourism, the Partnership between Tourism and Cultural Heritage Management* (Nova York: Haworth Press, 2002).

[10] Brian Graham, "Heritage as Knowledge: Capital or Culture?", em *Urban Studies*, vol. 5-6, 2001, pp. 1003-1017.

ciedades contêm ambos os tipos de patrimônio, e o equilíbrio entre eles varia. Para Hall, o significado de patrimônio vai mudando através do uso e da interpretação que lhe são dados.[11] O patrimônio é uma parte do passado que selecionamos para fins contemporâneos. Se seus significados são definidos no presente, então criamos um patrimônio e o gerimos para uma série de propósitos, definidos pelas necessidades nas sociedades atuais.

A proteção do patrimônio intangível permite a preservação da diversidade cultural. Esta, por sua vez, engloba as diferenças culturais que existem entre as pessoas, como a linguagem, as danças, o vestuário e as tradições, além da forma como as sociedades se organizam conforme sua concepção de moral e de religião, como interagem com o ambiente, etc. Em muitos locais têm sido feitos esforços para preservar as culturas indígenas, que resultam em *lobbying* para que as línguas sejam ensinadas nas escolas, para que se realizem eventos culturais, para que se dissemine a informação através dos *media* e da internet.[12] O turismo tem funcionado como uma força motriz para essa revitalização cultural. Com a percepção do interesse de estranhos pela cultura local, surge a motivação das comunidades de preservar a herança cultural para fazer atender a expectativa de obter benefícios econômicos.

Case study: "A trilha cimbriana do imaginário", Luserna, Trento, Itália

Este *case study* aplica várias fontes de informação para focar ou estudar uma situação em determinado período de tempo recente. Essa técnica é bastante útil para estudar realidades complexas,[13] sendo amplamente utilizada em estudos nas áreas do turismo e educação.[14] Segundo Veal,[15] a abordagem através de *case study* apresenta as seguintes vantagens:

- ▶ trata o assunto abordado no estudo como um todo, em vez de abstrair um conjunto limitado de características pré-selecionadas;

---

[11] C. Michael Hall, *Tourism in the Pacific: Development, Impacts and Markets* (2ª ed. South Melbourne: Addison Wesley Longman, 1997).
[12] Bob McKercher & Hillary Ducroos, *Cultural Tourism, the Partnership between Tourism and Cultural Heritage Management* (Nova York: Haworth Press, 2002).
[13] Ronald Nykiel, *Handbook of Marketing Research, Methodologies for Hospitality and Tourism* (Nova York: Haworth Press, 2007).
[14] Sue Deeton, "The Case Study in Tourism Research: a Multi-method Case Study Approach", em Brent Richie *et al.* (orgs.), *Tourism Research Methods, Integrating Theory with Practice* (Oxon: Cabi, 2005), pp. 37-49.
[15] Antony Veal, *Business Research Methods: a Managerial Approach* (Toronto: Pearson Education, 2005).

- coloca pessoas, organizações, eventos e experiências em seu contexto histórico e social;
- recorre a métodos múltiplos (triangulação), que são implícitos e vistos como uma vantagem;
- quando os recursos são limitados, um caso, ou um número limitado de casos, apresenta uma tarefa de coleta de informação gerenciável;
- a flexibilidade na estratégia de coleta de dados permite aos pesquisadores adaptar suas estratégias de pesquisa, assim como os procedimentos da própria coleta;
- não é necessário generalizar para determinada população. Devido à sua generalibilidade limitada alguns autores criticam o recurso à técnica de *case study*. No entanto, os investigadores que recorrem a ela nem sempre pretendem generalizar o estudo a uma população. Podem estar mais interessados em se concentrar na "esfera" do caso em si, a fim de fornecer uma "descrição" detalhada dos processos complexos e influências dentro de um contexto específico.

O *case study* apresentado neste capítulo pretende averiguar se com o desenvolvimento de atividades turísticas que fomentam o contato entre o turista e a comunidade hospedeira é possível criar emoções positivas para ambos, desenvolvendo ao mesmo tempo capital social e resiliência para a comunidade hospedeira. Nesse trabalho, utilizou-se uma abordagem holística,[16] e o período de análise foi de janeiro a dezembro de 2009. Nele, foram usadas as seguintes fontes de informação:

- entrevistas semiestruturadas[17] com a coordenação internacional do projeto Genuineland, com o coordenador regional de Trento, com o coordenador local de Luserna e empresários de turismo (tabela 1);
- documentação variada recolhida no Centro de Documentação de Luserna;
- observação no local, técnica reconhecida como a mais apropriada para coletar dados sobre interações, por permitir o registro dos comportamentos *in situ*.[18]

---

[16] Robert Yin, *Case Study Research: Design and Methods*, (2ª ed. (Beverly Hills: Sage Publishing, 1994).
[17] Gayle Jennings, "Interviewing: a Focus on Qualitative Techniques", em Ritchie Brent *et al.* (orgs.), *Tourism Research Models, Integrating Theory with Practice* (Oxon: Cabi, 2005), pp. 99-119; Fiona Jordan & Heather Gibson, "Let your Data Do the Talking: Researching the Solo Travel Experiences of British and American Woman", em Jenny Phillimore & Lisa Goodson (orgs.), *Qualitative Research in Tourism: Ontologies, Epistemologies and Methodologies* (Londres: Routledge, 2004), pp. 215-236.
[18] Hazel Tucker & Paul Linc, "Host-Guest Dating: the Potential of Improving the Costumer Experience thought Host-Guest Psychographic Matching", em Maree Thyme & Eric Laws (orgs.), *Hospitality, Tourism and Lifestyle Concepts Implications for Quality Management and Consumer Satisfaction* (Nova York: Haworth Hospitality Press, 2004), pp. 11-33.

TABELA 1. LISTA DE ENTREVISTADOS		
Entidade	Entrevistado	Número
Coordenação internacional do projeto Genuineland	Apolónia Rodrigues	Num 1
Coordenador regional de Trento	Francesco Bari	Num 2
Coordenador local de Luserna	Luigi Nicolussi	Num 3
Empresário de turismo em Luserna	Marco Geaneti	Num 4
Empresário de turismo em Luserna	Marta Zuchini	Num 5

Luserna é uma comunidade italiana da região do Trentino-Alto Ádige, província de Trento, com cerca de 292 habitantes. Estende-se por uma área de 8 km² e tem uma densidade populacional de 37 hab/km². Faz fronteira com Levico Terme, Caldonazzo, Lavarone, Rotzo, Pedemonte e Valdastico. É um conjunto urbano construído na beira de um penhasco íngreme com vista para a fenda profunda do Val'Astico. Existem controvérsias quanto à origem de seu nome: alguns afirmam que deriva do celta *Liz*, comumente usado nos Alpes para "pasto", enquanto outros preferem a explicação local, que aposta na derivação de "brilhar", uma referência ao sol refletido nos telhados ou ao brilho dos incêndios dos carvoeiros.[19]

Nessa pequena aldeia, fala-se uma língua em via de extinção, o cimbro.[20] Essa língua já foi falada por cerca de 20 mil pessoas, mas, atualmente, menos de mil conseguem falá-la ou entendê-la. Durante a Primeira Guerra Mundial, os nativos da língua foram proibidos de falar o cimbro ou seriam mortos. Mais tarde, o facismo proibiu a língua, sob pena de prisão ou de execução. Atualmente, existem apenas algumas "ilhas" dessa língua: em Luserna (TN), em Mezzaselva de Roana (Mittelbald/Toballe), no planalto de Sete Cidades em Giazza (Ljetzan), no município de Selva di Progn (VR), e em algumas pequenas aldeias do planalto Cansiglio (província de Treviso e Belluno). Ela é preservada apenas na província independente de Trento, enquanto noutras localidades é mantida por instituições culturais e museus.

A aldeia apresenta as dificuldades características das zonas rurais periféricas da Europa: grandes limitações em termos de desenvolvimento, provocadas pelo aumento

---

[19] Gilian Price, *Across eastern the Eatern Alps: E5 from the Lake Constance to Verona* (Milnthorpe: Cicerone Press Guide, 2007).
[20] Paolo Coluzzi, "Language planning for the smalest language minority in Italy: The Cimbrians of Veneto and Trentino-Alto Adige", em *Language Problems and Language Planning*, 29 (3), Amsterdã, 2005, pp. 247-269.

do isolamento, pela degradação das atividades econômicas e pelo consequente aumento do desemprego. Além disso, essas regiões sofrem os fenômenos do envelhecimento da população e da desertificação humana, além de contar com outros fatores que influenciam negativamente seu processo de desenvolvimento. Muitas das pessoas que nasceram nessas regiões não têm meios de permanecer no local, emigrando para os centros urbanos. Desde que esse movimento começou, tem sido difícil atrair novos residentes, o que resulta numa grande redução da população, levando ao desaparecimento de algumas comunidades. Assim, em 1999, Luserna integrou-se num projeto europeu chamado Rede Europeia de Turismo de Aldeia – Genuineland (ver mapa), cujo objetivo é promover o desenvolvimento turístico sustentável de aldeias rurais, tendo como base o aproveitamento dos recursos endógenos das regiões por meio de uma gestão *bottom-up*.[21]

Luserna apresenta uma forte tendência de desertificação, o que levaria ao desaparecimento da língua cimbriana (cimbro). As autoridades locais de Trento desenvolveram estratégias para preservá-la. A aldeia possui uma escola de ensino fundamental, onde é possível aprender a língua autóctone. Conta também com serviços de correio, farmácia e banco, o que não é muito usual em aldeias italianas com um número de habitantes tão reduzido. Além disso, foram criados na aldeia um museu e um centro de documentação para preservar a cultura local. "Com a implementação de ações de apoio à preservação desta língua nota-se um crescente interesse da população, especialmente da mais jovem, em a manter viva, bem como as tradições a ela associadas" *(Luigi Nicolussi)*.

No entanto, essas iniciativas não foram suficientes para mitigar a tendência da população de migrar para outras regiões. A integração no projeto Genuineland foi uma tentativa de desenvolver o turismo para resolver alguns dos problemas inerentes à comunidade.

Muitos pesquisadores têm enfatizado os benefícios da participação da comunidade nos processos de planejamento e gestão.[22] Os membros da comunidade de acolhimento devem ser envolvidos no planejamento do turismo, pois têm uma compreensão histórica de como a região se adapta à mudança; serão os mais diretamente

---

[21] Apolónia Rodrigues & Áurea Rodrigues, "Turismo e inovação em espaços rurais: estudo de caso da Rede Europeia de Turismo de Aldeia", em *Turismo em análise*, 20 (1), abril de 2009, pp. 35-47.
[22] Murray Simpson, "Community Benefit Tourism Initiatives: a Conceptual Oxymoron?, em *Tourism Management*, 29 (1), fevereiro de 2008, pp. 1-8; Mary Cawley & Desmond Gillmor, "Integrated Rural Tourism: Concepts and Practice", em *Annals of Tourism Research*, 35 (2), abril de 2008, pp. 316-337.

[ESTUDOS DE CASO]

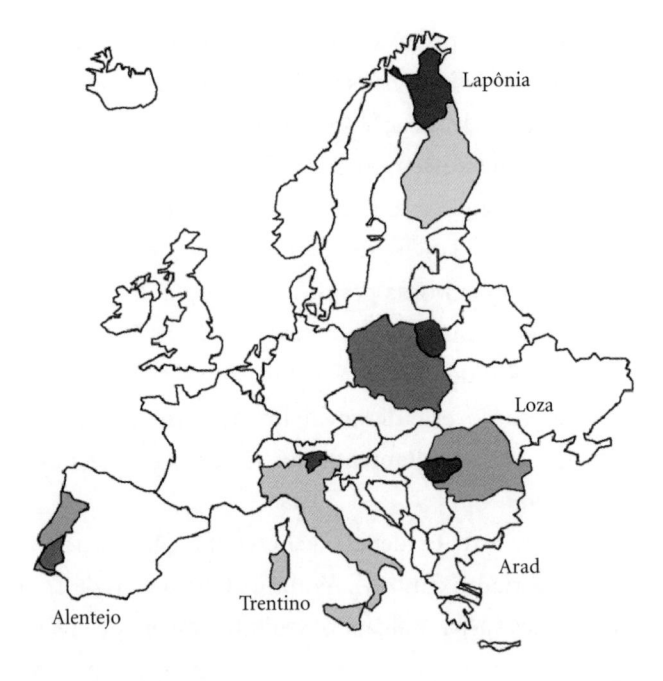

MAPA. REGIÕES E ALDEIAS PERTENCENTES AO PROJETO GENUINELAND.
Fonte: RTE. *Rede Europeia de Turismo de Aldeia: Plano de negócio e jurídico.*
Região de Turismo de Évora (Aveiro: Universidade de Aveiro, 2006).

afetados pelo turismo; e espera-se que se tornem parte integrante do produto turístico.[23]

A estratégia desenvolvida em Luserna pretendia fazer que a comunidade participasse ativamente dos processos de criação e desenvolvimento do produto turístico, tendo como principal objetivo a criação de experiências para os turistas baseadas no patrimônio natural (uma trilha pedestre e uma infraestrutura que implica baixos custos de implementação e manutenção) e no patrimônio cultural (lendas, histórias e tradições). Essas experiências teriam caráter apelativo, que permitiria criar uma diferenciação entre a oferta turística da aldeia e outras da região, tornando-a mais competitiva.

A elaboração do Plano de Aldeia para Luserna permitiu colocar em prática uma estratégia de desenvolvimento assente na participação da comunidade. A equipe definiu

---

[23] Regina Scheyvens, "Ecotourism and the Empowerment of Local Communities", em *Tourism Management*, 20 (2), Stirling, abril de 1999, pp. 245-249; David Simmons, "Community Participation in Tourism Planning", em *Tourism Management*, 15 (2), Stirling, 1994, pp. 98-108.

as bases para a estratégia, e a comunidade ajudou a construir um plano sólido e capaz de responder aos desafios da aldeia, mas também às suas necessidades como comunidade viva. Notou-se um crescente interesse pela vida da comunidade e orgulho pela sua língua e por suas tradições. O interesse em cooperar renasceu e tornou possível o desenvolvimento de um conjunto de ações com perspectivas de sustentabilidade a longo prazo, pois a sua continuidade é assegurada pela comunidade. *(Francesco Bari)*

Durante o processo de implementação da trilha, a população foi o elemento-chave para o desenvolvimento do produto, tendo resultado na construção de capital social e resiliência na comunidade (esquema 1).

Segundo Putnam, o *capital social* pode ser entendido como uma mistura de elementos, como confiança, coesão social, civismo e projetos comuns que facilitam a cooperação para o benefício de uma sociedade.[24] Franco define capital social como um aspecto fundamental no desenvolvimento da sociedade, uma vez que diz respeito aos níveis de organização de uma sociedade.[25] Existe uma relação direta entre os graus de associativismo, confiança e cooperação atingidos por uma sociedade democrática organizada do ponto de vista cívico e cidadão e a boa governança e a prosperidade econômica. Uma sociedade organizada que possui relações sociais consistentes e compromisso cívico ficará mais unida e desenvolverá um alto índice de capital social.

> As pessoas reuniram-se por várias vezes e discutiram o que era único e diferente na comunidade; disso resultou uma maior compreensão da riqueza do nosso patrimônio cultural, já nos conhecíamos a todos. Mas agora temos algo em comum para o que todos, de uma forma direta ou indireta, colaboraram. *(Marta Zuchini)*

Resiliência social é a capacidade que grupos ou comunidades têm de enfrentar as pressões externas e os distúrbios resultantes de mudanças sociais, políticas e ambientais.[26] A resiliência comunitária emerge por causa da solidariedade e da cooperação, criatividade e adaptabilidade; prudência, preparação e planejamento; responsabilidade e consciência do meio ambiente.[27]

---

[24] Robert Putnam, *Comunidade e democracia: a experiência da Itália moderna* (Rio de Janeiro: FGV, 1996).
[25] Augusto Franco apud Pedro Filho, *A importância do capitalismo agropecuário para o capital social local: um estudo da região de actuação da cooperativa Copacol de Cafelândia/PR*, dissertação de mestrado (Curitiba: Universidade de Curitiba, 2007), disponível em http://www.fae.edu/mestrado/pdf/Dissertacoes/Pedro%20Salanek.PDF.
[26] Neil Adger, "Social and Ecological Resilience: Are They Related?", em *Progress in Human Geography* 24 (3), 2000, pp. 347-364.
[27] Ros Derrett, "How Festivals Nurture Resilience in Regional Communities", em Jane Ali-Knight *et al.* (orgs.), *International Perspectives of Festivals and Events* (Londres: Elsevier, 2009), pp. 107-124.

[ESTUDOS DE CASO]

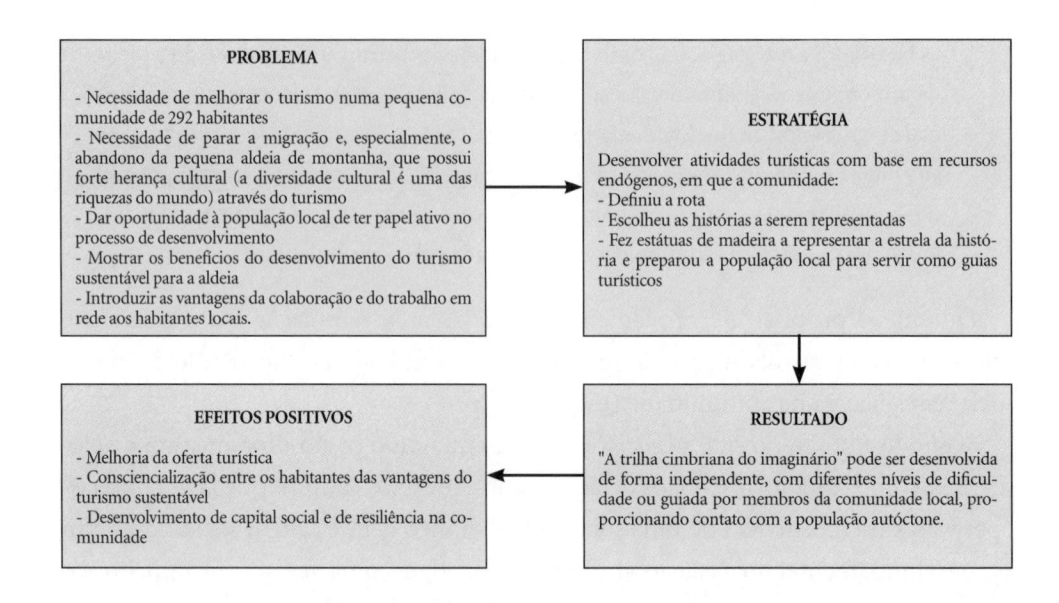

PROBLEMA
- Necessidade de melhorar o turismo numa pequena comunidade de 292 habitantes
- Necessidade de parar a migração e, especialmente, o abandono da pequena aldeia de montanha, que possui forte herança cultural (a diversidade cultural é uma das riquezas do mundo) através do turismo
- Dar oportunidade à população local de ter papel ativo no processo de desenvolvimento
- Mostrar os benefícios do desenvolvimento do turismo sustentável para a aldeia
- Introduzir as vantagens da colaboração e do trabalho em rede aos habitantes locais.

ESTRATÉGIA
Desenvolver atividades turísticas com base em recursos endógenos, em que a comunidade:
- Definiu a rota
- Escolheu as histórias a serem representadas
- Fez estátuas de madeira a representar a estrela da história e preparou a população local para servir como guias turísticos

EFEITOS POSITIVOS
- Melhoria da oferta turística
- Consciencialização entre os habitantes das vantagens do turismo sustentável
- Desenvolvimento de capital social e de resiliência na comunidade

RESULTADO
"A trilha cimbriana do imaginário" pode ser desenvolvida de forma independente, com diferentes níveis de dificuldade ou guiada por membros da comunidade local, proporcionando contato com a população autóctone.

ESQUEMA 1. PROCESSO DE DESENVOLVIMENTO DA "A TRILHA CIMBRIANA DO IMAGINÁRIO".

Com poucos recursos conseguimos aumentar a procura turística. Somos nós que nos beneficiamos com a atividade, por isso temos de controlar as iniciativas das entidades exteriores à comunidade para verificar se trazem alguma vantagem para nós. *(Marco Geaneti)*

Para a trilha pedestre foram desenvolvidas diferentes estratégias: uma trilha com maior nível de dificuldade, direcionada a pedestrianistas mais experientes, e outra com um percurso menor, para visitantes menos experientes e famílias. As duas podem ser percorridas com o acompanhamento de um guia (elemento da população local) ou de forma independente. Ambas possuem uma história com personagens esculpidas em madeira feitas pela população local.

A base para o desenvolvimento da trilha e das atividades foi o modelo Priest e Klim,[28] calcado em teorias ligadas aos fatores psicológicos, por sua vez construídas a partir de teorias nas áreas de psicologia, educação e aventura ao ar livre, como

---

[28] Simon Priest & Michael Gass, *Effective Leadership in Adventure Programing* (Champaign: Human Kinetics, 1997).

optimal arousal, de Ellis,[29] *flow*,[30] dissonância adaptativa.[31] Também serviram de base teorias ligadas à motivação: *foal theory*,[32] *expectancy theory*,[33] autoeficácia,[34] *attribution* ou *locus of control*[35] e *effectance motivation*.[36] Esse modelo indica que, se forem usadas corretamente as competências pessoais (*skills*) do turista quando ele participar de uma atividade, aumentarão suas chances de sucesso e consequente satisfação na experiência, criando nele emoções positivas. O modelo apresenta vários caminhos que ligam os construtos-chave, como risco percebido, competência percebida, motivação ligada à competência, competência ligada ao desempenho, excitação (*arousal*), sentimentos intrínsecos, influência extrínseca, autoeficácia, atribuição e *locus of control*. O modelo é composto por três partes: o *feedback* neutro, o *feedback* negativo e o *feedback* positivo.

Os três *loops* descrevem o nível de risco que os participantes podem selecionar tendo como base suas expectativas de eficácia. Pessoas que se sentem menos competentes vão escolher preferencialmente um nível de dificuldade mais baixo; as que se sentem mais competentes vão escolher um nível mais elevado. Em ocasiões raras, as pessoas escolhem um nível que não combine perfeitamente com sua competência pessoal. Em suma, os participantes serão motivados a selecionar os riscos que correspondam ao seu nível de competência, percebido na crença de que podem influenciar positivamente a incerteza da aventura e obter um resultado que lhes seja favorável.

Existem cinco condições de desafio que dependem da combinação do risco e da competência: a exploração e a experimentação (risco mínimo e de competência máxima), a aventura de competência (mais risco), aventura (pico igual ou níveis correspondentes), desventura (mais risco do que competência), devastação e risco de desastre (máximo e mínimo de competência). Essas condições compõem a experiência de aventura.[37] O modelo que ilustra essa teoria é ligado a uma série de construções (esquemas 2, 3 e 4).

---

[29] Michael Ellis, *Why People Play* (Englewood Cliffs-NJ: Prentice-Hall, 1973).
[30] Mihaly Csikszentmuhalyi, *Beyond Boredom and Anxiety* (São Francisco: Jossey-Bass, 1975).
[31] Victor Walsh & Gerald Golins, *The Exploration of the Outward Bound Process* (Denver: Colorado Outward Bound School, 1976).
[32] Raimond Katzell & Donna Thompson, "Work Motivation: Theory and Practice", em *American Psychologist*, vol. 45, 1990, pp. 144-153.
[33] *Ibidem*.
[34] Albert Bandura, "Self-Efficacy: Toward a Unifying Theory of Behaviour Change", em *Psychological Review*, vol. 84 (2), 1977, pp. 191-215.
[35] Bernard Weiner, *Achievement Motivation and Attribution Theory* (Morristown: General Learning Press, 1974).
[36] Robert White, "Motivation Reconsidered: The Concept of Competence", em *Psychological Review*, vol. 66 (5), Washington, 1959, pp. 297-333.
[37] Peter Martin & Simon Priest, "Understanding the Adventure Experience", em *Journal of Adventure Education*, vol. 3, 1986, pp. 18-21.

A melhor maneira de explicar as construções e os caminhos entre elas é através de um exemplo. Considere, então, o participante típico envolvido numa oportunidade de ter uma aventura que costuma ser acompanhada por um pouco de medo daquilo que está por vir. A primeira tarefa definida pelo facilitador para essa pessoa é uma caminhada, inicialmente vista pelo indivíduo como algo inatingível. Existe, portanto, uma discrepância entre a visão do facilitador, de que é uma caminhada fácil, e a do participante, que cria um argumento dentro da própria mente. Resolver essa discrepância e tentar realizar a tarefa requer um incentivo considerável do facilitador, mas, em última análise, a escolha é sempre do indivíduo.

Suponha, por um momento, que o indivíduo vai superar a dificuldade da caminhada e executá-la com competência suficiente. Ele conseguirá completar a caminhada sem problemas e com apenas algumas pausas para descanso. Como resultado desse desempenho, o indivíduo vai experimentar uma condição de aventura em que a competência pessoal ou a habilidade de caminhar excederá o risco situacional ou a chance de ele falhar, ou a condição menos provável de exploração e experimentação, em que o risco é extremamente baixo.[38] Esse resultado pode ser visto como um sucesso pelo participante.

Se o facilitador incentivar o participante a atribuir seu sucesso a si mesmo como estando sob um *locus* de controle interno, e não a fatores externos, como o equipamento utilizado, por exemplo, ocorrerá um ciclo de *feedback* positivo,[39] embora isso possa ser estressante. Essa ferramenta pode ser útil para o reforço da confiança de um participante. No entanto, alguns indivíduos atribuem os resultados de seu desempenho a uma variedade de causas, como a capacidade, o esforço, a sorte, as características da tarefa, a atenção, entre outros.

Weiner classifica essas atribuições de acordo com três percepções: a causalidade (interno *versus* externo), a estabilidade (estável *versus* instável) e o controle (grau em que a atribuição é considerada sob controle pessoal).[40] O sucesso pode ser acompanhado de respostas positivas extrínsecas, como elogios e felicitações dos colegas que observaram a caminhada. Esse apoio externo, juntamente com o *locus* inicial de controle interno, no qual o sucesso é autoatribuído, trará sentimentos positivos intrínsecos, como a alegria ou o prazer.

---

[38] *Ibidem*.
[39] Hans Selye, *Stress without Distress* (Nova York: Lippencott, 1974).
[40] Bernard Weiner, "An Attributional Theory of Achievement Motivation and Emotion", em *Psychological Review*, vol. 92 (4), 1985, pp. 548-573.

Feedback negativo: sintomas de mal-estar

- Nível baixo de risco selecionado na base da autoeficácia
- Competência insuficiente
- Desventura ou devastação e desastre
- Combinando competência realizada leva a um pico de aventura (excitação ideal), estado de *flow*
- Sucesso ou fracaso (atribuído a outros ou por L.O.C. Externa) leva a uma total reavaliação do desempenho de competências
- Alto risco selecionado na base da autoeficácia
- Competência suficiente
- Aventura ou exploração e experimentação

Feedback positivo: resolução do desafio

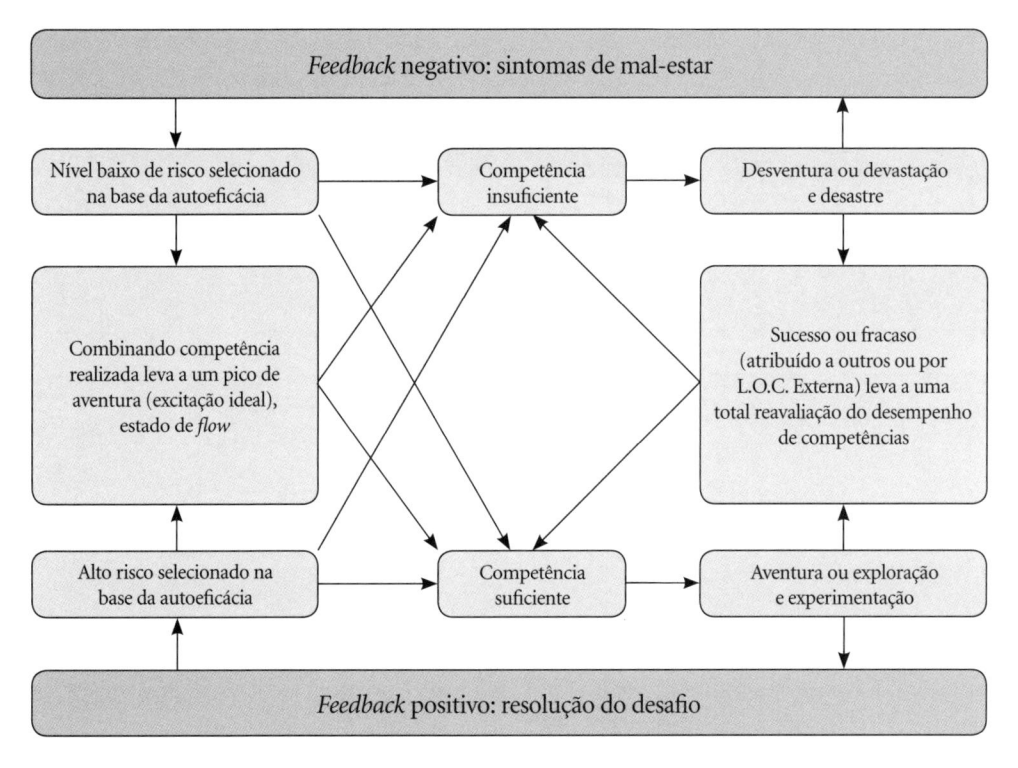

ESQUEMA 2. MODELO DE PRIEST E KLIMT (*FEEDBACK* NEUTRO).
Fonte: Simon Priest & Michael Gass, *Effective Leadership in Adventure Programing* (Champaign: Human Kinetics, 1997).

Feedback negativo: sintomas de mal-estar

Feedback neutro

- Tarefa aborrecida (subexcitação) com o mesmo nível de risco
- Motivação para uma maior competência
- Sucesso (atribuído ao "eu" por L.O.C. interna)
- Aumento da competência percebida
- Sentimentos positivos intrínsecos
- Respostas extrínsecas positivas

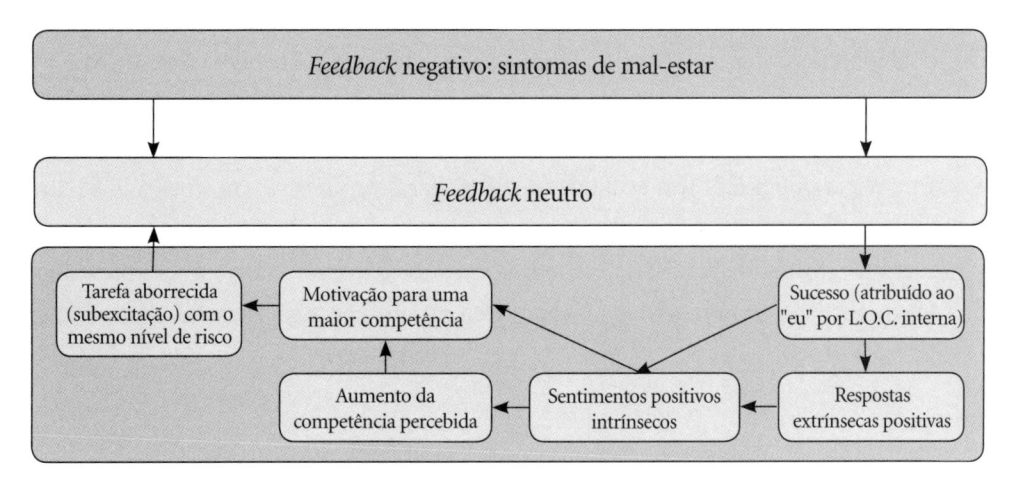

ESQUEMA 3. MODELO DE PRIEST E KLIMT (*FEEDBACK* NEGATIVO).
Fonte: Simon Priest & Michael Gass, *Effective Leadership in Adventure Programing* (Champaign: Human Kinetics, 1997).

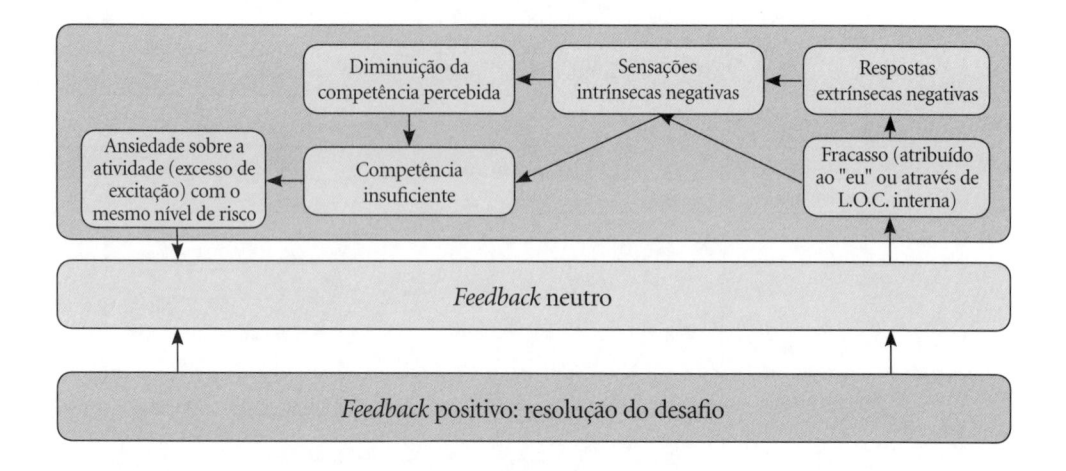

[ESTUDOS DE CASO]

```
┌─────────────────────────────────────────────────────────────────────────┐
│                  ┌──────────────┐    ┌──────────────┐   ┌──────────────┐│
│                  │ Diminuição da│◄───│  Sensações   │◄──│  Respostas   ││
│                  │ competência  │    │ intrínsecas  │   │ extrínsecas  ││
│                  │  percebida   │    │  negativas   │   │  negativas   ││
│ ┌─────────────┐  └──────┬───────┘    └──────▲───────┘   └──────┬───────┘│
│ │ Ansiedade   │         │                   │                  │        │
│ │ sobre a     │         ▼                   │                  ▼        │
│ │ atividade   │  ┌──────────────┐           │         ┌──────────────┐  │
│ │ (excesso de │◄─│  Competência │───────────┘         │Fracasso (atri│  │
│ │ excitação)  │  │ insuficiente │                     │buído ao "eu" │  │
│ │ com o mesmo │  └──────────────┘                     │ou através de │  │
│ │ nível risco │                                       │L.O.C. interna)│ │
│ └─────────────┘                                       └──────────────┘  │
├─────────────────────────────────────────────────────────────────────────┤
│                         Feedback neutro                                 │
├─────────────────────────────────────────────────────────────────────────┤
│                                                                         │
├─────────────────────────────────────────────────────────────────────────┤
│              Feedback positivo: resolução do desafio                    │
└─────────────────────────────────────────────────────────────────────────┘
```

ESQUEMA 4. MODELO DE PRIEST E KLIMT (*FEEDBACK* POSITIVO).
Fonte: Simon Priest & Michael Gass, *Effective Leadership in Adventure Programing* (Champaign: Human Kinetics,1997).

Ainda segundo Weiner, uma reação emocional é experimentada imediatamente após uma conquista.[41] Essa reação pode ser tanto positiva (feliz) quanto negativa (triste) e é baseada no sucesso ou no fracasso percebidos do desempenho. Após essa reação imediata, um indivíduo considerará cuidadosamente as razões que podem explicar seu resultado. Uma vez que as razões são estabelecidas, um conjunto secundário de emoções é experimentado, atributos que são dependentes. Essa combinação única de reações iniciais, com base nos resultados e efeitos secundários e em atribuições, influencia os níveis de motivação e de futuros comportamentos de risco.

Como resultado do bom sentimento, o indivíduo pode perceber um aumento da competência ou desfrutar de maior autoconfiança.[42] Essas percepções levarão ao aumento da motivação e da competência ou ao desejo de tentar a caminhada mais difícil. Os indivíduos tentarão essa tarefa e, se forem bem-sucedidos, procurarão igualar a competência que melhorou essa tarefa. Isso os fará sentir bem e no controle de seu ambiente, e também os motivará a tentar algo mais difícil. Realizar a mesma tarefa ou repetir a caminhada resultaria em tédio[43] ou subexcitação.[44] Portanto, o indivíduo provavelmente selecionará maior nível de risco ou um percurso mais desafiador com

---

[41] *Ibidem*.
[42] S. Harter, "Effectance Motivation Reconsidered: Toward a Developmental Model", em *Annual Human Resources Development Report*, 21 (1), 1978, pp. 36-64.
[43] Mihaly Csikszentmuhalyi, *Beyond Boredom and Anxiety* (São Francisco: Jossey-Bass, 1975).
[44] Michael Ellis, *Why People Play* (Englewood Cliffs: Prentice-Hall, 1973).

base na crença de autoeficácia,[45] de que um indivíduo pode cumprir com sucesso uma tarefa em um ambiente perigoso.

A autoeficácia é baseada em informações obtidas a partir tanto de fontes internas quanto de fontes externas, e é mais simples do que a autoconfiança. Ela tem três dimensões: a *magnitude* (grau de certeza associado ao sucesso como influenciado pela percepção de risco e de dificuldade); a *força* (duração das expectativas quanto ao sucesso, apesar das informações contraditórias); e a *generalidade* (potencial de transferência de crenças de autoeficácia de uma situação para outra). Essas dimensões têm implicações importantes para o desempenho: a escolha ou a recusa de atividades, a quantidade de esforço associado às tentativas e a quantidade de tempo em que o esforço será apoiado em situações estressantes. A autoeficácia pode influenciar um, dois ou três desses comportamentos motivados em diferentes níveis.

Se o participante realiza novamente a tarefa com competência suficiente, há mais uma vez a condição dos resultados da aventura. No entanto, se a competência for insuficiente na tarefa realizada pelo participante que escolher uma caminhada mais difícil, ele terá dificuldade em continuar a rota e poderá cair novamente ou até mesmo desistir quando estiver cansado demais para continuar. Como resultado desse desempenho, o indivíduo experimentará uma condição de desgraça, em que haverá a condição menos provável de desastre, e o risco será extremamente elevado.[46] Esse resultado poderá ser visto como um fracasso pelo participante. Se ele atribuir isso à falta de autoestima em vez de a fatores externos, como as condições de tempo, ou estiver sob um *locus* de controle interno,[47] haverá um ciclo de *feedback* negativo, chamado de *socorro*,[48] que é desagradavelmente estressante e onde as falhas e os aspectos negativos se multiplicam. A falha pode ser acompanhada de respostas negativas extrínsecas e trará sentimentos negativos intrínsecos, como a tristeza.[49] Como resultado do sentimento ruim, o indivíduo poderá perceber uma diminuição da competência ou da autoconfiança.[50]

---

[45] Albert Bandura, "Self-Efficacy: Toward a Unifying Theory of Behaviour Change", em *Psychological Review*, vol. 84 (2), 1977, pp. 191-215.
[46] Peter Martin & Simon Priest, "Understanding the Adventure Experience" em *Journal of Adventure Education*, vol. 3, 1986, pp. 18-21.
[47] Bernard Weiner, "An Attributional Theory of Achievement Motivation and Emotion", cit.
[48] Hans Selye, *Stress without Distress*, cit.
[49] Bernard Weiner, "An Attributional Theory of Achievement Motivation and Emotion", cit.
[50] S. Harter, "Effectance Motivation Reconsidered: Toward a Developmental Model", em *Annual Human Resources Development Report*, cit.

Segundo Selingan e colaboradores, os três pontos essenciais para atingir a felicidade são: as emoções positivas (experimentar e saborear prazeres); o compromisso (*losing the self* em atividades cativantes); e o significado (participar de atividades com significado).[51]

O estudo das emoções tem sido de grande interesse para o turismo.[52] Tem-se verificado que as emoções positivas levam a maior nível de satisfação, refletindo no aumento da procura do produto turístico. Apesar de não haver dados oficiais sobre o número de turistas que vão a Luserna, na entrevista com os coordenadores, em níveis local e regional, verificou-se que o número de pessoas que vão realizar a trilha tem aumentado significativamente, assim como o número de visitas guiadas. Isso tem refletido no aumento da frequência aos restaurantes locais e das vendas de artesanato, assim como na abertura de novas unidades de alojamento. A população local tem acrescentado estátuas de madeira à trilha e aumentado o repertório de histórias.

> É bastante compensador verificar o crescente número de turistas que visitam Luserna e que ficam maravilhados com a trilha. Na economia local, são visíveis os benefícios que a integração na Genuineland trouxeram a Luserna, não só pelo aumento do consumo, mas também pelo interesse na realização de novos investimentos por elementos da comunidade e outras pessoas que veem nessa aldeia um potencial. *(Francesco Bari)*

Considerações finais

Na Europa existem muitas regiões rurais que são geograficamente remotas, mas que possuem uma beleza cênica e características que podem interessar ao turista. A União Europeia tem desenvolvido medidas de apoio a essas áreas, o que levou ao aumento da oferta de destinos e, consequentemente, à maior concorrência entre eles. Assim, é importante criar produtos diferenciados com base nos recursos endógenos, tendo como base um bom planejamento. Em Luserna, o desenvolvimento da ativida-

---

[51] Martin Selingan *apud* Sebastian Filep, "Linking Tourist Satisfaction to Happiness and Quality of Life", em *Best Think Thank VIII: Sustaining Quality of Life through Tourism* (Izmir: Izmir University of Economics, junho de 2008).

[52] Andreas Zins, "Consumption Emotions, Experience Quality and Satisfaction: a Structural Analysis for Complainers *versus* Non-Complainers", em *Journal of Travel & Tourism Marketing*, 12 (2), pp. 3-18, 2002; Sebastian Filep, "Flow, Sightseeing, Satisfaction and Personal Development: Exploring Relationships via Positive Psychology", em S. McDonnell *et al.* (orgs.), *2007 Council for Australian University Tourism and Hospitality Education (CAUTHE) Tourism: Past Achievements, Future Challenges* (Sydney: University of Technology, 2007 – CD-ROM); Sebastian Filep, "Linking Tourist Satisfaction to Happiness and Quality of Life", cit.

de turística teve como premissa a participação da comunidade local em todo o processo, desde a criação do produto até o resultado final, em que houve uma tentativa de utilizar bases de conhecimento teórico aplicado à prática.

A trilha desenvolvida é uma infraestrutura que implica baixo custo de implementação e manutenção. No entanto, a preocupação em criar experiências diferenciadas para os vários segmentos de mercado permitiu o aumento da satisfação do visitante e, consequentemente, o aumento da procura.

As pessoas que vão fazer a trilha usam os serviços oferecidos pela comunidade: serviços de guia, visitas à vila, compra de artesanato, restauração, alojamento, entre outros. Com o aumento da procura, verificou-se o interesse de empreendedores locais e do exterior em investir na localidade, o que levou ao aumento do emprego e a maior qualidade de vida na comunidade.

Os guias turísticos, elementos da comunidade local, foram treinados com base no modelo de Priest e Klimt. Utilizaram-se trilhas de maior ou menor grau de dificuldade para proporcionar emoções positivas ao turista, de acordo com suas aptidões pessoais. Contou-se também com a narrativa de lendas integradas à trilha, permitindo maior interação entre turista e os elementos da comunidade, tornando a experiência mais rica, emocionante e significativa.

A comunidade tem características únicas, como uma língua falada apenas pelos habitantes locais. Por isso, no momento, a maior preocupação é conseguir manter a população mais jovem na comunidade, em vez de atrair investidores externos.

Referências bibliográficas

ADGER, Neil. "Social and Ecological Resilience: Are They Related?". Em *Progress in Human Geography* 24 (3), 2000.

ANDERECK, Kathleen & VOGT, Christine. "The Relationship Between Residents' Attitudes Toward Tourist and Tourism Development Options". Em *Journal of Travel Research*, 39 (1), agosto de 2000.

BANDURA, Albert. "Self-Efficacy: Toward a Unifying Theory of Behaviour Change". Em *Psychological Review*, 84 (2), 1977.

CAWLEY, Mary & GILLMOR, Desmond. "Integrated Rural Tourism: Concepts and Practice". Em *Annals of Tourism Research*, 35 (2), abril de 2008.

CHAMBERS, Donna. "The Development of Tourism Businesses in Rural Communities: the Case of the Maroons of Jamaica". Em MITCHELL, Morag *et al.* (orgs.). *Rural Tourism and Sustainable Business*. Clevedon: Channel View Publications, 2005.

COLUZZI, Paolo. "Language Planning for the Smallest Language Minority in Italy: The Cimbrians of Veneto and Trentino-Alto Adige". Em *Language Problems and Language Planning*, 29 (3), Amsterdã, 2005.

CSIKSZENTMUHALYI, Mihaly. *Beyond Boredom and Anxiety*. São Francisco: Jossey-Bass, 1975.

DEACON, Harriet Deacon *et al. The Subtle Power of Intangible Heritage, Legal and Financial Instruments for Safeguarding Intangible Heritage*. Cape Town: HSRC Publishers, 2004.

DEETON, Sue. "The Case Study in Tourism Research: a Multi-method Case Study Approach". Em Brent Richie et al. (orgs.). *Tourism Research Methods, Integrating Theory with Practice*. Oxon: Cabi, 2005.

DERRETT, Ros. "How Festivals Nurture Resilience in Regional Communities". Em ALI-KNIGHT, Jane et al. (orgs.). *International Perspectives of Festivals and Events*. Londres: Elsevier, 2009.

ELLIS, Michael. *Why People Play*. Englewood Cliffs: Prentice-Hall, 1973.

FILEP, Sebastian. "Flow, Sightseeing, Satisfaction and Personal Development: Exploring Relationships via Positive Psychology". Em MCDONNELL, Ian et al. (orgs.). *2007 Council for Australian University Tourism and Hospitality Education (CAUTHE) Tourism: Past Achievements, Future Challenges*. Sydney: University of Technology, 2007. CD-ROM.

_____. "Linking Tourist Satisfaction to Happiness and Quality of Life". Em *BEST Think Thank VIII: Sustaining Quality of Life through Tourism*. Izmir: Izmir University of Economics, junho de 2008.

FILHO, Pedro. *A importância do capitalismo agropecuário para o capital social local: um estudo da região de actuação da cooperativa Copacol de Cafelândia/PR*. Dissertação de mestrado. Curitiba: Universidade de Curitiba, 2007. Disponível em http://www.fae.edu/mestrado/pdf/Dissertacoes/Pedro%20Salanek.PDF.

GRAHAM, Brian. "Heritage as Knowledge: Capital or Culture?". Em *Urban Studies*, vol. 5-6, 2001.

HALL, C. Michael. *Tourism in the Pacific: Development, Impacts and Markets*. 2ª ed. South Melbourne: Addison Wesley Longman, 1997.

HARTER, S. "Effectance Motivation Reconsidered: Toward a Developmental Model". Em *Annual Human Resources Development Report*, 21 (1), 1978.

HENRIQUES, Cristina. *Turismo cidade e cultura, planeamento e gestão sustentável*. Lisboa: Edições Sílabo, 2003.

IVANOVIK, Milena. *Cultural Tourism*. Cape Town: Juta Tourism, 2009.

JENNINGS, Gayle. "Interviewing: a Focus on Qualitative Techniques". Em RITCHIE Brent et al. (orgs.). *Tourism Research Models, Integrating Theory with Practice*. Oxon: Cabi, 2005.

JORDAN, Fiona & GIBSON, Heather. "Let your Data Do the Talking: Researching the Solo Travel Experiences of British and American Woman". Em PHILLIMORE, Jenny & GOODSON, Lisa (orgs.). *Qualitative Research in Tourism: Ontologies, Epistemologies and Methodologies*. Londres: Routledge, 2004.

KATZELL, Raimond & THOMPSON, Donna. "Work Motivation: Theory and Practice". Em *American Psychologist*, 45 (2), 1990.

LOGAN, William. "Cultural Diversity, Heritage and Human Rights". Em GRAHAM, Brian & HOWARD, Peter. *The Ashgate Companion to Heritage Identity*. Reino Unido: Ashgate Publishing Ltd., 2008.

MARTIN, Peter & PRIEST, Simon. "Understanding the Adventure Experience". Em *Journal of Adventure Education*, vol. 3, 1986.

MCKERCHER, Bob & DUCROOS, Hillary. *Cultural Tourism, the Partnership between Tourism and Cultural Heritage Management*. Nova York: Haworth Press, 2002.

MIDTGARD, Mette. "Authenticity: Tourism Experiences in the Norwegian Periphery". Em ROBERTS, Lesley et al. *New Directions in Rural Tourism*. Londres: Ashgate Publishing, 2003.

NYKIEL, Ronald. *Handbook of Marketing Research, Methodologies for Hospitality and Tourism*. Nova York: Haworth Press, 2007.

PRICE, Gilian. *Across Eastern the Eatern Alps: E5 from the Lake Constance to Verona*. Milnthorpe: Cicerone Press Guide, 2007.

PRIEST, Simon & GASS, Michael. *Effective Leadership in Adventure Programing*. Champaign: Human Kinetics, 1997.

PUTNAM, Robert. *Comunidade e democracia: a experiência da Itália moderna*. Rio de Janeiro: FGV, 1996.

RICHARDS, Greg. "Políticas y actuaciones en el campo del turismo cultural europeo". Em PRIETO, Herrero (org.). *Turismo cultural: El patrimonio histórico como fuente de riqueza*. Valladolid: Fundación del Patrimonio Histórico de Castilla y León, 2000.

RODRIGUES, Apolónia & RODRIGUES, Áurea. "Turismo e inovação em espaços rurais: estudo de caso da Rede Europeia de Turismo de Aldeia". Em *Turismo em Análise*, 20 (1), abril de 2009.

RTE. *Rede Europeia de Turismo de Aldeia: Plano de negócios e jurídico. Região de Turismo de Évora*. Aveiro: Universidade de Aveiro, 2006.

SELYE, Hans. *Stress without Distress*. Nova York: Lippencott, 1974.

SIMPSON, Murray. "Community Benefit Tourism Initiatives: a Conceptual Oxymoron?". Em *Tourism Management*, 29 (1), fevereiro de 2008.

TOSELLI, Cláudia. "O turismo cultural como instrumento de desenvolvimento local". Em *Global Thinking for the Local Development*, 1. Turim: Delnet, 2007.

TUCKER, Hazel & LINCH, Paul. "Host-Guest Dating: the Potential of Improving the Costumer Experience thought Host-Guest Psychographic Matching". Em THYME, Maree & LAWS, Eric (orgs.). *Hospitality, Tourism and Lifestyle Concepts Implications for Quality Management and Consumer Satisfaction*. Nova York: Haworth Hospitality Press, 2004.

UNESCO. "Intangible Heritage". Disponível em http://portal.unesco.org/culture/en/ev.php-URL_ID=34325&URL_DO=DO_TOPIC&URL_SECTION=201.html.

URRY, John. *The Tourist Gaze, Theory, Culture and Society Series*. 2ª ed. Beverly Hills: Sage Publications, 2002.

VEAL, Antony. *Business Research Methods: a Managerial Approach*. Toronto: Pearson Education, 2005.

WALSH, Victor & GOLINS, Gerald. *The Exploration of the Outward Bound Process*. Denver: Colorado Outward Bound School, 1976.

WANG, Ning. "Rethinking Authenticity in Tourism Experience". Em *Annals of Tourism Research*, 26 (2), 1999.

WEINER, Bernard. *Achievement Motivation and Attribution Theory*. Morristown: General Learning Press, 1974.

_____. "An Attributional Theory of Achievement Motivation and Emotion". Em *Psychological Review*, 92 (4), 1985.

WHITE, Robert. "Motivation Reconsidered: the Concept of Competence". Em *Psychological Review*, 66 (5), 1959.

YIN, Robert. *Case Study Research: Design and Methods*. 2ª ed. Beverly Hills: Sage Publishing, 1994.

ZINS, Andreas. "Consumption Emotions, Experience Quality and Satisfaction: a Structural Analysis for Complainers *versus* Non-Complainers". Em *Journal of Travel & Tourism Marketing*, 12 (2), 2002.

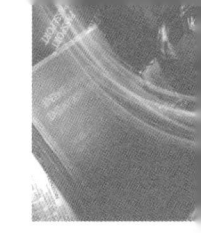

As representações da favela e seus significados: o caso dos suvenires "by Rocinha"[1]

FERNANDA NUNES

Em 1993, a Rocinha adquiriu o *status* oficial de bairro, embora ainda seja anunciada como "a maior favela da América Latina" pelos vários agentes de turismo. Apenas em 2006 a localidade foi reconhecida como ponto turístico oficial da cidade – por meio de um projeto de lei sancionado pelo então prefeito César Maia[2] –, ainda que recebesse a visita de estrangeiros regularmente desde 1992.

Hoje, cerca de três mil turistas por mês visitam a localidade levados por agências de turismo,[3] taxistas e guias particulares. Na favela, localizada entre dois dos bairros com o IPTU mais caro da cidade do Rio de Janeiro, encontram-se serviços e comér-

---

[1] Este capítulo é resultado do estudo realizado para a elaboração da minha monografia de final de curso, intitulada "Quando o souvenir vem da favela: produção de imagens e contraestigmas na Rocinha" e defendida em dezembro de 2009.

[2] No discurso sobre a sanção de seu projeto de lei [nº 779/06], Lilian Sá diz: "Quem conhece o Rio, pode afirmar que a Rocinha é um lugar privilegiado [...]. Um verdadeiro cenário, onde a natureza se revela por inteiro sem esconder detalhes de sua beleza [...] Nesse clima de alto-astral e positividade, a favela da Rocinha obteve mais uma conquista e definitivamente entrou para o roteiro turístico do Rio de Janeiro. [...] [A] Lei nº 4.405/06 vai aumentar a integração social entre a cidade e a comunidade, já que vai ajudar a desmistificar a visão de que a Rocinha é um lugar exclusivamente de violência e assim possibilitar maiores investimentos tanto do setor público quanto [do] privado." *Site* Câmara Rio, *Notícias*, Rio de Janeiro, outubro de 2006, disponível em http://www.camara.rj.gov.br/noticias/2006/10/04.htm.

[3] Agências atuando na Rocinha cadastradas na RioTur: Be a Local, Don't Be a Gringo, Exotic Tours, Favela Tour, Forest Tour, Jeep Tour, Indiana Jungle Tour, Private Tours e Rio Adventures. Na última ida à Rocinha, observei que um jipe verde-musgo de uma agência chamada Soland Ecotour – a qual eu nunca havia visto nesses anos de trabalho de campo na Rocinha – parou na Rua 1. Seguindo o modelo de algumas outras empresas, o guia discorreu acerca da favela e do modo de vida daquela população, enquanto os turistas fotografavam. Em seu *site*, informam que o roteiro é formulado de acordo com a preferência e as sugestões de seus clientes. Ainda que o roteiro virtual não indique as visitas à Rocinha, uma das vendedoras de suvenires me informou que a passagem deles ocorre com certa frequência. Os respectivos endereços eletrônicos das agências promotoras do turismo na Rocinha e demais localidades citadas neste capítulo estão disponíveis nas Referências Bibliográficas, ao fim do capítulo.

cios bastante diversificados, como lojas de eletrodomésticos, uma franquia da rede de *fast food* Bob's, duas agências bancárias, *lan houses* e um canal de TV a cabo exclusivo, a TV Roc. De acordo com Freire-Medeiros, a prática do turismo em locais pobres e segregados deve ser entendida como fenômeno global.[4] A autora propõe, assim, duas hipóteses que marcam o processo de construção da favela como destino turístico: por um lado, é decorrente da expansão dos chamados *reality tours*, intermediados por ONGs, agências de turismo e/ou agentes públicos que levam turistas aos campos de concentração na Polônia, à cidade-fantasma de Chernobyl, a Soweto e às Cape Flats (África do Sul), a Dharavi (Índia), etc.; por outro, a "favela turística" beneficia-se da circulação e do consumo da favela como *trademark* mundo afora. O clube "Favela Chic", por exemplo, possui unidades – decoradas com palmeiras e materiais reciclados – em Paris, Londres, Glasgow, Miami e Tóquio. Ademais, ao enfatizar a expoente força global da marca favela, Freire-Medeiros[5] mostra como guias de viagem, filmes, novelas, dissertações, fotologues[6] e suvenires são capazes de contribuir para a circulação e o desejo de consumo da favela.

Em meados de 2006, iniciei meu trabalho de campo na Rocinha, na condição de bolsista de iniciação científica da pesquisa intitulada *A construção da favela como destino turístico*, sob coordenação da professora doutora Bianca Freire-Medeiros. Durante o período de investigação, a metodologia envolveu observação participante, entrevistas com informantes qualificados (turistas, guias e favelados) e vasto registro fotoetnográfico.

A perspectiva dos moradores da Rocinha acerca do turismo na localidade foi apreendida por meio da aplicação de 185 questionários semiestruturados. Assim, concluímos que 83% dos moradores entrevistados classificam como "positiva" a presença dos estrangeiros na Rocinha, ainda que essa resposta traga consigo uma variedade de justificativas. Uma delas é a de caráter econômico, devido à compra de bebida ou comida em pequenos estabelecimentos comerciais, bem como à compra de suvenires

---

[4] Bianca Freire-Medeiros, "A favela que se vê e que se vende: reflexões e polêmicas em torno de um destino turístico", em *Revista Brasileira de Ciências Sociais*, São Paulo, vol. 22, nº 65, pp. 61-72, 2007; Bianca Freire-Medeiros, "And the Favela Went Global: the Invention of a Trademark and a Tourist Destination", em Valenca *et al. The Global Challenge and Marginalization* (Nova York: Nova Science Publishers, 2007); Bianca Freire-Medeiros, *Gringo na laje: produção, circulação e consumo da favela turística* (Rio de Janeiro: Editora FGV, 2009).

[5] Bianca Freire-Medeiros, "A favela que se vê e que se vende: reflexões e polêmicas em torno de um destino turístico", cit.; Bianca Freire-Medeiros, "And the Favela Went Global: the Invention of a Trademark and a Tourist Destination", cit.

[6] Espaço disponível na internet para que pessoas do mundo todo coloquem fotos pessoais, inclusive fotografias de viagens.

comercializados por moradores locais. Freire-Medeiros aponta para outros usos do dinheiro, evidenciados na fala de nossos entrevistados:

> O dinheiro sequer precisa ser ganho ou visto para funcionar como confirmação da boa vontade dos turistas: "se eles vêm, só pode ser para ajudar", sentenciou um morador acostumado ao trânsito das agências pela porta de sua casa. Outras vezes, "tirar um dinheiro" do turista[7] pode ser experimentado como uma maneira de subverter a assimetria da relação.[8]

A análise desse rico material permitiu-nos identificar também que muitos moradores da Rocinha apostam na possibilidade de desconstrução de estigmas associados ao local – sobretudo aqueles relacionados à violência – pela visita dos estrangeiros. Resultados finais da pesquisa revelam o perfil dos turistas que visitam a favela carioca: em sua maioria, são estrangeiros que já tiveram experiências de viagem em circuitos ditos "alternativos" e que compartilham a ansiedade em diferenciar-se tanto da classe dos *turistas-voyer*[9] quanto da elite carioca. Esta última manteria uma postura preconceituosa e segregacionista em relação aos favelados, impossibilitando-a de "conhecer verdadeiramente" a cidade em que vive. No mais, a prática do turismo na favela é vista por muitos brasileiros como algo moralmente abjeto – não raramente denominada "zoológico de pobre". Em 2007, o jornal *O Estado de S. Paulo*[10] realizou uma enquete que questionava seus leitores sobre se o turismo na favela deveria ou não ser incentivado. Do universo de pessoas que responderam à questão, 78,87% se posicionaram contra a iniciativa.

O turismo na Rocinha não poderia prescindir da comercialização de souvenires, objetos diretamente relacionados à experiência turística.[11] Há mais de uma década, alguns moradores da favela *produzem* e *vendem* uma variedade de produtos para os turistas que circulam pelo local. É na Rua 1 onde se dá, de forma mais organizada, a

---

[7] Essa situação pode ser exemplificada por meio da fala de um morador entrevistado por nós: "Uma colega minha tem um bar que é muito pequeno. E o turista chegou [no bar] louco de vontade de usar o vaso, então ele deu R$ 50,00 só pra usar o vaso! Isso eu achei maneiro! Acho engraçado eles agirem desse jeito [...]. Eles não têm noção! Pensa só: R$ 50,00 só pra usar o vaso!!!".

[8] Bianca Freire-Medeiros, *Gringo na laje: produção, circulação e consumo da favela turística*, cit., p. 121.

[9] Os *turistas-voyer* estariam interessados em visitar a favela, sem com ela interagir.

[10] *O Estado de S. Paulo*, "O turismo na favela deve ser incentivado?", Caderno Aliás/a questão é, São Paulo, fevereiro de 2007.

[11] Perrota afirma que "anúncios em jornais e revistas, cartões-postais e, posteriormente, cartazes foram as primeiras peças gráficas a serviço do turismo. O cartão-postal, surgido na Europa por volta de 1870, permitiu – em tempos ainda não globalizados – que as imagens das cidades circulassem pelo mundo, despertando interesse e atraindo o movimento turístico". Para mais detalhes, ver Isabella Perrota, "Imagens turísticas do Rio de Janeiro: memória, representação, identidade e sedução", em *Revista Mosaico*, Rio de Janeiro, vol. 1, nº 0, 2009, p. 6.

comercialização desses souvenires, e foi para lá que dirigi o trabalho de campo que orienta este capítulo, cujas questões principais são as seguintes:

- A produção desses objetos pode ser tida como estratégia de visibilidade e de reconhecimento, na medida em que seus produtores recorrem a estereótipos positivos acerca da favela?
- Até que ponto as imagens que aparecem nos souvenires da Rocinha constroem ou reforçam identidades?
- Por outro lado, não seria correto afirmar que esses artistas estão interessados em atender uma demanda turística, guiando-se apenas pela lógica do consumo?

Na tentativa de responder a essas perguntas, analisarei, sobretudo, as imagens da favela e de seus moradores presentes nos souvenires ofertados aos turistas, bem como o discurso dos produtores locais sobre essa materialidade. De acordo com Machado e Siqueira, souvenires, além de se constituírem em uma fonte de renda para artesãos, comerciantes, pontos turísticos e localidades, podem ter vários usos e significados, que demonstram sua importância turística.[12] No caso estudado, não enfatizo somente a "importância turística" em si, mas, principalmente, a relevante experiência de construção de uma "função social" mediada por imagens, signos e símbolos.

Para entender os objetos

Cotidianamente, uma imensa variedade de objetos materiais circula em nossa vida social, sejam eles de cunho religioso, mercantil, artístico ou na condição de monumentos e mobílias. Todos possuem funções e símbolos diferenciados, já que são, por nós, classificados, reclassificados e hierarquizados. A bibliografia referente aos estudos dos objetos mostra que a antropologia, enquanto disciplina, está diretamente relacionada à consolidação e ao uso da *cultura material* como categoria de análise. Logo, nesta seção destacarei algumas obras que constituem o arcabouço teórico e conceitual orientador deste capítulo.

Quando a antropologia surgiu como saber disciplinar, no século XIX, os estudiosos europeus se dedicavam principalmente à prática do colecionamento, que foi legitimada pela (nascente) teoria evolucionista. A aproximação entre a antropolo-

---

[12] Paula Machado & Euler Siqueira, "Turismo, consumo e cultura: significados e usos sociais do souvenir em Petrópolis-RJ", em *Revista Contemporânea*, vol. 1, nº 10, 2008, p. 7, disponível em http://www.contemporanea.uerj.br (acesso em: 20-9-2009).

gia e os museus provocou o surgimento dos chamados *museus etnográficos*, os quais permitiram a exibição e o estudo de objetos materiais retirados das mais variadas e longínquas sociedades com a finalidade de descrever sua composição material e estética, de compará-los, interpretá-los e, sobretudo, provar a existência dos chamados "povos primitivos". Até mesmo os difusionistas, nas primeiras décadas do século XX, aproximaram-se da vertente de pensamento oposta ao conceber a cultura como um agregado de objetos e de traços característicos.[13]

Os anos 1960, período lembrado pela antropologia estrutural, indicam uma mudança de princípios na investigação dos objetos materiais: questiona-se o papel destes na vida social e busca-se identificá-los de acordo com os conceitos nativos. No livro *O pensamento selvagem*, Claude Lévi-Strauss, na tentativa de explicar a construção do pensamento mítico, recorreu ao exemplo do *bricoleur*, que opera com um conjunto de utensílios e materiais presentes no ambiente natural, os quais ele poderá combinar entre si, criando novos objetos.[14] Em outras palavras, o *bricoleur* trabalha com diferentes signos (determinados pela estrutura linguística de dada localidade), que, quando unidos, adquirem *significados* sociais e culturais, mesmo que durante o processo de *bricolage* o objeto ainda não tenha uma função/utilidade específica. Seu discípulo, Roland Barthes, é considerado um dos primeiros estudiosos a privilegiar a análise do significado simbólico da cultura material na sociedade de consumo, aplicando a perspectiva da semiótica às mercadorias. De acordo com a análise de Woodward acerca das principais obras deste autor,

> Barthes acreditava fortemente que a qualidade mítica da cultura burguesa poderia ser mais bem investigada focalizando-se objetos particulares. Os objetos, assim, contam, em potencial, uma história, oferecendo um caminho investigativo para o pesquisador (ou, nos termos do autor, "mitólogo") esclarecer os mitos ideológicos da cultura burguesa.[15]

Também influenciados pelas vertentes teóricas do estruturalismo e da semiótica, Douglas e Isherwood, em um estudo pioneiro que compatibiliza consumo e antropologia, reafirmam a noção de que a posse de bens materiais é dotada de significação social, embora os objetos não sejam portadores de significados por si mesmos.[16] Se-

---

[13] José Reginaldo Gonçalves, "Antropologia dos objetos: coleções, museus e patrimônios", em *BIB Anpocs*, São Paulo, vol. 21, nº 60, jul.-dez. de 2005.
[14] Claude Lévi-Strauss, *O pensamento selvagem* (São Paulo: Papirus, 1989).
[15] Ian Woodward, *Understanding Material Culture* (Londres: Sage Publications, 2007), p. 68.
[16] Mary Douglas & Baron Isherwood, *O mundo dos bens: para uma antropologia do consumo* (Rio de Janeiro: Editora UFRJ, 2004).

gundo os autores, os bens materiais constituem um *sistema social de informação*, na medida em que a atividade do consumo é parte fundamental do processo de construção de uma cultura em que se definem códigos, regras e símbolos particulares. Mas a posse de bens também estabelece e mantém relações sociais. Buscando sintetizar seu argumento, Douglas e Isherwood assumem a seguinte postura:[17]

> Quando se diz que a função essencial da linguagem é sua capacidade para a poesia, devemos supor que a função essencial do consumo é sua capacidade de dar sentido. Esqueçamos a ideia da irracionalidade do consumidor. Esqueçamos que as mercadorias são boas para comer, vestir e abrigar; esqueçamos sua utilidade e tentemos em seu lugar a ideia de que as mercadorias são boas para pensar: tratemô-las como um meio não verbal para a faculdade humana de criar.[18]

Já no artigo intitulado "Material Cultures of Tourism",[19] Haldrup e Larsen afirmam que há uma falha quanto aos estudos científicos da cultura material relacionada à experiência turística.[20] De acordo com os autores, muitos desses trabalhos estão preocupados em descrever e analisar o *significado social* de uma dada materialidade – tal como foi exposto anteriormente – em detrimento do estudo de seu valor de uso. Assim, Haldrup e Larsen propõem um conceito teórico pouco usual entre os estudiosos das "culturas materiais", que, por serem heterogêneas – na medida em que são, a um só tempo, "práticas, expressivas e simbólicas" –, devem ser entendidas por seus *sign-values* e *use-values*. Em um breve destaque dado à relevância do estudo dos suvenires, observamos que

> O trabalho de reflexão da memória individual e coletiva, bem como o de recordação, tende a ser organizado em torno de objetos materiais de diversos tipos: roupas, móveis, obras de arte, joias, fotografias pessoais, entre outros. Embora os suvenires e demais

---

[17] Embora neste capítulo não haja espaço para abarcar a complexidade de temáticas e autores relacionados aos estudos da cultura material, não se deve ignorar que algumas abordagens – defendidas por Veblen, Bourdieu Baudrillard e Bauman, entre outros – assumiram uma postura moral na medida em que viram o consumo de forma negativa. Para mais detalhes, ver Thorstein Veblen, *The Theory of the Leisure Class* (Nova York: Penguin Books, 1979); Pierre Bourdieu, *A distinção: crítica social do julgamento* (São Paulo: Edusp, 2007); Jean Baudrillard, *Jean Baudrillard: Selected Writings* (Stanford: Stanford University Press, 1988); Zygmunt Bauman, *Modernity and Ambivalence* (Cambridge: Polity Press, 1991).

[18] Mary Douglas & Baron Isherwood, *O mundo dos bens: para uma antropologia do consumo*, cit., p. 108.

[19] Michael Haldrup & Jonas Larsen, "Material Cultures of Tourism", em *Leisure Studies*, Londres, vol. 25, nº 3, 2006, pp. 275-289.

[20] Para os autores, a cultura material do turismo envolve – entre outros aspectos – a relação entre os seres humanos e o que eles chamam de "não humanos", como as fotografias de viagem, os suvenires e a própria paisagem turística.

objetos relacionados à memória – as fotos, por exemplo – sejam frequentemente retratados como puramente semióticos [...], nós argumentamos que essa materialidade funciona integralmente e que a recordação turística detém, muitas vezes, uma *performance* híbrida. A cultura material desempenha um papel fundamental ao viabilizar e "guardar" memórias humanas, não raro de forma imprevisível e inconsciente.[21]

O argumento poderia ser complementado pelo exame cuidadoso de Freire-Medeiros e Castro no que diz respeito aos aspectos da representação turística do Rio de Janeiro nas suas "lembrancinhas" de viagem:

> Suvenires são o que o viajante traz consigo – representam materialmente o vínculo entre o lugar visitado e o lar para o qual se retorna. [...] Para além de seu *status* de objeto tridimensional, diretamente utilitário ou não, suvenires funcionam como marca de uma certa experiência cultural plena de capital simbólico capaz de conferir *status* àquele que os possui. Passam por diferentes regimes de valor e seguem variadas trajetórias e, no processo, reforçam fronteiras entre "aqui" e "lá", entre "visitantes" e "hospedeiros", entre presente e passado – tempo em que a viagem de fato se deu, ou a temporalidade abstrata do outro.[22]

Machado e Siqueira sintetizam os últimos dois pontos destacados neste capítulo ao mostrarem que o *turismo* e o *consumo* estão diretamente relacionados.[23] Nesse sentido, os autores chamam a atenção para as acusações de "inautenticidade" e "efemeridade" do consumo de suvenires realizadas por alguns estudiosos. Tais críticas remetem a uma passagem de um artigo de Canclini, no qual é abordada a comercialização de artesanatos como objetos turísticos no México:

> Ao estudarmos os artesanatos perépechas, observamos que cada vez que se lê "Recuerdo de Michoacán" se sabe que esse objeto foi feito para não ser usado em Michoacán. Essa fórmula, supostamente destinada a garantir a autenticidade da peça, é o sinal de sua inautenticidade. Um tarasco jamais precisará marcar a origem nos potes ou jarros que ele produz para usar em seu povoado. A inscrição é necessária para o turista, que confundirá essa cerâmica com a adquirida em outros lugares: significa menos o senti-

---

[21] Michael Haldrup & Jonas Larsen, "Material Cultures of Tourism", cit., p. 13.
[22] Bianca Freire-Medeiros *et al.*, "Ética, estética e consumos possíveis: notas etnográficas sobre turismo em uma favela carioca", em *Os Urbanitas: Revista de Antropologia Urbana*, vol. 5, nº 7, 2008, pp. 35-36, disponível em http://www.osurbanitas.org/ (acesso em 3-3-2009).
[23] Paula Machado & Euler Siqueira, "Turismo, consumo e cultura: significados e usos sociais do suvenir em Petrópolis-RJ", em *Revista Contemporânea*, vol. 1, nº 10, 2008, disponível em http://www.contemporanea.uerj.br/ (acesso em 20-9-2009).

do de origem dos objetos do que a distinção social, o prestígio de quem esteve em tais lugares para comprá-los. Em suma, a inscrição é desmedida pelo fato de estar escrita. Se for preciso gravar sua origem, supõe-se que se pode esquecer, ou desconhecer, sua procedência.[24]

Não é meu interesse analisar a "autenticidade" dos suvenires produzidos e vendidos na Rocinha, assim como não discutirei as impressões e justificativas dos turistas que consomem esses objetos. Meu objetivo é examinar as imagens, os signos e símbolos que compõem os objetos turísticos que circularão mundo afora, bem como a construção de significados sociais pelos produtores de suvenires. A seguir, observaremos de que forma a Rua 1 foi "elaborada" como espaço privilegiado de vendas de suvenires e como tem sido experimentada, ao longo dos anos, por aqueles que a têm como local de trabalho. Posteriormente, darei início à análise mais aprofundada dos objetos turísticos disponíveis na região.

A Rua 1 e a organização de seus suvenires

É na Rua 1 que a venda de suvenires se dá efetivamente, embora haja outros quatro pontos de venda de produtos para turistas, os quais recebem a visita de apenas uma ou duas agências e possuem acesso limitado, por não estarem localizadas em uma das vias de acesso principais da Rocinha.

Na Rua 1 encontramos inúmeras casas com mais de dois andares e alguns comércios: salões de beleza, chaveiro, mercadinhos, etc. Além disso, a localidade está situada em um dos pontos mais altos da favela – o que garante a vista para outros marcos turísticos do Rio de Janeiro, como o Cristo Redentor, a Lagoa Rodrigo de Freitas e a Pedra da Gávea. É possível observar também o contraste social marcado pelos edifícios luxuosos dos bairros adjacentes e pela localização próxima à tradicional e elitizada Escola Americana.

De acordo com Mery, 57 anos, conhecida como a pioneira na produção e venda de suvenires na Rua 1, essa posição privilegiada foi indispensável para dar início às vendas de produtos no local. A produtora de suvenires foi também minha informante-chave durante a pesquisa. Portanto, seu nome será o único revelado neste texto, enquanto a identidade dos demais produtores/vendedores será preservada.

---

[24] Néstor Garcia Canclini, "O patrimônio cultural e a construção imaginária do nacional", em *Revista do Patrimônio Histórico Artístico Nacional*, s/l., nº 23, 1994, p. 111.

Pouco mais de dez anos atrás, Mery era empregada doméstica, e seu marido, Cezino, um pintor autodidata. Nessa época, Cezino já possuía um projeto em que ensinava pintura em tela para 27 crianças da Rocinha, embora fosse desenvolvido no quintal da residência do casal. A entrevistada revela que, ao perceber a presença cotidiana de turistas na favela, seu companheiro decidiu levar os alunos para a Rua 1, um dos pontos mais visitados pelos turistas. Numa calçada, as crianças pintavam e aprendiam novas técnicas, ao mesmo tempo que expunham e vendiam seus quadros para os visitantes. Após ficar desempregada, por volta de 1998, Mery foi incentivada por Cezino a trabalhar junto ao grupo, fazendo minimaquetes da favela.

Uma de minhas hipóteses é de que, no caso do turismo na Rocinha, soma-se à correlação direta entre viagens e suvenir a noção de experiência solidária e altruísta, que se dá por meio da compra de produtos feitos por moradores locais. Mery ressalta que o sentimento de solidariedade dos estrangeiros é potencializado pela presença de crianças na região:[25] "Quando o vendedor é criança, o gringo pensa: 'Ah, é uma criança pintando'. Aí eles acham que qualquer coisa está bom!".

A artista destaca que, quando optaram por vender seus produtos no local, "não tinha ninguém ainda, não tinha nada. [...] era muito precário, não tínhamos essa estrutura". A estrutura à qual ela se refere consiste, hoje, em oito barracas de ferro, cobertas por lona azul ou preta, que todos os vendedores da Rua 1 possuem. Nelas ficam expostos diferentes produtos turísticos disponíveis para venda. Durante a parada na localidade, o guia apresenta os vendedores e alguns de seus produtos ao grupo de turistas. Os suvenires feitos de material reciclado são, geralmente, os que mais chamam a atenção dos estrangeiros, embora a apresentação entusiasmada do guia não garanta a venda dos objetos. Nesse momento do passeio, os visitantes têm entre 15 e 30 minutos para comprar o que desejarem e para fotografar. Apesar de o diálogo entre visitantes e visitados ser dificultado pela barreira do idioma, os turistas que arriscam uma aproximação com os vendedores buscam saber quem fez determinado produto e quanto tempo levou para tal. Os artistas locais, por sua vez, recorrem ao uso de gestos e algumas poucas palavras em inglês durante a tentativa de diálogo. Entretanto, em geral, o guia é solicitado para intermediar as conversas e/ou as vendas.

A iniciativa de Cezino atraiu cada vez mais pessoas, que, hodiernamente, têm como fonte de renda principal, senão exclusiva, a comercialização desses objetos. Esse

---

[25] Atualmente, na Rua 1, o produtor de suvenires mais novo tem pouco mais de 20 anos de idade, enquanto o mais velho tem cerca de 60 anos. Contudo, no início de meu trabalho de campo, em 2006, pude observar algumas crianças produzindo e vendendo quadros e bijuterias.

aspecto evidencia-se no discurso de Mery sobre a influência positiva do turismo na Rocinha na vida dos moradores e, principalmente, na dos vendedores de suvenires:

> As pessoas que criticam o turismo na Rocinha são muito leigas por dizerem que o turista não traz benefício para a comunidade. Veja bem: R$ 10 que o turista gasta aqui dentro da favela talvez se transformem em cem ou mil reais, porque o turista chega aqui e compra um quadro meu; com o dinheiro do meu quadro eu vou comprar tinta, eu vou comprar um lanche, eu vou comprar comida na pensão, a dona da pensão vai ao supermercado. Então, como é que não traz benefícios? Turismo na favela traz benefícios para a comunidade, sim! Porque quantas pessoas daqui tiram o seu sustento da venda de suvenir?! Além disso, os turistas compram água, ajudam creches... Os turistas ajudam sim, fazem muitas doações para favela. [...] E, se eu vender algum quadro e quiser dar algum dinheiro para o guia, eu dou.

Como mostram os resultados conclusivos da pesquisa mais ampla, uma das justificativas para que o turismo na Rocinha seja classificado como "positivo" diz respeito exatamente ao que foi citado por Mery no trecho acima. Ou seja, há uma ideia de que o turismo gera renda para a Rocinha e para seus habitantes, ainda que não haja, de fato, nenhum tipo de distribuição dos lucros das agências, de modo que a Rocinha não usufrui igualmente dos benefícios gerados pelo turismo. O pouco capital investido na favela se faz pela via da caridade ou pela compra de suvenires ou de alimentos durante o *tour*.[26]

A Rocinha que os turistas levam para casa

A catalogação dos produtos comercializados na Rua 1 revela que os quadros aparecem como predominantes em relação aos demais suvenires, além de serem encontrados em diferentes barracas. O material utilizado pelos pintores varia entre a tela de pintura comum e madeira reaproveitada, taco ou vinil. Em segundo lugar estão as bijuterias feitas a partir de sementes de açaí e o artesanato produzido por meio de reciclagem, tais como bolsas e cintos de anel de alumínio; ímãs e minimaquetes feitos com caixas de remédios; bolsas e chapéus de sacolas plásticas. Em menor quantidade, são produzidos sabonetes artesanais em formato de nádegas e de frutas tropicais; camisas pintadas à mão e produtos de couro "legitimamente brasileiro".

---

[26] Bianca Freire-Medeiros, *Gringo na laje: produção, circulação e consumo da favela turística*, cit.

As imagens das pinturas podem ser múltiplas e variadas, mas a maioria dos artistas *naïf*[27] da Rocinha – como são apresentados pelos guias aos turistas – busca reproduzir as casas que se espalham ao longo do morro e o Cristo Redentor, ponto turístico que pode ser visto da Rua 1. Todavia, destacam-se elementos que os tornam esteticamente aprazíveis:[28] as moradias são coloridas, predominando o roxo, o rosa, o azul e o amarelo. Muitas vezes, condensam-se na mesma pintura as casas da favela – quase sempre "amontoadas" umas nas outras – e partes da cidade que ilustram os cartões-postais cariocas. Os cenários retratados, geralmente, são emoldurados pelo céu azul do dia ou pelo entardecer, que é complementado pelas cores da natureza, representada pelas florestas e/ou pela praia. Esses produtos, segundo os vendedores, figuram o *hall* dos "mais vendidos" durante a visita dos turistas à Rua 1, e seus preços variam entre R$ 35 e R$ 100, de acordo com o tamanho da pintura. Podemos argumentar que as casas da favela não são coloridas como nos mostram os quadros, mas, em grande parte, feitas de tijolos sem reboco. Contudo, em resposta ao meu questionamento, Lévi-Strauss diria que

> se a arte fosse uma imitação completa do objeto, não haveria mais o caráter de signo. Se bem que possamos conceber, me parece, a arte como um sistema significativo ou um conjunto de sistemas significativos, mas que fica sempre a meio caminho entre a linguagem e o objeto.[29]

Barthes corrobora:

> [...] o quadro não é um objeto real nem imaginário. É verdade que a identidade daquilo que aparece "representado" modifica-se incessantemente, que o significado desloca-se sempre (visto que não é uma sequência de denominações, como um dicionário), que sua análise não tem fim; mas esse infinito da linguagem é o que constitui, precisamente, o sistema do quadro: a imagem não é a expressão de um código, mas sim a variação de um trabalho de codificação. Não é depósito de um sistema, mas a geração dos sistemas.[30]

---

[27] *Art naïf* ("arte ingênua") é o estilo a que pertence a pintura de artistas sem formação sistemática.
[28] Novaes entende que "toda a estética [...] é um apelo aos sentidos e provoca uma resposta emocional naquele que a contempla". Para mais detalhes, ver Sylvia Cauby Novaes, "Imagem, magia e imaginação: desafios ao texto antropológico", em *Revista Mana*, vol. 14, nº 2, Rio de Janeiro, 2008, p. 467.
[29] Claude Lévi-Strauss, *Arte, linguagem, etnologia: entrevistas com Claude Lévi-Strauss* (São Paulo: Papirus, 1989), p. 97. É importante lembrar que a palavra *linguagem* pode ser traduzida como "mensagem", embora Lévi-Strauss diga que esta última é impregnada de significação mística, ainda que erroneamente.
[30] Roland Barthes, *Lo obvio y lo obtuso: imagenes, gestos, voces* (Cidade do México: Paidós, 1986), p. 154.

Quando questionada sobre os motivos pelos quais desenha uma "favela colorida" e aparentemente "alegre", suprimindo assim as representações hegemônicas referentes às áreas pobres e segregadas, Mery argumenta que os suvenires produzidos na favela são meios capazes de transmitir uma boa imagem da Rocinha e de desconstruir estigmas negativos associados aos favelados.

Ao refletir acerca da positividade do turismo na região e da comercialização de suvenires para estrangeiros, Mery, a um só tempo, indigna-se com os meios de comunicação de massa, que apenas se interessam em noticiar a favela como *locus* de violência e defende a ideia de que os produtos *by Rocinha* funcionam também como símbolos da habilidade artística e da criatividade de seus moradores. P., um ex-aluno do projeto de Cezino, trabalha na Rua 1 desde os 11 anos de idade. Hoje, com pouco mais de 20, diz que "os turistas pensam que aqui [a Rocinha] não é urbanizado, pensam que vão encontrar uma bagunça dentro da favela". Todavia, a favela caótica que perpassa o imaginário internacional não é apresentada em seus trabalhos. Ao contrário, os quadros feitos por P. apontam para o potencial econômico da localidade e para a existência de serviços sociais básicos. Em seus desenhos destacam-se escolas, creches, bancos, sacolão, bares e hospitais.

Ainda que a Rocinha violenta, marcada pela presença do tráfico de drogas, não seja focalizada pela maioria dos artistas da Rua 1, notei, durante o trabalho de campo, que algumas pessoas optaram por representá-la por meio de desenhos de homens armados e da reprodução de pichações que remetem à facção que comanda o comércio de drogas ilícitas na favela. Em meu recente retorno à favela, porém, pude observar a ausência dessas representações, restando a gama de produtos coloridos, reciclados e artesanais, os quais, além das moradias e dos estabelecimentos comerciais, traduzem apresentações de capoeira, mulatas sambando, orixás e bailes *funk*, bem como espaços de lazer e de sociabilidade, que incluem pontos da própria favela e da praia. Ao observar algumas dessas representações, surgem as seguintes inquietações: em que medida a pintura das festas, do futebol e da capoeira reafirma o estereótipo de que na favela carioca as pessoas são "pobres, mas felizes"? Até que ponto os próprios produtores de suvenir concordam com essa ideia?

Como forma de compreender as imagens reproduzidas pelos suvenires feitos e vendidos pelos moradores, trarei para o meu argumento algumas questões levantadas por Urry acerca das fotografias de viagens.[31] O autor sugere que as imagens

---

[31] John Urry, *O olhar do turista: lazer e viagens nas sociedades contemporâneas* (São Paulo: Studio Nobel/Sesc São Paulo, 1999).

fotográficas capturadas por turistas durante viagens fazem parte de uma espécie de círculo hermenêutico próprio do turismo. Assim, as imagens apreendidas pelas lentes fotográficas se relacionariam com as que são vistas previamente na televisão, jornais ou nos folhetos explicativos que são distribuídos por agências de turismo. Segundo Urry, o turista "se põe a buscar essas imagens e as captura para si. No final, demonstram que estiveram realmente em determinado lugar, exibindo sua versão das imagens que haviam visto originalmente, antes da viagem". A ideia de Urry não é ignorada pelos vendedores e produtores de suvenires, que, além de formularem uma justificativa calcada em atributos morais (ou seja, numa representação da favela "diferente daquela mostrada pela mídia"), assumem que não se pode deixar de lado a demanda dos turistas por imagens conhecidas internacionalmente, afinal, a produção de suvenires na Rua 1 constitui um comércio. A seguir, recorro a trechos de depoimentos de alguns artistas que ilustram bem a questão:

> Eles [turistas] gostam muito de quadros que representam a favela. Eu posso até pintar a praia, mas tem que ter a favela para, quando eles levarem para casa, mostrar que estiveram na favela, entende?

> O Cristo [Redentor] aparece [nos quadros] porque eu percebo que essa é uma paisagem que, sempre que eles chegam aqui, o guia chama "Come on, come on". Os turistas veem e falam "Ohh". Então, tem que ter, faz parte.

> A capoeira está dentro do afro, e, se está dentro do afro e do negro, está aqui dentro da favela. Ela aparece nos meus quadros porque está muito famosa, está muito falada.

Baseando-me no que vimos até aqui, afirmo que a *realidade representada* é negociada e renegociada pelos próprios moradores da favela, formando um denso sistema de significados, para usar os termos de Lévi-Strauss.[32] Evidencia-se, sobretudo, uma *pobreza alegre e pacífica* por meio das ilustrações – sempre demasiadamente coloridas – das rodas de samba e das festividades em que negros e mulatas dançam e se divertem; do futebol e da capoeira jogados nas vielas da favela e da praia, que nos suvenires aparece lotada de pessoas, tendo ao fundo a reprodução de uma parte da Rocinha. Acredito que a praia, nesse caso, é acionada como local de lazer dos moradores da favela, por excelência. Há ainda suvenires que colocam a Rocinha como parte integrada

---

[32] Claude Lévi-Strauss, *Arte, linguagem, etnologia: entrevistas com Claude Lévi-Strauss*, cit.

à cidade e à nação brasileira, na medida em que a localizam geograficamente no território carioca ou a apresentam anexada às cores verde e amarela. A título de exemplo, um dos quadros mostra as típicas casinhas da favela (segundo a criação de seus produtores) "tomando" todo o espaço da bandeira brasileira. As favelas, por outro lado, raramente ou nunca aparecem nas imagens ofertadas pelos objetos comercializados em lojas de suvenir ou em feiras de artesanato convencionais, localizadas em pontos turísticos da cidade, como Ipanema e Copacabana. Essa é mais uma situação que não passa despercebida pelos artistas da Rocinha. Uma vendedora local observa:

> A presença dos turistas ajuda muito. Eles valorizam muito, demais, demais mesmo meu trabalho, a ponto de professores de desenho levarem cinco ou seis quadrinhos meus de uma vez só e de pedirem ao guia que me diga que eles são professores e que vão levar meu quadro para poderem criar a partir dele. Eles dizem que só viram uma forma de representar a favela: através do meu quadro.

Os suvenires da Rocinha que não possuem imagens são promovidos, por sua vez, como "tipicamente brasileiros", mas sem excluir a "marca" favela no que tange à criatividade das produções "nativas". Mery explica, utilizando-se dessa linha de raciocínio, por que os objetos artesanais feitos a partir da reciclagem figuram entre os mais vendidos na Rua 1:

> O que os turistas mais admiram é a reciclagem. Eles acham interessante, porque aproveitamos coisas que vão para o lixo e fazemos produtos que ninguém diz que são feitos, por exemplo, de bolsa de supermercado, como esse chapéu [...]. Outro exemplo é esse ímã de geladeira feito de fundo de armário, caixinhas de chiclete e de bala [...], a moldura é feita de persiana que as pessoas jogaram fora. Usamos ainda caixa de fósforos e de remédio. Os fios são feitos com os cabos telefônicos que a Telemar joga fora, porque não serve mais para eles e eu cato [...].

Uma jovem que vende bijuteria na Rua 1 complementa a fala de Mery, ressaltando a ideia de que, além da criatividade evidente, os suvenires dispostos naquele local são capazes de significar a construção de noções positivas acerca da favela. Assim, diz: "Eu acho que, quando eles levam minha mercadoria, de repente outras pessoas veem e dizem: 'Olha, então quer dizer que dentro da comunidade existe alguém que é artista, que cria?!'".

O turismo – enquanto fenômeno social – "é um negócio na perspectiva dos núcleos receptores [...], que está conduzido pela lógica da sociedade capitalista, a produtividade e a lucratividade".[33] No entanto, tendo em vista os múltiplos aspectos envolvidos na produção e comercialização de suvenires na Rocinha, é possível dizer que essa experiência reflete mais que um mero negócio. Está em jogo a complicada questão das representações de si mesmo e do lugar em que vivem. Cotidianamente, os artistas locais definem, redefinem, constroem e reconstroem linguagens que fazem parte de um rico e complexo sistema de significados.

Considerações finais

O uso do termo *marginalidade* foi historicamente empregado para referir-se aos pobres, em geral, desempregados, migrantes, minorias e moradores de favelas.[34] A pobreza e os pobres, no Rio de Janeiro, desde as primeiras décadas do século XX, foram designados pelo poder público e pelas elites locais como "lepra", "germe", "aberração" e "problema". Em meados dos anos 1980, o tráfico de drogas ilícitas a varejo nas favelas cariocas consolidou-se quando a venda de cocaína passou a ser controlada pela facção Comando Vermelho (CV). Ao longo dos anos 1990, houve um rápido crescimento desse mercado ilegal de drogas e armas, ocasionando inúmeros fracionamentos que deram origem a mais facções criminosas rivais.[35] Como reflexo dessa situação – e somados a um apelo midiático – são fortalecidas as "imagens que acionavam a ideia de cerco e o medo de aniquilamento".[36] O discurso sobre a população favelada foi sendo reformulado no decorrer das décadas, embora os estigmas negativos associados a ela se façam presentes até hoje nos imaginários e nas representações nacionais e internacionais.

Goffman questiona-se como uma pessoa estigmatizada reage a essa situação. O autor responde à própria pergunta. Por um lado,

---

[33] Margarita Barretto, "Relações entre visitantes e visitados: um retrospecto dos estudos sócio antropológicos", em *Revista Turismo em análise*, São Paulo, vol. 5, nº 2, novembro de 2004, p. 16.

[34] Janice Perlman, *The Myth of Marginality: Urban Poverty and Politics in Rio de Janeiro* (Los Angeles: University of California Press, 1976).

[35] Alba Zaluar, *Integração perversa: pobreza e tráfico de drogas* (Rio de Janeiro: Editora FGV, 2004); Michel Misse, "Mercados ilegais, redes de proteção e organização local do crime no Rio de Janeiro", em *Estudos Avançados*, São Paulo, vol. 21, nº 61, 2007, pp. 1-19; Luís Antônio Machado da Silva, "Violência e sociabilidade: tendências da atual conjuntura urbana no Brasil", em L. C. Queiroz & O. A. Santos Jr., *Globalização, fragmentação e reforma urbana* (Rio de Janeiro: Civilização Brasileira, 1994).

[36] Márcia Leite, "Entre o individualismo e a solidariedade: dilemas da política e da cidadania no Rio de Janeiro", em *Revista Brasileira de Ciências Sociais*, São Paulo, vol. 15, nº 44, 2000.

lhe seria possível tentar corrigir diretamente o que considera a base objetiva de seu defeito [...] (Onde tal conserto é possível, o que frequentemente ocorre não é a aquisição de um *status* completamente normal, mas uma transformação do ego. Por outro, o indivíduo estigmatizado pode, também, tentar corrigir a sua condição de maneira indireta. Ao fim e ao cabo, a pessoa com um atributo diferencial vergonhoso pode romper com aquilo que é chamado de realidade, e *tentar obstinadamente empregar uma interpretação não convencional do caráter de sua identidade social*.[37]

Vimos que, no caso dos produtores de suvenires da Rocinha, optou-se por representar uma favela colorida, pacífica, criativa, onde há escolas, hospitais e uma bela vista, bem como espaços de lazer e de sociabilidade. A ênfase nas qualidades positivas da favela já foi, por ora, destacada por outros moradores na pesquisa maior, em que 83% dos entrevistados admitiram que não levariam os turistas nas áreas mais pobres da Rocinha. A reflexão de Freire-Medeiros sobre esse dado também poderia ser configurada no discurso dos produtores e vendedores da Rua 1. A socióloga destaca o seguinte paradoxo:

> Apesar de compreenderem que os grandes atrativos da Rocinha como destino turístico são justamente a pobreza e a violência, o vasto contraste entre a sua realidade cotidiana e aquela dos turistas, muitos não querem que os aspectos negativos – barracos precários, lixo, desorganização do espaço, violência – sejam os predicados associados à Rocinha turística.[38]

Estariam os moradores da favela tentando empregar e transmitir, por meio de seus suvenires, outras interpretações sobre sua identidade, no sentido goffmaniano? Na leitura que faço do meu objeto empírico, os artistas locais aparecem *reagindo* aos estigmas – que remetem à criminalidade e à violência – por meio da linguagem visual, "sua matéria-prima, que se propõe significar [...] enormes objetos que constituem conjuntos ou pedaços do discurso".[39] Nesse sentido, a produção de certos materiais na Rua 1 poderia ilustrar o argumento proposto por Annette Weiner de que "através dos objetos fabricamos nossa autoimagem, cultivamos e intensificamos relacionamentos".[40]

---

[37] Erving Goffman, *Estigma: notas sobre a manipulação da identidade deteriorada* (Rio de Janeiro: Zahar, 1978), p. 22. (Grifo da autora)
[38] Bianca Freire-Medeiros, *Gringo na laje: produção, circulação e consumo da favela turística*, cit., p. 126.
[39] Claude Lévi-Strauss, *Arte, linguagem, etnologia: entrevistas com Claude Lévi-Strauss*, cit., p. 98.
[40] Annette Weiner, *The Trobianders of Papua New Guinea* (Standford: Stanford University, 1987), p. 159.

REFERÊNCIAS BIBLIOGRÁFICAS

BARRETTO, Margarita. "Relações entre visitantes e visitados: um retrospecto dos estudos sócio antropológicos". Em *Revista Turismo em análise*, São Paulo, vol. 5, nº 2, novembro de 2004.

BARTHES, Roland. *Lo obvio y lo obtuso: imagenes, gestos, voces*. Cidade do México: Paidós, 1986.

BAUDRILLARD, Jean. *Jean Baudrillard: Selected Writings*. Stanford: Stanford University Press, 1988.

BAUMAN, Zygmunt. *Modernity and Ambivalence*. Cambridge: Polity Press, 1991.

BOURDIEU, Pierre. *A distinção: crítica social do julgamento*. São Paulo: Edusp, 2007.

CÂMARA RIO. "Notícias", Rio de Janeiro, outubro de 2006. Disponível em: http://www.camara.rj.gov.br/noticias/2006/10/04.htm.

CANCLINI, Néstor Garcia. "O patrimônio cultural e a construção imaginária do nacional". Em *Revista do Patrimônio Histórico Artístico Nacional*, s/l., nº 23, 1994.

CASTRO, Celso. "A natureza turística do Rio de Janeiro". Em BANDUCCI, Álvaro Júnior & BARRETTO, Margarita. *Turismo e identidade local: uma visão antropológica*. Campinas: Papirus, 2001.

DOUGLAS, Mary & ISHERWOOD, Baron. *O mundo dos bens: para uma antropologia do consumo*. Rio de Janeiro: Editora UFRJ, 2004.

ECHEVERRÍA, Ana Maria. "O 'tour de realidade': uma nova tendência do turismo mundial", São Paulo, 8-11-2006. Disponível em http://noticias.uol.com.br/economia/ultnot/afp/2006/11/08/ult35u50176.jhtm.

FREIRE-MEDEIROS, Bianca. "A favela que se vê e que se vende: reflexões e polêmicas em torno de um destino turístico". Em *Revista Brasileira de Ciências Sociais*, São Paulo, vol. 22, nº 65, 2007.

_____. "And the Favela Went Global: the Invention of a Trademark and a Tourist Destination". Em VALENCA et al. *The Global Challenge and Marginalization*. Nova York: Nova Science Publishers, 2007.

_____ & CASTRO, Celso. "A cidade e seus souvenires: o Rio de Janeiro para turista ver". Em *Revista Brasileira de Pesquisa em Turismo*, vol. 1, nº 1, março de 2007. Disponível em http://www.rbtur.org.br/.

_____ et al. "Ética, estética e consumos possíveis: notas etnográficas sobre turismo em uma favela carioca". Em *Os Urbanitas: Revista de Antropologia Urbana*, vol. 5, nº 7, 2008. Disponível em http://www.osurbanitas.org/.

_____. *Gringo na laje: produção, circulação e consumo da favela turística*. Rio de Janeiro: Editora FGV, 2009.

GOFFMAN, Erving. *Estigma: notas sobre a manipulação da identidade deteriorada*. Rio de Janeiro: Zahar, 1976.

GONÇALVES, José Reginaldo. "Antropologia dos objetos: coleções, museus e patrimônios". Em *BIB Anpocs*, São Paulo, vol. 21, nº 60, jul.-dez. de 2005.

HALDRUP, Michael & LARSEN, Jonas. "Material Cultures of Tourism". Em *Leisure Studies*, Londres, vol. 25, nº 3, 2006.

LEITE, Márcia. "Entre o individualismo e a solidariedade: dilemas da política e da cidadania no Rio de Janeiro". Em *Revista Brasileira de Ciências Sociais*, São Paulo, vol. 15, nº 44, 2000.

LÉVI-STRAUSS, Claude. *Arte, linguagem, etnologia: entrevistas com Claude Lévi-Strauss*. São Paulo: Papirus, 1989.

_____. *O pensamento selvagem*. São Paulo: Papirus, 1989.

MACHADO DA SILVA, Luís Antônio. "Violência e sociabilidade: tendências da atual conjuntura urbana no Brasil". Em QUEIROZ, L. C. & SANTOS JR., O. A. *Globalização, fragmentação e reforma urbana*. Rio de Janeiro: Civilização Brasileira, 1994.

MACHADO, Paula & SIQUEIRA, Euler. "Turismo, consumo e cultura: significados e usos sociais do suvenir em Petrópolis-RJ". Em *Revista Contemporânea*, vol. 1, nº 10, 2008. Disponível em http://www.contemporanea.uerj.br/.

MILLER, Daniel. "Consumo como cultura material". Em *Horizontes Antropológicos*, Porto Alegre, vol. 13, nº 28. jul.-dez. de 2007.

MISSE, Michel. "Mercados ilegais, redes de proteção e organização local do crime no Rio de Janeiro". Em *Estudos avançados*, São Paulo, vol. 21, nº 61, 2007.

NOVAES, Sylvia Cauby. "Imagem, magia e imaginação: desafios ao texto antropológico". Em *Revista Mana*, Rio de Janeiro, v. 14, nº 2, pp. 455-471, 2008.

O ESTADO DE S. PAULO. "O turismo na favela deve ser incentivado?". Caderno Aliás/a questão é. São Paulo, fevereiro de 2007.

PERLMAN, Janice. *The Myth of Marginality: Urban Poverty and Politics in Rio de Janeiro*. Los Angeles: University of California Press, 1976.

PERROTA, Isabella. "Imagens turísticas do Rio de Janeiro: memória, representação, identidade e sedução". Em *Revista Mosaico*, Rio de Janeiro, vol. 1, nº 0, 2009.

URRY, John. *O olhar do turista: lazer e viagens nas sociedades contemporâneas*. São Paulo: Studio Nobel/Sesc São Paulo, 1999.

VALLADARES, Lícia. *A invenção da favela: do mito de origem a favela.com*. Rio de Janeiro: Editora FGV, 2005.

VEBLEN, Thorstein. *The Theory of the Leisure Class*. Nova York: Penguin Books, 1979.

WEINER, Annette. *The Trobianders of Papua New Guinea*. Standford: Stanford University, 1987.

WOODWARD, Ian. *Understanding Material Culture*. Londres: Sage Publications, 2007.

ZALUAR, Alba. *A máquina e a revolta*. São Paulo: Brasiliense, 2000.

_____. *Integração perversa: pobreza e tráfico de drogas*. Rio de Janeiro: Editora FGV, 2004.

_____ & ALVITO, Marcos. *Um século de favela*. Rio de Janeiro: Editora FGV, 2004.

Para saber mais

Sites
BEALOCAL TUR. http://www.bealocal.com.
EXOTIC TOURS. http://www.exotictours.com.br.Favela Tour. http://www.favelatour.com.br.
FOREST TOUR. http://www.foresttour.com.br.
GLOBAL EXCHANGE. http://www.globalexchange.org.
INDIANA JUNGLE TOURS. http://www.indianajungle.com.br.
JEEP TOUR. http://www.jeeptour.com.br.
PRIVATE TOURS. http://www.privatetours.com.br.
RIO ADVENTURES – TOURS, EXPEDITIONS & ADVENTURES. http://www.rioadventures.com.
SOLAND ECOTOUR. http://www.solandecotour.com.br.
THE DARK TOURISMO FÓRUM. http://www.dark-tourism.org.uk.

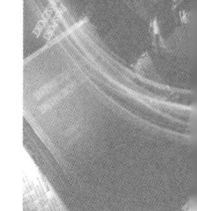

Experiências de mobilidade turística no espaço público urbano

Thiago Allis

Num contexto globalizado, o turismo tem-se convertido em *leitmotiv* de diversas políticas públicas de gestão do território, não somente pelas perspectivas de geração de empregos, mas pela projeção das cidades como espaços de competição. Em contraposição, as concatenações teóricas entre o fenômeno turístico e o processo de urbanização brasileiro ainda são pontuais e desiguais. Por isso, é conveniente que se estabeleça uma compreensão dilatada das teorias e práticas de planejamento e gestão urbanos no que toca a participação do turismo.

As discussões apresentadas neste capítulo propõem iluminar porções muito particulares e de tortuoso tratamento conceitual – o espaço público, que, no caso de países periféricos, está sujeito aos desafios de uma urbanização "caótica" (nas palavras de Darcy Ribeiro). Com efeito, a proposta é olhar, de maneira escrupulosa, para os interstícios do tecido urbano que, quando não são parte dos atrativos turísticos (monumentos, parques, museus, etc.), correspondem a um universo fragmentado que enseja experiências as mais variadas. Os resultados para o turista – que sequer consegue perceber objetivamente essas filigranas – serão mais ou menos intensos ou exclusivos, dependendo das especificidades do contexto urbano e do projeto de turismo a que se vincularem.

O turismo e o espaço público na urbanização contemporânea

No Brasil, abundam possibilidades de estudo do turismo em função do espaço público – tanto pela complexidade da urbanização brasileira, quanto pelo fato de, em um processo de diversificação da matriz turística, as cidades se incorporarem ao acervo turístico nacional.¹ Por isso, reconhecendo que a urbanização contemporânea é uma realidade complexa, essas análises devem começar pelos elementos que definam a experiência do visitante.

Para Fainstein e colaboradores, hoje "qualquer cidade vê o turismo como possibilidade e tem proposto medidas objetivas para o desenvolvimento da atividade".² Ainda que, em geral, nos países periféricos (especialmente nos da América Latina e da Ásia) a promoção turística ainda se valha de paisagens exuberantes e selvagens, o turismo urbano oferece potencialidades para o enfrentamento de seus desafios urbanos.

Se vivemos numa sociedade em rede,³ é imprescindível assumir que as dimensões, as características e as tendências do processo de urbanização contemporâneo influenciam diretamente os mercados e espaços turísticos. Muñoz, de maneira crítica, chega a sugerir que a criação de espaços urbanos banais – fenômeno que chama de "urbanalização" – guarda profundo relacionamento com possibilidades de fruição turística nas cidades contemporâneas, já que se projetam, com frequência cada vez maior, dinâmicas urbanas de consumo do espaço público voltado ao ócio.⁴ Portanto, será inócuo isolar as práticas de planejamento turístico, rejeitando a incorporação das complexidades dos processos de urbanização, especialmente no contexto brasileiro. Justamente por isso é imperioso compreender os fenômenos sociais e espaciais que se conjugam para a produção e reprodução dos espaços urbanos – seja porque eles influenciam o padrão das viagens, seja pelo fato de que a "turistificação"⁵ está necessariamente condicionada por preceitos, práticas e instrumentos de produção do próprio espaço urbano.

Na visão de Inskeep,⁶ o turismo urbano pode ser uma importante estratégia de incremento das estruturas de qualquer cidade e, em casos mais específicos, uma força

---

[1] Sobre espaço público, ver Stephen Carr, *Public Space* (Cambridge/Nova York: Cambridge University Press, 1992); Sérgio Abrahão, *Espaço público: do político ao urbano* (São Paulo: Annablume, 2008); Aparecida N. Teixeira, *Espaço público e projeto urbano: o "Eixo Tamanduatehy" em Santo André (SP)*. Tese de doutorado em Estruturas Ambientais Urbanas (São Paulo: Faculdade de Arquitetura e Urbanismo – Universidade de São Paulo, 2004); Angelo Serpa, *O espaço público na cidade contemporânea* (São Paulo: Contexto, 2007); e Revista Espaços & Debates, *Espaço público: o conceito e o político*, em Coleção Espaço & Debate, nº 46 (São Paulo: Annablume/Núcleo de Estudos Regionais e Urbanos – Neru), 2005.
[2] Susan S. Fainstein *et al.*, "Introduction", em Lily M. Hoffman *et al. Cities and Visitors*: Regulating People, Markets and City Space (Oxford: Blackwell, 2003), p. 8.
[3] Manuel. Castells, *Sociedade em rede* (São Paulo: Paz e Terra, 2003).
[4] Francesc Muñoz, *Urbanalización: lugares comunes, paisajes globales* (Barcelona: GG Mixta, 2008).
[5] Remy Knafou, "Turismo e território: para um enfoque científico do turismo", em Adyr B. Rodrigues (org.), *Turismo e geografia: reflexões teóricas e enfoques regionais* (São Paulo: Hucitec, 2001).
[6] Edward Inskeep, *Tourism Planning: an Integrated and Sustainable Development Approach* (Hoboken: John Wiley, 1991), p. 237.

vital para as ações de revitalização e renovação[7] de áreas centrais. Porém, historicamente, essas possibilidades são negligenciadas, enquanto se priorizam investimentos em setores mais tradicionais das economias urbanas – por exemplo, a indústria, as finanças –, o que explica uma presença reduzida do turismo nos estudos urbanos.[8] De fato, conforme alerta Fainstein e colaboradores,[9] a maior parte dos estudos sobre globalização negligencia o turismo urbano e interpreta os turistas como grupo marginal no desenvolvimento das cidades, a despeito do peso do turismo nas estratégias de desenvolvimento urbano e da importância que os fluxos turísticos paulatinamente representam na vida urbana no século XXI.

Compreender a fundo o turismo urbano é mais do que promover um nicho de mercado, senão prospectar, planejar, organizar e projetar experiências turísticas em função de particularidades das cidades, que incluem – porém não se restringem a – bens e monumentos históricos mais proeminentes. Numa leitura mais abrangente, Zukin considera que a cultura é paulatinamente "o negócio das cidades",[10] a partir do qual o crescimento do consumo cultural (de arte, gastronomia, moda, música, turismo) abastece a economia simbólica das cidades, ou seja, sua capacidade de produzir símbolos e reproduzir espaços. A autora revela que, num ambiente de competição urbana, os marqueteiros da cidade (*city boosters*) lutam pelo dinheiro dos turistas e pela atração de investimentos através da "projeção de uma imagem da cidade como centro de inovação cultural, incluindo toda a gama de restaurantes diferenciados, *performances* artísticas vanguardistas e design arquitetônico".[11] Nesse último quesito, tome-se o caso de Bilbao (País Basco), que, nos últimos vinte anos, se reestruturou depois de um longo período de decadência industrial, fazendo uso de projetos urbanos de caráter espetacular, notadamente o Museu Guggenheim, hoje um ícone turístico e urbano da cidade.[12]

---

[7] Traduzimos para o português os termos *revitalização* (revitalization) e *renovação* (redevelopment), mas vale destacar que existem discussões detalhadas, inclusive em função dos dissensos nas teorias e nas práticas. Para mais detalhes, ver Heliana C. Vargas & Ana Luísa H. Castilho (orgs.), *Intervenções em centros urbanos: objetivos, estratégias e resultados* (Barueri: Manole, 2006); Eduardo Yázigi, *Civilização urbana, planejamento e turismo: discípulos do amanhecer* (São Paulo: Contexto, 2003); Eduardo Yázigi, *Esse estranho amor dos paulistanos: requalificação urbana, cultura e turismo* (São Paulo/Brasília: Global/CNPq, 2006).
[8] Douglas G. Pearce, *Geografia do turismo: fluxos e regiões no mercado de viagens* (São Paulo: Aleph, 2003), p. 305.
[9] Susan S. Fainstein *et al.*, "Introduction", em Lily M. Hoffman *et al. Cities and Visitors: Regulating People, Markets and City Space*, cit., p. 13.
[10] Sharon Zukin, *The Culture of Cities* (Oxford: Blackwell, 2008).
[11] *Ibid.*, p. 2.
[12] Arantxa Rodriguez & Pedro Abramo, "Reinventar a cidade: urbanismo, cultura e governança na regeneração de Bilbao", em Teixeira Coelho (org.), *A cultura pela cidade* (São Paulo: Iluminuras/Itaú Cultural, 2008), p. 103.

[ESTUDOS DE CASO]

Algumas intervenções urbanas podem resultar convenientes e atraentes aos visitantes, porém, não raro, ao selecionar usos turísticos, redundam em "guetos",[13] "confinamentos"[14] ou "não lugares",[15] espaços estruturados claramente selecionados para atividades de ócio e consumo turístico em porções específicas da cidade – chamados por alguns de "espetaculares"[16] ou "disneyficados".[17] Isso pode significar um arrocho na segregação espacial na urbanização contemporânea. Mas, com recorrência cada vez maior,[18] gestores locais empreendem tais projetos no intuito de "localizar suas cidades no mapa", numa clara competição de investimentos e dividendos políticos. De fato, esse modelo de gestão urbana é frequentemente criticado por priorizar "visitantes e usuários solventes",[19] cujos usos estariam definidos por sua capacidade de consumo.[20]

É nesse contexto que, de maneira ampla, o conceito de *patrimônio urbano*[21] – ou de patrimônio ambiental urbano[22] – tem o potencial de auxiliar na construção de políticas abrangentes e menos excludentes de turismo para as cidades, mesmo nos países em desenvolvimento, como em Quito (Equador).[23]

---

[13] Jost Krippendorf, *Sociologia do turismo: para uma nova compreensão do lazer e das viagens* (3ª ed. São Paulo, Aleph, 2000).

[14] Eduardo Yázigi, *Turismo: uma esperança condicional* (São Paulo: Global, 2003b).

[15] Marc Augé, *Não lugares: introdução a uma antropologia da supermodernidade*, Coleção Travessia do Século (Campinas: Papirus, 1994).

[16] David Harvey, *Condição pós-moderna* (São Paulo: Loyola, 2005); David Harvey, "Do gerenciamento ao empresariamento urbano: a transformação da administração urbana no capitalismo tardio", em *Revista Espaço & Debates*, São Paulo, vol. 16, nº 39, 1996, pp. 48-64.

[17] Sharon Zukin, "Aprendendo com Disney World", em *Revista Espaço & Debates*, São Paulo, vol. 23, nº 43-44, jan.-dez. de 2003, pp. 11-27.

[18] Vide o caso de Rio Branco (AC), que, mesmo estando apartado dos principais eixos da rede urbana brasileira, desenvolve projetos urbanos "espetaculares". Thiago Allis, "Notas sobre projetos urbanos e turismo: o caso de Rio Branco (AC/Brasil)", em *Revista Turismo e Sociedade*, Curitiba, vol. 2, nº 2, outubro de 2009, pp. 144-165, disponível em http://ojs.c3sl.ufpr.br/ojs2/index.php/turismo.

[19] Carlos B. Vainer, "Pátria, empresa e mercadoria: notas sobre a estratégia discursiva do Planejamento Estratégico Urbano", em Otilia Arantes *et al. Cidade do pensamento único: desmanchando conceitos*, (2ª ed. Petrópolis: Vozes, 2002), p. 80.

[20] Leite desenvolve um estudo profundo sobre a cidade do Recife, em que discute as contradições da preservação do patrimônio no Recife antigo, incluindo as demandas turísticas. Para mais detalhes, ver Rogério P. Leite, *Contra usos da cidade: lugares e espaço público na experiência urbana contemporânea* (Campinas/Aracaju: Editora Unicamp/Editora da UFS, 2004).

[21] Para Reis Filho, o conceito "permite reconhecer o valor e a importância de alguns conjuntos arquitetônicos e urbanísticos, sem recorrer ao valor de cada uma das suas partes, tomadas isoladamente. [...] renovando [assim] os conceitos sobre o valor dos espaços" Nestor G. Reis Filho. *São Paulo e outras cidades: produção social e degradação dos espaços públicos* (São Paulo: Hucitec, 1994), p. 10.

[22] Nestor G. Reis Filho. *São Paulo e outras cidades: produção social e degradação dos espaços públicos*, cit.; Eduardo Yázigi, *Civilização urbana, planejamento e turismo: discípulos do amanhecer*, cit.; Eduardo Yázigi, *O mundo das calçadas* (São Paulo: Humanitas/FFLCH-USP/Imprensa Oficial, 2000).

[23] O caso de Quito é emblemático, posto que, após um forte terremoto em 1986, passou por avanços nos transportes públicos, sem isolar a área central. Nesse processo, o centro histórico recebeu melhorias nos espaços públi-

Convém ponderar que os temas que determinam o planejamento e a gestão de cidades vão muito além das demandas por turismo – ainda que, cada vez mais (especialmente onde, antes do turismo, a urbanização se mostrava ainda rarefeita), essa imbricação se configure mais objetivamente. Em resumo, apenas recentemente "o planejamento turístico emergiu como uma especialização do planejamento urbano e ainda está estruturando sua própria abordagem, seu corpo de conhecimentos e os relacionamentos com outras disciplinas mais consolidadas".[24]

A mobilidade turística nas cidades

Num contexto pós-moderno, talvez não exista efetivamente uma dissolução dos lugares em não lugares, senão a constituição de novos lugares urbanos, propiciados justamente nos espaços de mobilidade e de trânsito – isso significa dizer que "a mobilidade real e a virtual não estão causando a extinção da cidade ou dos lugares, senão estão gerando novas formas de cidade e lugar".[25]

Nesse sentido, um aparente paradoxo merece atenção para iniciar o estudo sobre mobilidade turística: num contexto de liquefação de relações, espaços e tempos,[26] em que a globalização se configura como um "processo de mobilidades extensivas",[27] as tecnologias audiovisuais, mesmo ao permitirem contatos virtuais, reforçam o valor do que não pode ser experimentado eletrônica ou digitalmente. Dessa maneira, "o atrativo de um espaço urbano se explicita pela riqueza das experiências multissensoriais que oferece"[28] e, no que tange ao locomover-se urbano, as experiências de mobilidade vão além do contato visual e tátil.[29]

---

cos, possibilitadas, em grande medida, pelo empréstimo tomado ao Banco Interamericano de Desenvolvimento. Innovar-Uio, *Memórias de una transición: de la Empresa de Desarrollo del Centro Histórico a Innovar-Uio* (Quito: Innovar-Uio, 2008); e _____, *Quito: una experiencia en la recuperación del espacio público* (Quito: Innovar-Uio, 2009).

[24] Carlos Costa, "An Emerging Tourism Planning Paradigm? A Comparative Analysis between Town and Tourism Planning", em *International Journal of Tourism Research*, vol. 3, nº 6, 2001, p. 425, disponível em http://www3.interscience.wiley.com/cgi-bin/fulltext/88011922/PDFSTART (acesso em 22-5-2009).

[25] François Ascher, "Ciudades con velocidad y movilidad múltiples: un desafío para los arquitectos, urbanistas y políticos". em *Revista ARQ UC*, Santiago do Chile, nº 60, p. 16, julho de 2005.

[26] Zygmunt Bauman, *Modernidade líquida* (São Paulo: Jorge Zahar, 2001).

[27] Peter Adey, *Mobility* (Oxford, Routledge, 2010) p. 10.

[28] François Ascher, "Ciudades con velocidad y movilidad múltiples: un desafío para los arquitectos, urbanistas y políticos", cit.

[29] Peter Adey. *Mobility*, cit.

Para Docherty e colaboradores,[30] *acessibilidade* e *mobilidade* são conceitos e práticas estreitamente vinculados: quanto mais acessível o ambiente urbano, menor a necessidade de recursos de mobilidade para o desenvolvimento das atividades cotidianas; quanto maior a disponibilidade de tais recursos (transporte público, estruturas de transporte, espaços de circulação), maior será o grau de mobilidade das pessoas, informações e bens no Sistema de Mobilidade PIB.[31]

No que tange à experiência do visitante, contudo, a mobilidade urge ser interpretada de maneira menos cartesiana. Nessa seara, Sheller e Urry[32] sustentam que, na sua essência, a materialidade das cidades é perpassada por "caminhos" de mobilidade, ou seja, estão incrustadas com rampas e passagens, pontes e túneis, vias expressas, anéis viários, rotatórias, etc. Contudo, num ambiente de competitividade e empreendedorismo/empresariamento urbano,[33] essas infraestruturas foram se transformando na forma urbana do movimento: o desenho clássico das cidades, concebido do ponto de vista do pedestre, agora é revisto sob uma ênfase arquitetônica pós-moderna, em que os símbolos são de fácil compreensão e permitem uma leitura rápida em grandes vias repletas de painéis de neon.

Em contraste, conforme alertam Duarte e colaboradores,[34] as calçadas, enquanto espaços da sociabilidade cotidiana, são menosprezadas em favor de projetos rodoviários (grandes avenidas, vias expressas, elevados), conjunto que impõe um "efeito barreira", reduz a interação social e degrada espaços públicos.

Conforme sugere Rykwert, "edificações e lugares – mesmo que não transmitam exatamente 'mensagens' – marcam e articulam a estrutura urbana e sua textura: eles significam algo".[35] Esses lugares e seus significados não estão restritos a ambientes fechados ou privados, senão se distribuem pelo conjunto da cidade. Ainda que focado na realidade estadunidense, Ford trata dos espaços entre as construções (*spaces between buildings*), que, sendo de domínio público, se interpõem entre os edifícios.[36]

---

[30] Iain Docherty *et al.*, "Connected Cities", em Richard Knowles *et al.* (org.), *Transport Geographies: Mobilities, Flows and Spaces* (Oxford: Blackwell, 2008), p. 85.

[31] François Ascher, "Ciudades con velocidad y movilidad múltiples: un desafío para los arquitectos, urbanistas y políticos", cit.

[32] Mimi Sheller & John Urry, "The City and the Car", em *International Journal of Urban and Regional Research*, vol. 24, nº 4, dezembro de 2002, p. 740, disponível em http://www3.interscience.wiley.com/cgi-bin/fulltext/119042568/PDFSTART.

[33] David Harvey, *Condição pós-moderna* (São Paulo: Loyola, 2005); _____, "Do gerenciamento ao empresariamento urbano: a transformação da administração urbana no capitalismo tardio", em *Revista Espaço & Debates*, São Paulo, vol. 16, nº 39, 1996, pp. 48-64.

[34] Fábio Duarte *et al.*, *Introdução à mobilidade urbana* (Curitiba: Juruá, 2008), p. 17.

[35] Joseph Rykwert, *A sedução do lugar: história e futuro da cidade* (São Paulo: Martins Fontes, 2004), p. 209.

[36] Larry R. Ford, *The Spaces Between Buildings* (Baltimore: The John Hopkins University Press, 2000).

Consideradas as relações cotidianas da cidade, esses espaços (escadarias, calçadas, galerias, alamedas, pátios, jardins frontais, cercas, entre outros) complementam a tessitura da trama urbana.

Hertzenberger aponta a premência na arquitetura contemporânea de se diminuírem os hiatos entre externo e interno nas edificações, de maneira que "espaços intermediários" ou "intervalos espaciais [sejam] capazes de eliminar a divisão rígida entre áreas públicas e privadas".[37] E nós acrescentaríamos: é visível na cidade contemporânea um escamoteamento das distinções sociais entre público e privado no ambiente construído: ainda que com uma pretensa harmonização projetual, os projetos públicos ou privados vêm cada vez mais cercados de mecanismos de controle disfarçados (elevado número de seguranças, monitoramento por vídeo, espaços de triagem de públicos, etc.).

Como lembra Carr,[38] mais do que a propriedade ou os recursos estéticos e arquitetônicos, ao fim e ao cabo, é a acessibilidade que define o caráter público do espaço. O autor chama a atenção para uma "perspectiva humana" na análise do espaço público, em que os usos e a satisfação das pessoas estão condicionados ao conforto físico e psicológico, às possibilidades de envolvimento passivo (contemplação ou relaxamento) ou ativo (usos esportivos), à perspectiva de descoberta (monotonia *versus* diversidade) e, principalmente, aos graus de acessibilidade proporcionados nos domínios públicos ou privados do espaço.

Nesse caso, o autor sugere três tipos de acessibilidade aos espaços públicos: física (dispositivos materiais de controle), visual (elementos de controle e estímulo não necessariamente regulados, como cercas vivas) e simbólica (capacidade de convidar e efetivamente receber os visitantes).

No sistema de mobilidade de uma cidade, o mosaico formado por porções de domínio público são importantes na organização e na percepção do destino turístico. São espaços e momentos de mobilidade não recobertos pela parafernália tecnológica dos sistemas de transporte de massa, que pressupõem uma articulação à escala humana e estimulam, pela proximidade, a interpretação do patrimônio urbano.

Isso pode se configurar desde o simples caminhar – que, dependendo das situações, gera repulsa ou excitação – até o uso de estruturas de transporte diferenciadas, como bondes antigos, elevadores urbanos, passarelas ou passagens superiores, esca-

---

[37] Hermann Hertzberger, *Lições de arquitetura* (São Paulo: Martins Fontes, 1996), p. 29; Hertzberger apud Aparecida N. Teixeira, *Espaço público e projeto urbano: o "Eixo Tamanduatehy" em Santo André (SP)*, cit., p. 47.

[38] Stephen Carr, *Public Space*, cit., p. 92.

darias, esteiras ou escadas rolantes entre desníveis da cidade, etc. São momentos em que o visitante trava um contato mais intenso com o destino, através de suas experiências de deslocamento. Ou seja, reconhecendo a cidade como fonte da experiência turística, trata-se de compreender o turismo na esfera urbana a partir de situações propiciadas eminentemente nos espaços públicos.

As pesquisas que tratam da gestão do turismo pelo prisma do espaço público,[39] consideram, comumente de maneira secundária, a circulação e os transportes partes da experiência urbana. Em geral, a produção acadêmica específica em transporte e turismo enfatiza os fluxos entre destinações e prioriza aspectos de ordem técnica e gerencial nos modais de transporte (aquaviário, rodoviário, ferroviário e aéreo).[40]

De maneira geral, a fruição turística das paisagens urbanas deve ser considerada em todas as suas possibilidades, não apenas no que diz respeito às condições físicas da mobilidade, mas também aos elementos simbólicos do espaço urbano.[41] Nessa linha, Lynch[42] sugere que as pessoas visualizam e assimilam a cidade através de quatro elementos: caminhos (*paths*), bairros (*districts*), cruzamentos (*nodes*) e pontos marcantes (*landmarks*).

Abordagens complementares, que oportunizam melhor compreensão dos espaços de mobilidade nas cidades, são feitas pelos estudos de transportes nas áreas de geografia e urbanismo. Knowles e colaboradores[43] trazem discussões amplas que abarcam vários aspectos da mobilidade, em que pese a função dos transportes a partir da análise de sua utilidade e as experiências turísticas propiciadas (tabela 1). Hall,[44] por sua vez, oferece uma interpretação sobre o vínculo entre transporte, turismo e lazer. Nesse caso, o autor, ainda que não enfatize o contexto urbano, reconhece que o transporte tem sido recentemente interpretado como uma possibilidade de expe-

---

[39] Deborah Edwards *et al.*, "Urban Tourism Research: Developing an Agenda", em *Annals of Tourism Research*, vol. 4, nº 4, outubro de 2008, pp. 1.032-1.052, disponível em http://www.elsevier.com/wps/find/journaldescription.cws_home/689/description#description (acesso em 15-4-2009).

[40] Sobre o tema, em português, ver Stephen J. Page, *Transporte e turismo* (Porto Alegre: Bookman, 2001); Guilherme L. Palhares, *Transporte aéreo e turismo: gerando desenvolvimento socioeconômico* (São Paulo: Aleph, 2001); Francisco De La Torre, *Sistema de transporte turístico* (São Paulo: Roca, 2002); e, especificamente para a realidade brasileira, Guilherme L. Palhares, *Transportes turísticos* (São Paulo: Aleph, 2002); Ronaldo Di Roná, *Transportes no turismo* (Barueri: Manole, 2002); e André M. Paolillo & Mirian Rejowski, *Transportes* (São Paulo: Aleph, 2002, Coleção ABC do Turismo)

[41] Thiago Allis, "Projetos urbanos e turismo: o caso de Quito (Equador)", em *Anais do Seminário de Preservação do Patrimônio Cultural* 2, Juiz de Fora, 2009, p. 1.

[42] Kevin Lynch *apud* Herbe XAVIER, *A percepção geográfica do turismo* (São Paulo: Aleph, 2007), pp. 35-36.

[43] Richard Knowles *et al.* (orgs.), *Transport Geographies: Mobilities, Flows and Spaces* (Oxford: Blackwell, 2008).

[44] Derek Hall, "Transport, Tourism and Leisure", em Richard Knowles *et al.* (orgs.), *Transport Geographies: Mobilities, Flows and Spaces*, cit.

riência turística, abarcando "atributos do patrimônio, nostalgia, educação, exclusividade, experiências agregadas e entretenimento". Portanto, no seu vínculo com o turismo, pode desempenhar papéis de variados graus e combinações, funcionais ou diferenciais.[45] Adey lembra que sem a mobilidade algumas atividades de lazer seriam impossíveis, tais como andar a cavalo ou de bicicleta, passear de barco ou esquiar.[46]

TABELA 1. NÍVEIS DE UTILIDADE E EXPERIÊNCIA DOS TRANSPORTES.

Utilidade	Função dos transportes		Experiência turística
- Uso do carro e de táxis locais - Ônibus urbanos - Bondes - Metrô	- Trens interurbanos - Voos - *Ferries* locais - Viagens de longa distância por rodovias e outras combinações rodovia-ferrovia e rodovia-navegação - Caminhadas ou jornadas locais de bicicleta	- Rodovias ou trilhas cênicas - *Tours* com ônibus - Ônibus urbanos de *sightseeing* - Cruzeiros fluviais - Trilhas a pé ou em bicicletas - *Rallies* ou museus de transportes	- Programas de férias envolvendo caminhadas ou rotas ciclísticas - Trens históricos e outras ferrovias com experiências diferenciadas - Cruzeiros marítimos - Voos de balão, *hang-gliding* e *rafting*
Baixo	Valor intrínseco da experiência		Alto

Fonte: Richard Knowles *et al.* (org.), *Transport Geographies: Mobilities, Flows and Spaces*. Oxford: Blackwell, 2008. [Adaptado e traduzido pelo autor.]

A leitura dos graus de interesse e necessidade dos transportes para a construção da experiência turística, conforme apresentado pela tabela 1, exige ponderações quando considerado o panorama brasileiro, especialmente no que se refere à experiência de mobilidade e turismo na escala urbana. Os bondes que, para o autor, envolvem baixo valor intrínseco de experiência – e considerando-se sua ausência no Brasil – convertem-se em importantes atrativos turísticos em algumas localidades – como o Bonde Histórico de Santos.[47] Da mesma forma, a experiência do Turismetrô (visitas

---

[45] Thiago Allis, *Ferrovia, turismo e patrimônio cultural*: estudo sobre ferrovias turísticas no Brasil e na Argentina, dissertação de mestrado em Integração da América Latina (São Paulo: Programa de Pós-Graduação em Integração da América Latina-USP, 2006), p. 116.
[46] Peter Adey, *Mobility*, cit.
[47] Os bondes e as ferrovias turísticas são um fenômeno crescente no Brasil e no mundo – mesmo na Inglaterra, onde o trem ainda é parte da vida cotidiana, existem mais de duzentos museus de transporte ou ferroviário e trechos turísticos ou adaptados para o turismo. Para mais detalhes sobre o assunto, ver Derek Hall, "Transport, Tourism and Leisure", em Richard Knowles (orgs.), *Transport Geographies: Mobilities, Flows and Spaces*, cit.; Carlos A. Tomelin, "Turismo ferroviário", em Alexandre Panosso Neto & Marília G. R. Ansarah, *Segmentação*

guiadas por roteiros específicos nos finais de semana), mesmo fazendo uso de um meio de transporte de massa (funcional) e, a princípio, sem nenhuma experiência agregada, pode resultar em um conjunto de atividades e produtos turísticos atraentes (diferenciados).[48]

O mesmo vale para as possibilidades de uso da bicicleta. Desde a extinção, em 2008, do Geipot (Empresa Brasileira de Planejamento de Transportes), que realizou estudos para o planejamento cicloviário no país, poucas são as informações ou os avanços no tocante à infraestrutura cicloviária. Atualmente, as iniciativas se concentram nas administrações locais, que buscam instalar ciclovias ou ciclofaixas como um estímulo ao uso da bicicleta – é o caso do Programa Cicloviário de Sorocaba (SP), que já implantou mais de 50 quilômetros de vias exclusivas para bicicletas.[49]

De fato, os sistemas de transportes urbanos e seus elementos podem se tornar marcas de uma cidade a partir do simbolismo que projetam. A logomarca do metrô (*underground*) de Londres e as estações-tubo de Curitiba são referências fortes dessas cidades, a ponto de servirem de inspiração para suvenires e peças publicitárias.

Em outros casos, os transportes chamam a atenção pela presença na dinâmica urbana das cidades, como os coloridos, porém desconfortáveis, *Jeepneys* de Manila (Filipinas), ou através de estruturas visitáveis, que se convertem em oferta turística – caso dos elevadores de Lisboa, que permitem o deslocamento entre níveis na cidade, ou os antigos *eléctricos*, que serpenteiam sôfregos pela Alfama. Nesse e em outros casos (por exemplo, os *cable cars*, de São Francisco, nos Estados Unidos, ou Bratslava, na Eslováquia). Talvez eles sejam uma tentativa de manter uma ambiência ou poética urbana como estratégia ao desenvolvimento turístico.

Assim, as formas de mobilidade – para o passageiro, o caminhante ou o espectador – configuram-se como elementos da construção material e social das cidades e parte de seu patrimônio urbano e turístico. Portanto, pelo ato de se movimentar nos interstícios urbanos – independentemente do uso de transportes públicos – vislumbram-se experiências turísticas proporcionadas no âmbito da dinâmica urbana, e não apenas pelos ícones turísticos mais cintilantes na paisagem urbana.

---

do mercado turístico: estudos, produtos e perspectivas (Barueri: Manole, 2009); Thiago Allis, *Ferrovia, turismo e patrimônio cultural: estudo sobre ferrovias turísticas no Brasil e na Argentina*, cit.

[48] Desde o início deste serviço, mais de 30 mil pessoas já realizaram os roteiros, sendo que uma boa parte delas vive em São Paulo. Isso sugere que o Turismetrô é capaz de atrair mesmo aqueles que estão habituados com as experiências cotidianas proporcionadas pelo sistema metroviário de São Paulo.

[49] Ver *site* da Empresa de Desenvolvimento Urbano e Social de Sorocaba http://www.urbes.com.br.

ESTRUTURAS DE ACESSIBILIDADE E A GESTÃO PATRIMÔNIO NAS CIDADES

O cenário espanhol comprova que os espaços públicos são importantes na atração de turistas a cidades históricas: apesar de disporem de muitos atrativos visitáveis (cerca de 400, dos quais 31 em Toledo), os locais mais visitados são os espaços públicos (ruas, praças, jardins, *plazuelas*, mirantes, etc.), especialmente no caso de segundas ou terceiras visitas[50] – sugerindo que a experiência urbana é o que fideliza o turismo nesse tipo de destino turístico. A propósito, as próprias categorias de logradouros do centro histórico de Toledo despertam curiosidade pelas experiências que potencialmente ensejam: além das convencionais *calles, callejones* e *plazas*, há *pasarelas, paseos, cuestas, bajadas, cobertizos, escalerías* e *pátios*.

Juntamente com Santiago de Compostela, Salamanca e Córdoba, Toledo representa um importante grupo de destinos turísticos com conjuntos urbanos listados como Patrimônio da Humanidade na Espanha. Em 2006, foram 452.647 turistas (dos quais cerca de 30% estrangeiros), 20% a mais que em 2003.

Os principais atrativos da cidade estão localizados numa colina, rodeada pelo Rio Tajo, cujas perspectivas paisagísticas proporcionam experiências turísticas privilegiadas, ainda que os desníveis possam ser interpretados como inibidores geográficos. As perspectivas de deslocamento não se dão apenas na horizontalidade da superfície – senão também entre os desníveis do terreno e nos subterrâneos que explicam a implantação histórica da cidade. Pesquisas arqueológicas recentes têm resultado em novas possibilidades de visitação turística, no subsolo da cidade, como as termas romanas da Praça Amador de los Ríos, que, junto de outros pontos, fazem parte de roteiros organizados pelo Consórcio Toledo desde 2004 (*Rutas Patrimonio Desconocido*).

Portanto, o estudo da mobilidade no espaço urbano permite compreender a estruturação territorial das cidades e, então, propor medidas de planejamento da experiência turística coesas de sentido, cativantes na sua fruição e atualizadas nas demandas contemporâneas.

Partindo de um tema pungente na atualidade (acessibilidade para pessoas com deficiência física), emergem discussões complexas relacionadas às medidas de proteção ao patrimônio histórico-cultural e ao atendimento universal dos públicos. As intervenções ao patrimônio edificado dependem de discussões e medidas bastante delicadas, posto que, em geral, as construções trazem materiais e programas arquitetônicos não raro conflitantes com a dinâmica urbana contemporânea – o que, no caso de Toledo, pressupõe o turismo.

---

[50] Miguel Ángel Troitiño Vinuesa *et al.*, *La situación turística del Grupo de Ciudades Patrimonio de la Humanidad de España*: bases para la puesta en marcha del observatorio turístico, Madri: Universidad Complutense de Madrid, Grupo de Ciudades Patrimonio de la Humanidad de España, 2007, p. 8.

[ESTUDOS DE CASO]

Assim, no intuito de atender a todos os públicos, medidas como a implantação de rampas ou acessórios de facilitação à visita poderiam ser interpretadas como máculas à integridade de construções seculares. Ainda assim, algumas soluções se articulam para atualizar a função social do patrimônio histórico-cultural às demandas contemporâneas, sem, entretanto, divergir das práticas de preservação.

No caso de Toledo, há medidas para que a acessibilidade seja entendida na sua maneira mais ampla, em que o acesso do visitante seria facilitado à área patrimonial como um todo – e não apenas na escala dos edifícios. Um exemplo disso: implantou-se um conjunto de escadas rolantes na vertente norte da colina histórica da cidade, projetando o visitante, com pouco esforço físico, à parte alta, de onde o acesso aos atrativos seria mais facilitado. Além de ser um equipamento do sistema de transporte público da cidade, serve de facilitador para o uso do estacionamento instalado na região (*Paseo de Recaredo*).

Vale recordar que, no Brasil, o acesso ao Cristo Redentor, um dos principais atrativos turísticos do país e epítome da imagem turística brasileira, foi facilitado com a instalação do mesmo expediente em 2003. Muitos são os casos em que as escadas ou esteiras rolantes são parte do sistema de mobilidade pública. Pode-se citar a cidade de Vitória ou Gasteiz, no País Basco, que, com um centro histórico medieval, dispõe de esteiras rolantes de acesso às áreas mais altas. Hong Kong, na China, com sete milhões de habitantes e 30 milhões de turistas anuais, dispõe de um complexo sistema de mobilidade para os pedestres (passagens subterrâneas, passarelas, escadas e esteiras rolantes, etc.), incorporado ao sistema de transporte e à intensa dinâmica comercial urbana – como a Mid-Level's Escalator, conjunto de esteiras rolantes que levam da região da central até Mid-Levels. Nesse caso, os modos de deslocamento do pedestre são parte do conjunto de estruturas e regras de circulação da cidade e, de maneira complementar, proporcionam conveniências ao deslocamento do visitante, situações que, não raro, virão a constituir parte importante do acervo de experiências e memórias do destino turístico.

Por um lado, tais dispositivos são medidas de democratização de acesso físico à cidade – o que, desejavelmente, deveria levar à fruição de seus atrativos por todos os públicos; por outro, poder-se-ia discutir os vários níveis de autenticidade que essas soluções técnicas ensejam ao visitante, já que o deslocamento na escala do pedestre, enquanto parte da experiência turística, privilegia um contato mais intenso, gradual e particular com o patrimônio. No caso de Toledo, das escadas rolantes, na outra face da colina, continuam existindo escadas convencionais (*Escalería del Miradero*), integradas às construções históricas da cidade.

O caso de Toledo parece indicar um equilíbrio entre os preceitos de gestão do patrimônio histórico e intervenções facilitadoras ao acesso turístico. Assim, essas medidas – apesar de trazerem um impacto visual e físico no conjunto histórico – configuram-se como uma leitura sensível das demandas turísticas na cidade, sem, por isso, desmantelar os princípios que regem a preservação do patrimônio urbano.

Estudos detalhados dessa e outras situações devem alimentar discussões[51] e levar a propostas de intervenções harmônicas, que facilitem a acessibilidade e a mobilidade no âmbito do destino – contribuindo não somente, mas especialmente, para maior competitividade turística das destinações. Considerando-se que, no Brasil, temos situações geográficas semelhantes em destinos turísticos importantes (como Ouro Preto, em Minas Gerais, e Olinda, em Pernambuco), essa é uma experiência que merece ser considerada na compreensão das demandas turísticas contemporâneas e na consecução de medidas de planejamento e gestão do patrimônio e do turismo o mais abrangente possível.

O CENTRO DE SÃO PAULO E O MERCADO MUNICIPAL PAULISTANO: QUE EXPERIÊNCIAS PERMITEM O ESPAÇO PÚBLICO?[52]

O centro da cidade de São Paulo, onde se localizam importantes atrativos turísticos vinculados ao patrimônio histórico-cultural, apresenta, no tocante à acessibilidade e à mobilidade, algumas vantagens em comparação com outras áreas da cidade: o sistema de metrô tem seu principal cruzamento na Praça da Sé e a mobilidade de pedestres é facilitada por zonas pedestrianizadas – que nos últimos anos tiveram seu comércio ambulante fortemente controlado.

No geral, a localização dos *hotspots* turísticos paulistanos (como a Avenida Paulista) segue a mesma lógica da urbanização brasileira: ilhas de conveniência em um tecido urbano coalhado de problemáticas urbanas, o que pode levar a uma experiência complicada com relação à mobilidade. De fato, na América Latina, as políticas neoliberais dos anos 1990 resultaram em novas demandas por transporte privado; São Paulo, por exemplo, apresentou em 2001 a maior taxa de motorização da região (38,8%), seguida da Cidade do México (com 20%),[53] o que explica, em parte, congestionamentos maiores e mais frequentes, sobretudo nas áreas centrais das grandes cidades latino-americanas.

---

[51] Discussões sobre mobilidade urbana e turismo e a relação da dinâmica turística em ambientes urbanos, especialmente centros históricos, podem ser consultadas, respectivamente, em María-García Hernández,. *Turismo y conjuntos monumentales: capacidad de acogida turística y gestión de flujos de visitantes* (València: Tirant lo Blanch, 2003); e Miguel de la Calle Vaquero, *La ciudad histórica como destino turístico* (Barcelona: Ariel, 2006).

[52] O conteúdo deste quadro é resultado de uma pesquisa realizada pelo autor em 2009, apresentada na II Conferência Asiática de Gestão do Patrimônio, em Macau (China), em dezembro de 2009. Thiago Allis, "Tourist Mobility and Public Urban Space in Developing Countries: the Case of São Paulo (Brazil)", em Conferência Unesco-ICCROM Asian Academy of Heritage Management, vol. 2, 2009 (Macau: Instituto de Formação Turística, 2009b), pp. 29-38.

[53] Oscar Figueiroa, "Transporte urbano y globalización: políticas y efectos en América Latina", em *Revista Eure*, vol. 31, nº 94, dezembro de 2005, p. 50, disponível em http://www.scielo.cl/pdf/eure/v31n94/art03.pdf (acesso em 14-4-2009).

[ESTUDOS DE CASO]

Nesse ambiente, nos últimos cinquenta anos, priorizaram-se intervenções públicas que consumiam espaço público em favor das estruturas de transporte privado ou de massa – mas com poucas soluções para a mobilidade segura e confortável de pedestres.[54]

No caso do turismo – ainda que visto como tema secundário na teoria urbana –, medidas que incentivem os turistas a caminhar pelas áreas centrais de uma cidade deveriam ser priorizadas, dado que é comum os visitantes preferirem a caminhada como forma de contato direto com o ambiente urbano. Por isso, sugiro a pedestrianização das áreas de interesse turístico como um dos elementos do planejamento do turismo em áreas urbanas.[55]

Em São Paulo, as primeiras iniciativas para restringir o tráfego de veículos em favor dos pedestres aconteceram nas décadas de 1920 e 1930,[56] algo que viria se tornar uma política pública estruturada nos anos 1970 – período em que várias ruas no entorno da Praça da República e do Centro Velho foram transformadas em calçadões; em 2001, essa rede[57] era de 136.000 m² e, recentemente, algumas ruas foram reabertas ou tiveram circulação compartilhada autorizada. Tais medidas são respostas do poder público para o melhor relacionamento entre as várias demandas por espaço público no que tange à circulação e, também, resultam em espaços potencialmente mais agradáveis e seguros para a atividade turística.

Contudo, nem todas as áreas de interesse turístico são ruas pedestrianizadas – já que as decisões para sua implantação pouco levam em conta as demandas turísticas. Um exemplo disso é o entorno do Mercado Municipal de São Paulo, que, de epicentro da Zona Cerealista, converteu-se nos últimos anos em potente atrativo na zona central de São Paulo – talvez umas das marcas turísticas

---

[54] Freitag resume o panorama do período: "[A] virada no século XX para o XXI [...] [configura-se pela] verticalização das construções, [...] introdução de elevados e túneis, que favorecem o transporte urbano voltado para o automóvel, em detrimento de bondes, metrô e trens [...]. Os franceses aperfeiçoaram os transportes públicos recorrendo às vias férreas, ao passo que o Brasil, a partir da segunda metade do século XX, deu preferência ao transporte público rodoviário, multiplicando o uso de carros particulares [...]. Isso modificou a fisiognomia das grandes cidades e capitais, associando-se aos congestionamentos de trânsito e poluição do ar e a irritabilidade dos motoristas. Praticamente desapareceu o *flâneur*. As calçadas de pedestres cederam lugar a estacionamentos autorizados e clandestinos. [...] Esse desenvolvimento urbano destruiu formas de urbanidade, civilidade, solidariedade entre os moradores brasileiros [...]". Para mais detalhes, ver Barbara Freitag, *Teorias da cidade* (Campinas: Papirus, 2006), pp. 131-132.

[55] Edward Inskeep, *Tourism Planning: an Integrated and Sustainable Development Approach*, cit., p. 237.

[56] Toledo informa que a Ladeira da Memória, próxima ao Vale do Anhangabaú, foi fechada ao trânsito de veículos ainda em 1922, sendo "umas das primeiras do gênero em São Paulo". D'Ottaviano registra que as ruas São Bento e Direita, no centro de São Paulo, podem ser consideradas as 'primeiras ruas pedestrianizadas brasileiras'" em 1939, ao ficarem fechadas para carros das dez da manhã às oito da noite. Para mais detalhes, ver Benedito L. Toledo, *São Paulo*: três cidades em um século (São Paulo: CosacNaïfy/Duas Cidades, 2004), p. 131 e Maria Camila Loffredo D'Ottaviano. *Áreas de pedestres em São Paulo: origens, história e urbanismos contemporâneo*, dissertação de mestrado em Estruturas Ambientais Urbanas (São Paulo: FAU-USP, 2001).

[57] Edison de O. Vianna Júnior, *Passeios, calçadas e infraestruturas para o tráfego de pedestres em São Paulo*, dissertação de mestrado em Estruturas Ambientais Urbanas (São Paulo: FAU-USP, 2000), pp. 21-22.

paulistanas mais autênticas. O atual edifício do Mercado Municipal, projetado pelos escritórios de Ramos de Azevedo, foi inaugurado em 1933 e, após a transferência de parte de atividades para o CEAGESP (Companhia de Entrepostos e Abastecimento Geral do Estado de São Paulo) nos anos 1980, passou por uma primeira revitalização. Na virada do milênio, com recursos locais e do BID (Banco Interamericano de Desenvolvimento), o projeto foi complementado com novas reformas, incluindo a instalação de um mezanino de 2 mil m² para oito restaurantes.[58]

Tais intervenções consolidaram o Mercado como um equipamento de lazer, turismo e gastronomia, agregando novas funções sem eliminar as originais (notadamente venda direta no varejo de hortifrutigranjeiros e *delicatessen*). Segundo a administração do Mercado, mais de 14 mil pessoas circulam diariamente por suas dependências, chegando a 46 mil aos finais de semana.[59]

A região é bem servida por transporte público, particularmente pelo metrô (que tem pelo menos três estações num raio de um quilômetro). O entorno imediato do Mercado, porém, enfrenta tráfego intenso diariamente, inclusive aos finais de semana. Nesta investigação, foram enfatizadas observações na rota entre a Estação São Bento do metrô (saída da Ladeira Porto Geral) e o acesso ao Mercado Municipal (Rua da Cantareira), nas bordas do chamado Centro Velho. Esse trajeto não conta com sinalização turística específica, contudo, articula uma importante área de apelo histórico-cultural da cidade, que atrai tanto turistas como moradores. No percurso de 400 m, observam-se preponderantemente atividades varejistas, tanto formais quanto informais, que acontecem em uma área restrita. Como observado nas entrevistas, as visitas ao Mercado Municipal estão correlacionadas a compras nas redondezas (ruas 25 de Março, Barão de Duprat, Florêncio de Abreu, Paula Souza e Abdo Schahin).

Com referência à proposta de Pires[60] e Pellegrini Filho,[61] foram observados os inibidores geográficos no entorno do Mercado Municipal, considerando elementos físicos e simbólicos da paisagem urbana. Os principais elementos de atração ao uso do espaço público corroboram as respostas dos entrevistados, representados por palavras como "diversão", "diversidade", "vida/vivo", "patrimônio e envolvendo atividades de compras pessoais ou para abastecimento de negócio de tecidos, matéria-prima para artesanato, fantasias, artigos para casa, armarinho e alimentação. Por outro lado, foram frequentes as menções

---

[58] A. C. Alves, *Mercado Municipal de São Paulo: 70 anos de cultura e sabor* (São Paulo: ABooks/Intermédica, 2004); J. A. Tiradentes, *Mercado Municipal paulistano: 75 anos de aromas, cores e sabores* (São Paulo: Supra, 2008).
[59] Não foram localizadas estatísticas oficiais que dessem conta, de maneira detalhada, do volume e das características do público visitante do Mercado Municipal. No *site* Mapa das Sensações (ver em http://www.mapadassensacoes.com.br), o Mercado Municipal figura como o atrativo mais comentado, e, segundo o relatório do Observatório de Turismo da Cidade de São Paulo, é um dos locais mais visitados da capital paulista.
[60] Mario Jorge Pires, *Lazer e turismo cultural* (Barueri: Manole, 2001).
[61] Américo Pellegrini Filho, *Turismo cultural em Tiradentes* (Barueri: Manole, 2000).

a elementos inibidores, como multidões e excesso de camelôs, forte inclinação da rua, conflito entre carros e pedestres, fiscalização ostensiva (conhecidos por "rapas"), poluição ambiental, tráfego congestionado, sujeira e má conservação das calçadas, sensação de insegurança, miséria e mendicância.

Sendo o trânsito um dos pontos de reclamação, chama a atenção o fato de mais da metade dos visitantes (52%) chegar ao Mercado Municipal de carro, mesmo quando o estacionamento dispõe de apenas 146 vagas e o trânsito no entorno é constantemente intenso. O segundo modo de acesso mais recorrente é a combinação de metrô e caminhada a partir da estação de metrô mais próxima (São Bento), distância fisicamente curta, mas, considerando-se um conjunto de elementos espaciais, isso pode determinar experiências negativas ou positivas, dependendo do perfil do visitante.

Considerações finais

As discussões presentes neste capítulo projetam alguns aspectos das experiências do turista quando de sua movimentação em destinos turísticos urbanos no bojo das questões de mobilidade urbana – que Ascher[62] reclama como "tema fundamental para as democracias atuais". Priorizaram-se discussões voltadas a compreender as experiências do visitante em função da dinâmica urbana, em que pesem elementos de facilitação ou da inibição da mobilidade turística. Com o estudo do turismo urbano, em todas as suas vertentes, pressupõem-se visões melhores e mais consistentes sobre a própria sociedade contemporânea, da qual o fenômeno turístico é uma parcela cada vez mais presente. Para tanto, uma das portas de acesso ao tema – certamente não a única! – é um estudo acurado, por vias de interpretação mais amplas e criativas, sobre o ato e as condições de locomoção nas cidades contemporâneas.

Mesmo que se mantenha um viés estruturalista no estudo dos sistemas de transporte, é possível e importante:

- ▶ a incorporação de uma dimensão mais humana e sensível aos elementos que compõem os vários modais (e não apenas elementos técnicos ou comerciais), de maneira que se criem pontos de conexão com outras áreas de conhecimento (psicologia, sociologia, antropologia, geografia, história, urbanismo, etc.);

---

[62] François Ascher, "Ciudades con velocidad y movilidad múltiples: un desafío para los arquitectos, urbanistas y políticos", cit.

▶ reconhecer e pesquisar novos espaços e experiências de mobilidade turística na escala urbana, com base em estudos sólidos sobre a dinâmica urbana inserida em sistemas de trocas e produção cada vez mais globalizadas.

Ao fazer menção a vários casos, buscou-se tratar preceitos e práticas aplicados em vários destinos que, de alguma forma, enfrentam os desafios que acolher visitantes, gerir a manutenção e a visitação do patrimônio e planejar o desenvolvimento urbano – tarefas que urgem ser concebidas e executadas numa visão integrada de planejamento. Porém, como explicitado pelo caso de São Paulo, convém sempre ter em vista que a dinâmica urbana brasileira – e de qualquer país – guarda particularidades que precisam ser incorporadas ao estudo e às propostas de desenvolvimento turístico.

Ainda que sua compreensão, enquanto objeto de investigação, não esteja plenamente incorporada aos estudos turísticos, as particularidades da paisagem urbana – tais como os espaços de mobilidade, especialmente na escala do pedestre – oferecem muitas fontes de atração turística nas cidades. Sugerimos que essa assertiva é uma condicionante não apenas para o estudo de todas as formas de turismo urbano – especialmente nas maiores metrópoles –, mas também um caminho profícuo para estudos efetivamente interdisciplinares do fenômeno turístico.

Referências bibliográficas

ABRAHÃO, Sérgio. *Espaço público: do político ao urbano*. São Paulo: Annablume, 2008.

ADEY, Peter. *Mobility*. Oxford: Routledge, 2010.

ALLIS, Thiago. *Ferrovia, turismo e patrimônio cultural: estudo sobre ferrovias turísticas no Brasil e na Argentina*. Dissertação de mestrado. São Paulo: Programa de pós-graduação em Integração da América Latina, Universidade de São Paulo, 2006.

_____. "Notas sobre projetos urbanos e turismo: o caso de Rio Branco (AC/Brasil)". Em *Revista Turismo e Sociedade*, Curitiba, vol. 2, nº 2, outubro de 2009. Disponível em http://ojs.c3sl.ufpr.br/ojs2/index.php/turismo.

_____. "Projetos urbanos e turismo: o caso de Quito (Equador)". Em *Anais do Seminário de preservação do patrimônio cultural 2*, Juiz de Fora, 2009, p. 1.

_____. "Tourist Mobility and Public Urban Space in Developing Countries: the Case of São Paulo (Brazil)". Em *Conferência Unesco-ICCROM Asian Academy of Heritage Management*, 2, 2009. Macau: Instituto de Formação Turística, 2009.

ASCHER, François. "Ciudades con velocidad y movilidad múltiples: un desafio para los arquitectos, urbanistas y políticos". Em *Revista ARQ UC*, Santiago do Chile, nº 60, julho de 2005.

ALVES, A. C. *Mercado Municipal de São Paulo: 70 anos de cultura e sabor*. São Paulo: ABooks/Intermédica, 2004.

CARR, Stephen. *Public Space*. Cambridge/Nova York: Cambridge University Press, 1992.

COSTA, Carlos. "An Emerging Tourism Planning Paradigm? A Comparative Analysis between Town and Tourism Planning". Em *International Journal of Tourism Research*, vol. 3, nº 6, 2001. Disponível em http://www3.interscience.wiley.com/cgi-bin/fulltext/88011922/PDFSTART.

DOCHERTY, Iain *et al*. "Connected Cities". Em KNOWLES, Richard. *et al*. (org.). *Transport Geographies: Mobilities, Flows and Spaces*. Oxford: Blackwell, 2008.

DUARTE, Fábio et al. *Introdução à mobilidade urbana*. Curitiba: Juruá, 2008.
EDWARDS, Deborah et al. "Urban Tourism Research: Developing an Agenda". Em *Annals of Tourism Research*, vol. 4, nº 4, outubro de 2008, pp. 1032-1052. Disponível em http://www.elsevier.com/wps/find/journaldescription.cws_home/689/description#description.
FAINSTEIN, Susan S. et al. "Introduction". Em HOFFMAN, Lily M. et al. *Cities and Visitors: Regulating People, Markets and City Space*. Oxford: Blackwell, 2003.
FIGUEIROA, Oscar. "Transporte urbano y globalización: políticas y efectos en América Latina". Em *Revista Eure*, vol. 31, nº 94, dezembro de 2005. Disponível em http://www.scielo.cl/pdf/eure/v31n94/art03.pdf.
FORD, Larry R. *The Spaces Between Buildings*. Baltimore: The John Hopkins University Press, 2000.
FREITAG, Barbara. *Teorias da cidade*. Campinas: Papirus, 2006.
HALL, Derek. "Transport, Tourism and Leisure". Em KNOWLES, Richard et al. (orgs). *Transport Geographies: Mobilities, Flows and Spaces*. Oxford: Blackwell, 2008.
HARVEY, David. *Condição pós-moderna*. São Paulo: Loyola, 2005.
_____. "Do gerenciamento ao empresariamento urbano: a transformação da administração urbana no capitalismo tardio". Em *Revista Espaço & Debates*, São Paulo, vol. 16, nº 39, 1996.
HERNÁNDEZ, María García. *Turismo y conjuntos monumentales: capacidad de acogida turística y gestión de flujos de visitantes*. Valência: Tirant lo Blanch, 2003.
HERTZBERGER, Hermann *Lições de arquitetura*. São Paulo: Martins Fontes, 1996.
INSKEEP, Edward. *Tourism Planning: an Integrated and Sustainable Development Approach*. Hoboken: John Wiley, 1991.
KRIPPENDORF, Jost. *Sociologia do turismo: para uma nova compreensão do lazer e das viagens*. 3ª ed. São Paulo: Aleph, 2000.
MUÑOZ, Francesc. *Urbanalización: lugares comunes, paisajes globales*. Barcelona: GG Mixta, 2008.
PAOLILLO, André M. & REJOWSKI, Mirian. *Transportes*. Coleção ABC do Turismo. São Paulo: Aleph, 2002.
PEARCE, Douglas G. *Geografia do turismo: fluxos e regiões no mercado de viagens*. São Paulo: Aleph, 2003.
REIS FILHO, Nestor G. *São Paulo e outras cidades: produção social e degradação dos espaços urbanos*. São Paulo: Hucitec, 1994.
REVISTA ESPAÇOS & DEBATES. *Espaço público: o conceito e o político*. Em Coleção Espaço & Debate, nº 46. São Paulo: Annablume/Núcleo de Estudos Regionais e Urbanos (Neru), 2005.
RODRIGUEZ, Arantxa & ABRAMO, Pedro. "Reinventar a cidade: urbanismo, cultura e governança na regeneração de Bilbao". Em COELHO, Teixeira (org.). *A cultura pela cidade*. São Paulo: Iluminuras/Itaú Cultural, 2008.
RYKWERT, Joseph. *A sedução do lugar: história e futuro da cidade*. São Paulo: Martins Fontes, 2004.
SERPA, Angelo. *O espaço público na cidade contemporânea*. São Paulo: Contexto, 2007.
SHELLER, Mimi & URRY, John. "The city and the car". Em *International Journal of Urban and Regional Research*, vol. 24, nº 4, dezembro de 2002. Disponível em www3.interscience.wiley.com/cgi-bin/fulltext/119042568/PDFSTART.
TIRADENTES, J. A. *Mercado municipal paulistano: setenta e cinco anos de aromas, cores e sabores*. São Paulo: Supra, 2008.
TOLEDO, Benedito L. *São Paulo: três cidades em um século*. São Paulo: CosacNaïfy/Duas Cidades, 2004.
VAINER, Carlos B. "Pátria, empresa e mercadoria: notas sobre a estratégia discursiva do Planejamento Estratégico Urbano". Em ARANTES, Otilia et al. *Cidade do pensamento único: desmanchando conceitos*. 2ª ed. Petrópolis: Vozes, 2002.
VAQUERO, Miguel de la Calle. *La ciudad histórica como destino turístico*. Barcelona: Ariel, 2006.
VIANNA JÚNIOR, Edison de O. *Passeios, calçadas e infraestruturas para o tráfego de pedestres em São Paulo*. Dissertação de mestrado em Estruturas Ambientais Urbanas. São Paulo: FAU-USP, 2000.

VINUESA, Miguel Ángel Troitiño et al. *La situación turística del Grupo de Ciudades Patrimonio de la Humanidad de España: bases para la puesta en marcha del observatorio turístico*. Madri: Universidad Complutense de Madrid, Grupo de Ciudades Patrimonio de la Humanidad de España, 2007.
XAVIER, Herbe. *A percepção geográfica do turismo*. São Paulo: Aleph, 2008.

Para saber mais

Livros, artigos e documentos
AUGÉ, Marc. *Não lugares: introdução a uma antropologia da supermodernidade*. Coleção Travessia do Século. Campinas: Papirus, 1994.
BAUMAN, Zygmunt. *Modernidade líquida*. São Paulo: Jorge Zahar, 2001.
CASTELLS, Manuel. *Sociedade em rede*. São Paulo: Paz e Terra, 2003.
COMPANS, Rose. *Empreendedorismo urbano: entre o discurso e a prática*. São Paulo: Unesp/Anpur, 2005.
DEÁK, Csaba & SCHIFFER, Sueli R. (orgs.). *O processo de urbanização no Brasil*. São Paulo: Edusp, 2004.
DE LA TORRE, Francisco. *Sistema de transporte turístico*. São Paulo: Roca, 2002.
DI RONÁ, Ronaldo. *Transportes no turismo*. Barueri: Manole, 2002.
D'OTTAVIANO, Maria Camila Loffredo. *Áreas de pedestres em São Paulo: origens, história e urbanismos contemporâneo*. Dissertação de mestrado em Estruturas Ambientais Urbanas. São Paulo: FAU-USP, 2001.
HALL, Peter. *Cidades do amanhã: uma histórica intelectual do planejamento e do projeto urbanos no século XX*. São Paulo: Perspectiva, 2002.
KNAFOU, Remy. "Turismo e território: para um enfoque científico do turismo". Em RODRIGUES, Adyr B. (org.). *Turismo e geografia: reflexões teóricas e enfoques regionais*. São Paulo: Hucitec, 2001.
LEITE, Rogério P. *Contra usos da cidade: lugares e espaço público na experiência urbana contemporânea*. Campinas/Aracaju: Editora Unicamp/Editora da UFS, 2004.
PAGE, Stephen J. *Transporte e turismo*. Porto Alegre: Bookman, 2001.
PALHARES, Guilherme L. *Transporte aéreo e turismo: gerando desenvolvimento socioeconômico*. São Paulo: Aleph, 2001.
_____. *Transportes turísticos*. São Paulo: Aleph, 2002.
PELLEGRINI FILHO, Américo. *Turismo cultural em Tiradentes*. Barueri: Manole, 2000.
PIRES, Mario Jorge. *Lazer e turismo cultural*. Barueri: Manole, 2001.
SANTOS, Milton. *A urbanização brasileira*. 5ª ed. São Paulo: Edusp, 2008.
TEIXEIRA, Aparecida N. *Espaço público e projeto urbano: o "Eixo Tamanduatehy" em Santo André (SP)*. Tese de doutorado em Estruturas Ambientais Urbanas. São Paulo: FAU-USP, 2004.
TOMELIN, Carlos A. "Turismo ferroviário". Em PANOSSO NETO, Alexandre & ANSARAH, Marília G. R. *Segmentação do mercado turístico: estudos, produtos e perspectivas*. Barueri: Manole, 2009.
VARGAS, Heliana C. & CASTILHO, Ana Luísa H. (orgs.). *Intervenções em centros urbanos: objetivos, estratégias e resultados*. Barueri: Manole, 2006.
VILLAÇA, Flávio. *Espaço intraurbano no Brasil*. São Paulo: Studio Nobel/Fapesp/Lincoln Institute, 2001.
YÁZIGI, Eduardo. *Civilização urbana, planejamento e turismo: discípulos do amanhecer*. São Paulo: Contexto, 2003a.
_____. *Esse estranho amor dos paulistanos: requalificação urbana, cultura e turismo*. São Paulo/Brasília: Global/CNPq, 2006.
_____. *O mundo das calçadas*. São Paulo: Humanitas/FFLCH-USP/Imprensa Oficial, 2000.
_____. *Turismo: uma esperança condicional*. São Paulo: Global, 2003b.

ZUKIN, Sharon. "Aprendendo com Disney World". Em *Revista Espaço & Debates*. São Paulo, vol. 23, nº 43-44, pp. 11-27, jan.-dez. de 2003.
_____. *The Culture of Cities*. Oxford: Blackwell, 2008.

Sites
CARRIS (Lisboa, Portugal). www.carris.pt.
CLUBE DE CICLOTURISMO DO BRASIL. www.clubedecicloturismo.com.br.
EMPRESA DE DESARROLLO URBANO DE QUITO. http://www.innovar-uio.com/web/index.php.
EMPRESA DE DESENVOLVIMENTO URBANO E SOCIAL DE SOROCABA. www.urbes.com.br.
GEIPOT – EMPRESA BRASILEIRA DE PLANEJAMENTO DE TRANSPORTES. www.geipot.com.br.
GRUPO DE INVESTIGACIÓN "TURISMO, PATRIMONIO Y DESARROLLO". (Universidad Complutense de Madrid, Departamento de Geografía Humana). www.ucm.es/info/geoturis.
HONG KONG PLANNING AND INFRASTRUCTURE EXHIBITION GALLERY. www.infrastructuregallery.gov.hk.
INTERNATIONAL ASSOCIATION FOR THE HISTORY OF TRANSPORT, TRAFFIC AND MOBILITY. www.t2m.org.
PROJETO CRISTO REDENTOR. www.corcovado.org.br.
SAN FRANSCISCO CABLE CAR. www.sfcablecar.com.
VÍAS VERDES (Fundación de Ferrocarriles Españoles). www.viasverdades.com.

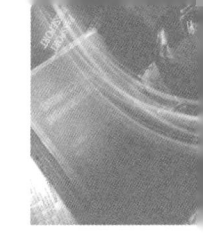

O turismo de experiência e o marketing hoteleiro: o caso do Rio do Rastro Eco Resort - Santa Catarina (Brasil)

Tiago Savi Mondo

Empresas prestadoras de serviços turísticos estão sendo desafiadas a mostrar eficiência na condução de suas atividades para acompanhar o expressivo crescimento do setor. Na gestão empresarial, o marketing desempenha o papel de ligação entre empresa e mercado ou prestador de serviço. A abordagem do marketing de serviços oferece a base para o desenvolvimento de atividades com desejáveis resultados.

De acordo com a Associação Americana de Marketing (American Marketing Association – AMA), o marketing é uma função organizacional e um conjunto de processos que envolvem a criação, a comunicação e a entrega de valor para os clientes, bem como a administração do relacionamento com eles, de modo que beneficie a organização e seu público interessado.[1]

Assim, a visão de marketing geral é voltada ao mercado. O setor de turismo se enquadra em outras vertentes, atualmente bastante discutidas na literatura: o marketing com foco no cliente ou a clássica, do marketing de serviços.

Para Zeithaml e Bitner, o marketing de serviços é a extensão do marketing amplo com foco nos clientes e nas características específicas da prestação de ações e processos intangíveis.[2] Lovelock e Wright complementam a ideia salientando que é necessário fazer a distinção entre marketing de bens e marketing de serviços e mencionam, ainda, que os serviços dominam a atividade econômica moderna, corroborando a

---

[1] Ver *site* da Associação Americana de Marketing (AMA), *Resource Library*, disponível em http://www.marketingpower.com (acesso em 5-11-2009).
[2] Valerie Zeithaml & Mary J Bitner, *Marketing de serviços: a empresa com foco no cliente* (Porto Alegre: Bookman, 2003).

análise realizada pelo World Travel & Tourism Council (WTTC) sobre a representatividade do turismo na economia mundial.[3]

Pine e Gilmore propõem uma análise de progressão de valor econômico, mencionando que esta iniciaria com *commodities*, passaria pelos bens de consumo, chegaria aos serviços e, nestes, aprofundaria a experiência, concluindo que ela seria o aspecto mais profundo do valor econômico.[4]

O turismo, em seu sistema amplo, possui propriedades e características específicas quando comparado a outros setores da economia. Segundo Ruschmann, o produto turístico pode ser considerado resultante da soma de alguns componentes, como as atrações, as facilidades, os acessos e os equipamentos turísticos que o compõem.[5]

Entre esses equipamentos, encontram-se os hotéis, foco de estudo deste capítulo. Para Beni, os hotéis constituem um dos elementos básicos para o desenvolvimento do turismo.[6] Diferenciam-se de outros empreendimentos no que tange à interação entre cliente e funcionários, promovendo uma grande importância ao atendimento ao cliente. Além disso, para fins de conceituação, a Embratur, na publicação de sua *Diretriz Normativa 387*,[7] define o hotel como o "estabelecimento comercial de hospedagem com aposentos para a ocupação temporária".

Para alinhar-se ao escopo deste capítulo, ainda se faz necessária uma breve apresentação do que seja *turismo rural* e como o turismo de experiência se enquadra nesse contexto.

Segundo a Embratur, o turismo rural é uma atividade desenvolvida no campo, comprometida com a atividade produtiva, agregando valor a produtos e serviços e resgatando o patrimônio natural e cultural da comunidade.[8] A Associação Brasileira da Indústria Hoteleira acrescenta que, para ser considerado turismo rural, os estabelecimentos devem contemplar os seguintes requisitos: oferecer gastronomia típica, saborosa e higiênica; ter uma ou mais atividades produtivas que caracterizem a propriedade; destacar a beleza natural da propriedade; oferecer opções de atividades para os hóspedes acompanharem a rotina da propriedade; proporcionar o contato

---

[3] Christhopher Lovelock & Lauren Wright, *Serviços: marketing e gestão* (São Paulo: Saraiva, 2006).
[4] Joseph Pine II & James Gilmore, "Satisfaction, Sacrifice, Surprise", em *Strategy & Leadership*, vol. 28, nº 1, 2000, pp. 18-23.
[5] Doris van de Meene Ruschmann, *Marketing turístico: um enfoque promocional* (Campinas: Papirus, 1991).
[6] Mario Carlos Beni, *Análise estrutural do turismo*, (7ª ed. São Paulo: Senac São Paulo, 2002).
[7] Embratur, *Deliberação Normativa nº 367 de 14 de maio de 1997*, disponível em http://www.turismo.org.br (acesso em 5-1-2010).
[8] Embratur – Instituto Brasileiro de Turismo, *Boletim de desempenho econômico do turismo, 2009*, disponível em http://www.turismo.org.br.

com a cultura e a tradição local; facilitar o acesso dos turistas; e oferecer a possibilidade de comprar produtos típicos.[9]

A vivência no local de destino da viagem, bem como a interação com os serviços oferecidos e a interiorização dessas experiências formam o que se convenciona chamar de *processo de criação de uma experiência*, a qual ficará na memória do indivíduo que dela participou.

Assim, procurando abordar as questões apontadas, o objetivo central deste capítulo é apresentar o caso do turismo de experiência no Rio do Rastro Eco Resort, com base na relação entre a experiência do cliente e o marketing de serviços, nesse caso, o marketing de serviços hoteleiros.

O capítulo está dividido em mais quatro tópicos, além desta introdução. O tópico seguinte abordará as questões teóricas relativas aos temas trabalhados o marketing de serviços e suas propriedades, a hotelaria rural e a interação entre empresa e consumidor. Depois, analisadas a partir da teoria, serão apresentadas as relações práticas observadas no Rio do Rastro Eco Resort, juntamente com um breve histórico do empreendimento e a visão de seu gestor sobre a importância da interação entre hotel e cliente, além da interiorização da experiência vivida por parte dele. O tópico seguinte trará as considerações finais do capítulo, com reflexões acerca de marketing, turismo e experiência no mercado contemporâneo.

Marketing de serviços e turismo de experiência

O marketing de serviços surge para aplicar as especificidades do segmento de serviços às questões já existentes do marketing de produto. Ele nasceu como alternativa de desenvolvimento e busca de melhorias no segmento de serviços.

Castelli menciona que o marketing é uma espécie de radar.[10] Vive em constante captação de informações sobre os desejos e as necessidades de seus clientes reais e potenciais, tornando-se um excelente instrumento gerencial. No caso do turismo de experiência, busca conhecer o perfil do público-alvo e oferecer serviços que possam permanecer na mente do turista. Mostra-se assim que a coleta de informações, o planejamento de marketing e o gerenciamento das ações de marketing devem estar equilibrados com o pensamento estratégico central da organização.

---

9   Associação brasileira da indústria hoteleira – Santa Catarina (Abih), *Números do setor hoteleiro em Santa Catarina*, março de 2007, disponível em http://www.abih-sc.com.br.
10 Geraldo Castelli, *Administração hoteleira* (Caxias do Sul: Educs, 2003).

Mota e Araújo defendem que o marketing objetiva trabalhar para conquistar e manter um mercado, relacionando-se com o público potencial e estudando as melhores oportunidades de alcançar a comercialização de seus serviços.[11] Já para Castelli o marketing é responsável por captar os desejos e as necessidades do público potencial, buscando tomar as decisões mais acertadas e compreender melhor as particularidades da oferta.[12]

Kotler, autor clássico da área de marketing, diz que se utilizam os elementos do mix de marketing para planejar e executar ações que levem ao posicionamento e à segmentação do mercado. Tais elementos são os quatro Ps (em inglês, *product*, *price*, *promotion* e *place*), hoje entendidos como produto, ponto de distribuição, comunicação e preço.[13]

O produto diz respeito àquilo que a empresa oferece ao mercado, seja ele um bem tangível ou intangível, produto ou serviço. O ponto de distribuição é relativo aos pontos onde esse produto é disponibilizado. A comunicação de marketing envolve todo o processo de comunicação entre empresa e mercado/cliente, desde o atendimento ao público potencial até ações de publicidade e propaganda. Por fim, o preço é relativo aos processos para definição de preço com base no mercado.

Para Zeithaml e colaboradores, a definição de *serviço* se relaciona com a predominância da dimensão intangível do seu conteúdo e com outras características, tais como a inseparabilidade entre a produção e o consumo, a heterogeneidade ou potencial de variabilidade no desempenho, e a perecibilidade ou impossibilidade de armazenar o serviço, uma vez que não existindo consumo não há produção.[14] Assim, um serviço distingue-se de um produto em maior proporção por sua natureza intangível.

Os clientes podem ter dificuldades para distinguir os benefícios de uma ou outra empresa para determinado serviço. Uma solução possível para isso é fornecer pistas tangíveis sobre as características e os elementos do serviço, relacionadas ao seu desempenho, à qualidade dos serviços e à capacidade dos funcionários.[15]

Corroborando com os autores, Grönroos acredita que, embora seja difícil oferecer indícios tangíveis, deve-se ter em mente que eles são percebidos intangivelmente.[16]

---

[11] Keila Mota & Tamires Araújo, "Ferramentas e ações promocionais como instrumentos de competitividade e posicionamento de mercado", em *VI Seminário ANPTUR*, São Paulo, 2009.
[12] Geraldo Castelli, *Administração hoteleira*, cit.
[13] Philip Kotler, *Administração de marketing: análise, planejamento, implementação e controle*, (5ª ed. São Paulo: Atlas, 1998).
[14] Geraldo Castelli, *Administração hoteleira*, cit.
[15] Christhopher Lovelock & Lauren Wright, *Serviços: marketing e gestão*, cit.
[16] Christian Grönroos, *Marketing: gerenciamento e serviços* (Rio de Janeiro: Elsevier, 2004).

É necessário, pois, que, além de indícios tangíveis, se demonstre intangibilidade. Entretanto, quando existir comunicação de informações intangíveis, é interessante que se busquem quesitos tangíveis.

Chan e Baum observaram o comportamento de turistas com relação à experiência em viagens de ecoturismo pelo norte da Malásia.[17] Os autores mencionam que os turistas perceberam com maior frequência as questões intangíveis da viagem, concluindo que a experiência dos turistas tem como base os aspectos intangíveis da viagem. Outros estudos sobre os aspectos intangíveis do serviço e sua relação com o turismo de experiência são levantados.

Mossberg apresenta uma visão do marketing para o turismo de experiência. Acredita que diversos fatores influenciam na interiorização da vivência, como os efeitos de outros turistas, os produtos e suvenires disponibilizados, as emoções vivenciadas e o ambiente histórico, cultural ou natural do destino. Ele conclui mencionando que deve existir uma força transversal entre os atores do turismo com o intuito de produzir aspectos mais sólidos e complexos de experiência turística.[18]

O estudo de Alvez, Ferreira e Marquezini[19] apresentou a música como diferencial mercadológico no turismo de Minas Gerais. Beni foi mais a fundo e trabalhou a relação estrita entre o turismo e a economia da experiência, apresentando também a intangibilidade como fator-chave.[20]

Alguns fatores sobre a intangibilidade são tratados por Lovelock e Wright, tais como a generalidade, a impossibilidade de pesquisa, a abstratividade e a impalpabilidade. Os autores apresentam algumas formas de superar tal intangibilidade e oportunizar a captação do cliente: documentação do sistema físico do empreendimento e dos serviços oferecidos, apresentação de outros clientes que consomem o serviço, auditorias independentes que resultem em boa reputação, apresentação de episódios favoráveis.[21]

---

[17] Jennifer Chan & Tom Baum, "Ecoturist's Perception of Ecoturism Experience in Lower Kinabatagan, Sabah, Malaysia", em *Journal of Sustainable Tourism*, vol. 15, nº 5, 2007.

[18] Lena Mossberg, "A Marketing Approach to the Tourist Experience", em *Scandinavian Journal of Hospitality and Tourism*, vol. 7, nº 1, 2007, pp. 59-74.

[19] Fernanda Alvez *et al.*, "A música como experiência e diferencial mercadológico no turismo", em *Caderno Virtual de Turismo*, vol. 9, nº 2, 2009, pp. 59-71.

[20] Mario Carlos, "Turismo: da economia de serviços à economia da experiência"', em *Turismo: visão e ação*, vol. 6, nº 3, 2004, pp. 295-306.

[21] Christopher Lovelock & Lauren Wright, *Serviços: marketing e gestão*, cit.

Ruschmann defende que é a intangibilidade da experiência vivencial proporcionada pela viagem turística que faz com que sua comercialização necessite de uma ferramenta de gestão específica – o marketing turístico.[22]

As quatro características determinantes do marketing de serviços e sua relação com a experiência turística

O turismo desempenha papel fundamental na vida das pessoas, seja por motivos de lazer e descanso, seja por motivos profissionais. Uma questão pouco abordada, tanto na área do turismo como na área do marketing empresarial, é como as características da oferta de serviços refletem na percepção e vivência da experiência turística. Entender como tal processo funciona produz margens para novas análises, a partir de temas conhecidos.

A primeira propriedade característica da oferta de serviços é a intangibilidade, já apresentada. A experiência turística e, no caso deste capítulo, a hoteleira são baseadas na intangibilidade. O atendimento do hotel, a qualidade dos passeios oferecidos, das refeições, do espaço e do ambiente são alguns exemplos. Trabalhar os aspectos intangíveis em um hotel tem relação direta com a satisfação do hóspede.[23]

Quando se menciona o fator da intangibilidade, isso automaticamente reflete ao fator da tangibilidade. Criar elementos tangíveis ao serviço é uma estratégia de marketing importante e desenvolve a busca pela satisfação do cliente. Por isso, uma boa estrutura, com equipamentos novos, higiene e limpeza e outros tantos atributos físicos podem caracterizar os aspectos intangíveis do hotel, reforçando a experiência do hóspede. Portanto, a intangibilidade e a própria tangibilidade são as bases da experiência vivenciada e interiorizada pelo hóspede/turista.

Tonini destacou em seu estudo a questão do consumo de emoções na região da uva e do vinho no Rio Grande do Sul.[24] Apresentou o caso do turismo de experiência com base na enocultura, mostrando que poucos elementos tangíveis são explorados, sendo o aspecto intangível o que proporciona ao turista o deslumbramento e a experiência plena. Cohen e Bem-Nun também apresentam o turismo do vinho como produtor de experiências.[25] Seguindo essa temática, McBoyle e McBoyle pesquisaram

---

[22] Doris van de Meene Ruschmann, *Marketing turístico: um enfoque promocional*, cit.
[23] Valerie Zeithaml & Mary J. Bitner, *Marketing de serviços: a empresa com foco no cliente*, cit.
[24] Hernanda Tonini, "Economia da experiência: o consumo de emoções na região uva e vinho", em *Revista brasileira de pesquisa em turismo*, vol. 3, nº 1, 2009, pp. 90-107.
[25] Eli Cohen & Livnat Bem-Nun, "The Important Dimensions of Wine Tourism Experience from Potential Visitor's Perception", em *Tourism and Hospitality Research*, vol. 9, nº 1, 2009, pp. 20-31.

a experiência do turista na Escócia no segmento de destilados, mostrando que a interação entre destino e turista também se enquadra no aspecto da intangibilidade.[26]

A segunda propriedade da oferta de serviços é a heterogeneidade. Lovelock e Wright,[27] Zeithaml e Bitner[28] e Fitzsimmons e Fitzsimmons[29] acreditam que os serviços prestados nunca são os mesmos. Possuem sempre individualidade e exclusividade, refletindo de maneira direta na qualidade. A experiência no turismo pode ser vista por esse aspecto quando muitos turistas absorvem uma experiência e outros não, embora o serviço prestado tenha sido o mesmo. Os clientes são parte integrante do serviço e, por serem diferentes, modificam também o serviço prestado.

A terceira propriedade na oferta de serviços é a simultaneidade, que consiste na produção e no consumo simultâneos dos serviços. Não é possível estocar um serviço. O tempo real, ou o *efeito momento*, também é base para a experiência. O cliente interioriza o que vivencia naquele momento, seja um problema no carro na ida para o hotel, um caminho novo, um passeio inesquecível ou um problema na unidade habitacional. A simultaneidade produz esse efeito momento. De acordo com Larreche, o efeito momento produz grandes riscos para as empresas; contudo, as que o aproveitam e o transformam em oportunidade conseguem buscar o sucesso de forma mais consistente.[30] Oferecer serviços e trabalhar a simultaneidade são também aspectos de responsabilidade do marketing.

Por último, apresenta-se a propriedade da perecibilidade, que se refere ao fato de que os serviços não podem ser preservados, estocados, revendidos ou devolvidos. É outro aspecto importante, quando visto da perspectiva da experiência. A experiência é perecível, só vai existir se existir o serviço.

Qualidade do serviço e satisfação do cliente

São diversas as definições de qualidade existentes na literatura empresarial. Garvin apresenta as cinco abordagens da qualidade: a qualidade pode ser compreendida como algo de *excelência perceptível*, universalmente reconhecida e incontestável.

---

[26] Geoff McBoyle & Edith McBoyle, "Distillery Marketing and the Visitor Experience: a Case Study of Scottish Malt Whisky Distilleries", em *International Journal of Tourism Research*, vol. 10, 2008, pp. 71-80.
[27] Christopher Lovelock & Lauren Wright, *Serviços: marketing e gestão*, cit.
[28] Valerie Zeithaml & Mary J. Bitner, *Marketing de serviços: a empresa com foco no cliente*, cit..
[29] James Fitzsimmons A. & Mona J. Fitzsimmons, *Administração de serviços: operações, estratégia e tecnologia de informação* (4ª ed. Porto Alegre: Bookman, 2005).
[30] Jean Claude Larreche, *O efeito momento* (São Paulo: Artmed, 2010).

Além dessa, existem as abordagens fundamentadas no *produto*, no *usuário*, na *produção* e no *valor*.[31]

A abordagem fundamentada no usuário é a utilizada pelo setor de serviços. A qualidade é alcançada quando ele se sente satisfeito, independentemente do desempenho do serviço. No turismo, por ofertar serviços e, consequentemente, produzir juntamente com o cliente experiências, a qualidade e a satisfação são baseadas nas percepções dos usuários. Zeithaml e Bitner entendem ser a satisfação do cliente "a avaliação feita pelo mesmo com respeito a um produto ou serviço como contemplando ou não as necessidades e expectativas do próprio cliente".[32] A satisfação assume um conceito mais amplo do que a qualidade, sendo um somatório de diversas percepções de qualidade.

Na hotelaria, Chon e Sparrowe afirmam que: "satisfazer um hóspede significa atender completamente suas necessidades e anseios. Um hóspede de hotel espera acomodações limpas, seguras e confortáveis. Preencher essas expectativas é prioridade para os profissionais da hospitalidade".[33]

Dizem os autores ainda que "O trabalho será tido como finalizado apenas quando o cliente estiver satisfeito". Assim, o cliente pode sentir-se satisfeito ou não com a qualidade percebida do serviço prestado, conforme explicam Fitzsimmons e Fitzsimmons:

> Em serviços, a avaliação da qualidade surge ao longo do processo de prestação de serviço. Cada contato com o cliente é referido como sendo um momento de verdade, uma oportunidade de satisfazer ou não ao cliente. A satisfação do cliente com a qualidade do serviço pode ser definida pela comparação da percepção do serviço prestado com as expectativas do serviço desejado. Quando excede as expectativas, o serviço é percebido como de qualidade excepcional, e também como uma agradável surpresa. Quando, no entanto, não atende às expectativas, a qualidade do serviço passa a ser vista como inaceitável. Quando se confirmam as expectativas pela percepção do serviço, a qualidade é satisfatória.[34]

---

[31] David A. Garvin, *Gerenciando a qualidade: a visão estratégica e competitiva* (Rio de Janeiro: Qualitymark, 1992).
[32] Valerie Zeithaml & Mary J. Bitner, *Marketing de serviços: a empresa com foco no cliente*, cit., p. 88.
[33] Kye Sung Chon & T. Raymond Sparrowe, *Hospitalidade: conceitos e aplicações* (São Paulo: Thomson Learning, 2003), p. 14.
[34] James A. Fitzsimmons & Mona J. Fitzsimmons, *Administração de serviços: operações, estratégia e tecnologia de informação*, cit., p. 146.

As dimensões da qualidade nos serviços foram identificadas a partir de dez itens, os determinantes da qualidade.[35] Esses elementos são percebidos pelos clientes e confrontados com suas expectativas; são eles: acessibilidade, comunicação, competência, cortesia, credibilidade, confiabilidade, prestabilidade, segurança, aspectos tangíveis e conhecimento do cliente. Parasuraman e colaboradores:[36] os reduziram para cinco:

- confiabilidade: habilidade para executar o serviço prometido de modo seguro e preciso;
- responsividade: vontade de ajudar os clientes e prestar serviços prontamente;
- segurança: está relacionada ao conhecimento e à cortesia dos funcionários, bem como a sua capacidade de transmitir confiança e sensação de confidencialidade;
- empatia: demonstração de interesse, atenção personalizada aos clientes;
- aspectos tangíveis: aparência das instalações físicas, equipamentos, pessoal e materiais para comunicação.

No quadro 1, a seguir, são apresentadas as cinco determinantes da qualidade em serviços e a sua relação com o turismo de experiência.

QUADRO 1. RELAÇÃO DAS DETERMINANTES DE QUALIDADE EM SERVIÇOS E A EXPERIÊNCIA NA HOTELARIA

Determinantes da Qualidade em Serviços	*A experiência através do turismo na hotelaria*
Confiabilidade	Os hóspedes buscam segurança no serviço que compraram. Assim, as experiências vivenciadas no hotel devem satisfazer as expectativas. Quanto maior a expectativa, maior deve ser a confiabilidade que o hotel transmite aos hóspedes.
Responsividade	O quadro de funcionários do hotel deve prestar os serviços da melhor maneira possível, proporcionando ao cliente a vivência plena do que o hotel está oferecendo e se colocando à disposição do hóspede sempre.
Segurança	O hotel deve ter pleno conhecimento do que está oferecendo. Saber dos riscos e das possibilidades que o serviço oferece ao cliente. Deve utilizar tal conhecimento para encantar o hóspede.

(cont.)

---

[35] A. Parasuraman *et al.*, "A Conceptual Model of Service Quality and Its Implications for Future Research", em *Journal of Marketing*, outono de 1985.
[36] A. Parasuraman *et al.*, "A Multiple-item Scale for Measuring Consumer Perceptions", em *Journal of Retailing*, vol. 64, primavera de 1988, pp. 12-40.

Determinantes da Qualidade em Serviços	A experiência através do turismo na hotelaria
Empatia	A atenção personalizada ao cliente é requisito básico em qualquer atividade do segmento de serviços. No hotel, o atendimento e a cortesia devem ser base para qualquer ato de interação. Muitas vezes o hóspede interioriza a experiência de maneira mais fácil e melhor quando o atendimento é de qualidade.
Aspectos tangíveis	As instalações físicas do hotel, a idade dos equipamentos, a disposição de utensílios e móveis, enfim, os aspectos mensuráveis do serviço estão diretamente ligados à satisfação e vivência do hóspede.

A qualidade percebida pelo cliente e sua satisfação com o hotel servem de ferramentas para a promoção do estabelecimento. Caso a experiência seja positiva, provavelmente o boca a boca com amigos e conhecidos também será positivo; caso contrário, o hotel receberá críticas. Abreu, Baldanza e Sette realizaram, nas comunidades virtuais, um estudo de verificação sobre a troca de informações pelos turistas acerca de suas experiências.[37] Os autores mencionam que as comunidades virtuais formam redes sociais, as quais funcionam como grandes alavancadoras do turismo, quando abordadas de forma positiva. Portanto, manter o cliente satisfeito é manter também uma constante fonte de comunicação de marketing do hotel.

Percebe-se que a satisfação do consumidor está diretamente ligada à vivência que ele tem no hotel. As experiências, sejam elas positivas ou negativas, advêm da percepção de satisfação que o consumidor tem sobre a oferta e o consumo do serviço. É função do setor de marketing do hotel gerenciar essas questões e buscar vivências profundas e de alta qualidade, objetivando a satisfação do cliente e, assim, aumentando o valor de marca do hotel.

O caso do Rio do Rastro Eco Resort[38]

O Hotel Fazenda Rio do Rastro recebeu seu primeiro hóspede em 21 de maio de 1999, quando possuía apenas sete chalés. No decorrer do tempo, investimentos foram

---

[37] Nélsio Abreu et al., "Comunidades virtuais como ambiente potencializador de estratégias mercadológicas", em *Perspectivas em Ciências da Informação*, vol. 12, nº 3, 2008, pp. 116-136.
[38] Ver *site* do hotel fazenda Rio do Rastro em http://www.riodorastro.com.br.

feitos e o até então "hotel fazenda" se tornou um *eco resort*, associando-se aos Roteiros de Charme. Hoje, é expressão em turismo rural e turismo de lazer com interação com a natureza no país. Não obstante, desenvolveu suas atividades de sustentabilidade, pois, de acordo com seu proprietário, antes de mais nada deve existir o respeito àquilo que o hotel explora, o respeito à natureza e aos recursos.

A estrutura do local é voltada para quem deseja vivenciar experiências únicas. Sua arquitetura permite habitar o remoto, apresentando certo mistério sem tentar desvendá-lo, e ainda mostra uma natureza bela e enigmática. Assim, debruçado sobre o *canyon* da Serra do Rio do Rastro, por sobre um panorama privilegiadíssimo, o Rio do Rastro Eco Resort foi construído e concebido com um princípio básico: relaxar e ter contato com a natureza de forma transparente e direta.[39]

Com aproximadamente 1 milhão de metros quadrados, o *resort* possui, em sua área, três lagos, campos e uma plantação de araucárias. Sua estrutura compreende dezoito chalés para hóspedes e um restaurante. A edificação da recepção, chamada de Casarão, possui sala de jogos, piscina, lojinha e outros. Existe ainda cabanha, galpão, campana e casas para os funcionários. O restante da área é composta pelos campos e plantações referidas.

A expressão que o hotel tem hoje no segmento do turismo rural no Brasil e no mundo se deve muito à visão empreendedora de seu sócio-proprietário, Ivan Cascaes. Presente em todos os momentos no *resort*, Ivan busca interagir com os hóspedes, sempre com muita educação e entusiasmo. Assina, todas as noites, uma mensagem de boa noite deixada no quarto, juntamente com a previsão do tempo para o dia seguinte.

> Um dia é diferente do outro. Basta que usemos os olhos do coração para diferenciá-los. Que hoje você só consiga ver e perceber as coisas lindas que a vida pode lhe oferecer. Veja, sinta e participe desta linda ciranda chamada vida... Boa noite! Equipe Rio do Rastro.[40]

Nos sábados em que ocorrem a tertúlia e o galpão crioulo (que serão abordados posteriormente), Ivan faz questão de apresentar os funcionários do empreendimento e procura proporcionar aos hóspedes uma experiência única. Ele faz que todos se apresentem e interajam nas atividades noturnas, motivados pela tradição da dança, da música e da gastronomia serrana.

---

[39] Hotel Fazenda Rio do Rastro, *Rio do Rastro Eco Resort*, http://www.riodorastro.com.br.
[40] *Ibidem*.

No âmbito da oferta de experiência, o empreendimento ainda está se estruturando para usar o tema como argumento de comunicação. Em entrevista com a gerente comercial do hotel, percebeu-se que o pensamento estratégico já é o da oferta de experiência e que, aos poucos, isso está sendo operacionalizado. "Os conceitos de oferta de experiência ainda são muito da alma do Sr. Ivan, e com certeza reflete nos funcionários. Ele tem em mente e defende que todos do hotel recebam os hóspedes como se estivessem recebendo parentes queridos em suas casas".[41]

Por último, ressalta-se a estruturação do empreendimento para oferecer experiências. É necessário ter bases sólidas de trabalho, segurança e o mais importante, conteúdo de qualidade para ofertar.

> O empreendimento tem a noção de que trabalha com experiências. Antigamente era um hotel fazenda. Quando mudou o conceito para *eco resort* a visão da oferta também mudou. A ideia é que as pessoas sintam a emoção de vivenciar experiências de uma fazenda e do contato com a natureza do local. A construção de mais chalés e a entrada para a Associação Roteiros de Charme também contribuíram para isso.[42]

Assim, percebe-se que o hotel está buscando, aos poucos, operacionalizar o pensamento estratégico da oferta de experiências, melhorando a estrutura, o conteúdo e o atendimento aos hóspedes. "A última coisa, no nosso *resort*, é se hospedar. As experiências vêm em primeiro plano."[43]

Procedimentos de coleta e análise de dados

Os dados que embasaram este estudo de caso foram coletados em documentos, formulários e no *site* do *resort*. Foram realizadas entrevistas informais com o proprietário do estabelecimento e quatro de seus funcionários. Realizou-se, ainda, vivência e observação das atividades do hotel por duas diárias, compreendendo um período de 48 horas imersas na realidade do *resort*.

Além disso, uma entrevista com duração de 50 minutos, gravada digitalmente e transcrita, foi feita com a gerente comercial do *resort*. Por último, foram fotografados os comentários feitos pelos hóspedes no livro de visitas da recepção do hotel e, a par-

---

[41] *Ibidem*.
[42] *Ibidem*.
[43] *Ibidem*.

tir disso, realizada uma análise de conteúdo no material. Após as leituras e relações, foi possível realizar a segmentação de assuntos apresentada a seguir.

As experiências oferecidas

O Rio do Rastro Eco Resort oferece uma grande variedade de experiências. Para melhor entendimento, essas vivências estão dividas em tópicos: experiências externas, experiências de hospedagem e experiências gastronômicas/culturais.

Trilhas autoguiadas

- Cambuí deitado: caminhada por mata fechada em que é possível observar a cambuí, árvore típica da região. O ponto alto é o mirante, que proporciona uma visão da paisagem serrana e do empreendimento. Tem duração de 30 minutos.
- Da saúde: caminhada ao redor de um dos lagos do hotel, proporcionando contato direto com a natureza. Duração de 30 minutos.

Atividades aquáticas

- Canoa canadense: passeio pelos lagos, indicado para se realizar ao pôr do sol.
- Pesca: é realizada nos lagos do hotel, onde são criadas trutas. O pescado pode ser preparado pela cozinha do *resort* ou ser comprada para viagem.

    A pesca é outra atividade do *resort* que deve ser mais bem explorada e estruturada. É uma experiência que as crianças adoram. Pegar um peixe grande marca aquela criança... mas temos que aperfeiçoar isso ainda, como argumento de marketing.[44]

Trilhas monitoradas

- Caminhada: As caminhadas são conduzidas por guias com conhecimento das características da região, como fauna, flora, cultura, clima e solo. O acompanhamento por um guia autorizado pelo *resort* é obrigatório nessas atividades.
- Puma solitário: Trilha que percorre a mata de araucária com xaxins centenários e região de campo aberto. O ponto alto é a Cascata do Gritador.

---

[44] *Ibidem.*

- Borda da serra: Caminhada nas bordas da Serra do Rio do Rastro. O destaque de observação são os degraus da serra e a faixa litorânea de Laguna (SC).

Cavalgadas

O Rio do Rastro Eco Resort oferece passeios a cavalo, cujo objetivo principal é utilizar o animal como meio de transporte para chegar a determinado local.

- Cânion da ronda: Cavalgada em campo aberto, cujo destino é o *canyon*, localizado à direita da Serra do Rio do Rastro, com altitude de 1.485 m.

  > Acho que o ponto mais legal do *resort* é esse contato com a natureza. Quando eu senti a energia na beira do *canyon*, vi que estava conectada com a natureza. Aquele silêncio, o buraco; o que que é o universo? Como isso foi criado? A gente tem essas experiências únicas, que podem ser oferecidas aos hóspedes, mas ainda falta trabalhar melhor o conceito de experiência nisso.[45]

- Cavalgada da lua cheia: Cavalgada pelo campo em noite de lua cheia, quando é possível observar a paisagem noturna e a luminosidade prateada da lua, e ouvir os sons da mata. O percurso leva ao Capão dos Tropeiros, local de descanso das tropas. No final do passeio, os turistas vivenciam a *sestiada*, pausa para saborear frios em tábuas, cachaça e chimarrão, ao som de causos e música serrana.

Passeios off-road 4×4

- 4×4 na Trilha do cânion das laranjeiras: Observação da flora e fauna nativa, visita à típica fazenda serrana (Fazenda Serra Cândida) e parada para caminhada de uma hora até a borda do *cânion*.
- 4×4 ao Cânion do funil: O Cânion do Funil possui altitude de 1.590 m, o que permite a contemplação de uma extensa faixa terrestre que compreende a região litorânea do sul catarinense. No cânion, é realizado um piquenique.
- Visita à Vinícola Villa Francionni: Procurando desenvolver o turismo na região, e não somente ficar dentro dos limites do empreendimento, são feitas visitas a outras empresas da região. A vinícola em questão possui tecnologia de Primeiro Mundo. Na visita, um enólogo apresenta o processo produtivo e a história do local, e os hóspedes têm a oportunidade de degustar os produtos.

---

[45] *Ibidem*.

- Visita noturna à Serra do Rio do Rastro: Saída após o jantar com destino ao ponto de onde é possível ver todos os degraus da serra iluminados e, ao fundo, o Farol de Santa Marta, em Laguna. Ali, é oferecido um brinde com espumante para contemplar a paisagem noturna.
- Aventura no Snow Valley Parque: Localizado entre São Joaquim e Bom Jardim da Serra, o parque possui trilhas, pêndulo, arvorismo, muro de escalada e tirolesa de 300 m. É uma ótima opção para que gosta de vivenciar aventuras.

Experiências de hospedagem

A hospedagem no Rio do Rastro Eco Resort é de alta qualidade. O *resort* a considera uma das muitas experiências que oferece, como mencionado pela gestora na entrevista: "Claro que a hospedagem é uma experiência. Se tiver problema, vai ser uma experiência negativa. Nossa obrigação é prevenir. Se for maravilhosa, o cliente vai sair satisfeito".

Os funcionários do hotel são orientados a proporcionar uma *serendipity* (termo com diversas origens; uma delas significa "surpresa agradável") por dia aos hóspedes. Ou seja, cada funcionário é instruído a oferecer uma surpresa agradável, o que dá base para a excelência no atendimento. Outra questão é a arrumação dos quartos, realizada duas vezes ao dia, sempre com mensagens do *resort*. A qualidade da infraestrutura e dos equipamentos também pode ser considerada um aspecto tangível da experiência de hospedagem.

Experiências culturais

Um aspecto-chave no *resort* é a valorização da cultura serrana. Como ação de sustentabilidade, no aspecto sociocultural, o *resort* promove atividades que incentivam o hóspede a conhecer a cultura local.
- Galpão Crioulo e Tertúlia: Evento realizado todos os sábados; inicia-se com uma tertúlia, em que, em volta do fogo de chão, os hóspedes se confraternizam. Após isso, começam as apresentações de música e danças típicas da região. O jantar é servido, e o momento termina com a apresentação individual dos hóspedes, integração e participação, com danças, versos e música.
- Camargo: Realizado todas as manhãs para tirar leite fresco das vacas. Os hóspedes podem tirar o leite e tomá-lo fresquinho, com café passado na hora.
- Pomar de maçãs: O plantio de maçãs é responsável pela economia da cidade onde o *resort* está instalado. Para valorizar esse fato, que pode ser considerado

cultural, os hóspedes têm a oportunidade de conhecer as plantações, colher e degustar a fruta colhida na hora.

▸ Marcação de cavalos: Como fato cultural da serra, a marcação de cavalos de raça é realizada periodicamente. Um evento é organizado e, nele, os hóspedes podem presenciar todos os rituais de marcação e confirmação de raça.

Outras possíveis experiências

A possibilidade de vivenciar experiências ainda deixa espaço para muitas ideias a serem implementadas. A gestora menciona que a prospecção de novas experiências é realizada através de sugestões dos próprios hóspedes. Exemplo disso é o fato a seguir, relatado por ela:

> Outro dia teve um cliente do Paraná que, quando era pequeno, ajudava a carnear ovelhas com seus avós. O Sr. Ivan perguntou: "Você quer fazer isso?". Então ele foi lá, vivenciou, ajudou a carnear a ovelha e depois comeram na janta. Aquilo, pra ele, foi uma experiência de que jamais vai se esquecer, e o hotel proporcionou isso.[46]

Assim, a oferta de experiências não é algo fechado e estático; acontece de acordo com a vontade do hóspede. Tal fato mostra que o resort tem seu mercado voltado ao cliente, propriedade básica do marketing de serviços. Outras relações das ações do empreendimento com o marketing de serviços serão apresentadas a seguir.

Propriedades do marketing, satisfação do cliente e experiência

Como visto anteriormente, o marketing de serviços possui certas peculiaridades em relação ao marketing tradicional voltado ao produto.

A intangibilidade pode ser considerada a propriedade central do marketing de serviços, e no turismo isso se evidencia de forma mais profunda. As emoções de uma viagem, sensações, vivências e experiências são intangíveis, mas podem ser exploradas. No Rio do Rastro Eco Resort, essas emoções são a oferta, como o folheto promocional menciona: "Venha viver esta experiência, aqui o calor é humano". Tal fato mostra que o hotel explora os aspectos intangíveis do serviço, os cinco sentidos.

O toque na vaca ou no cavalo, o cheiro de chimarrão ou da comida típica, o gosto dessa comida ou de uma maçã colhida do pé, o silêncio da noite com o coachar dos sapos, a revoada dos insetos e o visual deslumbrante fazem que o hotel tenha meca-

---

[46] *Ibidem*.

nismos de ofertas intangíveis. O *resort* ainda não possui um planejamento estratégico de marketing sólido para a oferta de experiências, mas esse fato tem sido discutido nas reuniões do conselho administrativo.

> A relação entre o marketing e a experiência não existia há algum tempo. Estamos começando a nos estruturar e já utilizamos ocasionalmente a experiência como argumento de venda do hotel. No caso de um *resort* onde a experiência é o foco, o marketing deve ser trabalhado pelo pessoal interno. Quem planeja as ações de marketing deve estar diretamente ligado à experiência para poder utilizá-la como argumento de venda.[47]

Através da observação, pode-se afirmar que o hotel tem consciência do que seja explorar a intangibilidade nos serviços que oferece e que, num futuro breve, estará, de forma organizada, trabalhando a experiência como foco do setor de marketing.

Outras propriedades fundamentais do marketing são a *heterogeneidade* e a *simultaneidade*. No *resort*, o serviço de hospedagem e as experiências extras ofertadas são analisadas como únicas para cada hóspede e diferentes entre todos eles. Por esses motivos, o atendimento dos funcionários tem de ser o melhor possível, porque precisam proporcionar surpresas agradáveis. As propriedades do marketing de serviços só surtirão efeito se forem relacionadas com a satisfação do cliente/hóspede.

> Como o produto a gente não estoca, produz e consome ao mesmo tempo, o treinamento dos funcionários tem de ser mais intenso. Não temos o direito de causar uma segunda "primeira boa impressão". Os funcionários são fundamentais na experiência de uma boa hospedagem.[48]

Pela base teórica apresentada, pode-se inferir que a alta satisfação do cliente está relacionada com a expectativa com que ele chega ao meio de hospedagem. No Rio do Rastro Eco Resort, a expectativa é acima do normal, pois o cliente tem acesso a informações que lhe permitem conhecer a oferta antes do consumo.

Mensurar a satisfação do cliente é um requisito básico para o setor de marketing de qualquer empreendimento e, no caso deste estudo, a necessidade é maior. A satisfação do cliente do *resort* é mensurada pelo questionário da Associação Roteiros do Charme e por uma carta aberta deixada no quarto. Na entrevista realizada com a gerente comercial, pode-se observar que o instrumento tem limitações e que será reestruturado. Outra maneira de os gestores do *resort* analisarem a satisfação do hós-

---

[47] *Ibidem.*
[48] *Ibidem.*

pede com relação às experiências e à própria hospedagem é pelo livro de visitas. Nele, é possível encontrar o registro de frases e depoimentos emocionados de hóspedes que vivenciaram a verdadeira mensagem do *resort*.

> Ficamos impressionados com a hospitalidade do *resort*. Tudo absolutamente perfeito, voltaremos em breve!
> Passamos um dia maravilhoso. Obrigado pela acolhida, carinho e cuidado. A preservação do local impressiona!
> Experiência incrível, superdeliciosa, inesquecível. Voltaremos!!
> Obrigado pela estadia. Minhas energias foram recarregadas.
> Obrigado pela hospitalidade maravilhosa neste feriado. Vocês oferecem verdadeiras experiências!
> Dias maravilhosos passamos aqui, com atendimento excelente e incríveis momentos de comemoração e contemplação da natureza.
> Passamos um fim de semana inesquecível na companhia do amigo Ivan Cascaes. Um local inovador, moderno, aconchegante e, acima de tudo, em harmonia com a natureza. A cultura serrana e o que o *resort* oferece são seu maior patrimônio. Interagir aqui ficará guardado em nossas memórias para todo o sempre. Obrigado! Saímos daqui com energia e força total.

Muitos outros depoimentos podem ser vistos no livro de visitas do *resort*. Isso mostra que a experiência está diretamente ligada à satisfação do hóspede e cabe ao setor de marketing do empreendimento utilizar tanto a oferta de experiência como a própria satisfação dos hóspedes como argumentos de comercialização do *resort*.

É possível inferir, pelos depoimentos, que a hospitalidade comercial se aproxima e adquire aspectos da hospitalidade doméstica no referido empreendimento. Portanto, oferta de experiências, satisfação, estrutura, planejamento e, o que é mais importante, atenção, carinho e comprometimento com os hóspedes e com a natureza fazem do Rio do Rastro Eco Resort um empreendimento de destaque dentro do mix de marketing de serviços hoteleiros.

Considerações finais

A experiência no turismo é, hoje, o principal argumento de comercialização de passeios e pacotes, sendo o meio de hospedagem um dos principais responsáveis pela experiência turística. Essa responsabilidade aumenta no turismo rural, segmento foco deste capítulo. O próprio conceito de *turismo rural* envolve a experiência.

A escolha do Rio do Rastro Eco Resort foi feita com base nas ações que o hotel promove e nas experiências que oferece. Além disso, a preocupação com a sustentabilidade reforçou a escolha. O *resort* promove o desenvolvimento da região como um todo, não só por receber turistas, mas por incentivar diversas atividades que envolvem pessoas e empresas da região. Utilizar essas ferramentas para comercializar o hotel mostra a responsabilidade e a alta consciência de como operacionalizar um empreendimento de turismo rural.

O objetivo deste capítulo foi apresentar como o marketing hoteleiro se insere no contexto do turismo de experiência. As ações do *resort* demonstram que a intangibilidade, em decorrência da experiência, é algo que deve ser exaltado nas ofertas do hotel. Além disso, percebeu-se uma relação muito próxima e forte entre a satisfação do cliente e a experiência vivenciada.

Outra questão importante a ser destacada foi o pensamento estratégico da organização. Não foi mencionado o planejamento estratégico, porque utilizar a experiência como argumento de comercialização ainda é algo intrínseco. Contudo, pelo observado, será operacionalizado e, se ainda não o é, se tornará tendência no segmento do turismo rural.

Para o marketing do empreendimento, ainda é nebuloso colocar a experiência como ponto central da estratégia de marketing. Considera-se isso um fator limitante, já que diversas ações baseadas na experiência são operacionalizadas no *resort*. O empreendimento está deixando de utilizar tal oportunidade para a melhoria de seus processos de marketing e da comercialização de seu serviço.

Mas o mais importante é ter responsabilidade, respeitar o meio ambiente, as tradições e a sociedade local, utilizar-se de experiências não somente para promover a satisfação do cliente, mas também para desenvolver a região e proporcionar a melhoria na qualidade de vida de todas as personagens inseridas no processo turístico da localidade.

O marketing pode e deve trabalhar todas essas questões. Desenvolver e comercializar as ofertas que existem, satisfazer o cliente e proporcionar melhorias à comunidade são requisitos básicos para qualquer setor de marketing de hotéis desse segmento.

REFERÊNCIAS BIBLIOGRÁFICAS

ABREU, Nélsio *et al.* "Comunidades virtuais como ambiente potencializador de estratégias mercadológicas". Em *Perspectivas em Ciências da Informação*, vol. 12, nº 3, 2008.

ALVEZ, Fernanda et al. "A música como experiência e diferencial mercadológico no turismo". Em *Caderno Virtual de Turismo*, vol. 9, nº 2, 2009.

AMERICAN MARKETING ASSOCIATION (AMA). *Resource Library*. Disponível em http://www.marketingpower.com.

ASSOCIAÇÃO BRASILEIRA DA INDÚSTRIA HOTELEIRA (SANTA CATARINA) – Abih. *Números do setor hoteleiro em Santa Catarina*. Março de 2007. Disponível em http://www.abih-sc.com.br.

BENI, Mario Carlos. *Análise estrutural do turismo*. 7ª ed. São Paulo: Senac São Paulo, 2002.

_____. "Turismo: da economia de serviços à economia da experiência". Em *Turismo: visão e ação*, vol. 6, nº 3, 2004.

CASTELLI, Geraldo. *Administração hoteleira*. Caxias do Sul: Educs, 2003.

CHAN, Jennifer & BAUM, Tom. "Ecoturist's Perception of Ecotourism Experience in Lower Kinabatagan, Sabah, Malaysia". Em *Journal of Sustainable Tourism*, vol. 15, nº 5, 2007.

CHON, Kye Sung & SPARROWE, T. Raymond. *Hospitalidade: conceitos e aplicações*. São Paulo: Thomson Learning, 2003.

COHEN, Eli & BEM-NUN, Livnat. "The Important Dimensions of Wine Tourism Experience from Potential Visitor's Perception". Em *Tourism and Hospitality Research*, vol. 9, nº 1, 2009.

EMBRATUR – INSTITUTO BRASILEIRO DE TURISMO. *Boletim de Desempenho Econômico do Turismo, 2009*. Disponível em http://www.turismo.org.br.

_____. *Deliberação Normativa nº 367 de 14 de maio de 1997*. Disponível em http://www.turismo.org.br.

FITZSIMMONS, James A. & FITZSIMMONS, Mona J. *Administração de serviços: operações, estratégia e tecnologia de informação*. 4ª ed. Porto Alegre: Bookman, 2005.

GARVIN, David A. *Gerenciando a qualidade: a visão estratégica e competitiva*. Rio de Janeiro: Qualitymark, 1992.

GRÖNROOS, Christian. *Marketing: gerenciamento e serviços*. Rio de Janeiro: Elsevier, 2004.

KOTLER, Philip. *Administração de marketing: análise, planejamento, implementação e controle*. 5ª ed. São Paulo: Atlas, 1998.

LARRECHE, Jean Claude. *O efeito momento*. São Paulo: Artmed, 2010.

LOVELOCK, Cristhofer. & WRIGHT, Lauren. *Serviços: marketing e gestão*. São Paulo: Saraiva, 2006.

MCBOYLE, Geoff & MCBOYLE, Edith. "Distillery Marketing and the Visitor Experience: a Case Study of Scottish Malt Whisky Distilleries". Em *International Journal of Tourism Research*. vol. 10, nº 1 2008.

MOSSBERG, Lena. "A Marketing Approach to the Tourist Experience". Em *Scandinavian Journal of Hospitality and Tourism*, vol. 7, nº 1, 2007.

MOTA, Keila & ARAÚJO, Tamires. "Ferramentas e ações promocionais como instrumentos de competitividade e posicionamento de mercado". Em *VI Seminário ANPTUR*, São Paulo, 2009.

PARASURAMAN, A et al. "A Conceptual Model of Service Quality and Its Implications for Future Research". Em *Journal of Marketing*, outono de 1985.

_____. "A Multiple-item Scale for Measuring Consumer Perceptions". Em *Journal of Retailing*, vol. 64, primavera de 1988.

PINE II, Joseph & GILMORE, James. "Satisfaction, Sacrifice, Surprise". Em *Strategy & Leadership*, vol. 28, nº 1, 2000.

RIO DO RASTRO. *Rio do Rastro Eco Resort*. http://www.riodorastro.com.br.

RUSCHMANN, Doris van de Meene. *Marketing turístico*: um enfoque promocional. Campinas: Papirus, 1991.

TONINI, Hernanda. "Economia da experiência: o consumo de emoções na região uva e vinho". Em *Revista brasileira de pesquisa em turismo*, vol. 3, nº 1, 2009.

WTTC. "Relatório Anual de 2008". Em *World Tourism and Travel Council, 2009*. Disponível em http://www.wttc.org.

ZEITHAML, Valerie & BITNER, Mary J. *Marketing de serviços: a empresa com foco no cliente*. Porto Alegre: Bookman, 2003.
_____ *et al. Service Marketing*. Cingapura: McGraw-Hill, 2006.

Para saber mais

Livros
ELESBÃO, Ivo & ALMEIDA, Joaquim. "O turismo rural como vetor para o desenvolvimento local: a experiência de São Martinho-SC". Em *Economia e Desenvolvimento*, nº 13, 2001.
SCOTT, Noel *et al. Marketing of Tourism Experiences*. Londres: Routledge, 2009.

Sites
RIO DO RASTRO ECO RESORT. http://www.riodorastro.com.br.
TOUR DA EXPERIÊNCIA. http://projetoee.blogspot.com.
VIAJE AQUI. http://viajeaqui.abril.com.br.

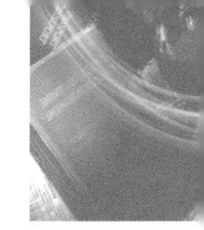

Sentindo na pele: corpos em movimento na experiência turística na natureza

Arianne Carvalhedo Reis

Como discutido ao longo desta obra, o turismo envolve diferentes experiências que permitem a construção do ato da viagem e do ser turista. As experiências do outro, de si mesmo, do exótico, do consumo, do risco, da natureza, entre outras, são todas particularmente singulares e significativas quando vividas em espaços não cotidianos, longe do conforto do lugar que se conhece bem, no qual se vive diariamente. Tais experiências vêm sendo cada vez mais discutidas por cientistas sociais na constante busca pelo melhor entendimento do ser humano em sociedade, em suas diversas manifestações.

Existe, contudo, um importante aspecto que tem sido esquecido, ou relegado, por grande parte dos estudos turísticos realizados no Brasil e no mundo.[1] Partindo de uma construção enraizada em sociedades contemporâneas ocidentais – a de que somos parte corpo e parte alma –, estudiosos do turismo têm esquecido que toda e qualquer experiência é vivida, sentida e apreendida por meio de nosso corpo. A corporeidade é parte fundamental da experiência humana, e isso não é diferente nas particularidades do turismo. Ao contrário, meu argumento, neste capítulo, é que as sensações físicas, ou o que percebemos de nossas experiências por intermédio de nossos corpos, produzem ou permitem a construção de um significado singular para as experiências de viagem. Em particular, argumento que o ambiente "natural" provoca

---

[1] Adrian Franklin, *Nature and Social Theory* (Londres: Sage, 2002); Alcyane Marinho, "Da aceleração ao pânico de não fazer nada: corpos aventureiros como possibilidade de resistência", em Alcyane Marinho & Heloisa Bruhns, *Turismo, lazer e natureza* (São Paulo: Manole, 2003).

e possibilita experiências extremamente sensoriais, que, por sua vez, ajudam a dar maior significado às experiências vividas.

O corpo e a natureza que somos

Como discute Gonçalves, para compreender *o sentido da vida humana*, é preciso determinar como ponto de partida que a experiência fundamental do homen é o "ser-no-mundo".[2] O ser humano não é, portanto, apenas um "ser pensante, mas também [...] um ser que sente e age. Assim, sentir, pensar e agir não coexistem de forma dissociada, mas se fundem, sendo possível compreendê-los separadamente apenas em um nível puramente conceitual". Tal compreensão do ser humano como matéria única, em que alma, corpo, razão, sentidos e sentimentos são um todo indissociável, advém de um movimento recente, uma luta pós-moderna de quebra de preceitos cartesianos em que dualidades como sociedade/natureza, homem/animal, mente/corpo regem a ciência e a vida das sociedades ocidentais modernas.[3]

Apesar de o corpo, como entidade independente, ter sido largamente estudado e debatido desde os gregos da Antiguidade, nos últimos cinquenta anos passou a receber uma atenção mais acentuada e sistemática das sociedades ocidentais. Com os movimentos sociais da década de 1960, o corpo foi "redescoberto na arte e na política, na ciência e na mídia, provocando um verdadeiro 'corporeísmo' nas sociedades ocidentais".[4] O corpo como objeto de desejo, rebeldia, manifestação, luta, apatia e controle foi desvelado, e estudiosos de diversas áreas passaram a se interessar por seu poder sobre nossas vidas, como indivíduos e em sociedade.

O corpo passou, então, a ser revisto. Sua importância na socialidade humana começou a ser discutida em campos diversos; a psicologia chegou ao ponto de incluir em seus tratamentos "terapias corporais", reconhecendo que por intermédio do corpo nos comunicamos com os outros e com o mundo que nos rodeia, que o que "sinto, misturado com o que penso, imagino, quero, desejo, temo e mais coisas [são] todas elas ligadas e dependentes do corpo".[5] Aos poucos, a medicina tradicional também foi incorporando abordagens que viam o corpo como um todo único, as chamadas

---

[2] Maria Augusta Salin Gonçalves, *Sentir, pensar, agir: corporeidade e educação* (11ª ed. Campinas: Papirus, 2008), p. 73.
[3] Adrian Franklin, *Nature and Social Theory*, cit.
[4] Denise Bernuzzi Sant'anna, "As infinitas descobertas do corpo", em *Cadernos Pagu*, vol. 14, 2000, p. 238.
[5] Ana Carla Peto, "Terapia através da dança com laringectomizados: relato de experiência", em *Revista Latino-Americana de Enfermagem*, vol. 8, nº 6, dezembro de 2000, p. 35.

abordagens holísticas. Contudo, de maneira geral, a doutrina moderna, cartesiana, que compartimentaliza nosso corpo em partes seletas, que nos distancia de forma quase permanente de outros animais, que cria um abismo entre homens e mulheres, entre o sensível e o racional, continua a dominar em sociedades ocidentais. Terapias, perspectivas ou posicionamentos que se distanciam desse paradigma, estabelecido e enraizado em nossas sociedades ao longo de séculos de dominância, apesar de crescentes em popularidade, são ainda rotulados como "alternativos", "exóticos", e permanecem à margem.

Esforços notáveis para diminuir o abismo entre esses opostos construídos podem ser encontrados nas discussões de Foucault e Merleau-Ponty, estudiosos que apresentam uma compreensão mais elaborada de nossa relação com o mundo a partir de nossos corpos. Para Merleau-Ponty, "o corpo vivido é nosso meio primário para ser no mundo".[6] Mais que isso, "nossa experiência corporal do movimento não é um caso particular de conhecimento; ela nos provê com um meio de acesso ao mundo e a objetos, com uma 'praticagnose' que precisa ser reconhecida como original e talvez como primária".[7]

Assim, todo o conhecimento é "filtrado" antes pelo corpo, fazendo dele âncora máxima da experiência. Nós não somente sentimos, mas também conhecemos os espaços que habitamos por intermédio do corpo que vivemos.[8] Foucault complementa essa discussão quando inclui a questão do poder e do controle a partir do corpo e de como nossa fisicalidade dita nosso lugar na sociedade, nossos comportamentos e nossas experiências.[9]

Minhas discussões estão baseadas na noção de que nossos corpos não apenas nos levam a lugares, mas os coproduzem. Assim, tornam-se mais instáveis, tão instáveis quanto os espaços que habitamos, em eterno movimento de mudança.[10] Tal instabilidade é, certamente, fonte de sentimentos extremos, em que prazer e dor ultrapassam a matéria física, marcando experiências.

Nesse contexto, a natureza se destaca como espaço propenso para a elicitação de sensações corporais "extraordinárias";[11] ela não só desperta nossos sentidos, mas,

---

[6] Maurice Merleau-Ponty, *Phenomenology of Perception* (Nova York: Humanities Press, 1962), p. 146.
[7] *Ibid.*, p. 140.
[8] Edward Casey, *The Fate of Place: a Philosophical History* (Berkeley: University of California Press, 1997).
[9] Michel Foucault, *Resumo dos cursos do Collège de France (1970-1982)* (Rio de Janeiro: Jorge Zahar, 1997).
[10] Heidi Nast & Steve Pile (orgs.), *Places Through the Body* (Londres: Routledge, 1998)
[11] Arianne Reis, "100% Pura: a natureza como produto de consumo ou parte de um estilo de vida 'natural'?", em Alcyane Marinho & Ricardo Uvinha, *Lazer, esporte, turismo e aventura – a natureza em foco* (Campinas: Alínea, 2009).

como espaço socialmente construído,[12] produz expectativas que podem "guiar" nossas experiências quando em contato mais explicitamente físico com ela. Seguindo uma perspectiva construtivista realista, trabalho com a premissa de que a natureza é um "constructo real", ou seja, o que normalmente chamamos de "natureza" está/é imanente no mundo material e é governado tanto por sua existência interna quanto por interferências externas, como linguagem e ações sociais.[13] Isso significa que grupos sociais "leem" essa matéria física chamada "natureza" baseados em suas próprias construções sociais, e a maneira com que interagem com ela depende dos significados que lhe são dados.[14] De forma geral, porém, sociedades modernas ocidentais vêm situando a natureza fora da esfera humana, enfatizando sua realidade (realistas) ou sua construção social (construtivistas). Tal posicionamente dicotômico facilitou a formulação de diferentes compreensões dessa matéria ao longo dos anos, mas sem nunca conseguir superar noções dualísticas da relação ser humano-natureza. Essa dualidade está arraigada em nossas sociedades ocidentais e se manifesta nas compreensões de corpo deslocado da mente, e de ser humano destacado da natureza. Neste capítulo, pretendo enfatizar os problemas que essa dualidade nos apresenta no contexto particular do turismo em áreas consideradas naturais.

De fato, o turismo em espaços naturais vem sendo cada vez mais divulgado e considerado um turismo mais ativo, em que há maior engajamento do visitante com o destino e, por consequência, produz uma experiência turística mais significativa. A Nova Zelândia é, certamente, um desses destinos que se valem de tal construção para atrair turistas.[15] Produz, de forma massificante e quase homogeneizada, um turismo de aventura em áreas naturais, e é para lá que nosso olhar se volta agora.

Nova Zelândia, sua natureza e seus turistas

A Nova Zelândia vem se estabelecendo como importante destino turístico no Pacífico nos últimos trinta anos.[16] Cruciais nesse desenvolvimento foram a explo-

---

[12] William Cronon, "The Trouble with Wilderness; or, Getting Back to the Wrong Nature", em William Cronon, *Uncommon Ground: Rethinking the Human Place in Nature* (Nova York: W. W. Norton and Company, 1996).
[13] Richard Evanoff, "Reconciling Realism and Constructivism in Environmental Ethics", em *Environmental Values*, vol. 14, nº 1, 2005, pp. 61-81.
[14] Timothy Morton, *Ecology without Nature: Rethinking Environmental Aesthetics* (Harvard: Harvard University Press, 2007).
[15] Arianne Reis, "100% Pura: a natureza como produto de consumo ou parte de um estilo de vida 'natural'?", cit.
[16] Joanne *et al.* Connell, "Towards Sustainable Tourism Planning in New Zealand: Monitoring Local Government Planning under the Resource Management Act", em *Tourism Management*, vol. 30, nº 6, 2009, pp. 867-877.

ração midiática e a criação de uma marca que se baseia fundamentalmente nos recursos naturais do país.[17] A *100% Pura Nova Zelândia*, uma das marcas-lugar mais bem-sucedidas do mundo,[18] aposta fortemente no espírito aventureiro de um povo e de uma terra jovem.[19] Com mais de 30% de sua terra protegida em parques nacionais, reservas florestais e áreas de conservação,[20] e com uma topografia bastante variada e clima imprevisível e extremo, o povo neozelandês se destaca mundialmente por ter um estilo de vida de estreito contato com a natureza.[21] As atividades de aventura em espaços naturais fazem parte do cotidiano de grande parte da população: acampamentos, longas trilhas, escaladas em rocha, neve e gelo, *kayaking*, *mountain biking*, surfe, vela, caça, pesca, entre outras, são atividades amplamente praticadas de norte a sul do país. Não coincidentemente, a Nova Zelândia se desenvolveu como um dos principais destinos de turismo de aventura e natureza do mundo, sendo reconhecida hoje como a capital mundial da aventura.[22]

Na Nova Zelândia, os turistas são bombardeados com informações promocionais que os incitam a desfrutar e a interagir com as belezas naturais do país.[23] De fato, o perfil do turista na Nova Zelândia, ou melhor, o mercado-foco das agências de turismo do país, é o aventureiro, independente, "turista interativo", aquele que viaja internacionalmente "em busca de experiências novas, autênticas que envolvem um engajamento ativo com a natureza e com a cultura local".[24] Aqui, o foco deixa de ser o "simples" olhar, o *sightseeing*, para envolver experiências corporais desafiadoras na natureza. Como afirmam Perkins e Thorns, os turistas são conclamados a ser "observadores e seres ativos".[25] Ao contrário do que ocorre em outros destinos

---

[17] Arianne Reis, "100% Pura: a natureza como produto de consumo ou parte de um estilo de vida 'natural'?", cit.
[18] Adriana Campelo Santana, *Marca-lugar: lições da Nova Zelândia*, dissertação de mestrado em Administração (Salvador: Escola de Administração – UFBA, 2006).
[19] Nigel Morgan & Annette Pritchard, "New Zealand, 100% Pure: the Creation of a Powerful Niche Destination Brand", em *Journal of Brand Management*, vol. 9, n°s 4-5, 2002, pp. 335-354.
[20] Ministry of the Environment, *A Snapshot of Council Effort to Address Indigenous Biodiversity on Private Land: a Report Back to Councils*, Wellington: Ministry for the Environment, 2004.
[21] Claudia Bell, *Inventing New Zealand: Everyday Myths of Pakeha Identity* (Auckland: Penguin, 1996).
[22] Paul Cloke & Harvey Perkins, "Cracking the Canyon with the Awesome Foursome: Representations of Adventure Tourism in New Zealand", em *Environment and Planning D*, vol. 16, n° 2, 1998, pp. 185-218; Ministério do Turismo, *Projeto excelência em turismo: aprendendo com as melhores experiências internacionais* (Brasília: Ministério do Turismo, 2005).
[23] Paul Cloke & Harvey Perkins, "Cracking the Canyon with the Awesome Foursome: Representations of Adventure Tourism in New Zealand", cit.
[24] Ministry of Tourism. *New Zealand Tourism Strategy 2015* (Wellington: Ministry of Tourism, 2007), p. 20.
[25] Paul Cloke & Harvey Perkins, "Gazing or Performing? Reflections on Urry's Tourist Gaze in the Context of Contemporary Experience in the Antipodes", em *International Sociology*, vol. 16, n° 2, p. 196, 2001.

[ESTUDOS DE CASO]

mais tradicionais, o "olhar do turista" proposto por Urry[26] não consegue dar conta da expêriencia turística proposta pelas agências, governamentais ou comerciais, responsáveis pela promoção do turismo na Nova Zelândia, sendo a experiência *com* e *na* natureza um dos principais produtos a serem consumidos e vivenciados nesse país.[27]

Entre tantas opções, uma atividade em particular recebe atenção significativa tanto de turistas como de locais: as longas caminhadas em trilhas remotas, ou o *tramping*.[28] O *tramping* desempenha um papel importante como manifestação cultural de próxima relação com a natureza[29] e que é vendida ao turista como parte do "famoso" estilo de vida aventureiro. O Departamento de Conservação (DOC) – órgão responsável pela administração dos recursos naturais do país, tanto para conservação quanto para a recreação e o turismo – e seus órgãos antecessores, ao longo do último século, estabeleceram um sistema de trilhas sem similares no resto do mundo. São milhares de roteiros classificados por um sistema que vai de trilhas curtas e pavimentadas – que atendem a famílias, idosos e pessoas com dificuldade de locomoção – a longas rotas precariamente marcadas, atendendo à demanda de montanhistas mais experientes.[30] As trilhas para *tramping* envolvem caminhadas longas com pernoite, que acontecem em áreas de *camping*, selvagens ou minimamente administradas pelo DOC, ou, mais comumente, em abrigos de montanha. Esses abrigos também são classificados, variando de básicos a bastante confortáveis. Essa variação se dá de acordo com a manutenção que recebem, os recursos mínimos oferecidos (banheiro, lareira, água potável, etc.) e a localização (tipo de trilha onde está situado, dificuldade de acesso, etc.), entre outras características.

Geralmente, porém, esses abrigos estão localizados em áreas remotas, onde o acesso só é possível a partir de trilhas de algumas horas de duração. Hoje o DOC administra mais de 950 abrigos, além de outros tantos administrados por organizações não governamentais, como o *New Zealand Alpine Club*, o *New Zealand Deerstalkers As-*

---

[26] John Urry, *The Tourist Gaze*, (2ª ed. Londres: Sage Publications, 2002).

[27] John Fairweather & Simon Swaffield, "Tourist Experiences of Landscape in New Zealand: Themes from Three Case Studies", em *Tourism, Culture & Communication*, vol. 4, 2003, pp. 57-70, 2003; Paul Cloke & Harvey Perkins, "Gazing or Performing? Reflections on Urry's Tourist Gaze in the Context of Contemporary Experience in the Antipodes", cit.

[28] Ministry of Tourism, *International Visitor Survey: IVS Pivot Tables – Activities and Attractions*, disponível em http://www.tourismresearch.govt.nz/Data-Analysis/International-tourism/International-Visitors/IVS-Pivot--Tables/.

[29] Kate Ross, *Going Bush: New Zealanders and Nature in the Twentieth Century* (Auckland: Auckland University Press, 2008).

[30] Department of Conservation, *Backcountry Hut Information*, disponível em http://www.doc.govt.nz/parks-and--recreation/places-to-stay/backcountry-hut-information/fees-and-bookings/hut-categories/.

sociation e os diversos clubes de montanhismo espalhados pelo país. Esse sistema de trilhas e abrigos, extremamente bem organizado, consolidado e vasto, proporciona ímpares oportunidades de recreação na natureza, em que turistas e locais conseguem se engajar em atividades de forma relativamente segura, sem necessitar carregar equipamentos mais pesados e especializados, a um custo relativamente baixo.[31] O conforto e a segurança de encontrar um abrigo ao final de um longo dia de trilha, normalmente em um local de beleza singular, são considerados pontos fundamentais para o sucesso e popularidade desse sistema, utilizado por mais de um milhão de turistas internacionais por ano, ou quase 67% de todos os turistas internacionais ao país.[32]

O estudo em que se baseia este texto foi conduzido com turistas internacionais que fizeram *tramping* no Parque Nacional Rakiura em Stewart Island, um dos catorze parques nacionais do país. Esses turistas se enquadram, de fato, no perfil do "turista de aventura" ou do "turista interativo", alvo das estratégias públicas e privadas de turismo no país.[33] Stewart Island é um destino de aventura e natureza famoso no país, particularmente para os adeptos do *tramping*, sejam eles turistas internacionais, sejam turistas domésticos. A ilha, geograficamente remota, com quase 90% de sua área delimitada como parque nacional, possui a maior trilha formal de *tramping* do país, um circuito que leva de dez a doze dias para ser completado, circulando por toda a metade superior da ilha. Além desse circuito, diversas outras trilhas são encontradas na ilha, desde rotas em áreas selvagens, com pouca ou nenhuma marcação e sem qualquer estrutura construída, até trilhas mais curtas e asfaltadas no pequeno vilarejo de menos de quatrocentos habitantes na única região habitada da ilha.

Uma característica peculiar de Stewart Island é que, devido à sua estrutura geomorfológica, o solo da ilha é extremamente barroso e com áreas de charque que podem chegar acima da cintura de um adulto que se aventure pelas trilhas mais remotas. Sessões de lama são muito comuns, com partes que chegam a cobrir o joelho do caminhante. Apesar de diversos caminhos contarem com passarelas de madeira sobre o solo para proteger o turista e o solo da ilha, nas trilhas de *tramping*, particularmente nos famosos Circuitos Noroeste e Sul, não são comuns tais artefatos,

---

[31] O preço para o pernoite em abrigos varia de acordo com sua categoria, desde pernoites gratuitos até NZ$ 45,00 por noite nos abrigos mais "turísticos". (*Ibidem*)
[32] Ministry of Tourism, *International Visitor Survey: IVS Pivot Tables – Activities and Attractions*, cit.
[33] Ministry of Tourism, *New Zealand Tourism Strategy 2015*, cit.

levando o caminhante a experimentar de maneira mais "natural" as características do meio ambiente local.

Essas características são amplamente divulgadas pelo DOC a todos os visitantes da ilha, a fim de evitar que caminhantes menos experientes sejam pegos de surpresa. Ainda assim, o contato "íntimo" com a natureza traz desconforto e é alvo de muitas conversas entre turistas na ilha, e de constantes queixas ao DOC. Além disso, apesar de toda a segurança e comodidade que os abrigos proporcionam ao fim de um longo dia de caminhada, as intempéries da natureza local podem transformar a experiência de caminhar entre um abrigo e outro num grande desafio. A distância entre eles varia de 5,5 km a 18 km, e as caminhadas podem durar de 3 a 10 horas, por charcos, lama, praias desertas, atravessando rios e riachos na maioria das vezes sem pontes, subindo e descendo grandes inclinações, num ambiente que varia de floresta densa e úmida a mangues, praias de areia branca e grandes dunas e planícies de vegetação rasteira. O clima, devido à sua localização (latitude 47º Sul) e pequena área (pouco mais de 1.700 km^2) sem barreiras naturais próximas para conter as tempestades oceânicas, é imprevisível, por vezes experimentando variações térmicas extremas em um mesmo dia. No verão, a temperatura média é de 15 ºC e no inverno de 9 ºC, com dias em que a sensação térmica pode descer a graus negativos quando ventos do sul invadem a ilha, em qualquer época do ano. A natureza da ilha é, assim, extremamente vigorosa e certamente produz sensações singulares naqueles que a experimentam de perto.

Como minha busca nesta pesquisa foi a de obter melhor compreensão da experiência vivida por *trampers* nessa ilha remota, levando mais em consideração sensações e expressões que fatos palpáveis e números, escolhi utilizar uma perspectiva crítico-reflexiva baseada em uma proposta interpretativista. Meu foco se dá, então, sobre a narrativa dos sujeitos envolvidos na pesquisa, inclusive sobre a minha própria narrativa, uma vez que acredito que o conhecimento é construído intersubjetivamente.[34] A constante reflexão sobre as experiências de outros, nesse caso de turistas em caminhadas no Parque Nacional Rakiura na Nova Zelândia, assim como sobre minhas próprias experiências, é modulada pelo corpo teórico sobre o qual venho me debruçando ao longo de meus anos de estudo da relação do ser humano com o meio ambiente, particularmente o ambiente comumente chamado de "natural".

Os métodos utilizados para acumular conhecimento para desenvolver as discussões aqui apresentadas foram: 1) pesquisa participante; 2) diário pessoal; 3) entre-

---

[34] Michelle Fine, "Working the Hyphens: Reinventing Self and Other in Qualitative Research", em Norman Denzin & Yvonna Lincoln, *Handbook of Qualitative Research* (Thousand Oaks: Sage, 1994).

vistas formais semiestruturadas; 4) conversas informais na ilha com diversos turistas, com provedores de serviços para turistas e funcionários do DOC; e 5) comentários de turistas em livros de visita de diversos abrigos da ilha. A pesquisa se iniciou no ano de 2006 e foi concluída com a submissão de minha tese de doutorado, em dezembro de 2009. Da análise desse material, sobressaíram dois importantes temas: a comodificação do espaço natural na experiência do turista e a significância dos corpos no ser turista. Nesse ensaio, meu foco se dará somente ao segundo tema.

Corpos que sentem, natureza que transpira

Ao contrário da maioria das trilhas que atraem um grande número de turistas pelo mundo, as principais rotas de Stewart Island contêm pouca intervenção humana na forma de pontes, compactação de solo, passarelas sobre áreas lameadas, corrimãos, etc. Assim, a "natureza" não se apresenta tão contida, ou desenhada para atender à demanda de uma massa de turistas menos preparados para tal ambiente. A experiência do visitante é, portanto, menos "guiada" pelo *design* adotado na trilha, e a natureza menos disciplinada a fim de conter o seu "caos".[35] Não é comum encontrar qualquer tipo de contenção ou sessões (atalhos) fechadas, e as únicas marcas da constante presença humana são as de botas na lama e, ocasionalmente, pequenos marcadores de direção. As trilhas são, contudo, abertas e mais ou menos claras, mas a constante queda de árvores e arbustos e os níveis variados dos rios podem tornar a navegação um pouco mais desafiadora para os menos preparados. Antenas para celulares não cobrem a região, tornando a comunicação com o "mundo externo" possível somente por meio de rádios. Os banheiros são *long drops*,[36] e nenhum dos abrigos oferece chuveiro ou eletricidade, o que torna a experiência ainda mais remota. Assim, turistas experimentam a natureza de forma bastante rudimentar, o que os tira de sua zona de conforto habitual, em que suas vidas são organizadas em horários ditados pelo relógio de pulso, e não pelo orgânico ou pelo da natureza, com compromissos diários, com comida semipronta na geladeira e na despensa, com televisão para entreter, chuveiro quente para asseio, além de outras amenidades. O contato físico com a natureza em "caos" se torna assim ainda mais expressivo, uma vez que a imersão nesse "mundo" novo se dá de modo completo, por diversos dias ininterruptos.

---

[35] Kay Anderson, "Culture and Nature at the Adelaide Zoo: at the Frontiers of 'Human' Geography", em *Transactions of the Institute of British Geographers*, vol. 20, 1995, pp. 275-294.

[36] Cubículos com um assento e uma grande fossa aberta abaixo dele.

Eu gosto de entrar num ritmo [...] de estar lá por um tempo mais longo e entrar num certo ritmo, mais... sei lá, sentir que você passa o seu dia fazendo o que é preciso para se manter, tipo, comendo, fazendo jantar, limpando as mãos, todas as coisas que você realmente faz, e não apenas assume que são feitas, que você se acomoda com isso. O ciclo básico. Eu realmente gosto dessa sensação.

Você vê e sente coisas que se dá conta que você não vê ou sente em nenhum outro lugar, tipo, você não pode dirigir e parar e olhar para algo assim, você tem que realmente estar lá e pensar e sentir.

É incômodo ficar dias sem tomar banho. Você sua, fica cheio de lama, fede mesmo! (*risos*). Mas no final é legal, porque você se dá conta das coisas simples da vida... que as coisas simples são importantes. Você passa a se olhar diferente no espelho depois que fica dias sem ele (*risos*).[37]

Nesse contexto, o simples "estar lá" e o "ser compente para terminar a trilha" são também pontos fundamentais da experiência. Como apresentado anteriormente, a ilha é famosa por suas trilhas desafiadoras, e, para o turista, ser capaz de completar as trilhas mais exigentes se torna objeto de desejo. De fato, a importância dada ao "completar" se torna tão importante que o prazer de "estar" pode se tornar secundário. Desse modo, uma narrativa constante encontrada no discurso dos turistas é a narrativa do tempo percorrido, isto é, quanto tempo foi necessário para você ou o outro completar aquele trecho da trajetória. Essa narrativa se apresenta de diversas formas. A primeira, com queixas afirmando que a estimativa do DOC não é precisa; a segunda, comparando *performances*.

Previsões de tempo [do DOC] para trilhas não são acuradas.
Andei 7h do abrigo Bungaree até aqui. As informações do DOC não estão corretas!
A trilha é desafiante. Apenas 5h!
Hey... Estou de volta, e Circuito Sul em 4 dias. Legal, mas muito árduo!!!
2.5h de Mason [Bay], pés molhados pela primeira vez.
4h do abrigo de Freshwater.
5h para vir até aqui, remando e patinando na lama de baixo de nossa querida chuva.
Abrigo Freshwater à Abrigo North Arm: 6h+, o DOC não superestimou dessa vez!
Estava com o joelho machucado, mas ainda assim a trilha estava péssima. Deixe pelo menos 7h. Nós levamos 9.[38]

---

[37] Trechos de entrevistas realizadas pela autora.
[38] Trechos de comentários registrados nos livros de visitas dos abrigos de montanha, coletados pela pesquisa da autora.

Fica claro, a partir dos comentários acima, retirados dos livros de visitas, como passa a ser mais importante a *performance* dos turistas e menos o prazer de andar em um lugar tão especial, por sua natureza e conservação. Aqui, o corpo incorpora modelos nos quais se baseiam nossas sociedades ocidentais: competição, *performance*, *status* e aceleração. O corpo como instrumento repressor e reprimido fica evidente na experiência,[39] assim como o corpo acelerado das sociedades pós-industriais.[40]

É interessante notar também que pesquisas a respeito dos tempos de viagem indicam que o movimento entre destinos forma parte essencial da experiência.[41] Contudo, se o tempo de deslocamento tem que ser minimizado para se enquadrar nessa corrida contra o tempo, então essa parte fundamental no posicionar-se em determinado lugar ou ambiente é reduzida. Novamente, o corpo que passa acelerado percebe a experiência de maneira diferente, dando um significado singular à vivência do momento e às suas recordações.

Minha própria experiência da "corrida" me fez refletir sobre como usamos nosso corpo em situações novas, de viagem, e como ele é influenciado pela experiência dos outros. Como argumenta Edensor, "contextos particulares do turismo geram uma série de convenções sobre o que deve ser visto, ou sobre o que deve ser feito, e quais ações são inapropriadas".[42] Tais convenções nos "transformam" no mochileiro, no turista de negócios ou no *tramper*, e comportamentos, formas de se vestir e de atuar seguem automaticamente o padrão estabelecido por outros. No meu caso, passei a "correr" como os outros, a rejeitar a lama, a "curtir" menos os fenômenos incríveis da natureza que me rodeavam a todo o momento. Depois de dias, percebi meu corpo como Estranho, minha experiência como Outra. Percebi que assimilei normas que não eram minhas, mas as assimilei porque elas me rodeavam e se manifestavam fisicamente em mim. A rejeição daquele espaço natural se dava por causa do desconforto físico, advindo do cansaço, do peso da mochila sendo carregada por horas a fio, da bota desconfortável no pé encharcado, das picadas de mosquito, do vento frio sobre a pele. Mas isso era o que todos nós tínhamos em comum, era o que nos ligava, nos fazia *trampers* em Stewart Island. Não importou que, para mim, particularmente, esse contato corporal com outros elementos da natureza fosse normalmente bem-vindo.

---

[39] Michel Foucault, *Resumo dos cursos do Collège de France (1970-1982)*, cit.
[40] Claudia Bell & John Lyall, *The Accelerated Sublime: Landscape, Tourism and Identity* (Westport: Praeger, 2002).
[41] Laura Watts & John Urry, "Moving Methods, Travelling Times", em *Environment and Planning D*, vol. 26, nº 5, 2008, pp. 860-874.
[42] Tim Edensor, "Performing Tourism, Staging Tourism: (Re)Producing Tourist Space and Practice", em *Tourist Studies*, vol. 1, nº 1, 2001, p. 60.

O meu corpo, a partir da experiência do outro, dizia-me que não. Somente depois de refletir criticamente sobre minha atuação e vivência é que pude perceber o quão corporal era a minha experiência, como meu corpo repetia o outro, como minha percepção do espaço era ditada pelo meu corpo.[43]

Essa busca pela manutenção de um padrão de comportamento, que nesse caso se deu por intermédio da "corrida", adicionou à experiência corporal naquele ambiente outro fator gerador de estranheza: a experiência física de ser necessário "superar" a natureza. É comum, no discurso de participantes de atividades na natureza, a ideia do desafio, da superação e da conquista do ambiente natural.[44] A natureza, considerada estranha, selvagem, inóspita, criada por construções sociais desde os períodos iniciais da época moderna, consolidada pelo dualismo cartesiano que fortalece a dicotomia ser humano/natureza, mantém-se até os dias atuais, apesar da roupagem camuflada da apreciação à distância.[45] De fato, é quando nos aproximamos fisicamente da natureza Outra que percebemos como nossa apreciação ainda é limitada ao olhar. Nesse sentido, aplicando a teoria de Urry[46] no contexto do turismo na natureza, é correto afirmar que a experiência turística tende a se dar prioritariamente através do olhar. Contudo, quando nos permitimos sentir a partir de outros órgãos e meios, desafiamos a estabilidade criada pela predominância da relação distante e quase desinteressada que o uso exclusivo do olhar nos proporciona. Em Stewart Island, os turistas são incitados a tocar, cheirar, mergulhar de diversas formas na natureza "caótica", "desarrumada". Em qualquer um dos extremos – de prazer ou descontentamento –, a experiência é significativa e memorável, como mostram os comentários retirados dos livros de registro de abrigos espalhados pela ilha:

> Lama no seu rosto, chuva no seu cabelo, mosquitos te mordendo, kiwis brigando, turistas roncando, lama no seu rosto.
>
> Sobrevivendo.
>
> Mais difícil do que você imagina que essa caminhada seja.[47]

---

[43] Maurice Merleau-Ponty, *Phenomenology of Perception*, cit.
[44] Vera Costa, *Esportes de aventura e risco na montanha: um mergulho no imaginário* (São Paulo: Manole, 2000); Richard Mitchell Jr., *Mountain Experience: the Psychology and Sociology of Adventure* (Chicago: University of Chicago Press, 1983).
[45] Bruce Foltz & Robert Frodeman, *Rethinking Nature: Essays in Environmental Philosophy* (Bloomington: Indiana University Press, 2004).
[46] John Urry, *The Tourist Gaze*, cit.
[47] Trechos de comentários registrados nos livros de visitas dos abrigos de montanha, coletados pela pesquisa da autora.

Cloke e Perkins afirmam que "seres corporais e outros elementos do meio ambiente coconstituem, de forma ativa, a natureza mutante dos lugares e das atuações que ajudam a definir tais lugares".[48] Assim, para *trampers*, somente é possível construir sua experiência de forma significativa porque a natureza está nesse estado tão "natural". Do contrário, a experiência seria apenas mais uma. Assim, é fundamental não somente experimentar a natureza de diversas maneiras, mas também que a natureza seja "apresentada" de forma bruta.

> Algumas vezes é frustante, acho que às vezes incomoda, às vezes você pensa: 'Poxa, a trilha não poderia ser um pouquinho melhor? Um pouco mais seca? Ou pegar um caminho diferente?'
> O desafio é parte de por quê você escolhe ir para Stewart Island, para ver se você consegue, o que vai acontecer com você. [...] Bem, tem um momento em que você fica completamente frustrado e perde a paciência, mas a gente, o tempo todo, e depois... foi tão recompensador e uma experiência incrível.[49]

Interessante notar aqui como a natureza, e as sensações que ela provoca, é crucial na construção da experiência significativa. Como analisa Franklin, tornou-se implícito no turismo contemporâneo que as atividades mais "corporais" devem acontecer em cenários espetaculares, como é o caso de Stewart Island.[50] A natureza é a paisagem perfeita para produzir sensações também espetaculares, fora do ordinário. Como a *tramper* citada expressa, não é em qualquer lugar que você consegue vivenciar certas sensações; a natureza é um desses poucos lugares que despertam sentidos adormecidos em uma sociedade fisicamente artificial, construída, em que nossas experiências são guiadas e fabricadas para produzir determinados resultados. Como afirma Foucault, a partir do corpo as mentes são domadas.[51] No ambiente natural, o corpo pode libertar a mente, ao menos no sentido de experimentar nossos prazeres ou desgostos.

A lama é, de fato, um caso interessante nessa experiência, que varia entre extremos de deleite e aflição. Em Stewart Island, ela se destaca como obstáculo a ser ultrapassado, como experiência a ser suportada, e não apreciada. A narrativa de *trampers* sobre a lama não a incluem como parte da natureza majestosa da ilha, mas sim como objeto de consternação. É como se ela não fosse "natureza", apesar de "natural". A natureza

---

48 Paul Cloke & Harvey Perkins, "Cetacean Performance and Tourism in Kaikoura, New Zealand", em *Environment and Planning D*, vol. 23, nº 6, 2005, p. 903.
49 Trechos de entrevistas realizadas pela autora.
50 Adrian Franklin, *Nature and Social Theory*, cit.
51 Michel Foucault, *Resumo dos cursos do Collège de France (1970-1982)*, cit.

é descrita como linda, para ser apreciada. A lama como desagrado, como estorvo a ser superado.

> E a lama, às vezes, é... porque tem tanta, tanta, e eu... às vezes você meio que afunda até a ponta do cabelo na lama e, ah... eu acho que a coisa principal que irrita é que a gente leva muito mais tempo para chegar aonde a gente quer chegar, tipo, umas duas horas a mais a cada dia só porque tem tanta lama!
> Eu nunca fui numa trilha tão ruim assim antes, tipo, eu nunca tive tanta dificuldade de andar por causa daquela lama toda. Eu já fiz trilhas bem difíceis, mas normalmente elas são difíceis, porque você sobe muito por muito tempo, é muito inclinada, mas eu nunca tinha ido numa trilha onde é difícil só andar. É muito frustrante.[52]

É curioso notar, porém, que essa característica do solo de Stewart Island produz um paradoxo, uma vez que se torna um ambiente atraente quando vencido. Assim, passar pelo desconforto de literalmente afundar na lama diversas vezes durante o dia de caminhada se torna gratificante no final da jornada. A presença de tal desconforto se transforma em parte fundamental da experiência. É ela, inclusive, uma das figuras mais presentes na narrativa de *trampers* durante a viagem e depois dela. Como nas experiências narradas por Markwell,[53] em que turistas subiram o Monte Kinabalu em Borneo e descreveram as dores e frustações da caminhada, aqui os aspectos corporais de estar se "aproximando" da natureza são evidentes, e os corpos são fundamentais na negociação do lugar, do espaço e da experiência.[54]

Considerações finais

O corpo e as experiências que derivam do contato deste com o meio em que vivemos vêm recebendo cada vez mais atenção de pesquisadores do fenômeno turístico. Contudo, discussões empíricas sobre "corporeidade e turismo" ainda são marginais e escassas – provavelmente devido ao tradicional foco sobre "o olhar do turista".[55] De fato, a experiência turística há muito vem sendo discutida como excessivamente unissensorial, fundamentalmente baseada no olhar, na observação a certa distância.

---

[52] Trechos de entrevistas realizadas pela autora.
[53] Kevin Markwell, "An Intimate Rendezvous with Nature? Mediating the Tourist-Nature Experience at Three Tourist Sites in Borneo", em *Tourist Studies*, vol. 1, nº 1, 2001, pp. 39-57.
[54] Michel Foucault, *Resumo dos cursos do Collège de France (1970-1982)*, cit.
[55] John Urry, *The Tourist Gaze*, cit.

Atualmente, porém, alguns autores vêm se preocupando em analisar como o corpo e seus multissentidos participam da experiência do turista, adicionando significados a ela.[56] Esses autores reconhecem, e de fato enfatizam, que o corpo é agente na experiência, e que experiências corporais em momentos singulares, como são as viagens de turismo, são tão importantes quanto as primariamente visuais, que de certa forma ignoram ou suprimem outros sentidos e o movimento. O corpo deixa de ser um objeto desproblematizado que observa o que lhe é exterior.

Mais particularmente, a experiência turística na natureza vem sendo acreditada como uma que desperta ou estimula o uso de multissentidos.[57] Assim, apesar da significativa atenção destinada ao turismo em ambientes naturais, ainda poucos autores têm se dedicado a entender como a natureza é percebida e apreendida pelo turista a partir de sua corporeidade, e os sentidos que essa experiência corporal na natureza carrega.

Este capítulo buscou, então, trazer novos "sentidos" para as discussões sobre o corpo em contato com a natureza na experiência turística, contribuindo assim para as discussões sobre corporeidade e turismo. O trabalho é um argumento sobre a importância do corpo em experiências significativas de viagem, a partir de pesquisa qualitativa baseada em proposta interpretativista que buscou analisar e compreender as experiências vividas pela autora e por outros turistas no Parque Nacional Rakiura, em Stewart Island, Nova Zelândia.

A experiência de *trampers* em Stewart Island mostra que o corpo é, de fato, fundamental para a construção da narrativa de turistas em espaços naturais. Mais que isso, meu argumento é que o contato próximo, e pouco mediado externamente, com a natureza produz, provoca e aflora a corporeidade do turista. Produz porque adiciona elementos à construção do corpo que as sociedades industriais e artificiais não são capazes de adicionar. Provoca porque dá incentivos novos, singulares e mutantes. E aflora no sentido de que construções corporais há muito enraizadas por nós, por força social, não conseguem ser completamente suprimidas no contato com o mundo "estranho", "natural".

---

[56] Carl Cater & Louise Smith, "New Country Visions: Adventurous Bodies in Rural Tourism", em Paul Cloke, *Country Visions* (Harlow: Pearson/Prentice Hall, 2003); David Crouch, "Surrounded by Place: Embodied Encounters", em Simon Coleman & Mike Crang, *Tourism: between Place and Performance* (Oxford: Berghahn Books, 2002).
[57] Kevin Markwell, "An Intimate Rendezvous with Nature? Mediating the Tourist-Nature Experience at Three Tourist Sites in Borneo", cit.

Referências bibliográficas

ANDERSON, Kay. "Culture and Nature at the Adelaide Zoo: at the Frontiers of 'Human' Geography". Em *Transactions of the Institute of British Geographers*, vol. 20, 1995.
BELL, Claudia. *Inventing New Zealand: Everyday Myths of Pakeha Identity*. Auckland: Penguin, 1996.
_____ & LYALL, John. *The Accelerated Sublime: Landscape, Tourism and Identity*. Westport: Praeger, 2002.
CASEY, Edward. *The Fate of Place: a Philosophical History*. Berkeley: University of California Press, 1997.
CATER, Carl & SMITH, Louise. "New Country Visions: Adventurous Bodies in Rural Tourism". Em CLOKE, Paul. *Country Visions*. Harlow: Pearson/Prentice Hall, 2003.
CLOKE, Paul & PERKINS, Harvey. "Cetacean Performance and Tourism in Kaikoura, New Zealand". Em *Environment and Planning D*, vol. 23, nº 6, 2005.
_____. "Cracking the Canyon with the Awesome Foursome: Representations of Adventure Tourism in New Zealand". Em *Environment and Planning D*, vol. 16, nº 2, 1998.
CONNELL, Joanne et al. "Towards Sustainable Tourism Planning in New Zealand: Monitoring Local Government Planning under the Resource Management Act". Em *Tourism Management*, vol. 30, nº 6, 2009.
COSTA, Vera. *Esportes de aventura e risco na montanha: um mergulho no imaginário*. São Paulo: Manole, 2000.
CRONON, William. "The Trouble with Wilderness; or, Getting Back to the Wrong Nature". Em _____. *Uncommon Ground: Rethinking the Human Place in Nature*. Nova York: W. W. Norton and Company, 1996.
CROUCH, David. "Surrounded by Place: Embodied Encounters". Em COLEMAN, Simon & CRANG, Mike. *Tourism: between Place and Performance*. Oxford: Berghahn Books, 2002.
DEPARTMENT OF CONSERVATION. *Backcountry Hut Information*. Disponível em http://www.doc.govt.nz/parks-and-recreation/places-to-stay/backcountry-hut-information/fees-and-bookings/hut-categories/.
_____. *Track Categories*. Disponível em http://www.doc.govt.nz/templates/summary.aspx?id=38516.
EDENSOR, Tim. "Performing Tourism, Staging Tourism: (Re)Producing Tourist Space and Practice". Em *Tourist Studies*, vol. 1, nº 1, 2001.
EVANOFF, Richard. "Reconciling Realism and Constructivism in Environmental Ethics". Em *Environmental Values*, vol. 14, nº 1, 2005.
FAIRWEATHER, John & SWAFFIELD, Simon. "Tourist Experiences of Landscape in New Zealand: Themes from Three Case Studies". Em *Tourism, Culture & Communication*, vol. 4, 2003.
FINE, Michelle. "Working the Hyphens: Reinventing Self and Other in Qualitative Research". Em DENZIN, Norman & LINCOLN, Yvonna. *Handbook of Qualitative Research*. Thousand Oaks: Sage Publications, Inc., 1994.
FOLTZ, Bruce & FRODEMAN, Robert. *Rethinking Nature: Essays in Environmental Philosophy*. Bloomington: Indiana University Press, 2004.
FOUCAULT, Michel. *Resumo dos cursos do Collège de France (1970-1982)*. Rio de Janeiro: Jorge Zahar, 1997.
FRANKLIN, Adrian. *Nature and Social Theory*. Londres: Sage, 2002.
_____. *Tourism: an Introduction*. Londres: Sage, 2003.
GONÇALVES, Maria Augusta Salin. *Sentir, pensar, agir: corporeidade e educação*. 11ª ed. Campinas: Papirus, 2008.
MARINHO, Alcyane. "Da aceleração ao pânico de não fazer nada: corpos aventureiros como possibilidade de resistência". Em MARINHO, Alcyane & BRUHNS, Heloisa. *Turismo, lazer e natureza*. São Paulo: Manole, 2003.

MARKWELL, Kevin. "An Intimate Rendezvous with Nature? Mediating the Tourist-Nature Experience at Three Tourist Sites in Borneo". Em *Tourist Studies*, vol. 1, nº 1, 2001.

MERLEAU-PONTY, Maurice. *Phenomenology of Perception*. Nova York: Humanities Press, 1962.

MINISTÉRIO DO TURISMO. *Projeto excelência em turismo: aprendendo com as melhores experiências internacionais*. Brasília: Ministério do Turismo, 2005.

MINISTRY OF THE ENVIRONMENT. *A Snapshot of Council Effort to Address Indigenous Biodiversity on Private Land: a Report Back to Councils*. Wellington: Ministry for the Environment, 2004.

MINISTRY OF TOURISM. *New Zealand Tourism Strategy 2015*. Wellington: Ministry of Tourism, 2007.

_____. *International Visitor Survey: IVS Pivot Tables – Activities and Attractions*. Disponível em http://www.tourismresearch.govt.nz/Data--Analysis/International-tourism/International-Visitors/IVS-Pivot-Tables/.

MITCHELL JR., Richard. *Mountain Experience: the Psychology and Sociology of Adventure*. Chicago: University of Chicago Press, 1983.

MORGAN, Nigel & PRITCHARD, Annette. "New Zealand, 100% Pure: the Creation of a Powerful Niche Destination Brand". Em *Journal of Brand Management*, vol. 9, nºs 4-5, 2002.

MORTON, Timothy. *Ecology without Nature: Rethinking Environmental Aesthetics*. Harvard: Harvard University Press, 2007.

NAST, Heidi & PILE, Steve (orgs.). *Places Through the Body*. Londres: Routledge, 1998.

PEARCE, Douglas. "Tourism, the Regions and Restructuring in New Zealand". Em *The Journal of Tourism Studies*, vol. 1, nº 2, novembro de 1990.

PERKINS, Harvey & THORNS, David. "Gazing or Performing? Reflections on Urry's Tourist Gaze in the Context of Contemporary Experience in the Antipodes". Em *International Sociology*, vol. 16, nº 2, 2001.

PETO, Ana Carla. "Terapia através da dança com laringectomizados: relato de experiência". Em *Revista Latino-Americana de Enfermagem*, vol. 8, nº 6, dezembro de 2000.

PLUMWOOD, Val. *Feminism and the Mastery of Nature*. Londres: Routledge, 1993.

REIS, Arianne. "100% pura: a natureza como produto de consumo ou parte de um estilo de vida 'natural'?". Em MARINHO, Alcyane & UVINHA, Ricardo. *Lazer, esporte, turismo e aventura: a natureza em foco*. Campinas: Alínea, 2009.

_____. "More than the Kill: Hunters' Relationship with Landscape and Prey". Em *Current Issues in Tourism*, vol. 12, nºs 5-6, set.-nov. de 2009.

ROSS, Kate. *Going Bush: New Zealanders and Nature in the Twentieth Century*. Auckland: Auckland University Press, 2008.

SANTANA, Adriana Campelo. *Marca-lugar: lições da Nova Zelândia*. Dissertação de mestrado em Administração. Salvador: Escola de Administração – UFBA, 2006.

SANT'ANNA, Denise Bernuzzi. "As infinitas descobertas do corpo". Em *Cadernos Pagu*, vol. 14, 2000.

URRY, John. *The Tourist Gaze*. 2ª ed. Londres: Sage Publications, 2002.

WATTS, Laura & URRY, John. "Moving Methods, Travelling Times". Em *Environment and Planning D*, vol. 26, nº 5, 2008.

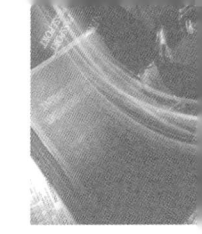

Reconstruir a experiência turística com base nas memórias perdidas

Júlio Mendes
Manuela Guerreiro

Numa sociedade fortemente marcada pela globalização das economias, da oferta e dos padrões de consumo, as organizações e os destinos turísticos apostam na criatividade como principal fonte de diferenciação. Hoje, os produtos turísticos, específicos e compósitos, enfrentam importantes desafios na busca de estratégias que os conduzam ao sucesso. Para isso, é fundamental satisfazer as expectativas, as necessidades e os desejos dos vários intervenientes no sistema turístico, ainda que todos eles tenham perfis marcadamente diferentes. Estamos falando de turistas, profissionais e residentes.

O conhecimento da experiência turística, baseado na identificação das percepções e das emoções vividas durante uma estada, surge como elemento central da estratégia de posicionamento da marca do destino turístico, bem como do desenvolvimento e da comunicação dos produtos turísticos.

Esse é um campo do conhecimento científico em que tem sido gerada uma vasta reflexão acerca da experiência em contexto turístico. Embora com quadros conceptual e teórico relativamente bem sustentados, a experiência turística é, na verdade, um conceito multidimensional e altamente diversificado. Nesse contexto, escasseiam os trabalhos de campo através dos quais é possível atribuir evidência empírica ao conceito de *experiência turística*.

A partir do estudo das percepções dos turistas, este capítulo tem como objetivo contribuir para maior compreensão das dimensões intangíveis que estão na base das experiências turísticas. Que emoções e memórias resultantes de uma experiência turística no Algarve acompanham os turistas no momento da volta para casa? Essa é a questão de partida formulada para uma investigação realizada no Aeroporto Internacional de Faro, a turistas que aguardavam embarque para regressar às suas casas, depois de uma estada no Algarve, o principal destino turístico de Portugal.

Os resultados dessa investigação, que utiliza uma abordagem essencialmente qualitativa, proporcionam aos responsáveis pela gestão do destino turístico informação relevante, cujas implicações podem ser equacionadas em vários níveis: por um lado, no apoio à tomada de decisão quanto ao posicionamento da marca do destino e da diferenciação dos produtos turísticos específicos; por outro, num entendimento muito claro acerca das memórias mais marcantes dessa experiência turística.

Uma vez que o turismo é uma indústria baseada em múltiplas representações do paraíso, projetar uma imagem que seduza o turista a deslocar-se para um espaço definido em termos simbólicos é o desafio que se impõe aos gestores. Nesse contexto, o conhecimento das emoções e das memórias da experiência com base nas quais cada turista constrói seu imaginário acerca do lugar revela-se um elemento essencial à gestão dos destinos turísticos numa óptica de marketing. Além disso, em termos teóricos, essa investigação também contribui para um conhecimento aprofundado das dimensões mais abstratas da experiência turística: as emoções e as memórias.

A experiência turística

A necessidade de diferenciação – do lado da oferta – e a busca por experiências exóticas e inovadoras – do lado da procura – convergem para o desenvolvimento do conceito de *experiência turística*, quer no campo da investigação académica, quer no meio profissional. Para Pine e Gilmore, "mesmo a mais banal das transações pode ser transformada numa experiência memorável".[1] Um indivíduo, quando assume o papel de turista, entra num processo de predisposição para viver experiências gratificantes. Do mesmo modo, os produtos e serviços turísticos devem ser produzidos para criar experiências turísticas memoráveis.[2]

Durante a década de 1970, em termos conceituais, a experiência turística, foi entendida como algo que decorre de uma ruptura com a rotina e em que o bizarro e a novidade são elementos-chave.[3] Assim, em termos genéricos, podemos assumir que

---

[1] Joseph Pine & James Gilmore, *The Experience Economy: Work Is Theatre and Every Business Is a Stage* (Boston: Harvard Business School Press, 1999), p. 4.
[2] Tommy D. Andersson, "The Tourist in the Experience Economy", em *Scandinavian Journal of Hospitality and Tourism*, vol. 7, nº 1, 2007, pp. 46-58.
[3] Erik Cohen, "Toward a Sociology of International Tourism", em *Social Research*, vol. 39, nº 1, 1972, pp. 164-189; Erik Cohen, "A Phenomenology of Tourist Types", em *Sociology*, vol. 13, nº 179-201, 1979; John Turner & Louis e Ash, *The Golden Hordes* (Londres: Constable, 1976).

o turismo é, por natureza, uma indústria de experiências. A literatura especializada retrata um campo de investigação bastante fértil no que diz respeito à natureza da experiência turística, nomeadamente em relação a sua avaliação e natureza.

Uma das conclusões mais interessantes no âmbito da investigação acerca da experiência turística é a noção de subjetividade que lhe é subjacente. Cada experiência assume, em sua essência, um significado diferente para cada turista,[4] e cada experiência tem o seu próprio momento.[5] Nesse contexto, cada turista construirá, de forma subjetiva e individual, a sua própria experiência de viagem (mesmo no âmbito do turismo de massas).[6] Torna-se, portanto, pertinente compreender a natureza psicológica da experiência.

A subjetividade da experiência turística é acentuada pela noção de que o valor esperado de uma experiência difere de indivíduo para indivíduo e em função de cada contexto situacional. Esse cenário corresponde, portanto, a uma nova era[7] na qual os consumidores buscam experiências pessoais,[8] e as relações tendem a ser o mais personalizadas possível.[9] Assim, cada experiência turística tem capacidade para satisfazer um "leque diversificado de necessidades pessoais, que vão desde o prazer até a busca de significados".[10]

Sobretudo a partir dos trabalhos de Cohen,[11] desenvolveu-se uma linha de investigação focalizada em explorar a natureza plural do conceito. Emergiram, desde então, diferentes propostas de categorização da experiência turística.[12] No final da década de

---

[4] Stephanie H. Cary, "The Tourist Moment", em *Annals of Tourism Research*, vol. 31, nº 1, 2004, pp. 61-77. Jaap Lengkeek, "Leisure Experience and Imagination", em *International Sociology*, vol.16, nº 2, 2001, pp 173-184.
[5] *Ibidem*.
[6] Eugenia Wickens, "The Sacred and the Profane: a Tourist Typology", em *Annals of Tourism Research*, vol. 29, 2002, pp. 834-851; Natan Uriely *et al.*, "Backpacking Experiences: a Type and Form Analysis", em *Annals of Tourism Research*, 29, 2002, pp. 519-537; Maxine Feifer, *Going Places* (Londres: MacMillan, 1985); Nancy Frazer, "Talking about Needs: Interpretative Contests as Political Conflicts in Welfare-state Societies", em *Ethics*, 99, 1989, pp. 291-313; Erik. Cohen, "A Phenomenology of Tourist Types", em *Sociology*, cit.
[7] Joseph Pine & James Gilmore, *The Experience Economy: Work Is Theatre and Every Business Is a Stage*, cit.
[8] Diana LaSalle & Terry Britton, *Priceless: Turning Ordinary Products into Extraordinary Experiences* (Boston: Harvard Business School Press, 2003).
[9] Susan Baker, *New Consumer Marketing: Managing a Living Managing Demand System* (West Sussex: John Wiley and Sons, 2003).
[10] Yi-Ping. Li, "Geographical Consciousness and Tourism Experience", em *Annals of Tourism Research*, vol. 27, nº 4, 2000, p. 865.
[11] Erik Cohen, "A Phenomenology of Tourist Types", em *Sociology*, cit.
[12] Erik Cohen, "Toward a Sociology of International Tourism", em *Social Research*, cit.; Jost Krippendorf, *The Holidaymakers: Understanding the Impact of Leisure and Travel* (Londres: Heinemann, 1984); Philip Pearce, "The Social Psychology of Tourist Behavior", em *International Series in Experimental Psychology*, vol. 13 (Oxford: Pergamon, 1982); Stanley Plog, "Why Destinations Rise and Fall in Popularity", em E. Kelly, (org.), *Domestic and International Tourism* (Wellesley: Institute of Certified Travel Agents, 1977); Valene Smith, *Hosts and Guests* (Oxford: Blackwells, 1978).

1970, Cohen[13] propôs uma das mais significativas tipologias de experiências turísticas (quadro 1).

QUADRO 1. TIPOLOGIA DA EXPERIÊNCIA TURÍSTICA	
Recreacional	Esse tipo de experiência envolve atividades como o cinema, a televisão, os eventos desportivos, entre outros. Trata-se de atividades marginais que contribuem para quebrar a rotina diária. Esse tipo de turista busca momentos de relaxamento e está muito ligado ao entretenimento.
Diversidade	Esse segmento busca momentos de escape através de atividades superficiais de lazer. Pretende "recarregar energias".
Experiencial	De acordo com esse tipo de experiência, os indivíduos procuram significado para a sua vida através do contato com outras culturas. Na verdade, buscam experiências autênticas nos campos social, cultural e natureza.
Experimental	Esse segmento inclui turistas que buscam significado para a sua vida através de experiências autênticas. Procuram redescobrir a si próprios através do turismo.
Existencial	Essa tipologia inclui experiências turísticas relacionadas com a dimensão espiritual da vida (por exemplo, peregrinação).

Para Urry, uma experiência é influenciada por fatores circunstanciais, tais como a matriz social, entre outras o lugar, o grupo social e o período histórico onde ela ocorre.[14] A experiência turística é um "construto social".[15] Trata-se, em primeiro lugar, de um acontecimento visual, de algo diferente da rotina diária.[16] Pode ser uma experiência positiva ou negativa,[17] dinâmica,[18] transitória,[19] excepcional[20] e dependente do contexto.[21]

---

[13] Erik Cohen, "A Phenomenology of Tourist Types", em *Sociology*, cit.
[14] John Urry, *The Tourist Gaze: Leisure and Travel in Contemporary Societies* (Londres: Sage, 1990).
[15] Gayle Jennings, "Perspectives on Quality Tourism Experiences: an Introduction", em Gayle Jennings & N. P. Nickerson (org.), *Quality Tourism Experiences* (Amsterdã: Elsevier Butterworth Heinemann, 2006), p. 13.
[16] John Urry, *Consuming Places* (Londres: Routledge, 1995).
[17] Youngkhill Lee *et al.*, "The Complex and Dynamic Nature of Leisure Experience", em *Journal of Leisure Research*, vol. 26, nº 3, 1994, pp. 195-211.
[18] Robert Hull *et al.*, "Experience Patterns: Capturing the Dynamic Nature of a Recreation experience", em *Journal of Leisure Research*, vol. 24, nº 3, 1992, pp. 240-252.
[19] Roger Mannell, "Social Psychological Techniques and Strategies for Studying Leisure Experiences", em S. Iso-Ahola (org.), *Social Psychological Perspectives on Leisure and Recreation* (Springfiel: Charles C. Thomas, 1980); Howard Tinsley & Diane Tinsley, "A Theory of the Attributes, Benefits and Causes of Leisure Experience", em *Leisure Sciences*, vol. 8, nº 1, 1986, pp. 1-45.
[20] Dean MacCannell, *The Tourist* (Nova York: Schocken, 1976).
[21] Martha Bell, "What Constitutes Experience? Rethinking Theoretical Assumptions", em *The Journal of Experiential Education*, vol. 16, nº 1, 1993, pp. 19-24; William T. Borrie & Joe Roggenbuck, "The Dynamic, Emergent, and Multi-phasic Nature of On-site Wilderness experiences", em *Journal of Leisure Research*, vol. 33, nº 2, 2001, pp. 202-228.

Ryan definiu *experiência turística* como uma "atividade de lazer multifuncional que envolve as vertentes de entretenimento e aprendizagem".[22] Para alguns pesquisadores, trata-se de qualquer experiência de contato com espaços, lugares e paisagens.[23] Por sua vez, Pine e Gilmore entendem que o "entretenimento é apenas uma vertente da experiência".[24]

Ultimamente, tem ganhado expressão uma linha de investigação que explora a relação entre a experiência turística e a satisfação, num contexto de qualidade da experiência turística. Geralmente, essa qualidade é reconhecida como uma medida mais subjetiva, enquanto a qualidade do serviço é, muitas vezes, captada de maneira mais objetiva.

A satisfação resulta de um processo comparativo entre expectativas e *performance* – a satisfação do turista é considerada uma importante medida que permite avaliar em que medida a experiência vai ao encontro das expectativas.[25] No entanto, no seio dessa abordagem, os valores emocionais e simbólicos não são levados em consideração, apesar de reconhecidamente importantes para avaliar a experiência turística.[26] Quanto "maior o impacto da experiência nas emoções, mais memorável ela será".[27] Contudo, alguns autores reconhecem a existência de dificuldades conceituais e metodológicas na avaliação da experiência turística.

Na literatura é possível identificar duas linhas de investigação: uma denominada *social criticismo*, que considera o turismo um exemplo de decadência cultural e a experiência turística uma busca superficial por atrações artificiais e triviais;[28] outra, de natureza conceitual, que considera a experiência turística um ritual próprio da sociedade moderna no qual o turista busca a autenticidade e o significado das coi-

---

[22] Chris Ryan *apud* Yi-Ping Li, "Geographical Consciousness and Tourism Experience", em *Annals of Tourism Research*, vol. 27, nº 4, p. 865.

[23] David Seamon, *A Geography of the Life World*: Movement, Rest and Encounter (Londres: Grown Helm, 1979); Y. Tuan, *Space and Place: the Perspective of Experience* (Minneapolis: University of Minnesota Press, 1977); Yi-Fu. Tuan, "Surface Phenomena and Aesthetic Experience", em *Annals of Association of American Geographers*, vol. 79, nº 2, 1978, pp. 233-241; Yi-Fu. Tuan, "Surface Phenomena and Aesthetic Experience", em *Annals of Association of American Geographers*, vol. 79, nº 2, 1989, pp. 233-241.

[24] Joseph Pine & James Gilmore, *The Experience Economy*: Work Is Theatre and Every Business Is a Stage, cit., p. 3.

[25] Philip Pearce, *The Ulysses Factor: Evaluating Visitors in Tourist Settings* (Nova York: Springer Verlag, 1988).

[26] Craig W. Colton, "Leisure, Recreation, Tourism: a Symbolic Interaction View", em *Annals of Tourism Research*, vol. 14, 1987, pp. 345-360.

[27] Joseph Pine & James Gilmore, *The Experience Economy*: Work Is Theatre and Every Business Is a Stage, cit., p. 29.

[28] Roland Barthes, *Mythologies* (Londres: Cape, 1972); Daniel J. Boorstin, *The Image: a Guide to Pseudo-events in America* (Nova York: Harper and Roe, 1964); Louis Turner & John Ash, *The Golden Hordes* (Londres: Constable, 1975).

sas.[29] Sendo um "construto problemático no âmbito da literatura do turismo",[30] a autenticidade desempenha um papel importante na compreensão da motivação e da experiência turística". Nos anos 1990, os pesquisadores introduziram a perspectiva pós-modernista do turismo,[31] associada à emergência de alternativas para o turismo de massas e profundamente ligadas à necessidade de viver experiências autênticas, relacionadas com a natureza e a cultura local.[32]

Em estudos recentes, tem sido explorada a ideia de que a "autenticidade não deve ser encarada como uma qualidade do objeto, mas antes, enquanto valor cultural em permanente construção e reinvenção no âmbito dos processos sociais".[33] Para Steiner e Reisinger,[34] essa autenticidade é orientada para a experiência e permite compreender a motivação e a experiência turística.[35] Contudo, a investigação sobre esta matéria é escassa.[36]

É relativamente consensual entre os estudos mais recentes a noção de que a experiência turística deve ser encarada como um construto subjetivo relacionado com a autenticidade do destino turístico.

Metodologia

Para obter o retrato da experiência turística vivida no Algarve, em Portugal, foi desenvolvido um estudo do tipo exploratório com uma amostra de 46 turistas, selecionados aleatoriamente no momento em que preparavam sua viagem de regresso ao país de origem, no Aeroporto Internacional de Faro. Os turistas entrevistados foram

---

[29] Dean MacCannell, "Staged Authenticity: Arrangements of Social Space in Tourist Settings", em *American Journal of Sociology*, vol. 79, nº 3, 1973, pp. 589-603.

[30] Bruce Hayllar & Tony Griffin, "The Precinct Experience: a Phenomenological Approach", em *Tourism Management*, vol. 26, 2005, p. 525.

[31] Scott Lash & John Urry, *Economies of Signs and Spaces* (Londres: Sage, 1994); Ian Munt, "The 'Other' Postmodern Tourism: Culture, Travel and the New Middle Class", em *Theory, Culture and Society*, vol. 11, 1994, pp. 101-123; John Urry, *The Tourist Gaze: Leisure and Travel in Contemporary Societies* (Londres: Sage, 1990).

[32] Frank Barrett, *The Independent Guide to Real Holidays Abroad* (Londres: The Independent, 1989); Ian Munt, "The 'Other' Postmodern Tourism: Culture, Travel and the New Middle Class", cit.; Auliana Poon, "Competitive Strategies for a New Tourism", em Chris Cooper (org.), *Progress in Tourist Recreation and Hospitality Management* vol. 1 (Londres: Belhaven, 1989); John Urry, *The Tourist Gaze: Leisure and Travel in Contemporary Societies*, cit.

[33] Kjell Olsen, "Authenticity as a Concept in Tourism Research", em *Tourist Studies*, vol. 2, nº 2, 2002, p. 163.

[34] Carl Steiner & Yvete Reisinger, "Understanding Existential Authenticity", em *Annals of Tourism Research*, vol. 33, 2006, pp. 299-318.

[35] H. Kim & Tazim Jamal, "Tourist Quest for Existential Authenticity", em *Annals of Tourism Research*, vol. 34, nº 1, 2007, pp. 181-201.

[36] *Ibidem*.

convidados para uma pequena conversa gravada durante a qual o entrevistador procurava recolher informações que permitissem caracterizar as respectivas experiências turísticas no Algarve.

Optou-se por um estudo de caso exploratório e descritivo. A utilização da técnica de entrevista semiestruturada permitiu recolher informações interessantes, sobretudo do ponto de vista qualitativo. Nesse tipo de estudo, o campo de análise é limitado e pouco construído, o que permite conhecer um conjunto de informações muito numerosas e pormenorizadas em seu estado "natural".[37]

Na seleção aleatória dos turistas entrevistados, levou-se em conta a observação de variáveis centrais, como o gênero, a idade e a nacionalidade de cada um (quadro 2).

QUADRO 2. PERFIL DO TURISTA		
Idade	Frequência	(%)
15-29	15	33
30-44	11	24
45 +	20	43
Total	46	100
País de origem	Frequência	(%)
Reino Unido	30	65
França	5	11
Espanha	4	9
Holanda	3	7
Itália	2	4
Alemanha	2	4
Total	46	100

A entrevista semiestruturada foi a técnica escolhida para coletar informações sobre as emoções e os sentimentos que os turistas experimentaram no decurso das suas férias no Algarve. Na medida em que potencia intervenções de onde decorrem elementos de análise o mais profundos possível, essa técnica de coleta de informações

---

[37] Raymond Quivy &Luc van Campenhoudt, *Manual de investigação em ciências sociais* (Lisboa: Gradiva, 1992).

capta o sentido que os turistas dão às suas práticas, dinâmicas e representações, permitindo caracterizar seu nível de satisfação geral.

Essa variante da entrevista revela um equilíbrio entre a inflexibilidade própria de um inquérito estruturado e a flexibilidade da entrevista livre, a qual deixa o entrevistado falar abertamente, respeitando seus próprios quadros de referência, como sua linguagem e suas categorias mentais.[38]

O roteiro de entrevista criado no âmbito desse estudo desenvolvia-se em torno de dois grupos: no primeiro, pretendia-se conhecer as expectativas de viagem e idealizações criadas pelos visitantes para suas férias (aspirações holísticas que antecedem a viagem); no segundo, desejava-se caracterizar a experiência efetiva das férias, explorando um conjunto de aspectos intangíveis que permitem compreender a natureza e o significado da experiência turística. Foi solicitado ao entrevistado que descrevesse suas férias no Algarve o mais detalhadamente possível: os lugares que visitou, os sentimentos e as emoções que sentiu em cada um deles e os acontecimentos, esperados ou não, que mais o surpreenderam, as melhores e as piores memórias/recordações que levava de sua estada no lugar. No final da entrevista, solicitou-se a ele que comparasse a experiência efetivamente vivida durante sua permanência no Algarve e suas expectativas iniciais, para obter um balanço final.

A informação coletada foi estudada através de uma análise de conteúdo, técnica que, por oferecer a possibilidade de tratar de forma metódica informações e testemunhos que apresentam certo grau de profundidade e de complexidade, nos permite caracterizar um fenômeno tão complexo como a experiência turística. A análise de conteúdo constitui-se em uma técnica de pesquisa que pretende fazer uma descrição objetiva, sistemática e quantitativa do conteúdo das comunicações, tendo como meta sua interpretação. Na prática, como afirma Poirier, a análise de conteúdo torna-se sempre um trabalho ingrato, longo e paciente que requer, simultaneamente, um trabalho minucioso de análise e uma passagem delicada à síntese.[39]

Melhor do que qualquer outro método de trabalho, a análise de conteúdo permite satisfazer harmoniosamente as exigências do rigor metodológico e da profundidade inventiva, que nem sempre são facilmente conciliáveis. Permite também aferir as condições sociais em que o discurso do entrevistado é produzido, os significados sociais ou políticos de seu discurso ou do uso social que faz da comunicação, assim como os aspectos implícitos de seu discurso, permitindo ao pesquisador incidir mais

---

[38] *Ibidem.*
[39] Jean Poirier *et al.*, *Histórias de vida: teoria e prática* (Oeiras: Celta, 1995).

sobre a organização interna do discurso do que sobre seu conteúdo explícito. Uma vez que o objeto da comunicação é reproduzido num suporte material, permite um controle posterior do trabalho de investigação, sem prejudicar a profundidade do trabalho e a criatividade do pesquisador.

No âmbito desse estudo de caso, pretende-se, com a análise de conteúdo, identificar as principais dimensões do fenômeno e evidenciar os temas de maior consenso em torno dos quais se desenvolve o discurso dos entrevistados.

A transcrição das entrevistas gravadas foi realizada a partir de uma audição atenta, na qual foram assinaladas todas as expressões utilizadas pelos entrevistados, incluindo pausas, suspiros e silêncios. Posteriormente, foram identificados os principais excertos de texto utilizados para enquadrar as categorias estabelecidas, e criadas sinopses que incorporaram as sínteses e os discursos dos diferentes entrevistados, passando-se de uma análise horizontal (em que apreendemos num todo a soma das respostas específicas que foram escolhidas) para uma análise longitudinal.[40] Esse tipo de enquadramento dos discursos na grelha de categorização permite a realização de uma análise tipológica na qual são identificadas as nuances e as particularidades de cada discurso.

Nesta pesquisa, privilegiou-se a análise categorial, através da qual foi possível identificar as variáveis que influenciaram um certo tipo de apreciação e as que influenciaram determinado fenômeno, independentemente do sentido. De acordo com Bardin, esse tipo de análise tem como primeiro objetivo fornecer, por condensação, uma representação simplificada dos dados em bruto.[41]

Um dos grandes obstáculos inerentes à análise de conteúdo é que, sendo imprescindível para os cientistas sociais, ainda se situa num domínio muito subjetivo.

Resultados

A atividade turística desencadeia sentimentos mesmo antes de o próprio visitante concretizar sua viagem.[42] A maneira de o turista idealizar suas férias agiliza todo um mundo intangível e faz com que se formem expectativas e sentimentos mais fortes que, ao término da experiência, serão fulcrais para o balanço final das férias.

---

[40] *Ibidem.*
[41] Bardin *apud* Jean Poirier *et al.*, *Histórias de vida: teoria e prática*, cit., p. 111.
[42] Anthony Giddens, *Modernidade e identidade* (Rio de Janeiro: Jorge Zahar, 2002).

Expectativas

A organização das férias é sempre um momento de grande entusiasmo e agitação. A motivação e a ansiedade que antecedem a viagem despertam no turista um imaginário de expectativas e um *pré-olhar*, que busca uma rede de emoções e de sentimentos prazerosos antecipada.

Muitas vezes, a idealização de um paraíso e a fuga à rotina cotidiana encontram-se nesse imaginário e são enunciadas pelos entrevistados através de um conjunto de aspirações holísticas que se agregam em oito dimensões de análise. Tais dimensões constituem-se naquilo que Dann[43] chama de *pull factors*, ou seja, forças exteriores que atraem os turistas para um destino.[44] O desejo de quebrar a monotonia da vida cotidiana foi a aspiração mais mencionada pelos turistas entrevistados:

> We wanted a completely change from our normal busy live.
> Live the life slower and simpler than at home.
> See new places and have fun in a peaceful place.
> We want a place that give to us a feeling of freedom.

A idealização de paisagens bonitas, num clima ameno ("We expected see nice and beautiful beaches"; "Beautiful scenery [...] with different rocks to look at" [...] "See scenery in natural state"), a qualidade da gastronomia ("We want to eat good food and drink good wine"; "Lost of good restaurants and plenty of good fish to eat"), a companhia e o convívio com familiares, num ambiente hospitaleiro e com pessoas simpáticas e amáveis ("I want to spend more time with my family and enjoy all moments with them"; "In England I don't have must time to play with my children, so in this holidays I want to play all day with my kids and stay with my wife"; "I expected friendly and welcoming people") foram expectativas bastante referidas pelos entrevistados. Os visitantes expressaram ainda o desejo de usufruir boas condições de alojamento ("We expect nice accomodations and have a big pool") e de encontrarem na região lugares interessantes para visitar e para se divertir ("We expect lots of fun in good nights clubs").

---

[43] Graham M. S. Dann *apud* Gayle Jennings, "Perspectives on Quality Tourism Experiences: an Introduction", em Gayle Jennings & Norma P. Nickerson (orgs.), *Quality Tourism Experiences* (Amsterdã: Elsevier Butterworth Heinemann, 2006), p. 85.

[44] Jean Poirier *et al.*, *Histórias de vida: teoria e prática*, cit.

Experiência turística

Quando questionados acerca da sua experiência turística no Algarve, os visitantes descreveram-na utilizando expressões como:

> Very quiet holiday.
> Just what we were looking for.
> It has been very nice [...] We made new friends, knew new people, we talk a lot with them [...] They are very serviced minded people
> It has been a lovely relaxing holiday, we see lots of different places and it was nice to see locals that were not commercialised and still traditional.
> I will describe it as a really nice place and a really nice culture and principles. Very enjoyable!
> Perfect!
> Fantastic!
> Amazing!

No discurso dos entrevistados podem-se identificar duas grandes dimensões de análise da experiência turística: de um lado, um claro predomínio de expressões que aludem a uma experiência de férias positiva; de outro, uma descrição que circunscreve dimensões vertical e horizontal dessa mesma experiência. A primeira dimensão (vertical) remete-nos para um olhar mais profundo do visitante sobre a comunidade e o espaço. Ele tenta captar mais do que aquilo que lhe é dado à primeira vista e faz uma espécie de pequena avaliação ou apreciação da oferta.[45] Exemplos de tal dimensão são expressões como "[...] we talk a lot with them [...]", "They are very serviced minded people". A segunda dimensão (horizontal) remete-nos para uma descrição da experiência em um nível mais quantitativo: "We visited a large numbers of atractions".

Com o propósito de aprofundar a dimensão vertical da experiência turística no Algarve, que abarca maioritariamente todos os aspectos intangíveis da experiência turística, a investigação concentrou-se no conhecimento dos sentimentos e sensações que os entrevistados associam aos acontecimentos e aos lugares visitados.

---

[45] Szilvia. Gyimóthy, "Service Quality: a Self-perpetuating Concept?", em *Journal of Quality Assurance in hospitality and Tourism*, vol. 1, nº 2, pp. 57-74, 2000.

Sentimentos e emoções

Nos discursos dos entrevistados foi possível identificar três dimensões de análise. A primeira, aqui chamada de *Natural appreciation*, faz alusão aos cenários e às paisagens naturais encontradas durante a visita.

Cruz considera a paisagem um "atrativo", a "primeira instância do contato do turista com o lugar visitado e, por isso, constitui-se como o centro da atratividade dos lugares para o turismo".[46] A percepção e os sentimentos a ela vinculados contêm, segundo o autor, uma forte carga simbólica, pois "[...] cada pessoa olha-a de forma diferenciada".[47] A "visão das coisas pelo homem é, assim, sempre deformada",[48] na medida em que são as emoções e os sentimentos que se vinculam às paisagens.[49] A experiência corporal é a forma mais direta desse vínculo e está patente também no discurso de alguns entrevistados:

> Sailing along the coast from: Lagos, Vila Real and Aymonte and up the Guadiana was amazing, good view and a beautiful coastline [...] excellent sailing, feel the wind in the face [...] the sun on my skin [...] and the strong blue of the ocean and the sky, were like I'm in a paradise. Very enjoyable, fascinated! I think that Algarve is a little paradise in the world.

Os sentimentos associados às paisagens da região podem ser tantos e tão diversos quantas as pessoas que as contemplam. Porém, da análise dos discursos dos entrevistados emergiram três grandes sentimentos: paz, alegria e calma:

> Was amazing see so beauty, really! The great scenery [...] I feel in peace, an extraordinary calm feeling [...] and so happyness.
> As a sailor I travelled to many places but the coastline of Algarve is the most beautiful coast that I ever seen. The atmosphere that you feel here is unique: peaceful and the natural surrounding make you feel that you are in a magic place.

As praias, um dos cenários mais mencionados pelos entrevistados, são locais propícios a emoções de liberdade, contemplação de sol e mar, mas com um elemento

---

[46] Rita de Cássia Ariza Cruz, "As paisagens artificiais criadas pelo turismo", em Eduardo Yázigi (org.), *Turismo e paisagem* (São Paulo: Contexto, 2002), p. 109.
[47] *Ibidem*.
[48] Boaventura de Sousa Santos, "Por uma concepção multicultural de direitos humanos", em *Revista Crítica de Ciências Sociais*, vol. 48, 1997, pp. 11-32.
[49] Yi-Fu. Tuan, "Rootedness Versus Sense of Place", em *Landscape*, vol. 24, nº 1, pp. 3-8, 1980.

que as diferencia de todas outras paisagens. Por ser um local amplo, é muitas vezes referido como o ideal para as brincadeiras entre amigos e familiares.

> I loved visit the Praia do Castelo because there are so a natural scenery without hotels or houses [...] the view were fantastic.
> West coast beaches had an unique beauty, great scenic!
> The beaches were wonderful, must be unique in the Europe.
> Beach is the ideal place to play with your friends and children.

Um dos entrevistados menciona a praia como um espaço onde sente segurança para si e para a sua família ("Beach was lovely and clean and safe for families"); para outro, é onde sente liberdade total: "I feel 100% of freedom, it's so a good feeling!".

A paisagem de campo é também aludida pelos entrevistados como um espaço que faz emergir sensações de calma e paz: "There are some places, specifically Serra de Monchique, with a incredeable view. Wide open space, few people [...] that were glorious! It's a amazing feeling of peace and calmness". Quando comparado com o meio urbano, torna-se ainda mais impressionante: "Going to the Serra and next going to the new town was a fantastic experience, see the differences between them, was very impressing! I'd like must more the Serra de Monchique than the city [...]"

A adrenalina, a diversão, a excitação e a alegria foram os sentimentos mais mencionados pelos entrevistados quando recordavam sua experiência em atividades lúdico-recreativas. Nesse nível foram referidos sobretudo os parques aquáticos, os parques temáticos e os *kartings*, vistos como espaços ideais e divertidos para passar bons momentos em família:

> Slide and Splash was excellent.
> Torbedo was my best ride, was so excetting! The water came to my eyes and I don't see anything!
> Aqualand and was very fun, very enjoyable, a great day out for family.
> Zoomarine is a good choice fun for family, is excellent!
> I liked the excitement of the racing car in Karting of Almancil [...] but was a bad race [...] I lost!

Os espaços noturnos, como *night clubs* e bares, apelam para o lado mais extrovertido que existe em cada turista. Sensações de liberdade, diversão e alegria foram uma constante no discurso de quem os visitou: "Night clubs in Albufeira were amazing!

[ESTUDOS DE CASO]

So energy, happiness and enjoyable [...] I felt free and crazy but at the same time safe".
"We liked the bars because there is a lot of young and new people".

Por fim, emerge ainda uma dimensão de análise denominada *acontecimentos inesperados*, portanto, imprevistos para os entrevistados e que lhes suscitaram emoções ou sentimentos: a visita inesperada de golfinhos no mar ("See and swim with the dolphins was an unexpected visited, was the best experience in my life [...] I don't have words to explain what I felt [...] was simply amazing, an incredible enjoyment and happiness feelings"), uma perseguição pela polícia num supermercado ("I was fear when the policeman come in the supermarket getting anyone [...] but It's cool to see, was very exciting") e o fato de um turista adoecer devido a uma intoxicação alimentar ("Was terrible, I get sick [...] I eat something poisoned [...] and was very difficult to communicate with the doctor [...]").

A proposição de que o significado da experiência é único, de que liga cada turista de forma distinta e particular a pessoas, lugares ou acontecimentos, fica assim reforçado através do testemunho dos entrevistados.[50]

Nesta parte do estudo, exploraram-se os sentimentos vividos pelos turistas entrevistados perante determinada situação. A análise da informação permite-nos proceder ao agrupamento desses sentimentos em duas tipologias predominantes: *sentimentos positivos* e *sentimentos negativos*. No que concerne aos sentimentos positivos, salienta-se a referência a sentimentos como o relaxamento, a redução do estresse cotidiano, sentimentos de calma e tranquilidade. De acordo com os testemunhos colhidos junto aos entrevistados, as férias proporcionaram:

> A good lazy feelings!
> Very relaxing, peace of life, you can see why a lot of British people come here and want to return.
> I feel a relaxing atmosphere, a easy going life without stress.
> We had a wonderful time of relaxation and a good break away from the routine of our normal would.
> When I arrived here I felt very calm. I forgot all problems in England, at all, and feel like a new person without stress, and that everything is beautiful and nothing will be wrong.

---

[50] Lounsbury & Polik *apud* Gayle Jennings, "Perspectives on Quality Tourism Experiences: an Introduction", em Gayle Jennings & Norma P. Nickerson (orgs.), *Quality Tourism Experiences* (Amsterdã: Elsevier Butterworth Heinemann, 2006).

Sentimentos de liberdade, tranquilidade e segurança foram também uma referência constante nos discursos: "We spent most of the time in nights and without any scare". "Very free movements people are helpful, even night time. You were able to walk". Outra linha comum identificada a partir da análise dos dados é a percepção de um povo que sabe receber bem os seus visitantes: "I felt very good in this country […] I felt like home, the people was very delicate, and that make me feel welcomed"; "The Portuguese people are so friendly, that I feel like I were with a big family, just like home!". Associados a essa dimensão estão também os sentimentos de alegria e diversão:

> I enjoy so much this holidays […] with my friends at night, we laugh so must […] I had so good memories from here.
> Very happy because in England I don't have must time for my family, to enjoy and play with them.
> See the beautiful of nature, all green, the ocean made me feel a incredible happiness that I didn't feel a long time ago, a feeling of integration on the nature at all atmosphere around me.

Para alguns entrevistados, o significado e o sentido mais profundo da sua experiência no Algarve encontram-se na conexão do "eu" com a calma e a paz que a natureza lhes proporciona:

> No tension, very calm, no noise […] and some places make me feel in peace and get me time to think about my life […] and I can say that some places that I've been has some thingh that are spiritual.
> I was surprised by the slow, peace and no noisy place that Algarve is, and that was very good, because in England we don't have a place that are so quiet and without noise […] I feel peace and security here.
> That are places that are unique with great views and with a incredible beauty and that make me feel special and how luck I am too see this things.

Com relação aos sentimentos de natureza mais negativa, prevalecem a ansiedade

> I feel a little anxiety at times in relation specifically to the travel assignments concerning.
> Extra anxiety for the safety of our children, 5 and 7 years […] we were in Praia da Luz.

a tristeza

Happy, but also I get sick [...] so was terrible. I'm a little sad because I could enjoy it more and I couldn't [...] I have to go home as soon as possible.

I feel a little sadness because I have to return home [...] return to my busy life, my stress work [...] and it's rainning in Englad [...] I have to leave this little paradise [...].

a irritação

I felt irritation because was very noise in the accomodation and I wanted to sleep and rest.

When I was waiting for taxis I felt frustration and irritation because there were a lots of things to do and see, and I was wasting my time waiting for a transport.

e a desilusão

I was a little disappointed because were too many tourists shops.

As memórias das férias

A memória é a função que nos permite reviver e prolongar uma experiência por um período de tempo indeterminado. É a capacidade de reter um dado da experiência e de trazê-lo à mente sempre que desejado ou necessário. Além de serem um momento de grande entusiasmo e agitação, as férias são também uma experiência que se encontra retratada num álbum cheio de memórias e recordações (quer positivas, quer negativas). Essas memórias e recordações são, em muitos casos, o bem mais precioso que os turistas levam das férias. Que memórias os turistas levavam de suas férias no Algarve?

Entre as opiniões emitidas pelos entrevistados, é possível identificar duas posições claramente opostas, uma de teor positivo, que se reporta às melhores memórias, aos acontecimentos que os visitantes experienciaram ou de que mais gostaram, e outra de teor mais negativo, aludindo às más experiências da visita.

Na análise do discurso dos entrevistados foi possível identificar três tipos de fatores que estão na base das melhores memórias dessas férias:

- ▶ Personnal factors: incidem sobre fatores como a apreciação da gastronomia ("Eating out were the best in this holiday [...] the food were fantastic"), o convívio com familiares e amigos ("Was great all together [...] all my family and friends playing, laughing [...] was a great time, we take a good memories of this holidays"), sentimentos de liberdade e relaxamento ("Getting away from home

[...] feel free and relaxed was the best thing in holidays"), de diversão e alegria ("The best was had fun and playing games with my family").
- Interpersonnal factors: aludem a novas amizades ("Certainly the best of this vacation was meeting new people and make new friends") e à gentileza e à interação com os residentes ("I'd love the Portuguese people were so friendly [...] we can speak with them [...]").
- External factors: enfatiza o componente paisagístico ("Seeing differents locals whit great views [...] the great landscape [...] was the number one of this holidays"), principalmente a praia ("I'd love the beach in terms of appearance [...] unique rocks, and so clean [...] the water [...] you even can see the fish swimming [...] lovely really!"), o clima ("Incredible weather, very hot, never rains"), a descoberta de novos lugares ("Seeing places that never seen") e as boas instalações e infraestrutura do hotel ("The conditions of the hotel were great").

No nível dos acontecimentos que mais surpreenderam os entrevistados, foram mencionados sobretudo a qualidade da gastronomia portuguesa, particularmente os pratos de frutos do mar, e o serviço prestado pelos restaurantes: "The high quality of food in restaurants was a surprise" [...] I must say that the fish was very good, unlikely Mediterranean countries, not small, and the service of the restaurants was fantastic!".

A simpatia e a amabilidade dos residentes foram as dimensões de análise que mais emergiram no nível do componente social: "I didn't expect so pleasant and welcoming Portuguese people". Seguiram-se a isso as paisagens naturais e a conservação de um território que mantém suas características mais tradicionais: "The Algarve is more greener than I expected and that was a pleasantly surprised"; "The low houses, and the open landscape" [...] "We loved the simplicity, not overbuilt".

No que diz respeito às piores memórias, verifica-se uma incidência sobretudo nos *external factors*: a espera pelos transportes públicos ("Was terrible [...] we were two hours waiting for a bus [...]), as condições climáticas ("Was too much hot"), a não compreensão da língua do país de destino ("We felt very difficult to communicated with them"), o excesso de turistas ("That always so many people in the beach that we almost can't moved there") e o ruído ("Too much noise, we want to sleep and rest and we didn't [...] because was very noisy there [...] was terrible"). No campo dos *personal factors* é preciso registar o descontentamento da volta para casa, para uma vida de estresse e agitação ("I'm sad because we have to return home, for our busy live, and return to work [...]").

Avaliação final da experiência

Por não ser uma experiência de todo linear e objetiva, a avaliação final que os entrevistados fizeram de suas das férias no Algarve passa, em grande medida, pela avaliação da relação entre as expectativas iniciais (a jusante da sua experiência) e a experiência efetiva no destino.

Da análise dos discursos dos entrevistados emergem três grandes categorias de análise: a confirmação das expectativas iniciais, a desconfirmação positiva dessas mesmas expectativas e a desconfirmação negativa das expectativas diante da experiência.

Em relação à primeira dimensão de análise, os entrevistados mencionam que o balanço positivo de suas férias deve-se, em grande medida, à concretização de todos os objetivos idealizados:

> We got what we came for, were going home relaxed, happy and toned.
> The holiday has met our expectations because we are going home without stress and relaxed.
> For 100%. I did not miss anything.

Para os entrevistados que consideraram que suas expectativas iniciais foram excedidas, a surpresa de encontrar paisagens bonitas, um bom clima e diversão foram as principais causas apontadas como os fatores de uma experiência muito positiva: "Met fully all our expectation; "Better than I expected [...] lots of fun, and a wonderful scenary and good weather".

É preciso salientar, ainda, que os entrevistados que evidenciaram uma avaliação final positiva, ou mesmo muito positiva, demonstraram o desejo de regressar ao Algarve e de recomendar o destino a amigos ou familiares: "I definitely would come here again". Most definitely positive [...] we would recommend Algarve as a perfect holiday destination [...] and only two hours from England".

No nível das experiências negativas sublinha-se o desapontamento de alguns entrevistados com relação a expectativas não concretizadas ou a espaços que não corresponderam à sua idealização:

> I expected more quietness.
> I'm a little disappointed, because I've heard that the Algarve is one of the best place to rest, and that don't happened.
> I don't idealise the place that we stayed like there are. The location and the access of the villa is not so good.

Considerações finais

Pode-se afirmar que as experiências turísticas são um misto de emoções e sentimentos que flutuam ao sabor dos acontecimentos e das vivências experimentadas pelos turistas no decurso de suas férias. Os sentimentos e as emoções próprias de uma experiência turística começam muito antes de ela se concretizar. Todo o processo de idealização e de perspectivação do local de destino para férias acaba por criar um mundo de expectativas que serão essenciais no momento de avaliar a experiência. Nesse caso, os turistas entrevistados no âmbito deste estudo referem como principal expectativa de viagem o desejo de *quebrar a monotonia da vida cotidiana*.

Como se verificou, a experiência é afetada por um amplo conjunto de fatores, muitos dos quais não estão diretamente relacionados ao consumo de produtos e serviços específicos no destino turístico. É a combinação de fatores inerentes ao contexto e satisfação relativa a cada um dos serviços comprados e consumidos ao longo do desenvolvimento de uma experiência, por natureza holística, que determina o nível global de satisfação dos turistas. De modo geral, essa experiência de viagem é considerada *tranquila*, *calma* ou até mesmo *fantástica*.

Cada experiência envolve emoções únicas e intransponíveis, e todas elas são vividas de forma particular e distinta pelos turistas. Se as paisagens naturais do Algarve suscitam sentimentos de *paz* e *liberdade*, as atividades lúdicas despertam sentimentos de *adrenalina*, *excitação* e *alegria*.

Cada viagem fica retratada num álbum vivo de memórias e recordações, sentimentos e emoções que o turista associa a lugares, paisagens ou acontecimentos. As melhores memórias dessa experiência turística no Algarve incluem o sabor da *gastronomia*, os momentos de *convívio* em família e amigos, os sentimentos de *relaxamento* e de *alegria*, a *simpatia dos residentes*, o *clima*, as *praias* e a *paisagem*.

Referências bibliográficas

ANDERSSON, Tommy D. "The Tourist in the Experience Economy". Em *Scandinavian Journal of Hospitality and Tourism*, vol. 7, nº 1, 2007.

BAKER, Susan. *New Consumer Marketing: Managing a Living Managing Demand System*. West Sussex: John Wiley and Sons, 2003.

BARRETT, Frank. *The Independent Guide to Real Holidays Abroad*. Londres: The Independent, 1989.

BARTHES, Roland. *Mythologies*. Londres: Cape, 1972.

BELL, Martha. "What Constitutes Experience? Rethinking Theoretical Assumptions". Em *The Journal of Experiential Education*, vol. 16, nº 1, 1993.

BOORSTIN, Daniel J. *The Image: a Guide to Pseudo-events in America*. Nova York: Harper and Roe, 1964.

BORRIE, William T. & ROGGENBUCK, Joe. "The Dynamic, Emergent, and Multi-phasic Nature of On-site Wilderness Experiences". Em *Journal of Leisure Research*, vol. 33, nº 2, pp. 202-228, 2001.
CARY, Stephanie Hom. "The Tourist Moment". Em *Annals of Tourism Research*, vol. 31, nº 1, pp. 61-77, 2004.
COHEN, Erik. "Toward a Sociology of International Tourism". Em *Social Research*, vol. 39, nº 1, pp. 164-189, 1972.
_____. "A Phenomenology of Tourist Types". Em *Sociology*, vol. 13, nº 179-201, 1979.
COLTON, Craig W. "Leisure, Recreation, Tourism. A Symbolic Interaction View". Em *Annals of Tourism Research*, vol. 14, 1987.
CRUZ, Rita de Cássia Ariza. "As paisagens artificiais criadas pelo turismo". Em YÁZIGI, Eduardo (org.). *Turismo e paisagem*. São Paulo: Contexto, 2002.
FEIFER, Maxime. *Going Places*. Londres: MacMillan, 1985.
FRAZER, Nancy. "Talking about Needs: Interpretative Contests as Political Conflicts in Welfare-state Societies". Em *Ethics*, 99, 1989.
GIDDENS, Anthony. *Modernidade e identidade*. Rio de Janeiro: Jorge Zahar, 2002.
GYIMÓTHY, S. Service Quality: a Self-perpetuating Concept? Em *Journal of Quality Assurance in hospitality and Tourism*, vol. 1, nº 2, 2000.
HAYLLAR, Bruce & GRIFFIN, Tony. "The Precinct Experience: a Phenomenological Approach". Em *Tourism Management*, vol. 26, 2005.
HULL, Robert *et al.* "Experience Patterns: Capturing the Dynamic Nature of a Recreation Experience". Em *Journal of Leisure Research*, vol. 24, nº 3, 1992.
JENNINGS, Gayle. "Perspectives on Quality Tourism Experiences: an Introduction". Em JENNINGS, G. & NICKERSON, N. P. (org.). *Quality Tourism Experiences*. Amsterdã: Elsevier Butterworth Heinemann, 2006.
KIM, H. & JAMAL, Tazim. "Tourist Quest for Existential Authenticity". Em *Annals of Tourism Research*, vol. 34, nº 1, 2007.
KOZAK, Metin. "Repeaters' Behaviour at Two Distinct Destinations". Em *Annals of Tourism Research*, vol. 28, nº 3, 2001, pp. 784-807.
KRIPPENDORF, Jost. *The Holidaymakers*: Understanding the Impact of Leisure and Travel. Londres: Heinemann, 1984.
LASALLE, Diana & BRITTON, Terry. *Priceless*: Turning Ordinary Products into Extraordinary Experiences. Boston: Harvard Business School Press, 2003.
LASH, Scott & URRY, John. *Economies of Signs and Spaces*. Londres: Sage Publications, Inc., 1994.
LEE, Youngkhill *et al.* "The Complex and Dynamic Nature of Leisure Experience". Em *Journal of Leisure Research*, vol. 26, nº 3, 1994.
LENGKEEK, Jaap. "Leisure Experience and Imagination". Em *International Sociology*, vol.16, nº 2, 2001.
LI, Yi-Ping. "Geographical Consciousness and Tourism Experience". Em *Annals of Tourism Research*, vol. 27, nº 4, 2000.
MACCANNELL, Dean. "Staged Authenticity: Arrangements of Social Space in Tourist Settings". Em *American Journal of Sociology*, vol. 79, nº 3, 1973.
_____. *The Tourist*; Nova York: Schocken, 1976.
MANNELL, Roger. "Social Psychological Techniques and Strategies for Studying Leisure Experiences". Em ISO-AHOLA S. (org.). *Social Psychological Perspectives on Leisure and Recreation*. Springfield: Charles C. Thomas, 1980.
MUNT, Ian. "The 'Other' Postmodern Tourism: Culture, Travel and the New Middle Class". Em *Theory, Culture and Society*, 11, 1994.
OLSEN, Kjell. "Authenticity as a Concept in Tourism Research". Em *Tourist Studies*, vol. 2, nº 2, 2002.
PEARCE, Philip. "The Social Psychology of Tourist Behavior". Em *International Series in Experimental Psychology*. Vol. 13. Oxford: Pergamon, 1982.
_____. *The Ulysses Factor*: Evaluating Visitors in Tourist Settings. Nova York: Springer Verlag, 1988.

PINE, Joseph & GILMORE, James *The Experience Economy: Work Is Theatre and Every Business Is a Stage*. Boston: Harvard Business School Press, 1999.

PLOG, Stanley. "Why Destinations Rise and Fall in Popularity". Em KELLY, E. (org.). *Domestic and International Tourism*. Wellesley: Institute of Certified Travel Agents, 1977.

POON, Auliana. "Competitive Strategies for a New Tourism". Em COOPER, Chris. (org.). *Progress in Tourist Recreation and Hospitality Management*. Vol. 1. Londres: Belhaven, 1989.

POIRIER, Jean *et al*. *Histórias de vida: teoria e prática*. Oeiras: Celta, 1995.

PRITCHARD, Mark P. & HAVITZ, Mark E. "Destination Appraisal: an Analysis of Critical Incidents". Em *Annals of Tourism Research*, vol. 33, nº 1, 2006.

QUIVY, Raymond & CAMPENHOUDT, Luc van. *Manual de investigação em ciências sociais*. Lisboa: Gradiva, 1992.

SANTOS, Boaventura de Sousa. "Por uma concepção multicultural de direitos humanos". Em *Revista Crítica de Ciências Sociais*, vol. 48, 1997.

SEAMON, David. *A Geography of the Life World: Movement, Rest and Encounter*. Londres: Grown Helm, 1979.

SMITH, Valen. *Hosts and Guests*. Oxford: Blackwells, 1978.

STEINER, Carol & REISINGER, Yvete. "Understanding Existential Authenticity". Em *Annals of Tourism Research*, vol. 33, 2006.

TINSLEY, Howard & TINSLEY, Diane. "A Theory of the Attributes, Benefits and Causes of Leisure Experience". Em *Leisure Sciences*, vol. 8, nº 1, 1986.

TUAN, Yi-Fu. *Passing Strange and Wonderful: Aesthetics, Nature, and Culture*. Washington: Island Press, 1993.

_____. "Rootedness Versus Sense of Place". Em *Landscape*, vol. 24, nº 1, 1980.

_____. *Space and Place: the Perspective of Experience*. Minneapolis: University of Minnesota Press, 1977.

_____. "Surface Phenomena and Aesthetic Experience". Em *Annals of Association of American Geographers*, vol. 79, nº 2, 1989.

TURNER, Louis & ASH, John. *The Golden Hordes*. Londres: Constable, 1976.

URIELY, Natan *et al*. "Backpacking Experiences: a Type and Form Analysis". Em *Annals of Tourism Research*, vol. 29, 2002.

URRY, John. *The Tourist Gaze: Leisure and Travel in Contemporary Societies*. Londres: Sage Publications, 1990.

_____. *Consuming Places*. Londres: Routledge, 1995.

WICKENS, Eugenia. "The Sacred and the Profane: a Tourist Typology". Em *Annals of Tourism Research*, vol. 29, 2002.

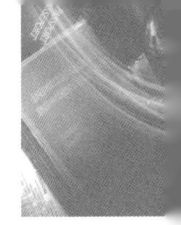

Sobre os autores

ALEXANDRE PANOSSO NETTO

Graduado em Turismo e em Filosofia pela Universidade Católica Dom Bosco, pós-graduado em História do Brasil pela Universidade Federal de Mato Grosso do Sul, pós-graduado em turismo: Planejamento, Gestão e Marketing pela Universidade Católica de Brasília, mestre em história pela Universidade Federal de Mato Grosso do Sul e doutor em Ciências da Comunicação pela Universidade de São Paulo. Atualmente, é professor, com dedicação exclusiva, da Escola de Artes, Ciências e Humanidades da Universidade de São Paulo – EACH/USP. Experiente na área de turismo, com ênfase em teoria do turismo, pesquisando principalmente os seguintes temas: turismo, educação em turismo, teorias de turismo, planejamento turístico e epistemologia do turismo.

ANA FLÁVIA ANDRADE DE FIGUEIREDO

Bacharel em Turismo e mestre em antropologia, ambos pela Universidade Federal de Pernambuco. Atualmente, doutoranda em Antropologia pela mesma universidade tendo como foco de pesquisa a formação de identidades transnacionais. Professora substituta da disciplina de Planejamento e Organização do Turismo e da disciplina de Metodologia do Departamento de Turismo e Hotelaria da UFPE entre novembro de 2006 e novembro de 2008.

Ana Paula Spolon

Professora nas áreas de hospitalidade, hospedagem e alimentos & bebidas da Universidade Federal Fluminense (UFF), graduada em Hotelaria pelo SENAC e em Letras pela Unesp, é especialista em Administração de Empresas pela Fundação Getúlio Vargas de São Paulo e mestre em Arquitetura e Urbanismo pela FAU-USP. Integra vários grupos de pesquisa em Turismo, como o UFOP, o UFF e o Processo CNPq/Prosul nº 490.511/2008-2.

Apolónia Rodrigues

Coordenadora internacional do projecto Genuineland, presidente da Rede de Turismo de Aldeia do Alentejo e perita nacional (Portugal) do Grupo para a Sustentabilidade (Tourism Sustainability Group), DG Empresa e Indústria, Comissão Europeia. Licenciada em gestão e planejamento do turismo pela Universidade de Aveiro (Portugal). Seus interesses de sua pesquisa enfocam o turismo rural, as redes e o turismo sustentável.

Arianne Carvalhedo Reis

Licenciada em Educação Física pela Universidade do Estado do Rio de Janeiro, mestre em Educação Física pela Universidade Gama Filho/RJ, doutora em Turismo pela Universidade de Otago, Nova Zelândia, e pós-doutoranda em Turismo e Lazer pela Universidade Southern Cross, Austrália.

Aristides Faria Lopes dos Santos

Consultor da [RH em Hospitalidade], diretor de Comunicação da ABBTUR São Paulo e assessor de Eventos e Novos Negócios do Santos e Região Convention & Visitors Bureau.

Áurea Rodrigues

Doutoranda em Turismo pela Universidade de Aveiro (Portugal), com bolsa da FCT, licenciada em Gestão e Planejamento do Turismo e mestre em turismo pela Universidade de Aveiro. Professora adjunta de Turismo no ISPGaya, onde coordenou o curso de licenciatura em Turismo entre 2006 e 2008. Em 2009, foi Visiting Scholar no RPTM da PennState University, PA, Estados Unidos. Seus interesses de pesquisa incluem o turismo rural, o turismo ativo, o turismo sustentável e o comportamento do consumidor no turismo.

Cecília Gaeta

Doutora em Educação – currículo pela PUC-SP; coordenadora acadêmica de curso de pós-graduação *lato sensu* em Turismo, Hotelaria e áreas afins durante doze anos, atual coordenadora e docente titular nas disciplinas Planejamento e metodologia e Fundamentos da educação, do curso de pós-graduação *lato sensu* em docência para o ensino superior em Gastronomia, Turismo e Hotelaria. Consultora para desenvolvimento e implementação de currículos para curso de *lato sensu* e cursos de formação de professores para o ensino superior. Pesquisa atualmente na PUC-SP a formação de professores para atuação em currículos inovadores e utilização de metodologias ativas de aprendizagem.

Claudia Corrêa de Almeida Moraes

Doutoranda em Geografia pela Unesp, mestre em Ciência da Comunicação pela Escola de Comunicação e Artes da USP, licenciada em História pela Unicamp e bacharel em turismo pela PUCCamp. Atualmente, professora assistente do curso de Turismo da Universidade Federal Fluminense (UFF).

Cleide Aparecida Gonçalves de Sousa

Bacharel em Turismo pelo Centro Universitário Newton Paiva. Especialista em Lazer e Mestre em Lazer pela Universidade Federal de Minas Gerais.

Cynthia Menezes Mello Ferrari

Mestre em Ciências da Comunicação pela Universidade de São Paulo, doutoranda em Comunicação e Semiótica pela Pontifícia Universidade Católica de São Paulo (PUC-SP) e docente nos cursos de graduação e tecnologia da Universidade Nove de Julho – Uninove (SP). Sua principal linha de pesquisa é a análise da relação entre turismo, fotografia e jornalismo especializado em turismo.

Fernanda Nunes

Bacharel em ciências sociais pelo Centro de Pesquisa e Documentação de História Contemporânea do Brasil/Fundação Getúlio Vargas. Foi bolsista de iniciação científica pelo PIBIC/CNPq durante três anos e, atualmente, participa de investigações na área de Turismo Alternativo, sob a coordenação de Freire-Medeiros.

Josemar de Campos Maciel

Professor do curso de mestrado em Desenvolvimento Local da Universidade Católica Dom Bosco. Doutor em Psicologia pela PUC-Campinas. Estudante das relações entre o fato qualitativo e o social.

Júlio Mendes

Doutor em Gestão, Estratégia e Comportamento Organizacional, professor auxiliar e orientador de pesquisas da Faculdade de Economia/Universidade do Algarve, membro da Coordenação do Programa de Doutoramento em Turismo e investigador na área de Turismo – Gestão Integrada da Qualidade nos Destinos, Competitividade, Marketing Turístico, Gestão das Marcas, Imagem e Experiências. Experiência profissional em organizações públicas e privadas.

Luiz Gonzaga Godoi Trigo

Graduado em filosofia e turismo pela Pontifícia Universidade Católica de Campinas (PUCCamp), doutor em Educação pela Unicamp e livre-docente em Lazer e Turismo pela USP. Foi diretor de Turismo da prefeitura de Campinas, diretor da área de Turismo e Hotelaria do Senac-SP e docente do curso de Turismo da PUCCamp. É professor do curso de Lazer e Turismo da Universidade de São Paulo (USP), consultor dos ministérios do Turismo e de Educação, autor de quinze livros e dezenas de artigos sobre viagens, turismo, entretenimento e cultura.

Manuela Guerreiro

Assistente de marketing na Faculdade de Economia da Universidade do Algarve. Mestre em Gestão do Patrimônio Cultural (Universidade do Algarve e Université Paris-8). Doutoranda em Gestão, com especialidade em Marketing pela Faculdade de Economia da Universidade do Algarve. Interesses de investigação: imagem e *branding* de destinos turísticos, turismo cultural, gestão de eventos e experiência turística.

Maria Henriqueta Sperandio Garcia Gimenes

Bacharel em Turismo pela Universidade Federal do Paraná, especialista em Planejamento e Gestão do Turismo, mestre em Sociologia e doutora em História pela Universidade Federal do Paraná. Professora do Curso de Turismo da UFPR desde 1999, realiza pesquisas nas áreas de gastronomia, cultura e turismo.

[SOBRE OS AUTORES]

Tiago Savi Mondo

Graduado em Turismo e Hotelaria e em Educação Física, especialista em Gerenciamento de Projetos e mestre em Administração pela (Universidade do Estado de Santa Catarina – Udesc). Entre os temas centrais de pesquisa do autor, enquadram-se o marketing de serviços, o marketing hoteleiro, a administração hoteleira e o turismo.

Thiago Allis

Graduado em Turismo pela ECA-USP, mestre pelo Programa de Pós-graduação em Integração da América Latina pelo (Prolam-USP), doutorando em Planejamento Urbano e Regional pela Faculdade de Arquitetura e Urbanismo da USP (FAU-USP), professor assistente do curso de Turismo da Universidade Federal de São Carlos, *campus* Sorocaba.

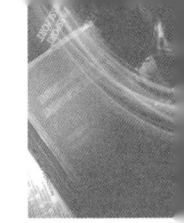

Índice onomástico

ABRAHAMS, R. D., 53
ABRAHÃO, S., 256, 271
ABRAMO, P., 257, 272
ABREU, N., 284, 293
ABRUZZESE, A., 124, 131
ADGER, N., 225, 233
AHOLA, E. K., 65- 67, 77
AIREY, D., 136, 144
ALI-KNIGHT, J., 225, 234
ALLIS, T., 6, 17, 255, 258, 262-264, 267, 271, 341
ALMEIDA, J., 295
ALSOP, P., 166
ALVAREZ, M., 192, 195, 200
ALVES, A. C., 4, 269, 271
ALVES, I. T. G., 125, 131
ALVES, V. de F. N., 86, 97
ALVEZ, F., 279, 294
ALVITO, M., 254
AMATUZZI, M., 69, 77
ANDERECK, K., 218, 233
ANDERSON, K., 305, 312
ANDERSSON, T. D., 53, 316, 333
ANSARAH, M. G. dos R., 43, 120-122, 125, 131, 133, 149, 204, 206-207, 210-211, 215, 263, 273
ARANTES, A., 166
ARANTES, O., 97, 258, 272
ARAUJO, T., 278, 294
ARNOULD, E. J., 53
ASCHER, F., 259-260, 270-271
ASH, J., 172, 184, 316, 319, 335
ASHTON, M. S. G., 120, 131
ATELJEVIC, I., 46, 52
AUGÉ, M., 155-156, 166, 210, 215, 258, 273

AZAMBUJA, M., 197, 200
BACK, G., 169, 183
BAECHLER, J., 194, 200
BAKER, S., 317, 333
BALDANZA, R., 284
BANDUCCI, A. J., 253
BANDURA, A., 227, 231, 233
BARRET-DUCROCQ, F., 164, 166
BARRETTO, M., 173, 181, 185, 251, 253
BARTHES, R., 102, 105, 113, 116, 195, 200, 241, 247, 253, 319, 333
BAUDRILLARD, J., 63, 194, 200, 242, 253
BAUM, T., 279, 294
BAUMAN, Z., 65, 68, 77, 162, 166, 208, 210, 242, 253, 259, 273
BECK, J. A., 54
BECK, J., 53
BECK, L., 175, 183
BELL, C., 301, 307, 312
BELL, D., 206
BELL, M., 318, 333
BEM-NUN, L., 280, 294
BENI, M. C., 111, 116, 276, 279, 294
BENJAMIM, W., 83-86, 88-89, 93, 97
BERMAN, M., 63, 77
BERRY, L., 53
BIALSKI, P., 167
BITNER, M. J., 53, 275, 280, 281-282, 295
BLACKBURN, S., 26, 41
BOCK, L., 166
BOORSTIN, D. J., 53, 109, 116, 319, 333
BORRIE, B., 318, 334
BOUDON, R., 194, 200

BOURDIEU, P., 83, 85, 89-92, 97, 193, 200, 210-213, 215, 242, 253
BOWLES, P., 28, 32, 38, 41
BREDA, Z., 167,
BRILLAT-SAVARIN, J.-A., 187, 188, 200
BRITTON, T., 317, 334
BRUHNS, H., 297, 312
BRUNER, E. M., 53
BRUNO, M. C., 185
CABLE, T., 175, 183
CALLE VAQUERO, M. de la, 267, 272
CAMARGO, K., 289
CANCLINI, N. G., 59, 77, 243-244, 253
CARBONE, L. P., 53
CARLOS, A. F. A., 123, 131
CARLSON, R., 53
CARNEGIE, E., 53
CARNEIRO, H., 187, 200
CARR, S., 256, 261, 271
CARSTEN H., 210, 215
CARÙ, A., 53
CARVALHO, C. L. de, 51-52
CARVALHO, E. de A., 166
CARY, S. H., 317, 334
CASTELLI, G., 277-278, 294
CASTELLS, M., 256, 273
CASTILHO, A. L. H., 257, 273
CASTILLO NECHAR, M., 46-47, 52
CASTRO, C., 243, 253
CATER, C., 311-312
CAWLEY, M., 223, 233
CERTEAU, M. de., 193, 200
CHA, J., 344
CHAMBERS, D., 218, 233, 344
CHAN, J., 279, 294
CHAVES, G., 201
CHON, K. S., 282, 294
CLIFFORD, J., 166, 176, 184
CLOKE, P., 301, 302, 309, 311-312
COELHO, T., 257, 272
COGHLAN, A., 104, 116
COHEN, E., 53, 280, 294, 316, 318, 334
COLEMAN, S., 311-312
COLTON, C. W., 319, 334
COMPANS, R., 273
CONDE GAXIOLA, N., 46, 52
CONNELL, J., 300, 312
CORIOLANO, L. N., 121-123, 131
COSTA, C., 259, 271
COSTA, F. R., 173, 175, 177, 179, 183
COSTA, V., 308, 312

COUNIHAN, C., 195, 200
COVA, B., 53
CRONON, W., 300, 312
CROUCH, D., 311-312
CRUZ, R. C. A., 121, 131, 326, 334
CSIKSZENTMIHALYI, M., 53
CUCHE, D., 210, 215
DA MATTA, R., 193, 200
DANN, G. M. S., 54, 324
DARBEL, A., 89, 97
DAVENPORT, T., 53
DAVIDOFF, L., 189, 190, 200
DAVIS, M., 172, 183
DAY, G. S., 53
DE BOTTON, A., 46, 48, 52
DE KERCKHOVE, D., 124, 131
DE LA TORRE, F., 262, 273
DEÁK, C., 273
DEBORD, G., 171, 183
DELSAUT, Y., 211-213, 215
DENCKER, A., 147, 149
DENZIN, N. K., 53, 304, 312
DERRETT, R., 225, 234
DI FELICI, 124, 131
DI RONÁ, R., 262, 273
DOCHERTY, I., 260, 271
DOUGLAS, M., 241-242, 253, 257, 272, 313
DUARTE, F., 260, 272
DuCROOS, H., 219-220, 234
DUGGAN, B., 173, 183
DUMAZEDIER, J., 196-197
DURAND, G., 166
EDENSOR, T., 307, 312
EDGALL, S., 53
EDWARDS, D., 262, 272
ELESBÃO, I., 295
ELLIS, M., 227, 230, 234
ERNESTO, J., 149
EVANOFF, R., 300, 312
FAINSTEIN, S. S., 256-257, 272
FAIRWEATHER, J., 302, 312
FEIFER, M., 317, 334
FERNANDEZ-ARMESTO, F., 201
FERRARI, C. M. M., 5, 16, 99, 106, 109, 111, 116, 339
FERREIRA, M., 28, 41, 279
FIGUEIREDO, A. F. A. de, 6, 17, 153-154, 158, 166, 337
FIGUEIREDO, S. L., 125, 131
FIGUEIROA, O., 267, 272
FILEP, S., 232, 234

FILHO, P., 225, 234
FINE, M., 304, 312
FITZSIMMONS, J., 53, 281-282, 294
FITZSIMMONS, M., 53, 281-282, 294
FLANDRIN, J.-L., 201
FOLTZ, B., 308, 312
FOUCAULT, M. 299, 309, 310, 312
FRANKL, V. E., 60-65, 73, 74, 77
FRANKLIN, A., 297-298, 309, 312
FRAZER, N., 317, 334
FREIRE, C., 182, 184
FREIRE-MEDEIROS, B., 238-239, 243, 246, 252-253, 339
FREITAG, B., 268, 272
FREIXA, D., 201
FREW, M., 53
FRODEMAN, R., 308, 312
FROMM, E., 61, 64, 77
GABLE, E., 179, 184
GAETA, C., 2, 3, 5, 7, 11, 13, 16, 133, 149, 339
GÂNDARA, J. M. G., 204, 207, 210-211, 215
GARVIN, D. A., 281-282, 294
GASTAL, S., 102, 109, 116
GAY, P., 65, 68, 77
GEERTZ, C., 176, 184
GIARD, L., 193, 200
GIBSON, H., 221, 234
GIDDENS, A., 323, 334
GIEBEN, B., 77
GILLMOR, D., 223, 233
GILMORE, J. H., 14, 18, 28, 41, 49, 52-54, 170, 184, 204, 211, 215, 276, 294, 316-319, 335
GIMENES, M. H. S. G., 6, 17, 187, 193, 198, 200, 340
GODELIER, M., 159, 166
GOFFMAN, E., 251-253
GOLINS, G., 227, 235
GOMENSORO, M. L., 187, 201
GOMES, C. L., 43, 80, 95-97, 120-122, 125, 131, 204, 206-207, 210-211, 215
GONÇALVES, J. R., 241, 253
GONÇALVES, L. R., 93, 97
GONÇALVES, L. RUTE, 177, 179, 184
GONÇALVES, M. A. S., 298, 312
GOODSON, L., 46, 52, 221, 234
GOONEY, B., 175, 177, 184-185
GRAHAM, B., 54, 169, 183, 219, 234, 324
GRIFFIN, T., 320, 334
GRÖNROOS, C., 278, 294
GROSS, M. A., 54
GUPTA, S., 53

GYIMÓTHY, S., 325, 334
HABERMAS, J., 83, 97
HAECKEL, S. H., 53
HALDRUP, M., 242-243, 253
HALL, C. M., 220, 234
HALL, D., 262-263, 272
HALL, P., 273
HALL, S., 60, 65, 68, 77, 184
HANDLER, R., 179, 184
HANNAM, K., 46, 52
HARTER, S., 230, 231, 234
HARVEY, D., 258, 260, 272, 301-302, 309, 312-313
HAVITZ, M. E., 335
HAYLLAR, B., 320, 334
HEIDEGGER, M., 74, 126-128, 131
HENRIQUES, C., 219, 234
HERNÁNDEZ, M. G., 267, 272
HIGHTOWER, R., 53
HIRCHMAN, E., 66, 77
HÖFER, J., 68, 78
HOFFMAN, L. M., 256-257, 272
HOLBROOK, M., 54, 66, 77
HOLLIS, J., 37, 41
HORNER, S., 203, 215
HORTA, M. de L. P., 169, 174, 184
HOWARD, P., 219, 234
HULL, R., 318, 334
INSKEEP, E., 256, 268, 272
ISHERWOOD, B., 241-242, 253
ISO-AHOLA, S., 54, 318, 334
IVANOVIK, M., 234
IVENS, J., 54
JAFARI, J., 5, 12, 77
JAMAL, T. 320, 334
JENNINGS, G., 44, 52, 221, 234, 318, 324, 328, 334
JENSEN, R., 14, 18, 49, 52, 54, 204, 211, 215
JOHNSON, H., 191, 201
JORDAN, F., 221, 234
KARANDE, K., 54
KATZELL, R., 227, 234
KHOURI, M. G., 78
KIM, H., 320, 334
KLICEK, T., 167
KNAFOU, R., 256, 273
KNOWLES, R., 260, 262-263, 271-272
KNUTSON, B. J., 54
KOTLER, P., 41, 278, 294
KOZAK, M., 334
KRAKAUER, J., 21, 41
KRIPPENDORF, J., 258, 272, 317, 334
KRISTEVA, J., 166

KUMAR, V., 54
KUPER, A., 77, 346
KUPER, J., 77
LABATE, B., 108, 116
LALANDE, A., 45, 52
LARRECHE, J. C., 281, 294
LARSEN, J., 242-243, 253
LASALLE, D., 317, 334
LASH, S., 54, 320, 334
LASHLEY, C., 54
LAWS, E., 221, 235
LEE, Y., 218, 318, 334
LEED, E. J., 24, 41
LEFÈVRE, J., 53
LEITE, J. J. T., 180
LEITE, M. I., 86, 97
LEITE, R. P., 258, 273
LEITE. M., 251, 253
LEMOS, A., 121, 123, 131, 166
LÉVI-STRAUSS, C., 160, 241, 247, 249, 252-253
LI, Y., 317, 319, 334
LINC, P., 221
LIPOVETSKY, G., 34, 41, 48, 63, 77, 82-83, 88, 97, 170-171, 184
LOGAN, W. 219, 234
LONERGAN, B., 57, 77
LOVELOCK, C., 275-276, 278-279, 281, 294
LOZANO CORTÉS, M., 46, 52
LUPINACCI, H., 166
LYALL, J., 307, 312
MAcCANNELL, D., 54, 73, 77, 318, 320, 334
MACHADO, A., 41
MACHADO, M. L., 170-171,184
MACHADO, P., 240, 243
MACIEL, J. de C., 15, 16, 57
MACIEL, M. E., 195, 201, 340
MAFFESOLI, M., 120, 131, 162, 166
MAGRIS, C., 36, 37-39, 41
MANNELL, R., 54, 318, 334
MANSUR, B., 166
MARINHO, A., 297, 299, 312-313
MARKWELL, K., 104, 310-311, 313
MARONESE, L., 192, 195, 200
MARTIN, P., 227, 231, 234
MASETTO, M., 147, 149
MASLOW, A., 54, 66, 76-77
MASSIMO, B., 166
MATURANA, H., 166
MAUSS, M., 153, 159-160, 166
MAY, R., 64, 77
McBOYLE, E., 280-281, 294

McBOYLE, G., 280-281, 294
MCCABE, S., 53, 54
McCARTHY, C., 35, 41
MCDONNELL, I., 232, 234
MCGILLIVRAY, D., 53
McKERCHER, B., 219, 220, 234
MCLELLAN, H., 54
McNAMEE, M., 63, 78
MCNEILL, D., 206, 207, 214-215
MELO, V. A. de., 79, 94, 96-97
MENDONÇA, T., 166
MERLEAU-PONTY, M., 46-47, 52, 299, 308, 313
MIDTGARD, M., 234
MILLER, D., 253
MILLIMAN, R. E., 55
MISSE, M., 251, 254
MITCHELL JR., R., 308, 313
MITCHELL, M., 218, 233
MONTANARI, M., 201
MONTE-MÓR, R. L. M., 81-82, 97
MORGAN, N., 78, 301, 313
MORIN, E., 154, 166
MORTON, T., 300, 313
MOSCADO, G., 176, 184
MOSSBERG, L., 54, 279, 294
MOTA, K., 278, 294
MUNT, I., 320, 334
MURTA, S., 175, 177, 184-185
NEIL, A., 225, 233
NEIL, J., 176, 184
NEVES, C., 166
NICKERSON, N. P., 44, 52, 318, 324, 328, 334
NÖTH, W., 112, 117
NOVAES, S. C., 247, 254
NUNES, F., 6, 17, 237, 339
O'SULLIVAN, E. L., 54
OCONNOR, S., 166
OH, H., 54-55
OLSEN, K., 320, 334
ORTIZ, R., 108, 193, 200
OSTETTO, L. E., 86, 97
PAGE, S. J., 262, 273
PALHARES, G. L., 262, 273
PALMER C., 117
PANOSSO NETTO, A., 2, 3, 5, 7, 11, 13, 16, 43, 46-47, 51-52, 120-122, 125, 131, 154, 204, 205, 207, 210-211, 215, 263, 273, 337
PARASURAMAN, A., 283-294
PEARCE, D., 257, 272, 313
PEARCE, P., 317, 319, 334
PELLEGRINI FILHO, A., 269, 273

PERKINS, H., 301-302, 309, 312-313
PERLMAN, J., 251, 254
PERROTA, I., 239, 254
PERSEGONA, M. F. M., 125, 131
PESSOA, F., 38, 40, 41
PETO, A. C., 298, 313
PETRINI, C., 36, 41
PHILLIMORE, J., 46, 52, 221, 234
PINE, J. B. II, 18, 28, 41, 49, 52-54, 170, 184, 204, 211, 215, 276, 294, 316-317, 319, 335
PIRES, M. J., 179, 184, 269, 273
PITTE, J.-R., 187, 201
PIZAM, A., 54-55
PLOG, S., 317, 335
PLUMWOOD, V., 313
POIRIER, J., 322-324, 335
POLI, M. C., 72, 78
POLITZER, G., 58, 74-75, 78
POON, A., 320, 335
POPPER, F. J., 178, 184
PRAHALAD, C. K., 54
PRENTICE, R., 170, 173, 184
PRETTI, L., 166
PRICE, G., 222, 234
PRICE, L. L., 53
PRIDEAUX, B., *104, 116*
PRIEST, S., 226-227, 229-231, 233-234
PRIETO, H., 218, 235
PRITCHARD, A., 78, 301, 313
PRITCHARD, M. P., 335
PROUST, M., 192, 201
PULLMAN, M. E., 54
PUTNAM, R., 225, 234
QUAN, S., 54
QUEIROZ, L. C., 251, 253
RAHNER, K., 68, 78
RAMASWAMY, V., 54
REINS, M.G., dos, 215
REIS, A., 81
REIS, A.C., 6, 17, 297, 299-301, 313, 338
REIS, N.N., 258, 272
REISINGER, Y., 320, 335
RESENDE, L., 166
RIBEIRO, M., 121-122, 131
RIBEIRO, O., 255
RICHARDS, G., 173, 184, 218, 235
RIFKIN J., 14, 18, 137-139, 149, 170, 184 '
RITCHIE, B., 221, 234
ROBERTS, L., 234
ROBINSON, J., 191, 201
RODRIGUES, A. B., 123, 125, 127, 131, 256, 273

RODRIGUES, A., 6, 17, 217, 223, 235, 338
RODRIGUEZ, A., 257, 272
ROGGENBUCK, J., 318, 334
ROLIM, M. do C. M. B., 194, 201
ROSA, M. C., 95, 97
ROSNAY, J. de, 158
ROSS, K., 302, 313
RUSCHMANN, D. van de M., 276, 280, 294
RYAN, C., 49, 52, 54, 319
RYKWERT, J., 260, 272
SAER, J. J., 37, 41
SANT'ANNA, D. B., 298, 313
SANTANA, A. C., 301, 313
SANTOS Jr., A., 100, 117
SANTOS Jr., O. A., 253
SANTOS, A., 100, 117
SANTOS, A. F. L. dos, 5, 16, 119, 338
SANTOS, B. de S., 326, 335
SANTOS, C. A., 52
SANTOS, M., 273
SCHIFFER, S. R., 273
SCHMITT, B., 13, 14
SCHMITT, C., 124
SCHMITT, H. B., 18, 54, 139-140, 148, 149
SCHULTZ, P., 207, 212, 215
SCOTT, N., 54, 295
SEAMON, D., 319, 335
SELYE, H., 228, 231, 235
SERPA, A., 256, 272
SERRANO, C., 108-110, 116-117
SETTE, R., 284
SETTON, M. da G. J., 213, 215
SHAW, C., 54
SHELLER, M., 260, 272
SHUSTERMAN, R., 92-93, 97
SIEWERTH, G. E., 68, 78
SILVA, I. M. M., 124-125, 131
SILVA, L. A. M. da 251, 253
SILVEIRA, A., 180, 184
SIMMEL, G. 64-65, 78
SIMPSON, M., 223, 235
SINGER, J. L., 54
SIQUEIRA, E., 240, 243, 253
SMITH, L., 311-312
SMITH, V. L., 54, 317, 335
SOLTAU, A. M. V., 127, 131
SONTAG, S., 99-105, 107-111, 113-114, 116-117
SOVIK, L., 60, 68, 77
SPANGLER, K. J., 54
SPARROWE, T. R., 232, 294

SPOLON, A. P. G., 6, 17, 203, 206-207, 210, 213-215, 338
STEINER, C., 320, 335
STERGIOU, D., 136, 144, 149
STUART, R., 70, 78
STUDART, D., 183-184
SWAFFIELD, S., 302, 312
SWANSON, G. E., 54
SWARBROOKE, J., 203, 215
TANIS, B., 78
TEIXEIRA, A. N., 256, 261, 273
THOMPSON, D., 227, 234
THORNE, F. C., 55
THORNS, D., 301, 313
THYME, M., 221, 235
TILDEN, F., 175, 185
TINSLEY, D., 318, 335
TINSLEY, H., 318, 335
TIRADENTES, J. A., 269, 272
TITZ, K., 55
TODOROV, T., 165-166
TOLEDO, B. L., 268, 272
TOMELIN, C. A., 263, 273
TONINI, H., 280, 294
TÖNNIES, F., 63, 78
TORGA, M., 40-41
TRIBE, J., 46, 52, 136, 146, 149
TRIGO, L. G. G., 21, 25, 30, 41, 43-44, 51-52, 340
TUAN, Y., 319, 326, 335
TUCKER, H., 221, 235
TUNER, L., 172, 184
TURLEY, L. W., 55
TURNER, J., 316
TURNER, L., 319, 335
TURNER, V. W., 353
URBAIN, J. D., 32, 41
URIELY, N., 55, 317, 335
URRY, J., 46, 53-55, 107, 110, 112-114, 116-218, 235, 248-249, 254, 260, 272, 302, 307-308, 310, 313, 318, 320, 334-335

UYSAL, M., 54
VAINER, C., 258, 272
VAJIC, M., 53
VALENCA, 238, 253
VALLADARES, L., 254
VAN ESTERIK, P., 195, 200
VARGAS, H.C., 257, 273
VASCONCELOS, C., 174, 183-184
VEBLEN, T., 242, 254
VIANNA JÚNIOR, E. de O., 268, 272
VILLAÇA, F., 273
VINUESA, M. A. T., 265, 273
VOGT, C., 218, 233
VYGOTSKY, L. S., 16
WALKER, J., 205-206, 215
WALSH, V., 227, 235
WANG, N., 54, 235
WATTS, L., 307, 313
WEARING, S., 44, 53, 176, 184
WEBER, M., 66, 78
WEINER, A., 252, 254
WEINER, B., 227-228, 230-231, 235
WICKENS, E., 317, 335
WILLIAMS, J. A., 54
WITHEY, L., 41
WOODWARD, I., 241, 254.
WRIGHT, L., 275-276, 278279, 281, 294
WU, C. K., 55
XAVIER, H., 206, 262, 273
YAN, G., 52
YAZIGI, E., 257-258, 273, 326, 334.
YIN, R., 221, 235
YUAN, Y.-H. E., 55
YVONNA, L., 304, 312
ZAJONC, R. B., 55
ZALUAR, A., 251, 254
ZEITHAML, V., 275, 278, 280-282, 295
ZINS, A., 232, 235
ZIZEK, S., 185
ZUKIN, S., 257-258, 274

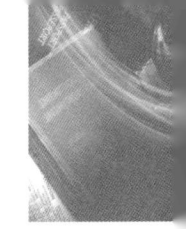

Índice remissivo

abordagem sócio-histórica, 68
acessibilidade, 261, 265-267
acolhimento, 159, 160, 163, 182, 206, 223-224
afastamento do cotidiano, 24, 66, 104, 109, 116
afastar a insegurança do desconhecido, 108
álbuns de fotografia, 101-102, 107, 330, 333
Algarve, Portugal, 315-316, 320-325, 326, 332, 333
alimentação como linguagem, 195
alteridade, 58
amálgama, 101
ambiência, 264
América Latina, 256, 267
análise de conteúdo, 287, 322, 323
    animação cultural, 96
antropologia, 31, 80, 240, 241
arte, 48, 83, 84-97, 138-139, 177, 247
    de representar, 100
aspectos
    acumulativos da fotografia, 101
    tangíveis, 283, 284
assegurar uma espécie de eternidade concreta, 106
atividade emblemática, 114
atividades aquáticas, 287
atração turística, 271
atrativo(s), 137, 170, 197, 259, 263, 265, 266, 267, 268, 326
    culturais, 170, 173, 174, 175
atuação
    docente, 148
    eficaz, 144, 147-148
autenticidade, 68, 76, 173, 266, 319-320
autoconhecimento, 25, 32-33, 39
autoeficácia, 227, 229, 231,
Avatar, 59-60, 65

aventura, 29, 32-33, 34, 36, 58, 71, 73, 74, 76, 137, 139, 142, 172, 227, 228, 229, 289, 300, 301, 303
Ayahuasca, 70, 71

bacharel em turismo, 135
banalização, 32-33, 85, 256
Banco Interamericano de Desenvolvimento (BID), 269
Barista, 190
Bed & breakfasts, 205
belo, 48, 94, 100, 103, 104, 107, 116
bens
    culturais, 82, 83, 85, 169
    materiais e imateriais, 169
bicicleta, 36-37, 51, 263, 264
blockbusters exhibitions, 182
bonde, 37, 261-262, 263
Bratislava, Eslováquia, 264
buscar o conhecimento, 21, 25, 36, 37, 47, 69, 105, 106, 121, 134-135, 148, 164, 170, 182

caçador de cultura, 113
caçados pela civilização imagética, 116
calçada, 245, 260, 261, 270
câmera fotográfica, 107, 108, 114, 115
caminho, 24, 37-38, 51, 70, 106, 128, 262, 281
capital social, 213, 217, 221, 225, 226
captação, 101-105, 160, 277, 279
cartões postais, 102, 110, 247
case study, 217-233
cavalgadas, 288
cenário, 58, 82, 103, 145, 208, 214, 247, 265, 309, 317, 326
centro da cultura imagética, 111

chegar, 36, 114, 205
ciclovia, 264
cidade do México, México, 267
cimbro, 222, 223
circulação, 65, 194, 212-213, 238, 260, 262, 268
código visual, 102
colecionar, 111, 113
comercialização, 120, 125, 126, 130, 137, 239-240, 243, 245, 248, 251, 278, 280, 292, 293
competências técnicas, 146
comunicação, 119-131, 139, 153, 172, 275, 278, 283, 305, 315, 322-323
comunicação interpretativa, 169, 170, 175, 176, 177-181
comunidade, 23, 121, 122, 123, 124, 126, 127, 129, 130, 137, 142, 217, 218, 220, 221, 222, 223, 224, 225, 233, 246, 284, 293, 325
conceito de lazer, 79-80
confiabilidade, 161, 283
confiança, 136, 145, 146, 153, 161, 225
conhecimento, 35, 36, 37, 46, 47, 68, 69, 92, 94-95, 105, 112, 121, 134, 136, 138, 139, 144, 148, 155, 156, 164, 169, 170, 187, 188, 283, 287, 299, 304, 315, 316
consciência, 24, 26, 27-28, 39, 61, 62, 86, 87, 106, 138, 156, 171, 225, 226, 291, 293
construção do conhecimento, 148
construção social, 300
consultor de experiência, 145
consumo
    alimentar, 193
    estético/supérfluo, 103
    simbólico, 193, 194, 210, 211
contemplar, 38, 99, 114, 204, 207, 289
contemporaneidade, 83-84, 88, 89, 90, 99, 107, 170, 171, 175, 204, 207
conteúdo frágil, 104
contraestigmas, 237-252
coragem, 22, 38, 39, 41
corpo, 74, 170, 194, 297, 298-300, 305-310, 311
corporeidade, 66, 68, 74, 297-298, 310, 311
CouchSurfing Project, 154, 155-159, 161, 162, 164, 165
criatividade, 209, 210, 213, 218, 225, 248, 315
críticas, 32, 94, 95, 101, 103, 179, 243, 246, 256, 284
crônicas fotográficas de viagens, 107
cultura, 32, 57, 59-60, 62, 72, 73, 80, 83, 89-97, 110-116, 122, 134, 137, 143, 165, 170, 172-177, 187, 192, 197, 210, 214, 218-220, 226, 240-244, 257, 289, 302, 320
cultura material, 240-244

Curitiba, Brasil, 264

dádiva, 153, 155
descoberta, 32-33, 36, 109, 153, 165, 175, 217
descobrimento, 37
desdobramentos de sentido, 103
desenhar com luz, 100
deslocamento, 67-68, 71, 74, 102, 108, 111, 124, 126, 127-128, 129, 141, 203-204, 262, 265, 266, 307
desrealização, 171
destino, 48, 51, 114, 124, 128, 129, 140, 143, 145, 146, 148, 197-198, 262, 277, 279, 281, 288, 289, 300, 303, 316, 324, 332, 333
    turístico, 92, 108, 113, 119-131, 141-142, 197, 237, 238, 265, 266, 267, 270, 300-301, 315, 316
dialética, 62, 69, 70, 74-77, 80, 123
dialética da novidade e insaciabilidade, 112
dimensões intangíveis, 315-316
    dinâmica das interações, 136
discurso, 153-154, 187, 246, 251, 306, 308, 322-323, 325, 326, 330-331, 332
distinção, 67, 82, 107, 210, 211, 213, 214, 219-220, 243-244, 275-276
divertimento, 58, 73-77, 80
documental, 116
dualismo, 308

educação
    desafiadora, 148
    em turismo, 136, 146
    interpretativa, 169
efêmero, 58, 171
emoção, 34, 35-36, 50, 94-95, 140, 141, 142, 144, 203, 204, 286
emoção estética, 83, 85, 86, 91
empatia, 283, 284
Empresa Brasileira de Planejamento de Transportes (Geipot), 264
Encantamento, 99
ensino superior, 144
entretenimento, 29, 33, 85, 95, 96, 100, 124, 139, 170, 172, 179, 183, 204, 263, 319
envolvimento, 17, 119, 129, 130, 137, 147, 155, 160, 261
épico, 31
epopeia, 22, 23
era das imagens, 172
erfahrung, 24-25, 68, 69
erlebnis, 68, 69, 86, 87

Eros, 36
escolha, 39, 62, 72, 73, 76, 80, 84, 105, 114, 125, 126, 145, 192, 193, 195, 205, 228, 293
espaço
    de acontecimento, 87
    de investigação, 238
    público, 255, 256, 261, 262, 268, 269-270
    turístico, 136, 174, 256, 268, 271, 280, 297, 300, 316
    urbano, 207, 210, 214, 256, 259, 262, 265
estado cognitivo, 176, 181
estereótipos, 29, 248
estética, 31, 79-97, 100, 101, 103, 116, 170, 194, 247
estigmas, 239, 248, 251, 252
estilo, 32-33, 66, 70, 72, 74, 91-92
    de vida, 91, 138, 139, 142, 193, 218, 301, 302
estratégia
    de reconhecimento, 240
    de visibilidade, 240
estudo exploratório, 320-321
estudos do lazer, 79-96
eternizar-se naquela imagem, 105-106, 107
ética, 27, 102, 103, 116, 164
    do olhar, 102, 104
Europa, 37, 83, 89, 130, 218, 232-233
Everland Hotel, 208, 210
evolução, 34, 126, 135, 136, 137
    imagética, 100
excesso, 64, 65
excitação, 28, 227, 229, 230, 261-262, 327, 333
exercício identitário, 196
existência, 32-33, 37-38, 58, 61, 62, 66, 67, 72, 74, 171-172
existencial, 31, 38, 60-61, 63, 318
existencialismo, 38
expectativa dos viajantes, 72, 124, 129, 138, 140, 143-147, 282, 283, 315, 319, 323, 324, 332, 333
experiência
    autêntica, 128
    da ação, 142
    da percepção, 140-141
    da sensação, 141-142
    de viagens, 172
    do pensamento, 142
    do relacionamento, 143-144
emocional, 92, 192
estética, 79-97
    hoteleira, 141, 206, 275-293
    ímpar, 140, 141-142
    segundo Walter Benjamim, 84-89
    significativa, 21-41, 143, 178, 309-310
turística, 44, 95, 124, 127, 129, 130-131, 138, 159-162, 196-199, 239-240, 242, 262, 263, 265, 266-267, 279, 280-281, 292, 297-311, 315-333
experimento visual, 99
expressão artística, 100, 182

faceta predadora, 113
fantasias da coisa fotografada, 104, 105
fascínio narcisista, 115-116
favela, 142, 237-252
feiúra na fotografia, 103
felicidade, 27, 48, 232
fenômeno turístico, 144, 146-147,
férias, 79, 81, 322, 323, 328, 330-331, 332
ferramenta profissional, 100, 101
filosofia da linguagem, 75
flâneur, 88-89, 114
flats, 205
formação do turismólogo, 135-136, 144-147
formação generalista, 146-147
fotoblogs, 102
fotografar é assegurar a "aura" de sua imortalidade, 105-106
fotografia, 88, 99-116, 248-249
fotógrafo profissional, 103, 112
fotógrafo-turista, 99-116
fotos-troféus, 107, 110-111
fragmentação, 64, 65, 120, 155
fruição, 36, 87, 89, 93, 170, 256, 262

galpão crioulo, 285, 289
ganho de poder, 112
gastronomia, 140-141, 187-200, 276-277, 331, 333
    como *hobby*, 197
    molecular, 191
gestão
    de cidades, 258, 259, 265-267
    do patrimônio, 266-267
    do território, 255
    do turismo, 135, 262, 316
    hoteleira, 20
gosto, 127, 170, 189, 193, 290-291
gramática visual, 105, 116
grand tour, 25-26
guest, 155, 161, 162, 163, 164

Hard Day's Night Hotel, 208-209
hedonismo, 27, 171
    de massas, 171
herói moderno, 14

heterogeneidade, 278, 281, 291
história pessoal, 37-38
histórica, 127, 178-181, 223-224, 265, 266
Hong Kong, China, 266
hospedagem, 104, 140, 141, 155, 160, 205-207, 209, 210, 212-214, 289, 291
hospedagem, estrutura material, 206, 207
hospedagem, meios de, 205, 209, 210, 212, 214
hóspede, 159, 206, 214, 276-277, 280, 282, 283, 284, 285, 286, 289, 290, 291, 292. *Veja também* meios de hospedagem
hóspede *habitué*, 205
host, 160, 161, 162, 163, 164
hotéis residência, 205
hotel, 104, 205, 206, 207, 209, 210, 276, 277, 280, 282, 283, 284, 285, 286, 291
Hotel de Areia, 209
Hôtel de Glace. *Veja* Ice Hotel
Hotel Puerta America, 209
hotelaria, 282, 283-284

Ice Hotel, 208, 209
Ícones, 210, 264
Identidade, 59, 60, 65, 76, 89, 121, 123, 124, 165, 173, 195, 252
Imagens, 65, 96, 100-106, 112, 113, 114, 126-127, 172, 177, 240, 248-249
ligadas ao belo, 103
imaginário, 21, 24, 36, 82, 114-115, 140, 171, 217, 218, 219, 226, 251, 324
individual, 58, 66, 140, 156, 157-158, 171-172, 281, 317
individualismo privado, 171
informação, 87-88, 90, 105, 119, 126, 127, 129, 139, 140, 196, 220, 242, 328
Inns, 205
Inovação, 210, 213
metodológica, 146
instante, 62-63, 115, 182
intangibilidade, 279, 280, 281, 290
interação, 70, 86, 90, 124, 143, 158, 178, 284, 285
verbal, 120
Intercâmbios culturais, 154
Internet, 125, 139, 158, 220
interpretativismo, 169, 170, 175, 176, 177-181, 183
intervenção, 94-95, 136
inusitado, 200, 204
inventário fotográfico, 100
Itália, 44, 217, 220-232

laços de amizade, 128, 161

lazer, 34, 79-96, 137, 138, 139, 187, 249-250, 263-264, 269, 319
liberdade, 84, 85, 108, 123, 326-327, 333
limiar, 67, 116
liminoide, 67, 70, 71
limite, 32, 38, 58, 67, 76, 123, 142, 144, 145
linguagem, 74, 87-88, 92, 100, 103, 105, 107, 170, 194, 195, 220, 242, 247
linguagem estética, 92
linguagem visual, 103, 252
Lisboa, Portugal, 264
living history, 177, 178-181
locomoção, 270
Londres, Inglaterra, 30, 264
lúdico, 178, 182, 183
lugares de memória, 174, 182
Luserna, Itália, 17, 217, 220-232
luz, 60, 74, 100, 115, 128, 177
luz, som e sombra, 176, 177

manifestações culturais, 80, 94, 95, 174
Manila, Filipinas, 264
marketing, 31, 33, 44, 49, 83, 275-284, 290, 291, 292, 293
de serviços, 277-281, 290, 291
hoteleiro, 275-277
material publicitário, 104
reciclado, 245
meios animados, 176
meios de hospedagem, 205, 209, 210, 212, 214
categorias, 205
estáticos, 176
nomenclaturas, 205
sistemas de classificação, 205
sistemas oficiais de classificação, 205
tipologia, 205
membro físico, 115
memórias da experiência, 316
mente, 27-28, 44, 61, 277, 298
Mercado Municipal de São Paulo, 268-269
metáfora, 64, 75, 99, 106, 108, 112
metodologias de aprendizagem, 147
metrô, 263, 264, 267, 269, 270
mídias
interpretativas, 176, 177
personalizadas, 177
mito, 22, 104
da vida perfeita, 104, 105
mobilidade
turística, 255-271
urbana, 270

[ÍNDICE REMISSIVO]

modelo de Priest e Klimt, 229-230, 233
modernidade, 65, 79, 81, 82, 83, 84, 86, 87-88, 99, 107, 115, 173
moeda, 104, 160
motivação, 21, 27, 106, 126, 129, 197, 220, 229, 230-231, 320, 324
mudança, 58, 67, 130, 136, 137, 140, 143, 160, 199, 223-224, 299
museu, 89, 90, 92, 169, 170, 172-177, 178, 181, 182, 183, 241

narrativa, 162, 217, 233, 304, 306, 309, 310
natureza, 50-51, 285, 286, 292, 299-300, 301, 302, 303, 304, 305, 307, 308, 309, 310, 311
necessidades
    culturais, 83, 89, 91
    do sujeito-turista, 103
    dos viajantes, 143, 146, 282
negociação, 58, 145, 155
neurose, 60, 63, 74
nova museologia, 169, 174
Nova Zelândia, 50-51, 300, 301, 302, 304, 311
novos olhares, 94

objetos simbólicos, 211, 213
objetos técnicos, 211, 213
olfato, 140, 189, 190-191
olhar do turista, 107, 310

padrões éticos e estéticos, 102
paladar, 189, 190-191, 192
paradores, 33, 205
paraíso perdido, 107
paralelo entre fotografia e turismo, 99, 101, 105, 110, 113, 115
parques nacionais, 301, 303
participação
    da comunidade, 223-224, 233
    multissensorial, 177, 178
passagem, 66, 210
passaporte, 108, 112
passeios *off-road* 4x4, 288
pastiche, 59-60
patrimônio
    cultural, 169, 170, 173-174, 175, 176, 196-197, 219, 225, 267
    gastronômico, 197
    histórico, 120, 265, 266, 267
    imaterial, 119, 120, 126, 129
    intangível, 218, 219, 220
    urbano, 258, 261, 264, 267

pedestre, 260, 266, 267, 268
pensões, 205
percepção, 47, 95, 107, 110, 126, 140-141, 177, 196-197, 261, 280, 282, 284, 326, 329
    do produto turístico, 104-105
perecibilidade, 278, 281
peregrinação, 21, 67, 70, 81, 318
perfil do fotógrafo, 112
personagem, 23, 111, 204, 207
pincel, 100
pintura, 85, 246, 247, 248
planejamento turístico, 256, 259
planejamento urbano, 259
pobreza, 251, 252
pomar de maçãs, 289-290
pós-modernidade, 65, 79, 81, 84, 86, 92, 99, 120, 123-124
pousadas, 33, 121, 205
prática profissionalizante, 144, 147
pratos típicos, 198, 199
prazer, 27-28, 32-33, 34, 37, 49, 61, 90, 94, 106, 109, 140, 145, 146, 189, 197, 200, 203-204
    de viajar, 140
preço, 205, 207, 212, 278
processo da modernidade, 106
prodígio de civilização, 100
produção de objetos, 241
produtos hoteleiros, 214
prova incontestável, 107, 111
psicanálise, 61

qualidade em serviços, 283, 284
qualificação
    dos recursos humanos, 144
    profissional, 144-147

Ramos de Azevedo, 269
razão, 63, 75, 94-95, 298
real e passado, 111
realidade representada, 249
realismo, 177
reality tours, 238
reciprocidade, 146, 153, 154, 155, 159-162
redes mundiais de viajantes, 153, 155-159
redes sociais, 284
reflexão, 38, 39, 44, 51, 57-59, 85, 102, 128, 148, 163, 182, 188, 242-243, 252, 315
relação crônica e *voyeurística*, 109
relacionamento, 26, 119, 129, 130, 142, 143-144, 256, 268, 275

relações, 26, 32, 68, 121, 123, 134, 136, 146, 188, 192, 194, 195, 225, 290, 317
representação, 107, 139, 243, 249
representações, 51, 100, 104, 125, 237-240, 248, 251, 316
resiliência, 217, 221, 225, 226
resorts, 11, 36-37, 121, 139, 141, 205
responsabilidade da fotografia, 100
responsividade, 190, 283
retorno ao lar, 161, 163
Revolução Industrial, 24, 81, 130
Revolving Hotel Room, 210
Rio do Rastro Eco Resort, 275-293
risco, 34, 58, 108, 172, 199, 227, 228, 229, 230-231, 283
rocinha, 51, 237-252
Room Mate Hotels, 209

sabor, 87, 189, 190, 191, 192, 198, 200, 333
saciar uma necessidade estética e psicológica, 111
salvo-conduto, 108
São Francisco, Estados Unidos, 264
São Paulo, Brasil, 31, 33, 135, 143-144, 197-198, 267, 268
satisfação, 26, 145, 200, 213, 227, 232, 233, 261, 280, 282, 284, 292, 319, 322, 333
    satisfação do cliente, 280, 281, 282, 284, 290, 291, 293
saúde, 57, 58, 59, 60, 61, 74, 137, 138, 139, 287
segurança, 34-35, 108, 180, 283, 286, 303, 304
sensações, 34, 83, 85, 86-87, 128, 140, 143-144, 154, 178, 189, 190, 191, 203, 211, 230, 297-298, 299-300, 304, 309, 327
sensações psicológicas de revitalização e abstração, 108
sentido, 38, 47, 95, 103-104, 106-107, 116, 139, 189, 214, 322
    da vida, 48, 57-77, 298
    estético, 103-104
sentidos, 28, 66, 95, 100, 104, 116, 140, 143-144, 148, 169, 178, 290, 298, 299-300, 309, 311
sentimentos, 21, 67, 76, 120, 141-142, 143, 144, 157, 207, 228, 229, 298, 299, 321-322, 323, 324, 326-330, 333
sequência nas memórias, 111
ser turismólogo, 136, 146
serendipity, 289
serviço hoteleiro, 206
Setton, 213
significados, 25, 46, 57, 101, 116, 130, 175, 196, 237-252, 260, 311, 317

signos, 114, 120, 124, 171, 194, 240, 241, 244
silêncio, 72, 164, 290-291
símbolos, 82, 105, 240, 242, 244, 248, 257, 260
simulacro, 34, 59-60
simultaneidade, 281, 291
singular, 58, 72, 108, 297-298, 303
sistema de significados, 249, 251
situações de aprendizagem, 148
situações-limite, 38
slow travel, 36, 48
sociabilidade, 154, 194, 197, 248, 252, 260
solução de conflitos, 107
sommelier, 191
Sorocaba, Brasil, 264, 341
suvenir, 99, 110, 174, 237-252, 279
spas, 279
subjetividade, 26, 30, 192, 317
sujeito, 26, 45, 64, 72, 75-76, 93, 102, 103, 105, 108, 109, 110, 111-114, 122, 159, 161-162, 171, 172, 173, 174, 175, 182
sujeito-objeto, 154
superação, 58, 142, 308
supérfluo, 103
suplementos e revistas especializadas em viagens, 102
sustentabilidade, 50, 130, 225, 285, 289, 293

tânatos, 36
tecido urbano, 255, 267
técnica de gravação, 100
tematização, 210
tempo livre, 79, 89, 91-92, 127, 130, 138, 183
temporalidade, 66, 68, 88
tertúlia, 285, 289
The Jumbo Hostel, 209
Toledo, Espanha, 265, 266
tolerância, 153, 162, 163, 164
tornar real a jornada turística, 107
trabalho, 36, 39, 44, 66, 69-70, 73, 80, 82, 122, 138, 226, 244, 311
tradição, 62, 63, 86, 88
tramping, 302, 303
transformação, 25, 72, 81-82, 134, 171
transporte, 35, 36, 81, 114, 126, 139, 260, 261, 262, 263, 264, 266, 267, 268, 269, 270, 288
Trentino-Alto Adige, Itália, 222
Trilha(s), 177, 217, 220-232, 233, 263, 287, 288, 302, 303, 305, 306
    autoguiadas, 287
    monitoradas, 287-288
troca simbólica, 160

turismo
    alternativo, 121
    comunitário, 119, 122, 123-126, 127, 129, 130
    cultural, 91-92, 170, 172-177, 197
    cultural rural, 218-220
    de aventura, 142, 300
    de experiência, 29, 44, 49, 50-51, 57-77,
        133-149, 169-183, 275-293
    interativo, 301-302, 303
    de lazer, 79, 81, 96-97
    gastronômico, 198-199
    na natureza, 308
    rural, 218, 276, 285, 293
    urbano, 256, 257, 270
turistificação, 256

Unesco, 219
universo simbiótico, 99
urbanização, 81, 255, 256, 258, 267

valor
    de troca, 171, 212
    de uso, 171, 212
    material, 212, 213
    simbólico, 207, 212, 213
valorização, 88, 119, 121, 176, 289
    imobiliária, 210
viagem(ns), 21-41, 44, 70, 76-77, 87, 91-92, 95,
    106, 109, 124, 127, 128, 137, 139, 140, 143, 146,
    148, 153-165, 172, 203, 204, 207, 211-212, 279,
    290, 297, 323, 324, 333
    perfeita no mundo perfeito, 104
    corporativas, 205-206
    de formação, 23, 25-26
visões de mundo, 155
Vitória/Gasteiz, País Basco, 266
vivência [segundo Walter Benjamim], 84-97
vontade de sentido, 62
vozes, 84

web, 124, 125, 126

EDITORA SENAC SÃO PAULO
DISTRIBUIDORES E REPRESENTANTES COMERCIAIS

DISTRIBUIDORES

DISTRITO FEDERAL
Gallafassi Editora e Distribuidora Ltda.
SAAN – Qd. 2, 1.110/1.120
CEP 70632-200 Brasília, DF
Tel.: (61) 3039-4686
Fax: (61) 3036-8747
e-mail: vendas@gallafassi.com.br

ESPÍRITO SANTO
Editora Senac Rio
Rua Vicente de Sousa, 33 Botafogo
CEP 22251-070 Rio de Janeiro, RJ
Tel.: (21) 2536-3900
Fax: (21) 2536-3933
e-mail: comercial.editora@rj.senac.br

GOIÁS
Gallafassi Editora e Distribuidora Ltda.
Rua 70, 601 – Centro
CEP 74055-120 Goiânia, GO
Tel.: (62) 3941-6329
Fax: (62) 3941-4847
e-mail: vendas.go@gallafassi.com.br

Planalto Distribuidora de Livros
Rua 70, 620 – Centro
CEP 74055-120 Goiânia, GO
Tel.: (62) 3212-2988
Fax: (62) 3225-6400
e-mail: sebastiaodemiranda@terra.com.br

MINAS GERAIS
Acaiaca Distribuidor de Livros Ltda.
Rua Itajubá, 2.125 – Loja 2 – Sagrada Família
CEP 31035-540 Belo Horizonte, MG
Tel.: (31) 2102-9800
Fax: (31) 2102-9801
e-mail: distribuidora@acaiaca.com.br

PARANÁ
Distribuidora de Livros Curitiba Ltda.
Av. Marechal Floriano Peixoto, 1.742 – Rebouças
CEP 80230-110 Curitiba, PR
Tel.: (41) 3330-5000/3330-5046
Fax: (41) 3333-5047
e-mail: atendimento@livrariascuritiba.com.br

RIO DE JANEIRO
Editora Senac Rio
Rua Vicente de Sousa, 33 Botafogo
CEP 22251-070 Rio de Janeiro, RJ
Tel.: (21) 2536-3900
Fax: (21) 2536-3933
e-mail: comercial.editora@rj.senac.br

RIO GRANDE DO SUL
Livros de Negócios Ltda.
Rua Demétrio Ribeiro, 1.164/1.170 – Centro
CEP 90010-313 Porto Alegre, RS
Tel.: (51) 3211-1445/3211-1340
Fax: (51) 3211-0596
e-mail: livros@livrosdenegocios.com.br

SANTA CATARINA
Livrarias Catarinense
Rua Fulvio Aducci, 416 – Estreito
CEP 88075-000 Florianópolis, SC
Tel.: (48) 3271-6000 • Fax: (48) 3244-6305
e-mail: vendassc@livrariascuritiba.com.br

SÃO PAULO
Bookmix Comércio de Livros Ltda.
Rua Jesuíno Pascoal, 118
CEP 01233-001 São Paulo, SP
Tel.: (11) 3331-0536/3331-9662
Fax: (11) 3331-0989
e-mail: bookmix@uol.com.br

Disal S.A.
Av. Marquês de São Vicente, 182 – Barra Funda
CEP 01139-000 São Paulo, SP
Tel.: (11) 3226-3100/3226-3111
Fax: (11) 0800-770-7105
e-mail: comercialdisal@disal.com.br

PORTUGAL
Dinalivro Distribuidora Nacional de Livros Ltda.
Rua João Ortigão Ramos, 17-A
CEP 1500-362 Lisboa, Portugal
Tel.: +351 21 7122 210
Fax: +351 21 7153 774
e-mail: comercial@dinalivro.pt

REPRESENTANTES COMERCIAIS

AL-AM-PA-MA-PI-CE-RN-PB-PE
Gabriel de Barros Catramby
Rua Major Armando de Souza Melo, 156 –
cj. 153 – Boa Viagem
CEP 51130-040 Recife, PE
Tel./fax: (81) 3341-6308
e-mail: gabrielcatramby@terra.com.br

MINAS GERAIS
Gilsan Representações Ltda.
Rua Cento e Trinta e Seis, 509
CEP 32140-400 Contagem, MG
Tel./fax: (31) 3393-7368
e-mail: gilsaldanha@terra.com.br

SENAC SÃO PAULO
REDE DE UNIDADES

CAPITAL E GRANDE SÃO PAULO

Centro Universitário Senac Campus Santo Amaro
Tel.: (11) 5682-7300 • Fax: (11) 5682-7441
E-mail: campussantoamaro@sp.senac.br

Senac 24 de Maio
Tel.: (11) 2161-0500 • Fax: (11) 2161-0540
E-mail: 24demaio@sp.senac.br

Senac Consolação
Tel.: (11) 2189-2100 • Fax: (11) 2189-2150
E-mail: consolacao@sp.senac.br

Senac Francisco Matarazzo
Tel.: (11) 3795-1299 • Fax: (11) 3795-1288
E-mail: franciscomatarazzo@sp.senac.br

Senac Guarulhos
Tel.: (11) 2187-3350 • Fax: 2187-3355
E-mail: guarulhos@sp.senac.br

Senac Itaquera
Tel.: (11) 2185-9200 • Fax: (11) 2185-9201
E-mail: itaquera@sp.senac.br

Senac Jabaquara
Tel.: (11) 2146-9150 • Fax: (11) 2146-9550
E-mail: jabaquara@sp.senac.br

Senac Lapa Faustolo
Tel.: (11) 2185-9800 • Fax: (11) 2185-9802
E-mail: lapafaustolo@sp.senac.br

Senac Lapa Scipião
Tel.: (11) 3475-2200 • Fax: (11) 3475-2299
E-mail: lapascipiao@sp.senac.br

Senac Lapa Tito
Tel.: (11) 2888-5500 • Fax: (11) 2888-5577
E-mail: lapatito@sp.senac.br

Senac Nove de Julho
Tel.: (11) 2182-6900 • Fax: (11) 2182-6941
E-mail: novedejulho@sp.senac.br

Senac – Núcleo de Idiomas Anália Franco
Tel.: (11) 3795-1100 • Fax: (11) 3795-1114
E-mail: idiomasanaliafranco@sp.senac.br

Senac – Núcleo de Idiomas Santana
Tel.: (11) 3795-1199 • Fax: (11) 3795-1160
E-mail: idiomassantana@sp.senac.br

Senac – Núcleo de Idiomas Vila Mariana
Tel.: (11) 3795-1200 • Fax: (11) 3795-1209
E-mail: idiomasvilamariana@sp.senac.br

Senac Osasco
Tel.: (11) 2164-9877 • Fax: (11) 2164-9822
E-mail: osasco@sp.senac.br

Senac Penha
Tel.: (11) 2135-0300 • Fax: (11) 2135-0398
E-mail: penha@sp.senac.br

Senac Santa Cecília
Tel.: (11) 2178-0200 • Fax: (11) 2178-0226
E-mail: santacecilia@sp.senac.br

Senac Santana
Tel.: (11) 2146-8250 • Fax: (11) 2146-8270
E-mail: santana@sp.senac.br

Senac Santo Amaro
Tel.: (11) 3737-3900 • Fax: (11) 3737-3936
E-mail: santoamaro@sp.senac.br

Senac Santo André
Tel.: (11) 2842-8300 • Fax: (11) 2842-8301
E-mail: santoandre@sp.senac.br

Senac Tatuapé
Tel.: (11) 2191-2900 • Fax: (11) 2191-2949
E-mail: tatuape@sp.senac.br

Senac Tiradentes
Tel.: (11) 3336-2000 • Fax: (11) 3336-2020
E-mail: tiradentes@sp.senac.br

Senac Vila Prudente
Tel.: (11) 3474-0799 • Fax: (11) 3474-0700
E-mail: vilaprudente@sp.senac.br

INTERIOR E LITORAL

Centro Universitário Senac Campus Águas de São Pedro
Tel.: (19) 3482-7000 • Fax: (19) 3482-7036
E-mail: campusaguasdesaopedro@sp.senac.br

Centro Universitário Senac Campus Campos do Jordão
Tel.: (12) 3688-3001 • Fax: (12) 3662-3529
E-mail: campuscamposdojordao@sp.senac.br

Senac Araçatuba
Tel.: (18) 3117-1000 • Fax: (18) 3117-1020
E-mail: aracatuba@sp.senac.br

Senac Araraquara
Tel.: (16) 3114-3000 • Fax: (16) 3114-3030
E-mail: araraquara@sp.senac.br

Senac Barretos
Tel./fax: (17) 3322-9011
E-mail: barretos@sp.senac.br

Senac Bauru
Tel.: (14) 3321-3199 • Fax: (14) 3321-3119
E-mail: bauru@sp.senac.br

Senac Bebedouro
Tel.: (17) 3342-8100 • Fax: (17) 3342-3517
E-mail: bebedouro@sp.senac.br

Senac Botucatu
Tel.: (14) 3112-1150 • Fax: (14) 3112-1160
E-mail: botucatu@sp.senac.br

Senac Campinas
Tel.: (19) 2117-0600 • Fax: (19) 2117-0601
E-mail: campinas@sp.senac.br

Senac Catanduva
Tel.: (17) 3522-7200 • Fax: (17) 3522-7279
E-mail: catanduva@sp.senac.br

Senac Franca
Tel.: (16) 3402-4100 • Fax: (16) 3402-4114
E-mail: franca@sp.senac.br

Senac Guaratinguetá
Tel.: (12) 2131-6300 • Fax: (12) 2131-6317
E-mail: guaratingueta@sp.senac.br

Senac Itapetininga
Tel.: (15) 3511-1200 • Fax: (15) 3511-1211
E-mail: itapetininga@sp.senac.br

Senac Itapira
Tel.: (19) 3863-2835 • Fax: (19) 3863-1518
E-mail: itapira@sp.senac.br

Senac Itu
Tel.: (11) 4023-4881 • Fax: (11) 4013-3008
E-mail: itu@sp.senac.br

Senac Jaboticabal
Tel./Fax: (16) 3204-3204
E-mail: jaboticabal@sp.senac.br

Senac Jaú
Tel.: (14) 2104-6400 • Fax: (14) 2104-6449
E-mail: jau@sp.senac.br

Senac Jundiaí
Tel.: (11) 3395-2300 • Fax: (11) 3395-2323
E-mail: jundiai@sp.senac.br

Senac Limeira
Tel.: (19) 2114-9199 • Fax: (19) 2114-9125
E-mail: limeira@sp.senac.br

Senac Marília
Tel.: (14) 3311-7700 • Fax: (14) 3311-7760
E-mail: marilia@sp.senac.br

Senac Mogi-Guaçu
Tel.: (19) 3019-1155 • Fax: (19) 3019-1151
E-mail: mogiguacu@sp.senac.br

Senac Piracicaba
Tel.: (19) 2105-0199 • Fax: (19) 2105-0198
E-mail: piracicaba@sp.senac.br

Senac Presidente Prudente
Tel.: (18) 3344-4400 • Fax: (18) 3344-4444
E-mail: presidenteprudente@sp.senac.br

Senac Ribeirão Preto
Tel.: (16) 2111-1200 • Fax: (16) 2111-1201
E-mail: ribeiraopreto@sp.senac.br

Senac Rio Claro
Tel.: (19) 2112-3400 • Fax: (19) 2112-3401
E-mail: rioclaro@sp.senac.br

Senac Santos
Tel.: (13) 2105-7799 • Fax: (13) 2105-7700
E-mail: santos@sp.senac.br

Senac São Carlos
Tel.: (16) 2107-1055 • Fax: (16) 2107-1080
E-mail: saocarlos@sp.senac.br

Senac São João da Boa Vista
Tel.: (19) 3366-1100 • Fax: (19) 3366-1139
E-mail: sjboavista@sp.senac.br

Senac São José do Rio Preto
Tel.: (17) 2139-1699 • Fax: (17) 2139-1698
E-mail: sjriopreto@sp.senac.br

Senac São José dos Campos
Tel.: (12) 2134-9000 • Fax: (12) 2134-9001
E-mail: sjcampos@sp.senac.br

Senac Sorocaba
Tel.: (15) 3412-2500 • Fax: (15) 3412-2501
E-mail: sorocaba@sp.senac.br

Senac Taubaté
Tel.: (12) 2125-6099 • Fax: (12) 2125-6088
E-mail: taubate@sp.senac.br

Senac Votuporanga
Tel.: (17) 3426-6700 • Fax: (17) 3426-6707
E-ma il: votuporanga@sp.senac.br

OUTRAS UNIDADES

Editora Senac São Paulo
Tel.: (11) 2187-4450 • Fax: (11) 2187-4486
E-mail: editora@sp.senac.br

Grande Hotel São Pedro – Hotel-escola
Tel.: (19) 3482-7600 • Fax: (19) 3482-7630
E-mail: grandehotelsaopedro@sp.senac.br

Grande Hotel Campos do Jordão – Hotel-escola
Tel.: (12) 3668-6000 • Fax: (12) 3668-6100
E-mail: grandehotelcampos@sp.senac.br